千華數位文化

U0152904

考前充分準備　臨場沉穩作答

千華公職資訊網
http://www.chienhua.com.tw
每日即時考情資訊 網路書店購書不出門

千華公職證照粉絲團 f
https://www.facebook.com/chienhuafan
優惠活動搶先曝光

千華 Line@ 專人諮詢服務

☑ 有疑問想要諮詢嗎？
　　歡迎加入千華 LINE@！

☑ 無論是考試日期、教材推薦、
　　勘誤問題等，都能得到滿意的服務。

☑ 我們提供專人諮詢互動，
　　更能時時掌握考訊及優惠活動！

證券商業務員
資格測驗

完整考試資訊
立即了解更多

■ 測驗依據

(一)「證券商負責人與業務人員管理規則」。

(二)「期貨商負責人與業務員管理規則」、「中華民國期貨業商業同業公會辦理期貨商業務員資格測驗辦法」、「中華民國期貨業商業同業公會辦理期貨交易分析人員資格測驗辦法」及「中華民國期貨業商業同業公會辦理期貨信託基金銷售機構銷售人員資格測驗辦法」。

(三)「證券投資顧問事業負責人與業務人員管理規則」及「中華民國證券投資信託暨顧問商業同業公會辦理證券投資信託事業證券投資顧問事業業務人員資格測驗及認可辦法」。

■ 報名資格

報考資格（擇一）
1.教育行政主管機關認可之高中或高職以上學校畢業者。
2.普通考試或相當普通考試以上之特種考試及格者。
3.教育行政機關認可之高中、高職學力鑑定考試及格並取得資格證明書者。

■ 報名費用

(一) 筆試：680元。

(二) 電腦應試：1,080元。

■ 報名方式

一律採個人網路報名方式辦理。

■ 測驗日期及考區：

(一) 測驗日期：依金融研訓院公告日期為主。

(二) 臺北、臺中及高雄等三考區辦理，請擇一考區報考。

◼ 測驗科目、測驗時間、題型及方式

節次	專業科目	測驗題數	預備時間	測驗時間	作答方式
第1節	證券交易相關法規與實務	50題	07:50	08:00～09:00	2B鉛筆劃卡
第2節	證券投資與財務分析	50題	09:20	09:30～11:00	

◼ 合格標準

2科總分合計達140分為合格，惟其中有任何1科分數低於50分者即屬不合格。

◼ 測驗範圍

(一) 證券交易相關法規與實務之「證券法規」、「證券法規概論」：
　1.證券交易法。
　2.證券交易法施行細則。
　3.公司法－總則、股份有限公司及關係企業專章。
　4.發行人募集與發行有價證券處理準則。
　5.外國發行人募集與發行有價證券處理準則。
　6.公司募集發行有價證券公開說明書應行記載事項準則。
　7.公開發行公司年報應行記載事項準則。
　8.發行人募集與發行海外有價證券處理準則。
　9.公開發行公司取得或處分資產處理準則。
　10.公開發行公司建立內部控制制度處理準則。
　11.證券發行人財務報告編製準則。
　12.會計師查核簽證財務報表規則。
　13.證券商管理規則。
　14.公開發行股票公司股務處理準則。
　15.公開發行公司出席股東會使用委託書規則。
　16.公開收購公開發行公司有價證券管理辦法。
　17.證券商營業處所買賣有價證券管理辦法。
　18.證券投資信託基金管理辦法。
　19.有價證券集中保管帳簿劃撥作業辦法。
　20.其他主管機關頒訂之法令。
(二) 證券交易相關法規與實務之「證券交易實務」：
　1.發行市場。2.交易市場。3.稅賦與必要費用。

千華數位文化股份有限公司
新北市中和區中山路三段136巷10弄17號
TEL: 02-22289070　FAX: 02-22289076

證券商高級業務員資格測驗

完整考試資訊
立即了解更多

■ 測驗依據

(一)「證券商負責人與業務人員管理規則」。

(二)「期貨商負責人與業務員管理規則」、「中華民國期貨業商業同業公會辦理期貨商業務員資格測驗辦法」、「中華民國期貨業商業同業公會辦理期貨交易分析人員資格測驗辦法」及「中華民國期貨業商業同業公會辦理期貨信託基金銷售機構銷售人員資格測驗辦法」。

(三)「證券投資顧問事業負責人與業務人員管理規則」及「中華民國證券投資信託暨顧問商業同業公會辦理證券投資信託事業證券投資顧問事業業務人員資格測驗及認可辦法」。

■ 報考資格（擇一）

(一)教育部認可之國內、外大學系所以上學校畢業者。

(二)高等考試或相當高等考試以上之特種考試及格者。

(三)取得證券商業務員資格者。

(四)取得投信投顧業務員資格者。

(五)取得證券交易相關法規與實務乙科測驗成績合格者。

■ 報名費用

(一)筆試：680元。

(二)電腦應試：1,080元。

■ 報名方式：一律採個人網路報名方式辦理。

■ 測驗日期及考區

(一) 測驗日期：依金融研訓院公告日期為主。

(二) 臺北、臺中及高雄等三考區辦理，請擇一考區報考。

■ 測驗科目、測驗時間、題型及方式

節次	專業科目	測驗題數	測驗時間	作答方式
1	證券投資與財務分析－試卷「投資學」		60分鐘	
2	證券投資與財務分析－試卷「財務分析」	50題	90分鐘	2B鉛筆劃卡
3	證券交易相關法規與實務		60分鐘	

■ **合格標準**：3科總成績須達210分為合格；惟其中任何1科成績低於50分者即屬不合格。

■ 測驗範圍

(一)證券交易相關法規與實務之「證券法規」、「證券法規概論」

　　1.證券交易法。

　　2.證券交易法施行細則。

　　3.公司法－總則、股份有限公司及關係企業專章。

　　4.發行人募集與發行有價證券處理準則。

　　5.外國發行人募集與發行有價證券處理準則。

　　6.公司募集發行有價證券公開說明書應行記載事項準則。

　　7.公開發行公司年報應行記載事項準則。

　　8.發行人募集與發行海外有價證券處理準則。

　　9.公開發行公司取得或處分資產處理準則。

　　10.公開發行公司建立內部控制制度處理準則。

　　11.證券發行人財務報告編製準則。

　　12.會計師查核簽證財務報表規則。

　　13.證券商管理規則。

　　14.公開發行股票公司股務處理準則。

　　15.公開發行公司出席股東會使用委託書規則。

　　16.公開收購公開發行公司有價證券管理辦法。

　　17.證券商營業處所買賣有價證券管理辦法。

　　18.證券投資信託基金管理辦法。

　　19.有價證券集中保管帳簿劃撥作業辦法。

　　20.其他主管機關頒訂之法令。

(二)證券交易相關法規與實務之「證券市場」

　　1.發行市場。2.交易市場。3.基金。4.稅賦與必要費用。

～以上資訊僅供參考，詳細內容請參閱招考簡章～

目次

第一篇　證券交易相關法規

編寫特色

近年在全球各國大規模施行財政刺激政策下，資金漫溢至**股、匯、債市**，造就多項資產史上表現最佳的榮景，於此同時，隨著越來越多民眾開始進入金融市場，國內各家金融機構亦大舉徵才，希冀覓得優良人選以替投資者服務。

銀行業	銀行櫃員	個金專員	企金專員	產品企劃	信託部人員
普業	○	●	－	○	－
高業	－	●	－	－	－
證券業	**營業員**	**經理人**	**承銷人員**	**研究員**	**理財專員**
普業	●	●	●	●	●
高業	○	●	●	●	○
投信投顧	**業務員**	**證券分析師**	**產業研究人員**	**基金經理人**	**理財專員**
普業	●	●	●	●	●
高業	○	●	●	●	○
保險業	**壽險業務員**	**產險業務員**	**內勤人員**	**理財專員**	
普業	○	○	○	○	－
高業	○	－	－	－	－

※●所標示者為應考科目涵蓋「證券交易相關法規與實務」。

上表列舉金融產業中，不同職位對於證照的要求，我們可以發現「證券商業務員（下稱普業）」、「證券商高級業務員（下稱高業）」的重要性不言而喻，對於證券商與投信投顧行業，**普業已成為獲取面試資格的基本門檻**；而對於其他金融業，普業及高業的取得亦越來越受到重視。

不論普業或係高業，此二者共同考科均有「**證券交易相關法規與實務**」，惟涉及法規高達二十餘部，故建議各位挑選一本**整理清晰**、**涵蓋大量實戰試題**的參考書，以協助備考。

(4) 編寫特色

內容整理了**普業**與**高業**法規考科的重點範圍，且於近年有出現考題的條文後進行「**考點標示**」並附上出題時間，可協助你掌握金融研訓院近期出題的著重考點。此外，每一重點後附有「**即時演練**」讓你打鐵趁熱、強化記憶，而為了避免淪於死背，亦有較深入的「**觀念理解**」、「**專題小教室**」。各章章末更有根據考點分類的「**精選試題**」，使各位可以有系統的方式熟稔法規。

全書每道試題均附有**詳細解析**，以省去各位需額外查找法規及函示之煩，期能在備考之路上為你節省時間、精要重點，成為協助上榜的最佳工具書。

參考資料

1. MBA 智庫百科,全球專業中文經管百科
   https://wiki.mbalib.com
2. 金管會金融智慧網
   https://moneywise.fsc.gov.tw/index.jsp
3. 臺灣證券交易所
   https://www.twse.com.tw/zh/page/listed/process/standars.html
4. 臺灣期貨交易所
   https://www.taifex.com.tw/cht/index
5. 全國法規資料庫
   https://law.moj.gov.tw/

Ch1 公司法、股份有限公司

依據出題頻率區分，屬：**A** 頻率高

課前導讀

證券商業務員、證券商高級業務員的法規考科，著重於「公開發行公司」的規範；公開發行公司應優先適用「特別法」（證交法），倘特別法未規定處則適用「普通法」（公司法）。

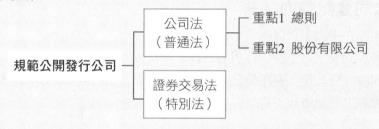

重點1　總則

重要度 ★★★

一、公司的定義

公司，是以營利為目的，依照公司法組織、登記、成立的社團法人。公司經營業務，應遵守法令及商業倫理規範，得採行增進公共利益之行為，以善盡其社會責任。

二、公司的分類

(一) **公司的型態可分成四種**：無限公司、有限公司、兩合公司、股份有限公司。
(二) **定義**
　　1. **無限公司**：二人以上股東組成，股東對公司債務**負連帶無限清償責任**。
　　2. **有限公司**：**一人以上股東組成，股東就其出資額為限，對公司負其責任**。

　　3.**兩合公司**：一人以上無限責任股東，與一人以上有限責任股東組成。其中無限責任股東對公司債務負連帶無限清償責任；有限責任股東就其出資額為限，對公司負其責。

　　4.**股份有限公司**：**二人以上股東**或政府、**法人股東一人組成**，股東就其所認股份，對公司負其責任之公司。【110年第1次高業】

※**本考試的學習重點在「股份有限公司」的相關規範。**

三、主管機關【110年第1次、第2次普業】

公司法所稱主管機關：**在中央為經濟部；在直轄市為直轄市政府。**

四、公司登記效力

(一) 公司非在中央主管機關登記後，不得成立。

(二) 未經設立登記，不得以公司名義經營業務或為其他法律行為。

(三) 公司設立登記後，有應登記之事項而不登記，或已登記之事項有變更而不為變更之登記者，不得以其事項對抗第三人。

五、公司的負責人

(一) 無限公司、兩合公司的負責人為：執行業務或代表公司之股東。

(二) 有限公司、股份有限公司的負責人為：董事。

(三) **公司的經理人、清算人或臨時管理人，股份有限公司之發起人、監察人、檢查人、重整人或重整監督人，在執行職務範圍內，亦為公司負責人。**
　　【109年第4次普業、110年第1次普業、109年第2次高業】

(四) 影子董事（名義上非董事，但實質上執行董事業務或實質控制公司的人事、財務或業務經營而實質指揮董事執行業務者）與董事同負民事、刑事及行政罰之責任。

六、公司經理人

(一) **有關經理人的委任、解任及報酬**

　　1.在無限公司、兩合公司須經全體無限責任股東過半數同意。

　　2.在有限公司須經全體股東表決權過半數同意。

　　3.在**股份有限公司**應由**董事會以董事過半數之出席，及出席董事過半數同意之決議行之。**

知識補給站

我國公司法於民國九十年修法前，有總經理、副總經理、協理……等法定職稱，修法後已刪除經理人之法定職稱，故經理人不以法定之職稱為限。

法理說明

除了股份有限公司是由「董事會」決議外，其他型態的公司均是由「股東會」同意。其法理在於：股份有限公司採取「企業經營權與企業所有權分離」以落實公司治理，如果經理人的任命是由股東會決議，那麼公司的業務執行仍會被大股東操控，無法落實此項原則；因此在股份有限公司中，經理人的任命是由董事會決議（股份有限公司的董事不以具股東身分為條件）。

(二) **有下列情事之一者，不得充經理人，其已充任者，當然解任：**

　　1.曾犯組織犯罪防制條例規定之罪，經有罪判決確定，尚未執行、尚未執行完畢，或執行完畢、緩刑期滿或赦免後未逾五年。

　　2.曾犯詐欺、背信、侵占罪經宣告有期徒刑一年以上之刑確定，尚未執行、尚未執行完畢，或執行完畢、緩刑期滿或赦免後未逾二年。

　　3.曾犯貪污治罪條例之罪，經判決有罪確定，尚未執行、尚未執行完畢，或執行完畢、緩刑期滿或赦免後未逾二年。

　　4.受破產之宣告或經法院裁定開始清算程序，尚未復權。

　　5.使用票據經拒絕往來尚未期滿。

　　6.無行為能力或限制行為能力。

　　7.受輔助宣告尚未撤銷。

(三) **經理人的兼職禁止與競業禁止**

　　1.**經理人不得兼任其他營利事業之經理人**，並不得自營或為他人經營同類之業務。

　　2.除外條件：通過以下方式同意

　　　(1)無限公司、兩合公司須有全體無限責任股東過半數同意。

　　　(2)有限公司須有全體股東表決權過半數同意。

　　　(3)股份有限公司應由董事會以董事過半數之出席，及出席董事過半數同意之決議行之。

	經理人兼職禁止	經理人競業禁止
立法目的	避免經理人分身乏術	避免利益衝突

> **觀念理解**
>
> **比較—董事沒有兼職禁止，只有競業禁止**
>
> 公司法第209條第1項：「董事為自己或他人為屬於公司營業範圍內之行為，應對股東會說明其行為之重要內容並取得其許可。」

(四) 經理人不得變更董事或執行業務股東之決定，或股東會或董事會之決議，或逾越其規定之權限。

(五) **經理人之職權**

　　1.經理人之職權，除章程規定外，並得依契約之訂定。

　　2.經理人在公司章程或契約規定授權範圍內，有為公司管理事務及簽名之權。

　　3.公司不得以其所加於經理人職權之限制，對抗善意第三人。

(六) **經理人之責任**：經理人因違反法令、章程或前條之規定，致公司受損害時，對於公司負賠償之責。

七、公司之相關限制

(一) **無限責任轉投資之禁止**：**公司不得為他公司無限責任股東或合夥事業之合夥人**。因為設立公司的目的就是即在於控制風險、為損失設限，故有限公司、股份有限公司的股東僅以出資額為限對公司負責；倘若允許公司作其他公司的無限責任股東，則違反此項原則。

(二) **有限責任轉投資之限制**【110年第1次普業】

　　1.公開發行股票之公司為他公司有限責任股東時，原則上其投資總額**不得超過本公司實收股本百分之四十**。

　　2.除外規定：

　　　(1)公司本身是以投資為專業。

　　　(2)公司章程另有規定。

　　　(3)經代表已發行股份總數三分之二以上股東出席，以出席股東表決權過半數同意之股東會決議者。（若出席股東之股份總數不足前項定額者，得以有代表已發行股份總數過半數股東之出席，出席股東表決權三分之二以上之同意行之。）

　　※若公司章程對於出席股東股份總數及表決權數有較高規定者,從其規定。

(三) **貸款之限制**

　　1.公司之資金,除有下列各款情形外,不得貸與股東或任何他人:

　　　(1)公司間或與行號間有業務往來者。

　　　(2)公司間或與行號間有短期融通資金之必要者。**融資金額不得超過貸與企業淨值的百分之四十**。

　　2.公司負責人違反前項規定時,應與借用人連帶負返還責任;如公司受有損害者,亦應由其負損害賠償責任。

(四) **保證之限制**:公司除依其他法律或公司章程規定得為保證者外,不得為任何保證人。公司負責人違反前項規定時,應自負保證責任,如公司受有損害時,亦應負賠償責任。

八、公司應定期申報資料置資訊平台【109年第3次、第4次普業】

公司應每年定期將**董事、監察人、經理人**及持有已發行股份總數或資本總額**超過百分之十之股東**之姓名或名稱、國籍、出生年月日或設立登記之年月日、身分證明文件號碼、持股數或出資額及其他中央主管機關指定之事項,以電子方式申報至中央主管機關建置或指定之資訊平臺;其**有變動者,並應於變動後十五日內為之**。

九、公司之解散【109年第2次普業】

(一) **命令解散**:公司有下列情事之一者,主管機關得依職權或利害關係人之申請,命令解散之。

　　1.公司設立登記後六個月尚未開始營業。但已辦妥延展登記者,不在此限。

　　2.開始營業後自行停止營業六個月以上。但已辦妥停業登記者,不在此限。

　　3.公司名稱經法院判決確定不得使用,公司於判決確定後六個月內尚未辦妥名稱變更登記,並經主管機關令其限期辦理仍未辦妥。

　　4.未於一定期限內,檢送經會計師查核簽證之文件者。但於主管機關命令解散前已檢送者,不在此限。

(二) **裁定解散**：公司之經營，有顯著困難或重大損害時，法院得據股東之聲請，於徵詢主管機關及目的事業中央主管機關意見，並通知公司提出答辯後，裁定解散。前項聲請，在股份有限公司，應有**繼續六個月以上**持有已發行股份總數**百分之十**以上股份之股東提出之。

(三) **法定解散**。

　1.無限公司、兩合公司、有限公司有下列各款情事之一者解散：

　　(1)章程所定解散事由。

　　(2)公司所營事業已成就或不能成就。

　　(3)股東三分之二以上之同意。

　　(4)股東經變動而不足本法所定之最低人數。

　　(5)與他公司合併。

　　(6)破產。

　　(7)解散之命令或裁判。

　2.股份有限公司，有下列情事之一者，應予解散：

　　(1)章程所定解散事由。

　　(2)公司所營事業已成就或不能成就。

　　(3)股東會為解散之決議。

　　(4)有記名股票之股東不滿二人。但政府或法人股東一人者，不在此限。

　　(5)與他公司合併。

　　(6)分割。

　　(7)破產。

　　(8)解散之命令或裁判。

即時演練

(　) **1** 股份有限公司董事之報酬，未經章程訂明者，得以何種方式議定？ (A)自行議定　(B)由股東會議定　(C)由監察人決定　(D)由常務董事會議定。　　　　　　　　　　　　　　　　　　　【109年第3次普業】

(　) **2** 二人以上股東或政府、法人股東一人所組織，全部資本分為股份；股東就其所認股份，對公司負其責任之公司，上述公司為公司法

所規定之何種公司？　(A)股份有限公司　(B)無限公司　(C)有限公司　(D)兩合公司。　【110年第1次高業】

(　　) **3** 依「公司法」規定，下列何者非股份有限公司的負責人？
(A)公司經理人　　　　　　　(B)公司重整人
(C)公司董事　　　　　　　　(D)公司股東。　【105年第4次高業】

(　　) **4** 依「公司法」規定，股份有限公司發生下列何種情事，主管機關得依職權命令解散？　(A)監察人代表公司向董事提起訴訟　(B)支付不能　(C)公司設立登記後六個月內尚未開始營業，且未辦妥延展登記　(D)董事長自行決策。　【108年第3次普業】

(　　) **5** 公司為他公司有限責任股東時，其投資總額，除以投資為專業或公司章程另有規定或經依公司法第十三條第一項所列各款規定取得股東同意或股東會決議者外，不得超過本公司實收股本百分之幾？　(A)20%　(B)30%　(C)40%　(D)50%。　【100年第1次高業】

(　　) **6** 依公司法規定，持有已發行股份總數達百分之__之股東，須申報至中央主管機關建置或指定之資訊平臺；其有變動，應於變動後 _____ 日內為之？　(A)十，十五　(B)十，十　(C)十五，十五　(D)十五，十。　【109年第1次普業】

解答與解析

1 (B)。根據公司法第196條第1項：董事之報酬，未經章程訂明者，應由股東會議定，不得事後追認。

2 (A)。根據公司法第2條，股份有限公司：指二人以上股東或政府、法人股東一人所組織，全部資本分為股份；股東就其所認股份，對公司負其責任之公司。

3 (D)。根據公司法第8條，董事、經理人、清算人、發起人、監察人、檢查人、重整人或重整監督人，在執行職務範圍內，皆視為公司負責人。

4 (C)。根據公司法第10條，公司有下列情事之一者，主管機關得依職權或利害關係人之申請，命令解散之：

一、公司設立登記後六個月尚未開始營業。但已辦妥延展登記者，不在此限。

二、開始營業後自行停止營業六個月以上。但已辦妥停業登記者，不在此限。

三、公司名稱經法院判決確定不得使用，公司於判決確定後六個月內尚未辦妥名稱變更登記，並經主管機關令其限期辦理仍未辦妥。

四、未於第七條第一項所定期限內，檢送經會計師查核簽證之文件者。但於主管機關命令解散前已檢送者，不在此限。

5 (C)。根據公司法第13條，公司為他公司有限責任股東時，其所有投資總額，除以投資為專業或公司章程另有規定或經代表已發行股份總數三分之二以上股東出席，以出席股東表決權過半數同意之股東會決議者外，不得超過本公司實收股本百分之四十。

6 (A)。根據公司法第22-1條，持有已發行股份總數達10%之股東，須申報至中央主管機關建置或指定之資訊平臺；其有變動，應於變動後15日內為之。

| 重點2 | 股份有限公司 | 重要度 ★★☆ |

一、股份有限公司的發起與設立

(一) 設立條件—發起人之限制

1. 股份有限公司應有二人以上為發起人。

2. 無行為能力人、限制行為能力人或受輔助宣告尚未撤銷之人，不得為發起人。

3. 政府或法人均得為發起人。但法人為發起人者，以下列情形為限：

(1)公司或有限合夥。

(2)以其自行研發之專門技術或智慧財產權作價投資之法人。

(3)經目的事業主管機關認屬與其創設目的相關而予核准之法人。

(二) 設立方式

　1.**發起設立**：發起人認足第一次應發行之股份時，應即按股繳足股款並選任董事及監察人。發起人之出資，除現金外，得以公司事業所需之財產、技術抵充之。

　2.**募集設立**：

　　(1)發起人不認足第一次發行之股份時，應募足之。

　　(2)**發起人所認股份，不得少於第一次發行股份四分之一。**

　　(3)未認足之第一次發行股份，及已認而未繳股款者，應由發起人連帶認繳；其已認而經撤回者亦同。

　　(4)採行票面金額股之公司，其股票之發行價格，不得低於票面金額。採行無票面金額股之公司，其股票之發行價格不受限制。

(三) 股份有限公司的章程

　1.根據公司法第129條，**股份有限公司章程應載明之事項包含：**【109年第3次普業】

　　(1)公司名稱。

　　(2)所營事業。

　　(3)採行票面金額股者，股份總數及每股金額；採行無票面金額股者，股份總數。

　　(4)本公司所在地。

　　(5)董事及監察人之人數及任期。

　　(6)訂立章程之年、月、日。

　2.公司非經股東會決議，不得變更章程。又前項股東會之決議，應有代表已發行股份總數**三分之二以上之股東出席，以出席股東表決權過半數之同意行之**。【110年第1次普業】

　　公開發行股票之公司，出席股東之股份總數不足前項定額者，得以有代表已發行股份總數過半數股東之出席，出席股東表決權三分之二以上之同意行之。

　　（前二項出席股東股份總數及表決權數，章程有較高之規定者，從其規定。）

　3.公司已發行特別股者，其**章程之變更如有損害特別股股東之權利時**，除應有代表已發行股份總數三分之二以上股東出席之股東會，以出席

股東表決權過半數之決議為之外,並**應經特別股股東會之決議**。【109年第2次高業】

二、股份

(一) 股份發行

1. 股份應以票面金額股或無票面金額股擇一發行。

2. 公司採票面金額股,可全數轉換為無票面金額股。

3. 公司採行無票面金額股者,不得轉換為票面金額股。

4. **公開發行股票之公司,應於設立登記或發行新股變更登記後三個月內發行股票。**

5. **公司發行新股時,應由董事會以董事三分之二以上之出席,及出席董事過半數同意之決議行之。**【110年第1次高業】

(二) 股份轉讓

1. 股票由股票持有人以背書轉讓之,並應將受讓人之姓名或名稱記載於股票。

2. 股份之轉讓,非將受讓人之姓名或名稱及住所或居所,記載於公司股東名簿,不得以其轉讓對抗公司。

3. **股東名簿記載之變更**

   (1) 一般股份有限公司於股東常會開會前三十日內,股東臨時會開會前十五日內,或公司決定分派股息及紅利或其他利益之基準日前五日內,不得為之。

   (2) **公開發行股票之公司於股東常會開會前六十日內,股東臨時會開會前三十日內,不得為之。**

(三) 庫藏股

1. 庫藏股,指的是公司將自己已經發行的股票重新買回,存放於公司,而尚未註銷或重新售出。

2. 公司得經董事會,以董事三分之二以上之出席及出席董事過半數同意之決議,於不超過該公司已發行股份總數百分之五之範圍內,收買其股份;收買股份之總金額,不得逾保留盈餘加已實現之資本公積之金額。

3. 前項公司收買之股份,應於三年內轉讓於員工,屆期未轉讓者,視為公司未發行股份,並為變更登記。

4.公司收買自己之股份轉讓於員工者，得限制員工在一定期間內不得轉
　讓。但其期間最長不得超過二年。

即時演練

(　) **1** 發起人以募集設立方式公開招募股份時，發起人所認股份，不得少
　　於第一次發行股份之若干？　(A)二分之一　(B)三分之一　(C)四
　　分之一　(D)三分之二。

(　) **2** 依公司法規定，公開發行公司應於設立登記或發行新股變更登記
　　後，多久時間內發行股票？　(A)三十日　(B)二個月　(C)三個月
　　(D)六個月。　　　　　　　　　　　　　　　【104年第3次高業】

(　) **3** 下列何項情形，發起人須負連帶認繳責任？　(A)第一次發行股份
　　未認足者　(B)認足發行股份但未繳股款者　(C)已認股份但撤回認
　　股者　(D)以上皆是。

(　) **4** 依「公司法」規定，下列關於庫藏股之敘述何者正確？　(A)庫藏
　　股不得轉讓於員工　(B)數量不超過該公司已發行股份總數百分
　　之二十　(C)得享有股東權利　(D)公司得經董事會特別決議實施
　　庫藏股。　　　　　　　　　　　　　　　　　【107年第4次普業】

解答與解析

1 (C)。根據公司法第133條第2項規定，發起人所認股份，不得少於第
　　一次發行股份四分之一。

2 (C)。根據公司法第161-1條規定，公開發行股票之公司，應於設立登
　　記或發行新股變更登記後三個月內發行股票。

3 (D)。根據公司法第148條規定，未認足之第一次發行股份，及已認而
　　未繳股款者，應由發起人連帶認繳；其已認而經撤回者亦同。

4 (D)。根據公司法第167-1條規定，公司除法律另有規定者外，得經
　　董事會以董事三分之二以上之出席及出席董事過半數同意之決
　　議，於不超過該公司已發行股份總數百分之五之範圍內，收買

其股份；收買股份之總金額，不得逾保留盈餘加已實現之資本公積之金額。

前項公司收買之股份，應於三年內轉讓於員工，屆期未轉讓者，視為公司未發行股份，並為變更登記。

公司依第一項規定收買之股份，不得享有股東權利。

章程得訂明第二項轉讓之對象包括符合一定條件之控制或從屬公司員工。

三、股東會

(一) 股東會之召集

		股東常會	股東臨時會
會議召集時間		每年至少召集一次（**應於會計年度終了後六個月內召開**）	必要時召集之
通知股東時間	非公開發行公司	二十日前通知	十日前通知
	公開發行公司	**三十日前通知**	**十五日前通知**

(二) 召集權人

1. 股東常會：原則上**由董事會召集**。
2. 臨時股東會【109年第3次、第4次高業】

   (1) **繼續一年以上，持有已發行股份總數百分之三以上股份之股東**，得以書面記明提議事項及理由，請求董事會召集股東臨時會。

   前項請求提出後**十五日內**，董事會不為召集之通知時，股東得報經主管機關許可，自行召集。

   (2) **繼續三個月以上持有已發行股份總數過半數股份之股東**，得自行召集股東臨時會。

> **考點速攻**
>
> 公開發行股票公司召開股東臨時會，應於**開會前30日內**辦理停止股票過戶。

(三) 股東名簿

1. 董事會或其他召集權人召集股東會者，得請求公司或股務代理機構提供股東名簿。

2. 代表公司之董事拒絕提供股東名簿者，處新臺幣一萬元以上五萬元以下罰鍰。但**公開發行股票之公司**，由證券主管機關處代表公司之董事新臺幣**二十四萬元以上二百四十萬元以下罰鍰**。【109年第2次高業】

3. 股務代理機構拒絕提供股東名簿者，由證券主管機關處新臺幣二十四萬元以上二百四十萬元以下罰鍰。

(四) 股東提案權

1. 提出議案

(1) **資格**：持有已發行**股份總數百分之一以上股份之股東**，得向公司提出股東常會議案。但以一項為限，提案超過一項者，均不列入議案。

(2) **受理時間**：公司應於股東常會召開前之停止股票過戶日前，公告受理股東之提案、書面或電子受理方式；**其受理期間不得少於十日**。股東所提議案以三百字為限；**提案股東應親自或委託他人出席股東常會，並參與該項議案討論**。

2. 不得提出之議案【108年第3次高業】：**選任或解任董事、監察人、變更章程、減資、申請停止公開發行、董事競業許可、盈餘轉增資、公積轉增資、公司解散、合併、分割或第一百八十五條第一項各款之事項，不得以臨時動議提出**。

(五) 股東會委託【109年第3次普業、109年第2次高業】

1. 股東得出具委託書，載明授權範圍，委託代理人出席股東會。

2. **一股東以出具一委託書，並以委託一人為限，並應於股東會開會五日前送達公司；委託書有重複時，以最先送達者為準**。

3. 委託書送達公司後，**股東若欲改為親自出席、或欲以書面或電子方式行使**表決權者，**應於股東會開會二日前，以書面向公司撤銷委託；逾期撤銷者，以委託代理人出席行使之表決權為準**。

観念理解 💡

或許有些人會感到疑惑？股東本人的真意不是應該最為重要嗎？為什麼逾期撤銷者卻是已委託代理人出席所行使的表決權為準？

其法理在於：股東會召開前，會有大股東對於議案想表達意見，因而在市場上募集委託書，而募集到多少委託書對議案的通過與否至關重要。為了同時「維護代理人可得代理股數計算之安定性」，故公司法規定倘股東一開始是委託他人、後又改成自己出席時應在股東會開會前二日撤銷，否則將以委託代理人出席行使之表決權為準。

4. 除信託事業或經證券主管機關核准之股務代理機構外，**一人同時受二人以上股東委託時，其代理之表決權不得超過已發行股份總數表決權之百分之三**，超過時其超過之表決權，不予計算。

5. 出席股東會使用的委託書，分成以下兩種【109年第3次高業、110年第1次高業】：

   (1) **徵求委託書**：指以公告、廣告、牌示、廣播、電傳視訊、信函、電話、發表會、說明會、拜訪、詢問等方式取得委託書藉以出席股東會之行為。

   (2) **非屬徵求委託書**：指非以前項之方式而係受股東之主動委託取得委託書，代理出席股東會之行為。

6. 徵求委託書：

   (1) **委託書取得之限制**：【110年第2次普業】

       A. 不得以給付金錢或其他利益為條件。但代為發放股東會紀念品或徵求人支付予代為處理徵求事務者之合理費用，不在此限。

       B. 不得利用他人名義為之。

       C. 不得將徵求之委託書作為非屬徵求之委託書出席股東會。

   (2) **有下列情事之一者，不得擔任委託書徵求人**：

       A. 曾犯組織犯罪防制條例規定之罪，經有罪判決確定，服刑期滿尚未逾五年。

       B. 因徵求委託書違反刑法偽造文書有關規定，經有罪判決確定，服刑期滿尚未逾三年。

       C. 曾犯詐欺、背信、侵占罪，經受有期徒刑六個月以上宣告，服刑期滿尚未逾三年。

D.違反證券交易法、期貨交易法、銀行法、信託業法、金融控股公司法及其他金融管理法，經受有期徒刑六個月以上宣告，服刑期滿尚未逾三年。

E.違反公開發行公司出席股東會使用委託書規則第十條之一規定，經金融監督管理委員會處分尚未逾三年。

F.違反徵求委託書其代理之表決權不予計算，經判決確定尚未逾二年。

(六) **股東會之表決權**

1.股東對於會議之事項，有自身利害關係致有害於公司利益之虞時，不得加入表決，並不得代理他股東行使其表決權。

2.**有下列情形之一者，其股份無表決權：**

(1)公司依法持有自己之股份。

(2)被持有已發行有表決權之股份總數或資本總額超過半數之從屬公司，所持有控制公司之股份。

(3)控制公司及其從屬公司直接或間接持有他公司已發行有表決權之股份總數或資本總額合計超過半數之他公司，所持有控制公司及其從屬公司之股份。

3.股東會之決議，對無表決權股東之股份數，不算入**已發行股份**之總數。股東會之決議，對不得行使表決權之股份數，不算入**已出席股東**之表決權數。【110年第1次普業】

4.以書面或電子方式行使表決權而未親自出席股東會的股東，就該次股東會之臨時動議及原議案之修正，視為棄權。【109年第4次普業、109年第4次高業】

(七) **股東會之決議**【110年第1次高業】

1.**普通決議：**已發行股份總數**過半數股東之出席**，以**出席股東表決權過半數之同意**行之。

2.**假決議：出席股東不足前條定額，而有已發行股份總數三分之一以上股東出席時，得以出席股東表決權過半數之同意，為假決議。**
會後應將假決議通知各股東，於一個月內再行召集股東會；若前述股東會，對於假決議仍有已發行股份總數三分之一以上股東出席，並出席股東過半數之同意，視同正式決議。

3.**特別決議：**公司法並無明文何謂「特別決議」，通說認為只要與公司法第174條之普通決議方法不同者，即稱特別決議。比較**常見的是「代**

表已發行股份總數三分之二以上股東之出席，以出席股東表決權過半數之同意行之」這種型態。

※下列事項均應經股東會特別決議：【110年第2次高業】

1. 締結、變更或終止關於出租全部營業，委託經營或與他人經常共同經營之契約。

2. 讓與全部或主要部分之營業或財產。

3. 受讓他人全部營業或財產，對公司營運有重大影響。

公開發行股票之公司，出席股東之股份總數不足前述特別決議規定者，得以有代表已發行股份總數過半數股東之出席、出席股東三分之二以上之同意行之。（因為怕三分之二以席要求過嚴苛，避免流會故允許改以此規定行之）。

> **考點速攻**
>
> 股東表決權不是以股東人數作為依據，而是以股份作為依據。由此可知，股東會決議因著出席股東人數代表已發行股份總數之多寡不同，分成不同的決議種類。而關係越是重大的，需要越多的股份股東出席為其意見發聲。

(八) **股東會之議決事項**：股東會之議決事項，應作成議事錄，由主席簽名或蓋章，並於**會後二十日內**，將議事錄分發各股東。

1. 前項議事錄之製作及分發，得以電子方式為之。

2. 第一項議事錄之分發，公開發行股票之公司，得以公告方式為之。

3. 議事錄應記載會議之年、月、日、場所、主席姓名、決議方法、議事經過之要領及其結果，在公司存續期間，應永久保存。

4. 出席股東之簽名簿及代理出席之委託書，其保存期限至少為一年。但經股東依第一百八十九條提起訴訟者，應保存至訴訟終結為止。

5. 股東會之召集程序或其決議方法，違反法令或章程時，股東得自決議之日起三十日內，訴請法院撤銷其決議。【109年第3次高業】

(九) **股東會之召開方式：**

1. 公司章程得訂明股東會開會時，以視訊會議或其他經中央主管機關公告之方式為之。但因天災、事變或其他不可抗力情事，中央主管機關得公告公司於一定期間內，得不經章程訂明，以視訊會議或其公告之方式開會。

2. 股東會開會時，如以視訊會議為之，其股東以視訊參與會議者，視為親自出席。

3.前二項規定，於公開發行股票之公司應符合之條件、作業程序及其他應遵行事項，證券主管機關另有規定者，從其規定。

註：由於新冠疫情出現，為避免群聚及配合防疫政策，立法院於於110年12月29日三讀通過公司法第172-1條356-8條之條文修正，未來公開發行股票公司與非公開發行股票公司只要章程訂明，都可以視訊方式召開股東會。

即時演練

( ) **1** 股份有限公司讓與全部營業或財產，依「公司法」第一百八十五條規定，應有代表已發行股份總數三分之二以上股東出席之股東會，以出席股東表決權超過多少比例之同意行之？ (A)三分之一 (B)二分之一 (C)三分之二 (D)四分之三。 【106年第2次普業】

( ) **2** 股東會之召集程序或其決議方法，違反法令或章程時，股東得自決議之日起多久內，訴請法院撤銷其決議？ (A)三個月內 (B)六個月內 (C)三十日內 (D)二個月內。 【107年第2次高業】

( ) **3** 出席股東不足規定定額，而為假決議時，應將假決議通知各股東，並於多久期間內再行召集股東會？ (A)十五日 (B)一個月 (C)四十五日 (D)二個月。 【104年第3次高業】

( ) **4** 公開發行公司召集股東會時，下列那一決議事項，得以臨時動議方式提出？ (A)董事競業之許可的議案 (B)股息及紅利以發行新股方式為之的議案 (C)公積撥充資本的議案 (D)對公司經理人職務輪調制度建議案。 【105年第3次高業】

( ) **5** 股東具有下列何種資格者得以書面記明提議事項及理由請求董事會召集股東臨時會？ (A)繼續一年以上持有已發行股份總數百分之三以上股份 (B)繼續一年以上持有已發行股份總數百分之一以上股份 (C)繼續二年以上持有已發行股份總數百分之三以上股份 (D)持有已發行股份總數百分之五以上股份即可。 【105年第4次高業】

解答與解析

1 (B)。根據公司法第185條，股份有限公司讓與全部營業或財產，應有代表已發行股份總數三分之二以上股東出席之股東會，以出席股東表決權過半數之同意行之

2 (C)。根據公司法第189條，股東會之召集程序或其決議方法，違反法令或章程時，股東得自決議之日起三十日內，訴請法院撤銷其決議。

3 (B)。根據公司法第175條，應將假決議通知各股東，並於一個月內再次召集股東會。

4 (D)。根據公司法第172條，選任或解任董事、監察人、變更章程、減資、申請停止公開發行、董事競業許可、盈餘轉增資、公積轉增資、公司解散、合併、分割，不得以臨時動議提出。

5 (A)。根據公司法第173條，繼續一年以上，持有已發行股份總數百分之三以上股份之股東，得以書面記明提議事項及理由，請求董事會召集股東臨時會。

四、董事及董事會

(一) **董事會的組成**【109年第3次高業】

一般公司	董事會設置董事不得少於三人，由股東會就有行為能力之人選之。但公司亦得依章程規定不設董事會，置董事一人或二人。
公開發行公司	董事會設置**董事不得少於五人**。

(二) **董事的任期**：不得逾三年，但得連選連任。【109年第4次普業】

(三) **董事的選任**

　1.公司董事選舉，採候選人提名制度者，應載明於章程，股東應就董事候選人名單中選任之。

　2.公司應於股東會召開前之停止股票過戶日前，公告受理董事候選人**提名之期間**、董事應選名額、其受理處所及其他必要事項，**受理期間不得少於十日**。

3. 持有已發行**股份總數百分之一以上股份之股東，得以書面向公司提出董事候選人名單**，提名人數不得超過董事應選名額；董事會提名董事候選人之人數，亦同。【109年第4次高業】

(四) **董事的補選**【107年第3次高業】：**董事缺額達三分之一時**，董事會應於**三十日內召開股東臨時會**補選之。但**公開發行股票之公司，董事會應於六十日內**召開股東臨時會補選之。

(五) **董事的解任**

1. **公開發行股票之公司董事在任期中轉讓超過選任當時所持有之公司股份數額二分之一時，其董事當然解任。**

2. 董事得由股東會之決議，隨時解任；如於任期中無正當理由將其解任時，董事得向公司請求賠償因此所受之損害。

股東會為前項**解任之決議，應有代表已發行股份總數三分之二以上股東之出席，以出席股東表決權過半數之同意行之**。（公開發行股票之公司，出席股東之股份總數不足前項定額者，得以有代表已發行股份總數過半數股東之出席，出席股東表決權三分之二以上之同意行之）

3. 董事執行業務，有重大損害公司之行為或違反法令或章程之重大事項，**股東會未為決議將其解任時**，得由持有已發行**股份總數百分之三以上股份之股東**，於股東會後三十日內，訴請法院裁判之。

(六) **董事的報酬**【109年第3次普業】：董事之報酬，未經章程訂明者，應由**股東會**議定，不得事後追認。

> **考點速攻**
>
> 董事長對內為股東會、董事會及常務董事會主席，對外代表公司。董事長請假或因故不能行使職權時，由副董事長代理之；無副董事長或副董事長亦請假或因故不能行使職權時，由董事長指定常務董事一人代理之；其未設常務董事者，指定董事一人代理之；董事長未指定代理人者，由常務董事或董事互推一人代理之。【110年第2次普業】

觀念理解 💡

基於「企業經營與企業所有分離原則」，除股份有限公司外，其他三種型態公司的業務執行者均由「股東」中選任；在有限公司、無限公司、兩合公司下，因執行者（董事）同時是股東，若公司發展前景越佳亦符合自身利益，故原則上不得請求報酬。而股份有限公司的董事可能不是股東，又要承擔相同責任，故應允其請求報酬。

(七) **董事會的召集**

　1.召集權人

　(1)董事會原則上由董事長召集之。

　(2)過半數之董事得以書面記明提議事項及理由，請求董事長召集董事會。當前述請求提出後十五日內，董事長不為召開時，過半數之董事得自行召集。

　2.召集時間【110年第1次高業】

一般公司	(1) 原則上，董事會之召集**應於三日前通知各董事及監察人**。但章程有較高之規定者，從其規定。 (2) 有緊急情事時，董事會之召集，得隨時為之。
公開發行公司	**董事會應至少每季召開一次**，並於議事規範明定之。 (1) **董事會之召集，應載明召集事由，於七日前通知**各董事及監察人。 (2) 有緊急情事時，董事會之召集，得隨時召集之。

　3.董事會之召集，應載明事由。

(八) **董事會的出席**【109年第3次高業】

　1.董事會開會時，原則上董事應親自出席。

　2.但公司章程訂定得由其他董事代理者，不在此限。董事委託其他董事代理出席董事會時，應於每次出具委託書，並列舉召集事由之授權範圍。前項代理人，以受一人之委託為限。

　3.董事會開會時，如以視訊會議為之，其董事以視訊參與會議者，視為親自出席。

(九) **董事會之決議**

　1.董事會之決議，應有**過半數董事之出席，出席董事過半數之同意**行之。

　2.董事會決議，為違反法令或章程之行為時，繼續一年以上持有股份之股東，得請求董事會停止其行為。

　3.董事對於會議事項，與其自身或其代表之法人有利害關係者，不得加入討論及表決，且討論及表決時應予迴避，並不得代理其他董事行使其表決權。

4. 董事會之議事，應作成議事錄；董事會簽到簿為議事錄之一部分，應於公司存續期間妥善保存。

5. 議事錄須由會議主席及記錄人員簽名或蓋章，於會後二十日內分送各董事及監察人，並應列入公司重要檔案，於公司存續期間妥善保存。

6. 董事會之議決事項，如有下列情事之一者，除應於議事錄載明外，並應於二日內於主管機關指定之資訊申報網站辦理公告申報：

   (1) 獨立董事有反對或保留意見且有紀錄或書面聲明。

   (2) 設置審計委員會之公司，未經審計委員會通過，而經全體董事三分之二以上同意通過。

7. 公司應將董事會之開會過程全程錄音或錄影存證，並至少保存**五年**，其保存得以電子方式為之。【109年第3次普業】

(十) 董事會執行業務

1. 公司業務之執行，除法令或章程規定應由股東會決議之事項外，均應由董事會決議行之。【110年第1次普業】

2. 董事會之決議，違反法令或章程規定，致公司受損害時，參與決議之董事，對於公司負賠償之責；但經表示異議之董事，有紀錄或書面聲明可證者，免其責任。

3. 公司得於董事任期內就其執行業務範圍依法應負之賠償責任投保**責任保險**。公司為董事投保責任保險或續保後，應將其責任保險之投保金額、承保範圍及保險費率等重要內容，提最近一次**董事會**報告。【109年第3次高業】

觀念理解

何謂責任保險？保障董事、監察人和經理人在執行職務過程中，有違反信託、錯誤、不作為、違反職責、與僱傭有關的不當行為或任何其他向其要求賠償的事項。

(十一) 對董事提起訴訟【109年第4次普業】

1. 股東會決議對於董事提起訴訟時，公司應自**決議之日起三十日內**提起之。

2. 公司與董事間訴訟，除法律另有規定外，由監察人代表公司，股東會亦得另選代表公司為訴訟之人。

3. 繼續六個月以上，持有已發行股份總數百分之一以上之股東，得以書面請求監察人為公司對董事提起訴訟。

4. 監察人自有前項之請求日起，三十日內不提起訴訟時，前項之股東，得為公司提起訴訟。

(十二) **其他**【107年第4次普業】

1. 公司虧損達實收資本額二分之一時，董事會應於最近一次股東會報告。

2. 公司資產顯有不足抵償其所負債務時，除得依第二百八十二條辦理者外，董事會應即聲請宣告破產。

專題小教室

公開發行公司的董事會【109年第3次普業】

前面章節是規範一般公司的董事會，而針對「公開發行公司」，其董事會另有以下規範：

(一) 除經主管機關核准者外，董事間應有**超過半數之席次**，不得具有下列關係：(1)配偶。(2)二親等以內之親屬。

(二) 除經主管機關核准者外，監察人間或監察人與董事間，應至少一席以上，不得具有下列關係：(1)配偶。(2)二親等以內之親屬。

(三) 公司應訂定董事會議事規範；其主要議事內容、作業程序、議事錄應載明事項、公告及其他應遵行事項之辦法，由主管機關定之。

※前述所稱「應遵行事項之辦法」即《公開發行公司董事會議事辦法》，其常考法條如下：

(一) **董事會應至少每季召開一次，並於議事規範明定之。**

(二) 公司應將董事會之開會過程全程錄音或錄影存證，**並至少保存五年**，其保存得以電子方式為之。

(三) 已屆開會時間，如全體董事有半數未出席時，主席得宣布延後開會，其延後次數以二次為限。延後二次仍不足額者，主席得依第三條第二項規定之程序重行召集。

即時演練

(　) **1** 股份有限公司業務之執行，由何機關決定之？ (A)股東會 (B)董事會 (C)董事 (D)審計委員會。 　【107年第2次普業】

(　) **2** 股東會決議對董事提起訴訟，公司應自決議之日起多久時間內提起？
(A)三十日 　　　　　　　　(B)六十日
(C)九十日 　　　　　　　　(D)六個月。 　【109年第4次普業】

(　) **3** 有關公開發行公司董事會議事進行之規範，下列敘述何者正確？
(A)董事會應至少每月召開一次，並於議事規範明定之 (B)董事會之召集，應載明召集事由，於三日前通知各董事及監察人 (C)董事會召開之地點與時間，應於公司所在地及辦公時間或便於董事出席且適合董事會召開之地點及時間為之 (D)董事對於會議事項，與其自身或其代表之法人有利害關係，即使有害於公司利益之虞者，亦得加入討論及表決，並得代理其他董事行使其表決權。

(　) **4** 公開發行公司應將董事會之開會過程全程錄音或錄影存證，並至少保存幾年？
(A)六個月 　　　　　　　　(B)一年
(C)二年 　　　　　　　　(D)五年。 　【109年第3次普業】

(　) **5** 公開發行股票公司之董事會，設置董事不得少於幾人？ (A)三人 (B)五人 (C)七人 (D)九人。 　【105年第1次高業】

解答與解析

1 (B)。根據公司法第202條，公司業務之執行，除本法或章程規定應由股東會決議之事項外，均應由董事會決議行之。

2 (A)。根據公司法第212條，股東會決議對於董事提起訴訟時，公司應自決議之日起三十日內提起之。

3 (C)。(A)董事會應至少每季召開一次，並於議事規範明定之。
(B)董事會之召集，應載明召集事由，於七日前通知各董事及監察人。
(D)董事對於會議事項，與其自身或其代表之法人有利害關係，不得加入討論及表決，亦不得代理其他董事行使其表決權。

4 (D)。公開發行公司董事會議事辦法第18條，公司應將董事會之開會過程全程錄音或錄影存證，並至少保存五年，其保存得以電子方式為之。

5 (B)。證券交易法第26-3條，已依本法發行股票之公司董事會，設置董事不得少於五人。

五、監察人

(一) 監察人的選任

1. 公司監察人，由股東會選任之。

※公司與監察人間之關係，適用民法中的「委任」規定。【110年第1次高業】

2. 監察人全體均解任時，董事會應於三十日內召開股東臨時會選任之。但公開發行股票之公司，董事會應於六十日內召開股東臨時會選任之。

(二) 監察人的任期：不得逾三年，但得連選連任。

(三) 監察人之職權

1. 監察人對於董事會編造提出股東會之各種表冊，應予查核，並報告意見於股東會。監察人辦理前項事務，得委託會計師審核之。

2. **董事發現公司有受重大損害之虞時，應立即向監察人報告。董事會或董事執行業務有違反法令、章程或股東會決議之行為者，監察人應即通知董事會或董事停止其行為**。【109年第2次高業】

3. 董事為自己或他人與公司為買賣、借貸或其他法律行為時，由監察人為公司之代表。

(四) 監察人之限制：**監察人不得兼任公司董事、經理人或其他職員**。

六、會計

每會計年度終了，董事會應編造營業報告書、財務報表、盈餘分派或虧損撥補之議案，於股東常會開會**三十日前**交監察人查核。

七、分配員工酬勞【109年第2次普業；109年第2次、第4次高業】

(一) 公司應於章程訂明以當年度獲利狀況之定額或比率，分派員工酬勞。但公司尚有累積虧損時，應予彌補。

(二) 前項員工酬勞以股票或現金為之，應由董事會以董事**三分之二以上**之出席
及出席董事過半數同意之決議行之，並報告股東會。

(三) 公司經前項董事會決議以股票之方式發給員工酬勞者，得同次決議以發行
新股或收買自己之股份為之。

(四) 章程得訂明依第一項至第三項發給股票或現金之對象包括符合一定條件之
控制或從屬公司員工。

八、股利

(一) **股利分派之限制**【109年第2次普業】

1. 公司分派盈餘時，應先預估並保留應納稅捐、依法彌補虧損及提列法
定盈餘公積。**但法定盈餘公積，已達實收資本額時，不在此限。**

2. 公司於完納一切稅捐後，分派盈餘時，應先提出百分之十為法定盈餘
公積。但法定盈餘公積，已達實收資本額時，不在此限。

(二) **股利分派之比率**：以各股東持有股份之比例為準。

(三) **股利分派程序**

1. **一般公司**：公司得由有代表已發行股份總數三分之二以上股東出席之
股東會，以出席股東表決權過半數之決議，分派股息及紅利。若出席
股東股份總數及表決權數，章程有較高規定者，從其規定。

2. **公開發行公司**：公開發行股票之公司，出席股東之股份總數不足前項定
額者，得以有代表已發行股份總數過半數股東之出席，出席股東表決權
三分之二以上之同意行之。公開發行股票之公司，得以章程授權董事會
以三分之二以上董事之出席，及出席董事過半數之決議，將應分派股息
及紅利之全部或一部，以發放現金之方式為之，並報告股東會。

$ 即時演練

(　　) **1** 股份有限公司股息及紅利之分派，除章程另有規定外，其標準為
何？　(A)以各股東平均分配為準　(B)以各股東持有股份之比例為
準　(C)以各股東之需要為準　(D)以各股東人數為準。

(　　) **2** 股份有限公司依「公司法」規定，提出法定盈餘公積分配前，必須
先作下列何事項？　(A)先彌補虧損　(B)先分派股息　(C)先分派
紅利　(D)先償還債務。

解答與解析

1 **(B)**。根據公司法第235條第1項規定,股息及紅利之分派,除章程另有規定外,以各股東持有股份之比例為準。

2 **(A)**。依公司法第232條:「公司非『彌補虧損』及依本法規定提出法定盈餘公積後,不得分派股息及紅利。公司無盈餘時,不得分派股息及紅利。

公司負責人違反第一項或前項規定分派股息及紅利時,各處一年以下有期徒刑、拘役或科或併科新臺幣六萬元以下罰金。」

九、公司債

(一) **程序**【109年第4次高業】:公司**經董事會特別決議後**,得募集公司債。但須將募集公司債之原因及有關事項**報告股東會**。前項決議,應由三分之二以上董事之出席,及出席董事過半數之同意行之。

(二) **發行公司債總額**

1. 公開發行股票公司之公司債總額,不得逾公司現有全部資產減去全部負債後之餘額。【110年第2次高業】

2. 無擔保公司債之總額,不得逾前項餘額二分之一。

※但證券交易法第43-6條第3項規定:「普通公司債之**私募**,其發行總額,除經主管機關徵詢目的事業中央主管機關同意者外,不得逾全部資產減去全部負債餘額之百分之四百,不受公司法第二百四十七條規定之限制」。【109年第2次高業】

(三) **禁止發行公司債情形**

1. 禁止發行**無擔保公司債**:【110年第1次高業】

(1) 對於前已發行之公司債或其他債務,曾有違約或遲延支付本息之事實已了結,自了結之日起三年內。

(2) 最近三年或開業不及三年之開業年度課稅後之平均淨利,未達原定發行之公司債,應負擔年息總額之百分之一百五十。

2. 禁止發行**所有公司債**:

(1) 對於前已發行之公司債或其他債務有違約或遲延支付本息之事實,尚在繼續中者。

(2)最近三年或開業不及三年之開業年度課稅後之平均淨利，未達原定發行之公司債應負擔年息總額之百分之一百者。但經銀行保證發行之公司債不受限制。

十、發行新股

(一) 公司發行新股時，應由董事會特別決議行之。

(二) 公司發行新股時，應保留發行新股總數百分之十至十五之股份由公司員工承購。除依前項保留者外，公司應公告及通知原有股東，按照原有股份比例儘先分認，並聲明逾期不認購者，喪失其權利；原有股東持有股份按比例不足分認一新股者，得合併共同認購或歸併一人認購；原有股東未認購者，得公開發行或洽由特定人認購。

(三) 公司對員工新股優先認購權所認股份，得限制在一定期間不得轉讓，期間最長不得超過**二年**。【109年第2次高業】

(四) 公司因減資換發新股時，公司應於減資登記後，定六個月以上之期限，通知各股東換取，並聲明逾期不換取者，喪失股東權利。【109年第2次普業】

$ 即時演練

(　　) **1** 發行人對於前已發行之公司債或其他債務有違約或遲延支付本息之事實，尚在繼續中者，不得發行下列何種有價證券？　(A)特別股　(B)無擔保特別股　(C)普通股　(D)公司債。

(　　) **2** 依「公司法」規定，公司募集公司債應經何項程序？　(A)股東會普通決議　(B)股東會特別決議　(C)董事會過半數通過後報告股東會　(D)董事會特別決議後報告股東會。　　　　【109年第4次高業】

解答與解析

1 (D)。依公司法第250條規定，公司有下列情形之一者，不得發行公司債：一、對於前已發行之公司債或其他債務有違約或遲延支付本息之事實，尚在繼續中者。

二、最近三年或開業不及三年之開業年度課稅後之平均淨利，未達原定發行之公司債應負擔年息總額之百分之一百者。但經銀行保證發行之公司債不受限制。

2 **(D)**。根據公司法第246條，公司經董事會決議後，得募集公司債。但須將募集公司債之原因及有關事項報告股東會。前項決議，應由三分之二以上董事之出席，及出席董事過半數之同意行之。

十一、公司重整

聲請公司重整資格

(一) 當公開發行股票或公司債之公司因財務困難，暫停營業或有停業之虞，而有重建更生之可能者，得由公司或下列利害關係人之一向法院聲請重整：

1. 繼續六個月以上持有已發行股份總數百分之十以上股份之股東。
2. 相當於公司已發行股份總數金額百分之十以上之公司債權人。
3. 工會。
4. 公司三分之二以上之受僱員工。

公司聲請重整，應經董事會特別決議行之。

(二) 公司重整人，應於重整計畫所定期限內完成重整工作；重整完成時，應聲請法院為重整完成之裁定，並於裁定確定後，召集重整後之股東會選任董事、監察人。

十二、解散【109年第2次普業、110年第1次高業】

股份有限公司，有下列情事之一者，應予解散：

(一) 章程所定解散事由。

(二) 公司所營事業已成就或不能成就。

(三) 股東會為解散之決議。

(四) 有記名股票之股東不滿二人。但政府或法人股東一人者，不在此限。

(五) 與他公司合併。

(六) 分割。

(七) 破產。

(八) 解散之命令或裁判。

十三、清算【108年第2次高業】

(一) 公司之清算，<u>除公司法或因公司章程另有規定或股東會另選清算人外，以董事為清算人。</u>

(二) 不能依前項選定清算人時，**法院得因利害關係人之聲請，選派清算人**。

(三) 清算完結時，清算人應於十五日內，造具清算期內收支表、損益表、連同各項簿冊，送經監察人審查，並提請股東會承認。

十四、關係企業【110年第1次普業】

公司法所定義的關係企業：(一)相互投資之公司、(二)控制與從屬關係之公司。

(一) **相互投資公司**

　　1.**定義**：甲公司與乙公司各持有對方股份總數或資本額達三分之一以上者，稱為相互投資公司。

　　2.**規範**：

　　　(1)甲公司持有乙公司具表決權之股份，超過乙公司已發行具表決權之股份總數達三分之一者，應於事實發生之日起一個月內以書面通知該乙公司。

　　　(2)相互投資公司若行使表決權，不得超過被投資公司已發行股份總數之三分之一。

(二) **控制與從屬關係之公司**

　　1.**定義**：

　　　(1)**認定為控制／從屬公司**

　　　　情況一：甲公司持有乙公司一半以上的股份；甲為控制公司、乙為從屬公司。

　　　　情況二：甲公司直接或間接控制乙公司之人事、財務或經營業務；甲為控制公司、乙為從屬公司。

　　　(2)**推定為控制／從屬公司**

　　　　情況一：甲公司與乙公司之執行業務股東或董事有半數以上相同。

　　　　情況二：甲公司與乙他公司之佔一半以上股權的股東或出資者相同。

　　2.**規範**：

　　　(1)控制公司直接或間接使從屬公司為不合營業常規或其他不利益之經營，而未於會計年度終了時為適當補償，致從屬公司受有損害者，應負賠償責任。若控制公司未為賠償，**從屬公司之債權人**或**繼續一年以上持有從屬公司已發行有表決權股份總數或資本總額百分之一以上之股東**，得以自己名義行使從屬公司之權利，請求對從屬為給付。

(2)**從屬公司為公開發行股票之公司者**，應於每會計年度終了，造具其**與控制公司間之關係報告書**，載明相互間之法律行為、資金往來及損益情形。

控制公司為公開發行股票之公司者，應於每會計年度終了，編製關係**企業合併營業報告書及合併財務報表**。

即時演練

( ) **1** 相互投資公司知有相互投資之事實者，其得行使之表決權，不得超過被投資公司已發行有表決權股份總數之多少？　(A)五分之一　(B)四分之一　(C)三分之一　(D)二分之一。　　【107年第1次高業】

( ) **2** 下列何種情形，不屬於法律所推定具有控制從屬關係？　(A)公司與他公司之執行業務股東或董事有半數以上相同　(B)公司與他公司之已發行有表決權之股份總數半數以上為相同之股東持有　(C)公司與他公司之資本總額有半數以上為相同之股東出資　(D)公司與公司因財務或業務經營有融通資金之往來。　【106年第4次高業】

解答與解析

1 (C)。根據公司法第369-10條，相互投資公司若行使表決權，不得超過被投資公司已發行有表決權股份總數之三分之一。

2 (D)。選項(A)(B)(C)符合公司法第369-2、369-3條之控制從屬關係。

專題小教室

直接金融v.s.間接金融【109年第2次高業、109年第3次高業、110年第1次高業】

(一) 金融體系中依資金融通的方式，可區分為：直接金融（direct finance）與間接金融（indirect finance）。

1. 直接金融

　(1)資金需求者不透過中間機構，直接與資金提供者籌資。

　(2)常見的有：企業發行有價證券（股票），投資人透過證券承銷、
　　證交所等平台購買（證券承銷商僅賺取手續費，但不介入資金供
　　需）。

2. 間接金融

　(1)資金需求者向金融仲介機構借款，而金融仲介機構的資金是來自其
　　他資金供給者；故中間透過仲介角色，稱為間接金融。

　(2)常見的有：銀行收受民眾存款，並貸放予資金需求者。銀行以賺取
　　存放款間的利率差為主要獲利來源。

(二) 非金融部門在金融體系的運籌方式。

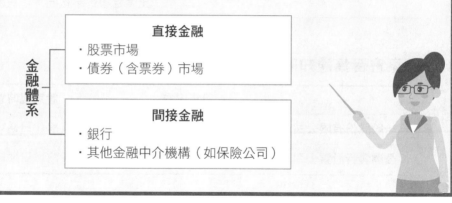

即時演練

( ) 經濟主體以發行股票、債券等有價證券，透過證券市場揭露社會大眾
　　籌措資金的融資方式，係為： (A)短期金融　(B)間接金融　(C)直
　　接金融　(D)消費金融。　　　　　　　　　　　　　　　【108年第1次普業】

解答與解析

(C)。資金需求者不透過中間機構，直接與資金提供者籌資的型態屬於
　　　直接金融。

重點回顧

公司分類

	最低成立限制	經理人的委任、解任及報酬
無限公司	2人以上股東	須經全體無限責任股東過半數同意
有限公司	1人以上股東	須經全體股東表決權過半數同意
兩合公司	1人以上**無限責任股東** +1人以上**有限責任股東**	須經全體無限責任股東過半數同意
股份有限公司	2人以上股東	由董事會以董事過半數之出席，及出席董事過半數同意之決議行之。

股東會召集通知時間

	股東常會	股東臨時會
一般股份有限公司	於召集前20日通知	於召集前10日通知
公開發行股票公司	於召集前30日通知	於召集前15日通知

股東名簿記載之變更時限

股東名簿記載之變更	股東常會	股東臨時會	其他
非公開發行股票之公司	開會前30日	開會前15日內	決定分派股息及紅利或其他利益之基準日前五日內
公開發行股票之公司	開會前60日內	**開會前30日內**	－

精選試題

公司之經理人與負責人

( )　**1** 股份有限公司經理人之委任、解任及報酬，依公司法有何限制規定？　(A)須有股東三分之二之同意　(B)須有股東過半數之同意　(C)須有董事三分之二之同意　(D)應由董事會以董事過半數出席，及出席董事過半數同意。　【105年第2次普業】

( )　**2** 依公司法規定，股份有限公司經理人的委任、解任及報酬應由下列何者決定？　(A)股東會　(B)董事會　(C)董事長　(D)監察人。

( )　**3** 下列關於公司法上經理人職權之敘述，何者正確？　(A)公司得以其所加於經理人職權之限制，對抗善意第三人　(B)在公司章程或契約規定授權範圍內，有為公司管理事務及簽名之權　(C)應依總經理之指示行使職權，而非依董事會或股東會之決議　(D)經理人之權限範圍，應依董事長決定之。

( )　**4** 下列關於公司負責人之敘述，何者錯誤？　(A)公司之非董事，而實質上執行董事業務，與公司法董事同負民事、刑事及行政罰之責任　(B)在執行職務範圍內，公司之清算人為公司負責人　(C)有限公司、股份有限公司之負責人為董事　(D)重整監督人在執行職務範圍時，不屬於公司負責人。　【109年第4次高業】

公司法總則

( )　**5** 依「公司法」規定，股份有限公司發生下列何種情事，應予解散？　(A)董事長決定之任何原因　(B)監察人決定之任何原因　(C)股東會為解散之決議　(D)法律無限制。　【110年第1次高業】

( )　**6** 依公司法規定，持有已發行股份總數超過百分之 _____ 之股東，須申報至中央主管機關建置或指定之資訊平臺；其有變動，應於變動後 _____ 日內為之？　(A)十，十五　(B)十，十　(C)十五，十五　(D)十五，十。　【109年第4次高業】

✔ 股東會

(　　) **7** 公開發行公司應注意於股東常會開會前幾日內，不得為該公司股東名簿記載之變更？　(A)十日　(B)二十日　(C)三十日　(D)六十日。　【107年第4次高業】

(　　) **8** 關於股東提案權，下列敘述何者為非？　(A)持有已發行股份總數百分之一以上股份之股東，得以書面向公司提出股東常會議案　(B)以一項為限，提案超過一項者，均不列入議案　(C)公告受理股東提案其受理期間不得少於十日　(D)提案列入議案之股東，不得委託他人出席股東常會。　【105年第1次高業】

(　　) **9** 以電子方式行使表決權而未親自出席股東會的股東，在表決以下何種議案時會被計為棄權？
(A)臨時動議
(B)原議案之修正
(C)對各項議案內容沒有表示贊成或反對時
(D)以上皆是。　【109年第4次普業、109年第4次高業】

(　　) **10** 有關股東會電子投票規定，以下何者為非？　(A)電子投票與委託書重複時，以委託書為準　(B)股東電子投票之撤銷，應於股東會二日前以同方式（即電子方式）為之　(C)股東以電子方式行使表決權後，仍得以親自出席股東會，並可對原議案之修正進行投票　(D)股東電子投票，對於股東會現場之臨時動議視為棄權。

(　　) **11** 有關股東會之決議，對公司已發行股份之總數及表決權數之計算，下列敘述，何者正確？　甲、無表決權股東之股份不算入已發行股份總數；乙、對表決事項有自身利害關係而不得行使表決權之股份數，不算入已發行股份總數　(A)僅甲正確　(B)僅乙正確　(C)甲、乙皆正確　(D)甲、乙皆錯誤。　【110年第1次普業】

(　　) **12** 非公開發行公司受讓他人全部營業或財產，對公司營運有重大影響者，原則上應有代表已發行股份總數多少以上之股東出席之股東會，以出席股東表決權過半數之同意行之？　(A)五分之三　(B)四分之三　(C)三分之二　(D)二分之一。　【101年第2次高業】

( )　**13** 下列何一事項，得適用假決議規定？　(A)變更章程　(B)公司資產負債表等會計表冊之承認　(C)董事競業行為之許可　(D)選項(A)(B)(C)皆可適用。　【103年第1次普業】

( )　**14** 股東會之召集程序或決議方法，違反法令或章程時，股東得採取何種行動？　(A)請求主管機關宣告決議無效　(B)訴請法院撤銷其決議　(C)請求董事會宣告決議無效　(D)違法決議任何人皆不須遵守。

( )　**15** 某公司召開股東會，股東以臨時動議提議立即解任董事，則應有出席股東會股份之多少百分比通過才有效？
(A)二分之一通過　　　　　　(B)三分之一通過
(C)三分之二通過　　　　　　(D)無法改選。　【108年第3次高業】

✅ 董事會

( )　**16** 依「公司法」規定，董事任期不得超過幾年，但連選得連任？
(A)一年　(B)二年　(C)三年　(D)四年。　【108年第1次普業】

( )　**17** 除經主管機關核准者外，公開發行公司董事間應有超過多少比例席次，不得具有配偶之關係？　(A)二分之一　(B)三分之一　(C)三分之二　(D)五分之一。　【106年第4次普業】

( )　**18** 依現行法令規定，公開發行公司董事會應至少多久召開一次？
(A)每一季　　　　　　　　　(B)每四個月
(C)每半年　　　　　　　　　(D)每年。　【110年第1次高業】

( )　**19** 依據96.01.01實行之董事會議事辦法規定，關於董事會議事規範，下列何者為非？　(A)公司應將董事會之開會過程全程錄音或錄影存證，並永久保存　(B)獨立董事有反對或保留意見且有紀錄或書面聲明者，應於董事會之日起二日內於主管機關指定之資訊申報網站公告申報　(C)董事會簽到簿為議事錄之一部分，應永久保存　(D)議事錄須由會議主席及記錄人員簽名或蓋章，於會後二十日內分送各董事。

( ) **20** 關於董事出席董事會,下列敘述何者錯誤? (A)原則上應由董事親自出席 (B)董事委託其他董事出席董事會時,應出具委託書,列舉召集事由之授權範圍 (C)董事居住國外者,得以書面委託國內其他股東,代理出席董事會 (D)代理其他董事出席之董事,得受二人以上之委託。 【105年第2次高業】

( ) **21** 持有已發行股份總數多少之股東得以書面向公司提出董事候選人名單? (A)1% (B)3% (C)5% (D)10%。 【107年第1次普業】

( ) **22** 股份有限公司每屆第一次董事會,原則上由何人召集之? (A)前屆之董事長召集之 (B)本屆之監察人召集之 (C)所得選票代表選舉權最多之董事召集之 (D)五分之一以上當選之董事,報經地方主管機關許可,自行召集之。 【100年第4次高業】

( ) **23** 下列敘述何者正確? (A)董事會之決議違反法令或章程時,持有百分之三股份之股東得請求董事會停止其行為 (B)董事會之決議違反法令或章程之行為時,監察人應即通知董事會停止其行為 (C)董事會之決議為違反法令或章程之行為時,有異議之股東得請求董事會停止其行為 (D)董事會決議違反章程,監察人應即向司法機關檢舉。 【106年第2次高業】

( ) **24** 公司法上,董事發現公司有受重大損害之虞時,應立即向誰報告? (A)董事長 (B)董事會 (C)監察人 (D)簽證會計師。

✅ 監察人

( ) **25** 股份有限公司之監察人,係由公司何一機關選任之? (A)董事會 (B)股東會 (C)監察人會 (D)總經理。

( ) **26** 股份有限公司監察人對於董事會編造提出於股東會之各種表冊,應予查核,調查實況,向誰提出報告? (A)報告意見於股東會 (B)報告意見於董事會 (C)報告意見於董事 (D)報告意見於證券暨期貨市場發展基金會。 【102年第4次高業】

✅ 會計

( )　**27** 股份有限公司於彌補虧損完納一切稅捐後，分派盈餘時，除了法定盈餘公積，已達資本總額時外，依法應提出多少法定盈餘公積？　(A)百分之十　(B)百分之二十　(C)百分之三十　(D)百分之五十。　【107年第1次高業】

( )　**28** 股份有限公司於章程訂明以當年度獲利狀況之定額或比率，分派員工酬勞，應於多少比例之董事出席，並在董事會過半數同意後決議行之？　(A)三分之一　(B)二分之一　(C)三分之二　D)全數。

✅ 公司債

( )　**29** 股份有限公司募集公司債應由董事多少比例以上出席，及出席董事過半數之同意為之？　(A)三分之二　(B)四分之三　(C)三分之一　(D)五分之二。

( )　**30** 私募普通公司債，其發行總額，除經主管機關徵詢目的事業中央主管機關同意者外，不得逾全部資產減去全部負債餘額之多少？　(A)百分之百　(B)百分之二百　(C)百分之三百　(D)百分之四百。　【107年第1次高業】

( )　**31** 發行人對於前已發行之公司債或其他債務，曾有違約或遲延支付本息之事實已了結者，自了結之日起三年內不得發行下列何種有價證券？　(A)特別股　(B)無擔保公司債　(C)新股認購權利證書　(D)公司債。　【108年第4次高業】

( )　**32** 依公司法規定發行人募集與發行無擔保公司債之總額，不得逾公司現有全部資產減去全部負債及無形資產後之餘額的多少比例？　(A)二分之一　　　　　　　　(B)三分之一　(C)四分之一　　　　　　　　(D)五分之一。　【105年第3次高業】

( )　**33** 公司發行新股時，應由董事以三分之二以上之出席，及出席董事多少比例以上同意之決議行之？　(A)四分之三　(B)三分之二　(C)二分之一　(D)三分之一。　【110年第1次高業】

解答與解析

1 (D)。根據公司法第29條,經理人的委任、解任及報酬在股份有限公司,應由董事會以董事過半數之出席,及出席董事過半數同意之決議行之。

2 (B)。公司法第29條規定:「公司得依章程規定置經理人,其委任、解任及報酬,依下列規定定之。但公司章程有較高規定者,從其規定:一、無限公司、兩合公司須有全體無限責任股東過半數同意。二、有限公司須有全體股東表決權過半數同意。三、股份有限公司應由董事會以董事過半數之出席,及出席董事過半數同意之決議行之。……」

3 (B)。(A)公司法第36條規定,公司不得以其所加於經理人職權之限制,對抗善意第三人。錯誤。
(B)公司法第31條規定,經理人在公司章程或契約規定授權範圍內,有為公司管理事務及簽名之權。正確。
(C)公司法第33條規定,經理人不得變更董事或執行業務股東之決定,或股東會或董事會之決議,或逾越其規定之權限。錯誤。
(D)公司法第31條規定,經理人之職權,除章程規定外,並得依契約之訂定。經理人在公司章程或契約規定授權範圍內,有為公司管理事務及簽名之權。錯誤。

4 (D)。根據公司法第8條,公司之經理人、清算人或臨時管理人,股份有限公司之發起人、監察人、檢查人、重整人或重整監督人,在執行職務範圍內,亦為公司負責人。

5 (C)。根據公司法第315條,股份有限公司,有左列情事之一者,應予解散:
一、章程所定解散事由。
二、公司所營事業已成就或不能成就。
三、股東會為解散之決議。
四、有記名股票之股東不滿二人。但政府或法人股東一人者,不在此限。
五、與他公司合併。
六、分割。
七、破產。
八、解散之命令或裁判。
前項第一款得經股東會議變更章程後,繼續經營;第四款本文得增加有記名股東繼續經營。

6 **(A)**。根據公司法第22-1條，持有已發行股份總數達10%之股東，須申報至中央主管機關建置或指定之資訊平臺；其有變動，應於變動後15日內為之。

7 **(A)**。依公司法第165條第3項，公開發行股票之公司辦理第一項股東名簿記載之變更，於股東常會開會前六十日內，股東臨時會開會前三十日內，不得為之。

8 **(D)**。提出議案之股東得親自或委託代理人出席股東會，參與議案討論。

9 **(D)**。根據公司法第177-1條，公司召開股東會時，採行書面或電子方式行使表決權者，其行使方法應載明於股東會召集通知。但公開發行股票之公司，符合證券主管機關依公司規模、股東人數與結構及其他必要情況所定之條件者，應將電子方式列為表決權行使方式之一。
前項以書面或電子方式行使表決權之股東，視為親自出席股東會。但就該次股東會之臨時動議及原議案之修正，視為棄權。

10 **(C)**。根據公司法第177-2條，股東以書面或電子方式行使表決權後，欲親自出席股東會者，應於股東會開會二日前，以與行使表決權相同之方式撤銷前項行使表決權之意思表示；逾期撤銷者，以書面或電子方式行使之表決權為準。

11 **(A)**。根據公司法第180條，股東會之決議，對無表決權股東之股份數，不算入已發行股份之總數。股東會之決議，對依第一百七十八條規定不得行使表決權之股份數，不算入已出席股東之表決權數。

12 **(C)**。根據公司法第185條，受讓他人全部營業或財產，對公司營運有重大影響。應有代表已發行股份總數三分之二以上股東出席之股東會，以出席股東表決權過半數之同意行之。

13 **(B)**。只有普通決議事項才有假決議之適用；特別決議事項則無。
選項中變更章程與董事競業行為之許可均為特別決議事項，僅公司資產負債表等會計表冊之承認為普通決議事項。

14 **(B)**。根據公司法第189條，股東會之召集程序或其決議方法，違反法令或章程時，股東得自決議之日起三十日內，訴請法院撤銷其決議。

15 **(D)**。根據公司法第172條第5項，「選任或解任董事」、監察人、變更章程、減資、申請停止公開發行、董事競業許可、盈餘轉增資、公積轉

增資、公司解散、合併、分割或第一百八十五條第一項各款之事項，
應在召集事由中列舉並説明其主要內容，「不得以臨時動議提出」；
其主要內容得置於證券主管機關或公司指定之網站，並應將其網址載
明於通知。

16 (C)。根據公司法第195條，董事任期不得逾三年。但得連選連任。

17 (A)。根據證交法第26-3條第3項：公司除經主管機關核准者外，董事間應有
超過半數之席次，不得具有下列關係之一：一、配偶。二、二親等以
內之親屬。

18 (A)。根據公開發行公司董事會議事辦法第3條，董事會應至少每季召開一
次，並於議事規範明定之。

19 (A)。根據公開發行公司董事會議事辦法第18條規定，公司應將董事會之開
會過程全程錄音或錄影存證，並至少保存五年。

20 (D)。根據公司法第205條，代理其他董事出席之董事，以受一人之委託為限。

21 (A)。根據公司法第192-1條，持有已發行股份總數百分之一以上股份之股
東，得以書面向公司提出董事候選人名單，提名人數不得超過董事應
選名額。

22 (C)。根據公司法第203條，每屆第一次董事會，由所得選票代表選舉權最多
之董事於改選後十五日內召開之。

23 (B)。根據公司法第218-2條，董事會或董事執行業務有違反法令、章程或股
東會決議之行為者，監察人應即通知董事會或董事停止其行為。

24 (C)。根據公司法第218-1條，董事發現公司有受重大損害之虞時，應立即向
監察人報告。

25 (B)。根據公司法第216條，股份有限公司之監察人由股東會選任之。

26 (A)。根據公司法第219條，監察人對於董事會編造提出股東會之各種表冊，
應予查核，並報告意見於股東會。

27 (A)。根據公司法第237條，公司於完納一切稅捐後，分派盈餘時，應先提出
百分之十為法定盈餘公積。

28 (C)。根據公司法第235-1條，公司應於章程訂明以當年度獲利狀況之定額或比率，分派員工酬勞。前項員工酬勞以股票或現金為之，應由董事會以董事三分之二以上之出席及出席董事過半數同意之決議行之，並報告股東會。

29 (A)。依公司法第246條第2項規定，募集公司債之決議應由三分之二以上董事出席，出席董事過半數之同意行之。

30 (D)。證交法第43-6條第3項規定：「除經主管機關徵詢目的事業中央主管機關同意者外，不得逾全部資產減去全部負債餘額之百分之四百，不受公司法第二百四十七條規定之限制。」（按公司法第247條規定：「公司債之總額，不得逾公司現有全部資產減去全部負債及無形資產後之餘額。無擔保公司債之總額，不得逾前項餘額二分之一。」）

31 (B)。依公司法第249條規定，公司有下列情形之一者，不得發行無擔保公司債：一、對於前已發行之公司債或其他債務，曾有違約或遲延支付本息之事實已了結，自了結之日起三年內。
二、最近三年或開業不及三年之開業年度課稅後之平均淨利，未達原定發行之公司債，應負擔年息總額之百分之一百五十。

32 (A)。依「公司法」第247條第2項規定，無擔保公司債之總額，不得逾公司現有全部資產減全部負債及無形資產後餘額二分之一。

33 (C)。依公司法第266條第2項規定，公司發行新股時，應由董事會以董事三分之二以上之出席，及出席董事過半數同意之決議行之。

Ch2 證券交易法的基本概念

依據出題頻率區分，屬：**A** 頻率高

課前導讀

證券市場提供企業籌措資金、以及社會大眾投資的管道，因此，證券市場的健全與
否和一國經濟的發展密切相關。又證券交易法是參與臺灣股票市場者（不論是上市
公司、券商、乃至一般投資人）所應依循的遊戲規則。此處節錄證交法中較常出現
的歷屆考點，請各位務必熟記之。

重點 　**證券交易法的基本概念**　　　　重要度 ★★★

一、證券交易法的基本性質

(一) 證券交易法是公司法之「特別法」。

(二) 證交法規範對象是公開發行公司，依特別法（證交法）優於普通法（公司
法）原則，只有非公開發行公司適用公司法之規定，公開發行公司仍依證
交法規定。

知識補給站 🖉

普通法VS特別法

凡對於一般的人、地、事適用之者，謂之「普通法」。

對於特殊的人、地、事適用之者，謂之「特別法」。

※普通法與特別法的區別實益，在於特別法優於普通法原則的適用。意即，若同
　一事件有兩種以上的法律為不同規定時，應優先適用特別法的規定。

(三) 證券交易法所稱的主管機關為**金融監督管理委員會**。【109年第2次普業】

二、證券交易法的規範範圍【109年第3次、第4次高業、110年第1次高業】

(一) 從證交法第4與第7條，可得知證交法是規範公開發行的股份有限公司。

　　1. **證交法第4條**：本法所稱公司，謂依公司法組織之股份有限公司。

　　2. **證交法第7條**：本法所稱募集，謂發起人於公司成立前或發行公司於發行前，對非特定人公開招募有價證券之行為。

(二) **根據證券交易法第6條，其所規範的有價證券**，係指：政府債券、公司股票、公司債券、新股認購權利證書、新股權利證書、及經主管機關核定之其他有價證券。【109年第4次普業、110年第2次普業】

　　惟政府發行之債券，其上市由主管機關以命令行之，不適用證券交易法有關上市之規定。**故政府債券又稱豁免證券。**（證交法第149條）

三、名詞定義

下列為證券交易法所出現之名詞定義：

(一) **發行人**：募集及發行有價證券之公司，或募集有價證券之發起人。【110年第2次普業】

(二) **募集**：發起人於公司成立前或發行公司於發行前，**對非特定人**公開招募有價證券之行為。【110年第1次、第2次普業】

觀念理解

法律體系上，公司若要進行募集程序，有兩種方式：申報生效制VS申報核准制；我國採「申報生效制」。

(三) **發行**：**發行人於集後製作並交付，或以帳簿劃撥方式交付有價證券之行為。**【110年第1次普業】

(四) **私募**：**對特定人**招募有價證券之行為。

(五) **承銷**：依約定包銷或代銷發行人發行有價證券之行為。

(六) **有價證券集中交易市場**：證券交易所為供有價證券之競價買賣所開設之市場。

(七) **財務報告**：發行人及證券商、證券交易所依法令規定，應定期編送主管機關之財務報告。

四、公開說明書

(一) **公開說明書的定義：發行人為有價證券之募集或出賣，依證券交易之規定，向公眾提出之說明文書**。【109年第4次普業；109年第3次高業】

(二) **應編制公開說明書之情形**

1. **募集、發行有價證券**

(1)公司募集、發行有價證券，於申請審核時，除依公司法所規定記載事項外，應行加具公開說明書。

(2)前項公開說明書，其**應記載之事項**，由主管機關（證交法之主管機關為**金融監督管理委員會**）以命令定之。【109年第4次普業】

2. **申請上市、上櫃、興櫃**

(1)公司申請其有價證券在證券交易所上市或於證券商營業處所買賣者，於申請審核時，除依公司法所規定記載事項外，應行加具公開說明書。

(2)公開說明書應記載事項之準則，分別由證券交易所與證券櫃檯買賣心擬訂，報請主管機關（金融監督管理委員會）核定。

(三) **公開說明書之交付**

1. 募集有價證券，應先向認股人或應募人交付公開說明書。

2. 違反前項之規定者，對於善意之相對人因而所受之損害，應負賠償責任。

3. **證券承銷商**出售其所承銷之有價證券，**應代理發行人交付公開說明書**。

(四) **公開說明書虛偽或隱匿責任**【109年第4次普業；109年第3次高業】：倘公開說明書有虛偽或隱匿情事，**下列各款之人**對於善意之相對人，因而所受之損害，應就其所應負責部分**與公司負連帶賠償責任**：

1. 發行人及其負責人。

2. 發行人之職員，曾在公開說明書上簽章，以證實其所載內容之全部或一部者。

3. 該有價證券之證券承銷商。

4. 會計師、律師、工程師或其他專門職業或技術人員，曾在公開說明書上簽章，以證實其所載內容之全部或一部，或陳述意見者。

※前項第1.款至第3.款之人，**除發行人外**，對於未經前項第四款之人簽證部分，如能證明已盡相當之注意，並有正當理由確信其主要內容無虛偽、隱匿情事或對於簽證之意見有正當理由確信其為真實者，免負賠償責任；前項第4.款之人，**如能證明已經合理調查，並有正當理由確信其簽證或意見為真實者，亦同**。→**發行人負絕對責任**

五、財務報告

(一) **意義**【110年第1次高業】

1.財務報告，指發行人及證券商、證券交易所依法令規定，應定期編送主管機關之財務報告。

2.股票已上市或上櫃之公司，編製年度財務報告時，應揭露之資訊包含：公司薪資報酬政策、全體員工平均薪資、董事及監察人之酬金。

(二) **公告及申報時間**【109年第2次普業；109年第4次高業、110年第2次高業】：發行有價證券之公司，應依下列規定公告並向主管機關（金管會）申報：

1.於**每會計年度終了後三個月內，公告並申報**由董事長、經理人及會計主管簽名或蓋章，並**經會計師查核簽證、董事會通過及監察人承認之年度財務報告**。
【110年第2次普業】

2.於每會計年度第一季、第二季及第三季**終了後四十五日內**，公告並申報由董事長、經理人及會計主管簽名或蓋章，並經會計師核閱及提報董事會之財務報告。【109年第3次普業】

3.於**每月十日以前**，公告並申報上月份**營運情形**。

> **考點速攻**
>
> 1.年度財務報告應載明查核會計師查核意見屬於：「無保留意見」、「修正式無保留意見」、「保留意見」、「無法表示意見」或「否定意見」何種。
>
> 2.只要非屬「無保留意見」查核報告者，則應載明其理由。
>
> 3.上市、上櫃公司每年應編製年報，於股東常會分送股東。

(三) **財報聲明**：財務報告應經董事長、經理人及會計主管簽名或蓋章，並出具財務報告內容無虛偽或隱匿之聲明。

(四) **會計師查核簽證**

1.**公開發行公司之財務報告**，應由依會計師法第十五條規定之聯合或法人會計師事務所之執業會計師**二人以上共同查核簽證**。

2.會計師辦理財務報告簽證，發生錯誤或疏漏者，主管機關得視情節之輕重，為以下處分：

(1)**警告**。

(2)**停止其二年以內辦理本法所定之簽證**。

(3)**撤銷簽證之核准**。

(五) **財務報表重編**

1.個體財務報告有下列情事之一，應重編財務報告，並重行公告：

(1)**更正綜合損益金額在新臺幣一千萬元以上，且達原決算營業收入淨額百分之一者**。

(2)更正資產負債表個別項目（不含重分類）金額在新臺幣一千五百萬元以上，且達原決算總資產金額百分之一點五者。

2.合併財務報告有下列情事之一，應重編財務報告，並重行公告：

(1)更正綜合損益金額在新臺幣一千五百萬元以上，且達原決算營業收入淨額百分之一點五者。

(2)更正資產負債表個別項目（不含重分類）金額在新臺幣三千萬元以上，且達原決算總資產金額百分之三者。

3.更正綜合損益，或資產負債表個別項目（不含重分類）金額未達前二款規定標準者，得不重編財務報告，並應列為保留盈餘、其他綜合損益或資產負債表個別項目之更正數，且於主管機關指定網站進行更正。

(六) **財務預測**

1.公開發行公司**公開財務預測者，應於公開之即日起算二日內**申報。

2.如有下列情事之一者，應重編財務預測：【109年第2次高業】

(1)財務預測之**公告申報日期距編製日期達一個月以上者**。

(2)變更簽證會計師者（但因會計師事務所內部調整者，不在此限）。

(3)當編製財務預測所依據之因素或基本假設發生變動，致綜合損益金額變動百分之二十以上且影響金額達新臺幣三千萬元及實收資本額之千分之五者，公司應依規定更新財務預測。

3.已公開財務預測之公司經發現財務預測應重編、或須更新時，應於發現之即日起算二日內公告申報說明原財務預測編製完成日期、如有會計師核閱者其核閱日期，所發現基本假設重大變動或**發生錯誤**致原發

布資訊已不適合使用之情事,及其對預計綜合損益表各重要科目之影響金額,**並於發現之即日起算十日內公告申報重編或更新(正)後財務預測**。【109年第4次高業】

4. 財務預測應包括「係屬估計,將來未必能完全達成」之聲明。

5. 財務預測應標明「預測」字樣。

(七) **財報不實之法律責任**

1. 發行人依證券法規定申報或公告之財務報告及財務業務文件,其內容不得有虛偽或隱匿之情事。若違反,下列各款之人,對於該有價證券之善意取得人、出賣人或持有人因而所受之損害,應負賠償責任:【109年第3次普業】

    (1) **發行人及其負責人**。

    (2) 發行人之**職員**,曾在財務報告或財務業務文件上簽名或蓋章者。

    ※前項各款之人,除發行人外,如能證明已盡相當注意,且有正當理由可合理確信其內容無虛偽或隱匿之情事者,免負賠償責任。

    (3) **會計師**辦理財務報告或財務業務文件之簽證,有不正當行為或違反或廢弛其業務上應盡之義務,致第一項之損害發生者,負賠償責任。

    →損害賠償請求權,自有請求權人知有得受賠償之原因時起二年間不行使而消滅;自募集、發行或買賣之日起逾五年者亦同。

2. 對有價證券之行情等重要事項有虛偽之記載並且散布於眾者,得併科新臺幣二千萬元以下罰金。【109年第2次高業】

💲 即時演練 ⚡

( ) **1** 「證券交易法」所稱募集及發行有價證券之公司或募集有價證券之發起人,稱之為: (A)應募人 (B)發行人 (C)委託人 (D)認股人。 【108年第1次普業】

( ) **2** 下列證券何者非為「證券交易法」上之有價證券?
    (A)政府債券   (B)公司股票、公司債券
    (C)受益憑證   (D)商業本票。 【110年第1次高業】

(　) 　**3** 證券交易法所謂發行，係指發行人於募集後，依法定方式所為之何種行為？　(A)交付公開說明書　(B)製作並交付有價證券　(C)製作有價證券　(D)交付有價證券。　　　　　　　　　【110年第1次普業】

(　) 　**4** 依「證券交易法」第6條規定，下列何者視為有價證券？　(A)利率交換契約　(B)匯票　(C)支票　(D)新股權利證書。　【109年第4次高業】

(　) 　**5** 公開發行公司依規定公開財務預測者，應於公開之即日起算幾日內申報？
(A)一日
(B)二日
(C)五日
(D)選項(A)(B)(C)皆非。　　　　　　　　　　　　【107年第1次高業】

(　) 　**6** 下列敘述何者有誤？　(A)母子公司得免編製合併財務預測報表　(B)財務預測得經會計師核閱　(C)自願公開財務預測者，應於公開日起二日內公告申報財務預測　(D)因會計師事務所內部調整而變更簽證會計師，應更新財務預測。

(　) 　**7** 公開說明書之虛偽不實記載，所發生之損害賠償請求權，自受害投資人知悉原因時起算，經過下列何項之期限時效消滅：　(A)一年　(B)二年　(C)五年　(D)七年。　　　　　　　　　　【105年第4次高業】

(　) 　**8** 「證券交易法施行細則」係由下列何機關所訂定？
(A)財政部
(B)行政院
(C)金融監督管理委員會
(D)經濟部。　　　　　　　　　　　　　　　　【109年第2次普業】

(　) 　**9** 上市、上櫃公司每年應編製何種文件於股東常會分送股東？
(A)公開說明書　　　　　　　　(B)財產目錄
(C)股東名冊　　　　　　　　　(D)年報。　　　　【110年第1次普業】

(　)**10** 有關公開發行公司應定期揭露之事項，以下何者為非？　(A)股東會年報　(B)年度財務報告　(C)財務預測資訊　(D)每月營運資訊。　　　　　　　　　　　　　　　　　【110年第1次普業】

解答與解析

1 (B)。證券交易法第5條規定：「本法所稱發行人，謂募集及發行有價證券之公司，或募集有價證券之發起人。」

2 (D)。根據證券交易法第6條，有價證券指政府債券、公司股票、公司債券、經主管機關核定之其他有價證券、新股認購權利證書、新股權利證書及前項各種有價證券之價款繳納憑證或表明其權利之證書。

3 (B)。根據證券交易法第8條，本法所稱發行，謂發行人於募集後製作並交付，或以帳簿劃撥方式交付有價證券之行為。

4 (D)。根據證券交易法第6條第2項，新股認購權利證書、新股權利證書及前項各種有價證券之價款繳納憑證或表明其權利之證書，視為有價證券。

5 (B)。根據公開發行公司公開財務預測資訊處理準則，公開財務預測者，應於公開之二日內申報。

6 (D)。因會計師事務所內部調整，變更簽證會計師者，無須更新財務預測。

7 (B)。損害賠償請求權，自有請求權人知有得受賠償之原因時起二年間不行使而消滅；自募集、發行或買賣之日起逾五年者亦同。

8 (C)。證券交易法施行細係由金融監督管理委員會所訂定。

9 (D)。根據證券交易法第36條，上市、上櫃公司每年應編製年報，於股東常會分送股東。

10 (C)。發行有價證券之公司，應依下列規定公告並向主管機關申報：

(1)於每會計年度終了後三個月內，公告並申報由董事長、經理人及會計主管簽名或蓋章，並經會計師查核簽證、董事會通過及監察人承認之年度財務報告。

(2)於每會計年度第一季、第二季及第三季終了後四十五日內，公告並申報由董事長、經理人及會計主管簽名或蓋章，並經會計師核閱及提報董事會之財務報告。

(3)於每月十日以前，公告並申報上月份營運情形。

六、重大訊息公開【109年第2次普業】

公司有下列情事之一者，應於事實發生之日起**二日內**公告並向主管機關申報：

(一) 股東常會承認之年度財務報告與公司先前申報公告之內容不一致。

(二) 發生對股東權益或證券價格有重大影響之事項。發生對股東權益或證券價格有重大影響之事項，指下列情形之一：

　　1.**存款不足之退票**、拒絕往來或其他喪失債信情事者。

　　2.**因訴訟、非訟、行政處分、行政爭訟、保全程序或強制執行事件，對公司財務或業務有重大影響者**。

　　3.嚴重減產或全部或部分停工、公司廠房或主要設備出租、全部或主要部分資產質押，對公司營業有影響者。

　　4.有公司法第185條第1項所定各款情事之一者。

　　5.經法院依公司法第287條第1項第5款規定其股票為禁止轉讓之裁定者。

　　6.**董事長、總經理或三分之一以上董事發生變動者。**

　　7.變更簽證會計師者。但變更事由係會計師事務所內部調整者，不包括在內。

　　8.重要備忘錄、策略聯盟或其他業務合作計畫或重要契約之簽訂、變更、終止或解除、改變業務計畫之重要內容、完成新產品開發、試驗之產品已開發成功且正式進入量產階段、收購他人企業、取得或出讓專利權、商標專用權、著作權或其他智慧財產權之交易，對公司財務或業務有重大影響者。

　　9.其他足以影響公司繼續營運之重大情事者。

> **考點速攻**
>
> 上市上櫃公司現金增資計畫有重大變更時，其資訊應輸入「公開資訊觀測站」。
> 【109年第3次普業】

七、獨立董事

(一) **獨立董事席次規範**

　　1.公開發行公司，得依章程規定設置獨立董事。但主管機關應視公司規模、股東結構、業務性質及其他必要情況，要求其設置**獨立董事，人數不得少於二人，且不得少於董事席次五分之一**。

　　2.公司董事會設有常務董事者，常務董事中獨立董事人數不得少於一人，且不得少於常務董事席次五分之一。

(二) **獨立董事資格**

1. **資格限制**

(1) 公開發行公司之<u>獨立董事兼任其他公開發行公司獨立董事不得逾三家</u>。

(2) **公開發行公司之獨立董事，應取得下列專業資格條件之一，並具備<u>五年以上工作經驗</u>：**

A. 商務、法務、財務、會計或公司業務所需相關科系之公私立大專院校講師以上。

B. 法官、檢察官、律師、會計師或其他與公司業務所需之國家考試及格領有證書之專門職業及技術人員。

C. 具有商務、法務、財務、會計或公司業務所需之工作經驗。

2. **不得擔任獨立董事限制**：有下列情事之一者，不得充任獨立董事，其已充任者，當然解任：

(1) 有公司法第三十條各款情事之一。

(2) 依公司法第二十七條規定以政府、法人或其代表人當選。

(3) 於選任前二年及任職期間有下列情事之一：

A. 公司或其關係企業之受僱人。

B. 公司或其關係企業之董事、監察人。但如為公司或其母公司、子公司依本法或當地國令設置之獨立董事者，不在此限。

C. 本人及其配偶、未成年子女或以他人名義持有公司已發行股份總額百分之一以上或持股前十名之自然人股東。

D. 前三款所列人員之配偶、二親等以內親屬或三親等以內直系血親親屬。

E. 直接持有公司已發行股份總額百分之五以上法人股東之董事、監察人或受僱人，或持股前五名法人股東之董事、監察人或受僱人。

F. 與公司有財務或業務往來之特定公司或機構之董事（理事）、監察人（監事）、經理人或持股百分之五以上股東。

G. 為公司或關係企業提供審計或最近二年取得報酬累計金額逾新臺幣五十萬元之商務、法務、財務、會計等相關服務之專業人士、獨資、合夥、公司或機構之企業主、合夥人、董事（理事）、監

　　察人（監事）、經理人及其配偶。但依本法或企業併購法相關法令履行職權之薪資報酬委員會、公開收購審議委員會或併購特別委員會成員，不在此限。

(三) 獨立董事選任

1. 獨立董事因故解任，致人數不足規定者，應於最近一次股東會補選之。獨立董事均解任時，公司應自事實發生之日起六十日內，召開股東臨時會補選之。

2. 公開發行公司獨立董事選舉，應採候選人提名制度，並載明於章程，股東應就獨立董事候選人名單中選任之。【110年第2次高業】

3. 公開發行公司得以下列方式提出獨立董事候選人名單：

    (1)持有已發行股份總數百分之一以上股份之股東，得以書面向公司提出獨立董事候選人名單，提名人數不得超過獨立董事應選名額。

    (2)由董事會提出獨立董事候選人名單，提名人數不得超過獨立董事應選名額。

4. 公開發行公司之董事選舉，獨立董事與非獨立董事應一併進行選舉，分別計算當選名額。

八、審計委員會【110年第2次普業】

(一) 109年1月1日起，上市櫃公司皆須設置審計委員會，不再採用監察人制度。

(二) 審計委員會組織

1. 公開發行公司設置審計委員會，應訂定審計委員會組織規程，其內容應至少記載下列事項：

    (1)審計委員會之人數、任期。

    (2)審計委員會之職權事項。

    (3)審計委員會之議事規則。

    (4)審計委員會行使職權時公司應提供之資源。

    前項組織規程之訂定應經董事會決議通過，修正時亦同。【109年第2次高業】

2. 席次規範：審計委員會應由全體獨立董事組成，其人數不得少於三人，其中一人為召集人，且至少一人應具備會計或財務專長。【109年第4次普業】

(三) 審計委員會之召開

1. 根據公開發行公司審計委員會行使職權辦法第7條，審計委員會應至少「**每季**」召開一次。【109年第2次普業；109年第4次高業】

2. 決議

(1) 審計委員會之決議，應有審計委員會全體成員二分之一以上之同意。

(2) 公開發行公司設置審計委員會者，下列事項應經**審計委員會全體成員二分之一以上同意，並提董事會決議**：【109年第4次普業】

　A. 依證券交易法第十四條之一規定訂定或修正內部控制制度。

　B. 內部控制制度有效性之考核。

　C. 依證券交易法第三十六條之一規定訂定或修正取得或處分資產、從事衍生性商品交易、資金貸與他人、為他人背書或提供保證之重大財務業務行為之處理程序。

　D. 涉及董事自身利害關係之事項。

　E. 重大之資產或衍生性商品交易。

　F. 重大之資金貸與、背書或提供保證。

　G. 募集、發行或私募具有股權性質之有價證券。

　H. 簽證會計師之委任、解任或報酬。

　I. 財務、會計或內部稽核主管之任免。

　J. 由董事長、經理人及會計主管簽名或蓋章之年度財務報告及須經會計師查核簽證之第二季財務報告。

　K. 師查核簽證之第二季財務報告。

　L. 其他公司或主管機關規定之重大事項。

　上述事項除「**由董事長、經理人及會計主管簽名或蓋章之年度財務報告及須經會計外**」，如未經審計委員會全體成員二分之一以上同意者，得由全體董事三分之二以上同意行之。【108年第4次高業、110年第2次高業】

3. 開會過程之保存：公司應將審計委員會之開會過程全程錄音或錄影存證，並至少保存**五年**，其保存得以電子方式為之。【109年第4次高業】

⏱ 即時演練 ⚡⚡

(　) **1** 依據現行證券相關法令之規定，公開發行公司獨立董事之提名方式為何？　(A)依章程任意規定　(B)依章程載明之候選人提名制度 (C)依董事會推薦名單　(D)並無規定。　【102年第2次高業】

(　) **2** 已設置審計委員會之公開發行公司，依法應經審計委員會決議之特定事項，應得全體委員多少比例之同意？　(A)四分之三　(B)三分之二　(C)二分之一　(D)全體成員。　【107年第2次普業】

(　) **3** 依證券交易法之規定，未經審計委員會全體成員二分之一以上同意之事項，得由何比例之全體董事同意行之？
(A)二分之一以上
(B)四分之三以上
(C)三分之二以上
(D)五分之三以上。　【106年第2次高業】

(　) **4** 下列哪些事項應經審計委員會全體成員二分之一以上同意，並提董事會決議？
(A)內部控制制度有效性之考核
(B)為他人背書或提供保證之處理程序
(C)涉及董事自身利害關係之事項
(D)選項(A)(B)(C)皆是。　【107年第2次高業】

(　) **5** 公開發行公司應將審計委員會之開會過程全程錄音或錄影存證，並至少保存 _____ 年？　(A)二(B)三(C)五(D)七。【109年第4次高業】

解答與解析

1 (B)。根據公開發行公司獨立董事設置及應遵循事項辦法第5條第1項，公開發行公司獨立董事選舉，應依公司法第一百九十二條之一規定採候選人提名制度，並載明於章程，股東應就獨立董事候選人名單中選任之。

2 (C)。根據證券交易法第14-4條，審計委員會之決議，應有審計委員會全體成員二分之一以上之同意。

3 (C)。根據證券交易法第14-5條，未經審計委員會全體成員二分之一以上同意之事項，得由三分之二以上之全體董事同意行之。

4 (D)。內部控制制度有效性之考核、為他人背書或提供保證之處理程序、涉及董事自身利害關係之事項，均需經審計委員會全體成員二分之一以上同意，並提董事會決議。

5 (C)。根據公開發行公司審計委員會行使職權辦法第10-1條，公司應將審計委員會之開會過程全程錄音或錄影存證，並至少保存五年，其保存得以電子方式為之。

九、庫藏股票制度【109年第3次高業、110年第1次高業】

(一) 買回庫藏股目的

1.轉讓股份予員工。

2.配合可轉換公司債等發行，作為股權轉換之用。

3.維護公司信用及股東權益所必要而買回。

(二) 方式

1.在集中市場或店頭市場買回。

2.對非特定人公開收購。

(三) 執行程序

1.經<u>董事會三分之二以上董事之出席及出席董事超過二分之一同意</u>，於有價證券集中交易市場或證券商營業處所或依公開收購法於集中交易市場或店頭市場外收購買回其股份。【109年第4次高業】

2.公司買回股份，應於依**申報之即日起算二個月內執行完畢**，並應於上述期間屆滿或執行完畢後之即日起算五日內申報並公告執行情形；逾期未執行完畢者，如須再行買回，應重行提經董事會決議。【109年第4次普業、110年第1次、第2次普業】

(四) **數量及金額限制**：買回股份之數量比例，不得超過該公司已發行股份總數百分之十；收買股份之總金額，不得逾保留盈餘加發行股份溢價及已實現之資本公積之金額。

(五) **買回股份之處理**：

1.為維護公司信用及股東權益所必要而買回之股份，應於**買回之日起六個月內辦理變更登記**。

2. 為轉讓股份予員工及配合可轉換公司債等發行，作為股權轉換之用而
買回之股份，應於**買回之日起五年內將其轉讓**；逾期未轉讓者，視為
公司未發行股份，並應辦理變更登記。

(六) **買回股份之限制：回之股份，不得質押；於未轉讓前，不得享有股東
權利**。

(七) **內部人之限制**：公司實施庫藏股者，該公司之關係企業或董事、監察人、
經理人、持有該公司股份超過股份總額百分之十之股東（包括其配偶、未
成年子女及利用他人名義持有者）所持有之股份，於該公司買回之期間內
不得賣出。

十、員工認股權

(一) **申報生效日**：發行人發行員工認股權憑證應檢具發行員工認股權憑證申報
書，載明其應記載事項，連同應檢附書件，向金融監督管理委員會申報生
效後，始得為之。提出申報，於金融監督管理委員會及金融監督管理委員
會指定之機構收到發行員工認股權憑證申報書即日起屆滿七個營業日生
效。但金融控股、銀行、票券金融、信用卡及保險等事業，申報生效期間
為十二個營業日。

(二) **發行程序**：

1. 募集、發行認股權憑證、附認股權特別股或附認股權公司債之公開發
行公司，於認股權人依公司所定認股辦法行使認股權時，有核給股份
之義務。

2. 發行人申報發行員工認股權證，應經董事會三分之二以上董事之出席
及出席董事超過二分之一同意。

3. 存續期間：員工認股權憑證之存續期間不得超過十年。【109年第2次
高業】

4. 轉讓之禁止：員工認股權憑證不得轉讓。但因繼承者不在此限。

精選試題

✅ 證交法基本觀念

( )   **1** 有關有價證券之募集與發行買賣等事項，證券交易法對公司法
而言為何種法律關係？ (A)低位階法律關係 (B)程序法律關係
(C)沒有關係 (D)特別法律關係。 【107年第1次分析師】

✅ 有價證券

( )   **2** 關於證券交易法上有價證券之定義，下列敘述何者錯誤？
(A)包括經行政院金管會核定之有價證券 (B)新股認購權利證
書、新股權利證書均屬有價證券的一種 (C)有價證券未印製表
示其權利之實體有價證券者，不視為有價證券 (D)有價證券包
含有價證券之價款繳納憑證。 【105年第2次高業】

( )   **3** 下列何種有價證券之募集、發行不適用證券交易法相關規定之規
範？ (A)政府債券 (B)公司債券 (C)股票 (D)再次發行之公
開招募。 【107年第2次高業】

( )   **4** 下列何者屬於證券交易法「有價證券」之範疇？I新股權利證
書；II新股認購權利證書： (A)僅I (B)僅II (C)I、II皆是
(D)I、II皆非。 【108年第1次高業】

✅ 財務報告

( )   **5** 請問會計師辦理公開發行公司財務報告查核簽證核准準則是依據
那一項法律訂定？ (A)會計師法 (B)證券交易法 (C)公司法
(D)商業會計法。 【109年第1次高業】

( )   **6** 公開發行公司之財務報告，應由聯合或法人會計師事務所之執
業會計師，多少人數以上共同查核簽證？ (A)一人 (B)二人
(C)三人 (D)五人。 【108年第1次高業】

( )   **7** 會計師辦理公開發行公司財務報告之查核簽證發生錯誤或疏漏
時，下列何者不是主管機關得依證券交易法第三十七條第一項得

為之處分？　(A)警告　(B)停止其二年以內辦理本法所訂之簽證 (C)撤銷其簽證之核准　(D)撤銷其會計師資格。

(　　) **8** 依證券交易法施行細則第六條第一項第二款之規定，公司有更正損益之情形，但未達應重編財務報告之程度者，得不重編財務報告但必須：　(A)重為財務預測　(B)列為保留盈餘之更正數　(C)受限於二年內不得盈餘轉增資　(D)受限於二年內不得現金增資。　　　　　　　　　　　　　　【105年第2次分析師】

(　　) **9** 依規定完整式財務預測之公告申報日期距編製日期達幾個月以上，應重編財務預測？　(A)一個月　(B)二個月　(C)三個月 (D)選項(A)(B)(C)皆非。　　　　　　　　　　　　　　【109年第2次高業】

(　　) **10** 會計師辦理公開發行公司財務報告之查核簽證，應經何機關之核准？　(A)金融監督管理委員會　(B)財政部　(C)證券交易所 (D)會計師公會。　　　　　　　　　【106年第2次普業、108年第3次高業】

✅ 公開說明書

(　　) **11** 依據現行證券相關法令之規定，公開發行公司董事會應至少多久召開一次？　(A)每一季　(B)每四個月　(C)每半年　(D)每年。　　　　　　　　　　　　　　　　　　　　　　　　【105年第2次高業】

(　　) **12** 公開說明書之虛偽不實記載，所發生之損害賠償請求權，自該有價證券募集、發行或買賣之日起算，經過下列何項之期限時效消滅？　(A)一年　(B)二年　(C)五年　(D)七年。【105年第4次高業】

✅ 重大事項公開

(　　) **13** 下列何種情事係重大影響上市公司股票價格之消息？　(A)變更董事長　(B)存款不足遭退票　(C)因訴訟對公司財務或業務有重大影響者　(D)選項(A)、(B)、(C)皆是。　　　　【109年第2次普業】

(　　) **14** 公開發行公司股東常會承認之年度財務報告，若與已經公告並向主管機關申報之年度財務報告不一致時，應如何處理？　(A)於事實發生之日起二日內公告並向主管機關申報　(B)於事實發生

之日起三日內公告並向主管機關申報　(C)於事實發生之日起五日內公告並向主管機關申報　(D)不必申報。　【107年第4次普業】

(　　) **15** 下列何種情事非屬重大影響上市公司股票價格之消息？　(A)變更董事長　(B)存款不足遭退票　(C)因訴訟、非訟事件對公司財務或業務有重大影響者　(D)防疫期間董事以視訊方式參與董事會。　【110年第1次普業】

✅ 獨立董事

(　　) **16** 公開發行公司之獨立董事兼任其他公開發行公司獨立董事不得逾幾家？
(A)二家　　　　　　　　　　　(B)三家
(C)四家　　　　　　　　　　　(D)五家。　【104年第2次高業】

(　　) **17** 關於公開發行公司設置獨立董事之規定，下列敘述何者有誤？
(A)獨立董事人數不得少於二人，且不得少於董事席次五分之一
(B)獨立董事均解任時，公司應自事實發生之日起三十日內，召開股東臨時會補選　(C)獨立董事不得持有該公司百分之一以上之股份　(D)獨立董事兼任其他公開發行公司獨立董事不得逾三家。

(　　) **18** 公開發行股票之公司依「證券交易法」第十四條之四之規定，選擇設置審計委員會者，委員會由全體獨立董事組成，其人數不得少於多少人，且至少應有多少人須具備會計或財務專長者擔任？
(A)獨立董事二人；具備會計或財務專長者一人　(B)獨立董事三人；具備會計或財務專長者二人　(C)獨立董事四人；具備會計或財務專長者三人　(D)獨立董事三人；具備會計或財務專長者一人。　【107年第2次高業】

✅ 審計委員會

(　　) **19** 依現行法令之規定，公開發行公司設置審計委員會者，未經審計委員會通過之事項，何者不得由全體董事以三分之二以上同意取而代之？　(A)內部控制制度有效性之考核　(B)涉及董事自身利害關係之事項　(C)重大資產或衍生性商品交易　(D)年度財務報告及半年度財務報告。　【102年第3次高業】

( ) **20** 關於公開發行公司設置審計委員會，下列敘述何者正確？ (A)至少每月召開一次　(B)應由全體獨立董事組成　(C)審計委員會之決議，應有全體成員三分之二以上之同意　(D)以上皆是。

( ) **21** 公開發行公司依「證券交易法」及其相關法規規定設置審計委員會者，有關設置審計委員會之敘述下列何者正確？
(A)審計委員會為必設之機關
(B)審計委員會應由全體獨立董事組成，其人數不得少於五人且至少一人應具備會計或財務專長
(C)公開發行股票之公司應擇一設置審計委員會或監察人
(D)審計委員會之決議應有審計委員會全體成員三分之一以上之同意。 【109年第1次普業】

( ) **22** 下列那些事項應經審計委員會全體成員二分之一以上同意，並提董事會決議？　(A)內部控制制度有效性之考核　(B)為他人背書或提供保證之處理程序　(C)涉及董事自身利害關係之事項 (D)選項(A)(B)(C)皆是。 【108年第4次高業】

( ) **23** 公開發行公司之審計委員會組織規程訂定應由何者決議通過？ (A)董事會　(B)股東會普通決議　(C)股東會特別決議　(D)主管機關。

✔ 庫藏股

( ) **24** 公司買回股份應自申報日起多久執行完畢？　(A)一個月　(B)二個月　(C)三個月　(D)四個月。 【109年第4次普業】

解答與解析

1 (D)。證交法規範對象是公開發行公司，為「特別法」。只有非公開發行公司適用公司法之規定，公開發行公司依證交法規定。

2 (C)。根據證券交易法第6條，有價證券未印製表示其權利之實體有價證券者，亦視為有價證券。

3 (A)。根據證券交易法第149條，政府發行之債券，其上市由主管機關以命令行之，不適用證券交易法有關上市之規定。故政府債券又稱豁免證券。

4 **(C)**。根據證券交易法第6條，新股認購權利證書、新股權利證書及前項各種有價證券之價款繳納憑證或表明其權利之證書，視為有價證券。

5 **(B)**。會計師辦理公開發行公司財務報告查核簽證，是依證券交易法第36條。

6 **(B)**。根據會計師辦理公開發行公司財務報告查核簽證核准準則，公開發行公司之財務報告，應由聯合或法人會計師事務所之執業會計師，二人數以上共同查核簽證。

7 **(D)**。會計師辦理財務報告簽證，發生錯誤或疏漏者，主管機關得視情節之輕重，為以下處分：(1)警告、(2)停止其二年以內辦理本法所定之簽證、(3)撤銷簽證之核准。

8 **(B)**。(1)依證券交易法施行細則規定，公司公告並申報之財務報告有未依有關法令編製而應予更正者，若更正稅後損益金額在新臺幣「一千萬元」以上，且達原決算營業收入淨額「百分之一」者，應重編財務報告，並重行公告。

　　(2)若更正稅後損益金額未達上述標準者，得不重編財務報告。但應列為保留盈餘之更正數。

9 **(A)**。根據公開發行公司公開財務預測資訊處理準則，財務預測之公告申報日期距編製日期達一個月以上，應重編財務預測。

10 **(A)**。會計師辦理公開發行公司財務報告之查核簽證，應經金融監督管理委員會核准。

11 **(A)**。公開發行公司董事會應至少每季召開一次。

12 **(C)**。損害賠償請求權，自有請求權人知有得受賠償之原因時起二年間不行使而消滅；自募集、發行或買賣之日起逾五年者亦同。

13 **(D)**。變更董事長、存款不足遭退票、因訴訟對公司財務或業務有重大影響者，均屬重大影響上市公司股票價格之消息。

14 **(A)**。根據證券交易法第36條，公司有下列情事之一者，應於事實發生之日起二日內公告並向主管機關申報：「一、股東常會承認之年度財務報告與公告並向主管機關申報之年度財務報告不一致。……」

15 **(D)**。防疫期間董事以視訊方式參與董事會非屬重大影響上市公司股票價格之消息。

16 **(B)**。公開發行公司之獨立董事兼任其他公開發行公司獨立董事不得逾三家。

17 (B)。獨立董事均解任時，公司應自事實發生之日起六十日內，召開股東臨時會補選。

18 (D)。設置審計委員會者，委員會由全體獨立董事組成，其人數不得三人；具備會計或財務專長者一人。

19 (D)。除年度財務報告及半年度財務報告外，其餘未經審計委員會通過之事項，得由全體董事以三分之二以上同意取而代之。

20 (B)。公開發行公司之審計委員會至少每「季」召開一次；審計委員會之決議，應有全體成員二分之一以上之同意。

21 (C)。(A)證交所規定：審計委員會和監察人僅得擇一設置。金管會函示，自109年起上市櫃公司皆須設置審計委員會，不再採用監察人制度。
(B)不得少於三人。
(D)應審計委員會全體成員二分之一以上同意；未經審計委員會全體成員1/2以上同意，得由全體董事三分之二以上同意。

22 (D)。根據證券交易法第14-5條第1項規定，內部控制制度有效性之考核、為他人背書或提供保證之重大財務業務行為之處理程序、涉及董事自身利害關係之事項，均應經審計委員會全體成員二分之一以上同意，並提董事會決議。

23 (A)。根據公開發行公司審計委員會行使職權辦法第3條，公開發行公司依本法設置審計委員會者，應訂定審計委員會組織規程，且項組織規程之訂定應經董事會決議通過。

24 (B)。根據上市上櫃公司買回本公司股份辦法第5條，公司買回股份，應於依第二條申報之即日起算二個月內執行完畢，並應於上述期間屆滿或執行完畢後之即日起算五日內向本會申報並公告執行情形；逾期未執行完畢者，如須再行買回，應重行提經董事會決議。

Ch3　證券交易所及上市標準

依據出題頻率區分，屬：**A** 頻率高

> **課前導讀**
>
> 臺灣證券交易所於民國50年成立，證交所乃活絡經濟、提升企業發展和開創民間資財的樞紐。在此處首先介紹證交所的基本制度；接著介紹欲在證交所交易的掛牌上市的公司，其標準為何；最後則補充近年常出現的考點——上市公司永續報告書的相關規範。

重點 **1**　證券交易所的基本概念　　　重要度 ★★☆

一、通則

(一) 根據證券交易法第98條定義：「證券交易所以經營供給有價證券集中交易市場為其業務」。白話來說，證券交易所即是提供股票、債券或其他證券交易的機構；有價證券的買賣雙方透過證券交易所進行操作，而這些交易都受到法規的監管，使得參與者的交易安全得以受到保障。

(二) **證券交易所名稱，應標明證券交易所字樣；非證券交易所，不得使用類似證券交易所之名稱**。

(三) 證券交易所之組織，分會員制及公司制；**我國屬於公司制**。

(四) 每一證券交易所，以開設「一個」有價證券集中交易市場為限。【109年第4次普業】

(五) 證券交易所應訂定有價證券上市審查準則及上市契約準則，申請主管機關核定之。

二、證券交易所組織

(一) **會員制證券交易所**

　　1. 會員制證券交易所，為非以營利為目的之社團法人，

　　2. 會員以證券**自營商**及證券**經紀商**為限。

3. **會員制證券交易所之會員，不得少於七人。**

4. 會員制證券交易所至少應置董事三人，監事一人，由會員選任之。

　(1)董事中至少有三分之一，監事至少有一人從非會員之有關專家中選任。

　(2)董事、監事之任期均為三年，連選得連任。

5. 會員應向證券交易所繳存交割結算基金，及繳付證券交易經手費。

(二) **公司制證券交易所**

1. 公司制證券交易所之組織，**以股份有限公司為限。**

2. 公司制證券交易所之最低實收資本額為新臺幣五億元。

3. 公司制證券交易所**存續期間不得逾十年，但得視當地證券交易發展情形，於期滿三個月前，呈請主管機關核准延長之。**

4. 證券商之董事、監察人、股東或受僱人不得為公司制證券交易所之經理人。

5. 公司制證券交易所之董事、監察人至少應有**三分之一**，由主管機關指派非股東之有關專家任之。【109年第4次普業】

6. 公司制證券交易所發行之股票，不得於自己或他人開設之有價證券集中交易市場，上市交易。

7. 在公司制證券交易所交易之**證券經紀商或證券自營商**，應由交易所與其**訂立供給使用有價證券集中交易市場之契約**，並檢同有關資料，申報主管機關核備。【109年第3次、第4次、普業、110年第1次普業】

觀念理解 💡

臺灣證券交易所（Taiwan Stock Exchange, TWSE）
臺灣證券交易所為公司制，於西元1961年成立。其自行編製的加權指數，被視為是臺灣經濟走向的主要指標之一。

三、證券交易所的管理

(一) 營業保證金：證券交易所應向**國庫**繳存**營業保證金，金額為其會員出資額總額、或公司實收資本額百分之五**。【109年第4次普業】

(二) 賠償準備金：證券交易所應一次提存**新臺幣五千萬元**作為賠償準備金；並於每季終了後十五日內，按證券交易經手費收入之百分之二十，繼續提存。但賠償準備金提存金額已達資本總額時，不在此限。【110年第2次普業】證券交易所提存前條之**賠償準備金，應專戶提存保管，非經金管會核准，不得為下列以外之運用：(1)政府債券、(2)銀行存款或郵政儲金**。【109年第2次普業】

(三) 證券交易所應就有價證券集中交易市場內成交之買賣，於每日、每月、每年終了製作日報表、月報表及年報表。

四、證券交易所之人員

(一) 證券交易所董事、監事、監察人及經理人異動，該證券交易所應於**異動後五日內，申報金管會核備**。

(二) 證券交易所業務人員異動，該證券交易所應按月列冊彙報本會備查。

(三) **證券交易所之經理人及業務人員不得以任何方式擔任有價證券上市公司、證券商之任何兼職或名譽職位**。

(四) 證券交易所之經理人及業務人員，不得有下列行為：

　1.以職務上所知悉之消息，直接或間接從事上市有價證券買賣之交易活動。

　2.非應依法令所為之查詢，洩漏職務上所獲悉之秘密。

　3.與業務有關人員有款項、有價證券之借貸情事。

　4.對於職務上或違背職務之行為，要求期約或收受不正當利益。

　5.執行職務涉及本身利害關係時未行迴避。

　6.辦理有價證券上市、交易、結算、交割或保管時，有虛偽、詐欺或其他足致他人誤信之行為。

　7.其他違反證券管理法令或本會規定應為或不得為之情事。

五、主管機關對證券交易所之監督

(一) 證券交易所之行為，有違反法令或妨害公益或擾亂社會秩序時，主管機關得為下列之處分：

　1.**解散證券交易所**。

　2.**停止或禁止證券交易所之全部或一部業務**，但停止期間不得逾三個月。

　3.以命令解任其董事、監事、監察人或經理人。

4.糾正。

5.主管機關為前項第一款或第二款之處分時，**應先報經行政院核准**。

(二) 當證券商與證券交易所發生有價證券交易之爭議，不論當事人間有無訂立仲裁契約，均應進行仲裁。

即時演練

( )　**1** 證券交易所提存之賠償準備金，得為下列何項之運用？　(A)購買政府債券　(B)購買上市公司股票　(C)貸與公開發行公司　(D)投資共同基金。　【107年第4次普業】

( )　**2** 證券交易所為準備供證券買賣一方不履行交付義務時之代為支付，提存多少金額作為賠償準備金？

(A)新臺幣一千萬元

(B)新臺幣三千萬元

(C)新臺幣五千萬元

(D)新臺幣八千萬元。　【109年第1次高業】

( )　**3** 目前臺灣證券交易所之組織屬於：　(A)公司制　(B)會員制 (C)財團法人　(D)選項(A)(B)(C)皆非。　【105年第2次高業】

( )　**4** 公司制證券交易所之董事、監察人至少有多少名額由主管機關指派非股東之有關專家任之？　(A)五分之一　(B)四分之一　(C)三分之一　(D)二分之一。　【109年第4次普業】

( )　**5** 得與證券交易所訂立使用有價證券集中交易市場契約之證券商為下列何者？　(A)經紀商、承銷商　(B)自營商、經紀商　(C)承銷商、自營商　(D)僅限綜合證券商。　【107年第1次普業】

解答與解析

1 (A)。根據證券交易所管理規則第20條：「證券交易所提存前條之賠償準備金，應專戶提存保管，非經本會核准，不得為左列以外之運用：一、政府債券。二、銀行存款或郵政儲金。」本條法規明定，賠償準備金「不得」為政府債券、存款或郵政儲金「以外」的運用。

2 **(A)**。根據證券交易所管理規則第19條：「證券交易所應依本法第
一百五十四條規定一次提存新臺幣五千萬元作為賠償準備金；
並於每季終了後十五日內，按證券交易經手費收入之百分之
二十，繼續提存。但賠償準備金提存金額已達資本總額時，不
在此限。」

3 **(A)**。臺灣證券交易所目前屬於公司制。

4 **(C)**。根據證券交易法第126條，證券商之董事、監察人、股東或受僱
人不得為公司制證券交易所之經理人。公司制證券交易所之董
事、監察人至少應有三分之一，由主管機關指派非股東之有關
專家任之。

5 **(B)**。自營商、經紀商得與證券交易所訂立使用有價證券集中交易市
場契約。

重點 2　　上市相關規定　　重要度 ★★★

※依「證券交易法」發行之有價證券，其發行人如欲申請上市，應向**證券交
易所**申請。【109年第4次普業】

一、本國有價證券之上市

(一) 一般公司股票的上市條件

1. 設立年限：公司設立登記滿**三年**以上，但公營事業或公營事業轉為民
營者，不在此限。

2. 資本額：**實收資本額達新臺幣六億元且募集發行普通股股數三千萬股
以上**。

3. 獲利能力：其財務報告之稅前淨利符合下列標準之一，且最近一個會
計年度決算無累積虧損者。

   (1)稅前淨利占年度決算之財務報告所列示股本比率，最近二個會計年
   度**均達**百分之六以上。

   (2)稅前淨利占年度決算之財務報告所列示股本比率，最近二個會計年
   度平均達百分之六以上，且最近一個會計年度之獲利能力較前一會
   計年度為佳。

(3)稅前淨利占年度決算之財務報告所列示股本比率，最近五個會計年
度均達百分之三以上。

※若第3項獲利能力之條件無法達成，但有符合以下者，仍可上市（注
意：只有條件1、2、4、5都符合，僅條件3不符合時方可適用）。

1. **市值達新臺幣五十億元，且下列各款均符合：**
   (1)最近一個會計年度營業收入大於新臺幣五十億元，且較前一會計年
   度為佳。
   (2)最近一個會計年度營業活動現金流量為正數。
   (3)最近期財務報告之淨值不低於財務報告所列示股本三分之二。

2. **市值達新臺幣六十億元，且下列各款均符合：**
   (1)最近一個會計年度營業收入大於新臺幣三十億元，且較前一會計年
   度為佳。
   (2)最近期財務報告之淨值不低於財務報告所列示股本三分之二。

4. 股權分散：**記名股東人數在一千人以上，公司內部人及該等內部人持
   股逾百分之五十之法人以外之記名股東人數不少於五百人**，且其所持
   股份合計占發行股份總額百分之二十以上或滿一千萬股者。【110年第2
   次普業；109年第2次高業】

5. 上市產業類別係屬食品工業或最近一個會計年度餐飲收入占其全部營
   業收入百分之五十以上之發行公司，應符合下列各目規定：
   (1)設置實驗室，從事自主檢驗。
   (2)產品原材料、半成品或成品委外辦理檢驗者，應送交經衛生福利
   部、財團法人全國認證基金會或衛生福利部委託之機構認證或認可
   之實驗室或檢驗機構檢驗。
   (3)洽獨立專家就其食品安全監測計畫、檢驗週期、檢驗項目等出具合
   理性意見書。

(二) **科技事業、文化創意事業公司股票的上市條件**
   1. 資本額：申請上市時之實收資本額達新臺幣三億元以上且募集發行普
   通股股數達兩千萬股以上。
   2. 股權分散：記名股東人數在一千人以上，且公司內部人及該等內部人
   持股逾百分之五十之法人以外之記名股東人數不少於五百人者。

3. 經中央目的事業主管機關出具其係屬科技事業或文化創意事業且具市場性之明確意見書。

4. 經證券承銷商書面推薦。

(三) **國家經濟建設之重大事業公司股票的上市條件**

1. 國家經濟建設之重大事業的定義：**由政府推動**創設，並有中央政府或其指定之省（直轄市）級地方自治團體及其出資百分之五十以上設立之法人參與投資，合計持有其申請上市時已發行股份總額百分之五十以上者。申請上市時須**經目的事業主管機關認定，並出具證明文件**。
【109年第3次普業】

2. 資本額：實收資本額達**新臺幣十億元**以上者。

3. 股權分散：記名股東人數在一千人以上，公司內部人及該等內部人持股逾百分之五十之法人以外之記名股東人數不少於五百人，且其所持股份合計占發行股份總額百分之二十以上或滿一千萬股者。

(四) **政府獎勵民間參與國家重大公共建設事業公司股票的上市條件**

1. 政府獎勵民間參與國家重大公共建設事業定義：取得中央政府、直轄市級地方自治團體或其出資百分之五十以上之法人核准投資興建及營運之特許權合約。

2. 資本額：實收資本額達新臺幣五十億元以上者。

3. 取得特許合約之預計工程計畫總投入成本達二百億元以上者。

4. 申請上市時，其**特許營運權尚有存續期間在二十年以上者**。

5. 公司之董事、持股達已發行股份總額百分之五以上之股東、持股達發行股份總額千分之五以上或十萬股以上之技術出資股東或經營者需具備完成特許合約所需之技術能力、財力及其他必要能力，並取得核准其特許權合約之機構出具之證明。

6. 股權分散：記名股東人數在一千人以上，公司內部人及該等內部人持股逾百分之五十之法人以外之記名股東人數不少於五百人，且其所持股份合計占發行股份總額百分之二十以上或滿一千萬股者。

(五) **證券業、金融業、保險業及期貨商股票的上市條件**：上述機構申請其股票上市前，應符合下列條件：

1. **取得目的事業主管機關之同意函。**【109年第2次普業、110年第1次普業】

2. 證券公司申請其股票上市，應同時經營證券承銷、自行買賣及行紀或居間等三種業務屆滿五個完整會計年度。

(六) **屬於母子公司關係之子公司申請其股票的上市條件**

1. 應檢具母公司與其所有子公司之合併財務報表。

2. 依前款檢送之合併財務報表核計，**最近一個會計年度之淨值總額應達新臺幣十億元以上；且最近二個會計年度之稅前淨利占淨值總額之比率，均應達百分之三以上。**

3. 母公司及其所有子公司，以及前開公司之董事、監察人、代表人，暨持有公司股份超過股份總額百分之十之股東，與其關係人總計持有該申請公司之股份不得超過發行總額之百分之七十，超過者，應辦理上市前之股票公開銷售，使其降至百分之七十以下。但本款所訂持有股份總額限制對象以外之人持有申請公司股數達三億股以上者，不在此限。

4. 母公司股票已在我國證券集中交易市場上市（櫃）買賣者，申請上市時最近四季未包括申請公司財務數據且經會計師核閱之擬制性合併財務報表所示之擬制性營業收入或營業利益，未較其同期合併財務報表衰退達百分之五十以上，且母公司最近二個會計年度未有重大客戶業務移轉之情事。但母子公司間因業務型態、產業類別或產品別不同且無相互競爭，或其他合理原因造成者，得不適用之。（子公司依本項但書規定申請上市者，於申請上市前三年內，母公司為降低對子公司持股比例所進行之股權移轉行為，應採母公司原有股東優先認購或其他不損及母公司股東權益方式為之。）

(七) **普通股與各種特別股一併申請上市**【110年第1次高業】：發行公司就其所發行之**普通股與各種特別股一併申請上市者**：

1. 普通股申請上市股份發行總額，應符合第四條、第五條、第六條、第六條之一、第十六條或第二十條之二所訂資本額之規定（即本章此前所撰）。

2. **特別股**申請上市股份發行總額，應達**新臺幣三億元以上**，且發行股數達三千萬股以上，並應符合股權分散之上市條件（記名股東人數在五百人以上，且公司內部人及該等內部人持股逾百分之五十之法人以外之記名股東，其所持股份合計占各種特別股之發行股份總額百分之二十以上或滿一千萬股）。

> **考點速攻**
>
> 當特別股因公司贖回而導致發行總額低於二億元，或發行股數低於二千萬股時，臺灣證券交易所應報經主管機關終止其上市。

(八) **「應」不同意其股票上市**：申請公司若有下列情形之一者，證券交易所「應」不同意其股票上市：

1. **申請公司於最近五年內**，或其現任董事、總經理或實質負責人於**最近三年內**，有違反誠信原則之行為者。

2. 申請公司之董事會成員少於五人，獨立董事人數少於三人或少於董事席次五分之一；其董事會有無法獨立執行其職務；或未依證券交易法第十四條之六及其相關規定設置薪資報酬委員會者。另所選任獨立董事其中至少一人須為會計或財務專業人士。

3. 申請公司於申請上市會計年度及其最近一個會計年度已登錄為證券商營業處所買賣興櫃股票，於掛牌日起，其現任董事及持股超過其發行股份總額百分之十之股東有未於興櫃股票市場而買賣申請公司發行之股票情事者。

(九) **「得」不同意其股票上市**：申請公司若有下列情形之一者，證券交易所「得」不同意其股票上市：

1. 遇有證券交易法第一百五十六條第一項第一款、第二款所列情事，或其行為有虛偽不實或違法情事，足以影響其上市後之證券價格，而及於市場秩序或損害公益之虞者。

2. 財務或業務未能與他人獨立劃分者。

3. 有足以影響公司財務業務正常營運之重大勞資糾紛或污染環境情事，尚未改善者。

4. 經發現有重大非常規交易，尚未改善者。

5. 申請上市年度已辦理及辦理中之增資發行新股併入各年度之決算實收資本額計算，不符合上市規定條件者。

6. 有迄未有效執行書面會計制度、內部控制制度、內部稽核制度，或不依有關法令及一般公認會計原則編製財務報告等情事，情節重大者。

7. 所營事業嚴重衰退者。

8. 申請公司係屬上市（櫃）公司進行分割後受讓營業或財產之既存或新設公司，該上市（櫃）公司最近三年內為降低對申請公司之持股比例所進行之股權移轉，有損害公司股東權益者。

9. 其他因事業範圍、性質或特殊狀況，證交所認為不宜上市者。

即時演練

(　　) **1** 經中央目的事業主管機關出具其係屬科技事業之明確意見書初次申請股票上市，其資本額之條件如何？　(A)實收資本額達新臺幣六億元以上者　(B)實收資本額達新臺幣三億元以上者　(C)實收資本額達新臺幣五億元以上者　(D)實收資本額達新臺幣二億元以上者。

(　　) **2** 一般發行公司初次申請股票上市條件，公司獲利能力標準之一為營業利益及稅前純益占年度決算之財務報告所列示股本比率，最近五個會計年度均達多少者？　(A)10%以上　(B)6%以上　(C)5%以上　(D)3%以上。　　　　　　　　　　　　　　　　　　【101年第3次高業】

(　　) **3** 一般企業申請股票上市，公司內部人及該等內部人持股逾百分之五十之法人以外之記名股東人數不少於多少人？　(A)一百人　(B)三百人　(C)五百人　(D)七百人。　　　　　　　　　　【104年第1次高業】

(　　) **4** 申請以科技事業上市之發行公司，應經何者出具其係屬科技事業之明確意見書？　(A)金融監督管理委員會　(B)臺灣證券交易所　(C)該事業之中央目的事業主管機關　(D)財政部。　【106年第1次普業】

(　　) **5** 申請以國家經濟建設重大事業上市之發行公司，其實收資本額至少應達新臺幣多少元以上？　(A)二億元　(B)三億元　(C)五億元　(D)十億元。　　　　　　　　　　　　　　　　　　【103年第4次高業】

(　　) **6** 上市特別股發行總額低於多少者，臺灣證券交易所應報經主管機關終止其上市？
(A)二億元　　　　　　　　　　(B)四億元
(C)六億元　　　　　　　　　　(D)十億元。　　【107年第2次高業】

解答與解析

1 (B)。根據臺灣證券交易所股份有限公司有價證券上市審查準則第5條：「申請股票上市之發行公司，經中央目的事業主管機關出具其係屬科技事業或文化創意事業且具市場性之明確意見書，合於下列各款條件者，同意其股票上市：一、申請上市時之實收資本額達新臺幣三億元以上且募集發行普通股股數達兩千萬股以上。……」

2 (D)。根據臺灣證券交易所股份有限公司有價證券上市審查準則第4條第1項第3款第3目，稅前淨利占年度決算之財務報告所列示股本比率，最近五個會計年度均達百分之三以上。

3 (B)。根據臺灣證券交易所股份有限公司有價證券上市審查準則第4條第1項第4款，一般公司股票上市，記名股東人數應在一千人以上，公司內部人及該等內部人持股逾百分之五十之法人以外之記名股東人數不少於五百人，且其所持股份合計占發行股份總額百分之二十以上或滿一千萬股者。

4 (C)。根據臺灣證券交易所股份有限公司有價證券上市審查準則第5條，申請以科技事業上市之發行公司，應經中央目的事業主管機關出具其係屬科技事業或文化創意事業且具市場性之明確意見書。

5 (D)。根據臺灣證券交易所股份有限公司有價證券上市審查準則第6條：「申請股票上市之發行公司，屬於國家經濟建設之重大事業，經目的事業主管機關認定，並出具證明文件，合於下列各款條件者，同意其股票上市：……二、申請上市時之實收資本額達新臺幣十億元以上者。……」

6 (A)。根據臺灣證券交易所股份有限公司有價證券上市審查準則第8條，特別股申請上市股份發行總額分別應達新臺幣三億元以上且發行股數達三千萬股以上，並各均應符合股權分散之上市條件。根據臺灣證券交易所股份有限公司營業細則第50-1條，當特別股因公司贖回而導致發行總額低於二億元，或發行股數低於二千萬股時，臺灣證券交易所應報經主管機關終止其上市。

二、外國有價證券之上市

有價證券已在其所屬國證券交易所上市之外國公司，得向金融監督管理委員會申請募集與發行臺灣存託憑證。（※存託憑證之介紹詳見本項後段「專題小教室」）

(一) **外國發行人申請股票第一上市**：合於下列各款條件者，證券交易所得出具同意其上市之證明文件：

考點速攻

1. 第一上市公司：股票首次經證交所同意上市的外國發行人。
2. 第二上市公司：股票已在國外證券市場掛牌交易，並經臺灣證交所同意上市之外國發行人。【109年第4次高業】

1. 符合「臺灣地區與大陸地區人民關係條例」相關規範。但大陸地區人民、法人、團體或其他機構直接或間接持有股份或出資總額逾百分之三十，或具有控制能力者，應取得主管機關專案許可。
2. 申請上市時，申請公司或其任一從屬公司應有三年以上業務紀錄。
3. 公司規模應符合下列條件之一：
   (1) 申請上市時之**實收資本額或淨值達新臺幣六億元以上者**。
   (2) 上市時之市值達新臺幣十六億元以上者。
4. 最近三個會計年度之稅前淨利累計達新臺幣二億五千萬元以上，且最近一個會計年度之稅前淨利達新臺幣一億二千萬元及無累積虧損者。
5. 記名股東人數在一千人以上，公司內部人及該等內部人持股逾百分之五十之法人以外之記名股東人數不少於五百人，且其所持股份總額合計占發行股份總額百分之二十以上或逾一千萬。
6. 上市產業類別係屬食品工業或最近一個會計年度餐飲收入占其全部營業收入百分之五十以上之發行公司，應符合下列各目規定：
   (1) 設置實驗室，從事自主檢驗。
   (2) 產品原材料、半成品或成品委外辦理檢驗者，應送交經當地主管機關、國際性認證機構或其主管機關委託之機構認證之實驗室或檢驗機構檢驗。
   (3) 洽獨立專家就其食品安全監測計畫、檢驗週期、檢驗項目等出具合理性意見書。
7. 預計上市掛牌交易之股數應逾其已發行股份總數之百分之五十。
8. 經二家以上證券承銷商書面推薦者。

(二) **外國發行人申請股票第二上市**
1. 上市股數：二千萬股以上或市值達新臺幣三億元以上者。
2. 外國發行人依據註冊地國法律發行之記名股票，於申請上市之股票掛牌前，已在經主管機關核定之海外證券市場之一主板掛牌交易者。
3. 淨值：申請上市時，經會計師查核簽證之最近期財務報告所顯示之淨值折合新臺幣六億元以上者。
4. 獲利能力：最近一個會計年度無累積虧損，並符合下列標準之一者：
   (1) 稅前淨利占年度決算之淨值比率，最近一年度達百分之六以上者。

(2)稅前淨利占年度決算之淨值比率，最近二年度均達百分之三以上，或平均達百分之三以上，且最近一年度之獲利能力較前一年度為佳者。

(3)稅前淨利最近二年度均達新臺幣二億五千萬元以上者。

5.股權分散：上市時，在中華民國境內之記名股東人數不少於一千人，且扣除外國發行人內部人及該等內部人持股逾百分之五十之法人以外之股東，其所持股份合計占發行股份總額百分之二十以上或滿一千萬股。

(三) 外國發行人申請其擬發行之臺灣存託憑證上市

1.上市臺灣存託憑證單位：**二千萬個單位以上**或市值達新臺幣三億元以上者。但不得逾其已發行股份總數之百分之五十。【110年第2次高業】

2.外國發行人依據註冊地國法律發行之股票或表彰股票之有價證券，於申請上市之臺灣存託憑證掛牌前，已在經主管機關核定之海外證券市場之一主板掛牌交易者。

3.淨值：申請上市時，其經會計師查核簽證之最近期財務報告所顯示之淨值折合新臺幣六億元以上者。

4.獲利能力：最近一個會計年度無累積虧損，並符合下列標準之一者：

(1)稅前淨利占年度決算之淨值比率，最近一年度達百分之六以上者。

(2)稅前淨利占年度決算之淨值比率，最近二年度均達百分之三以上，或平均達百分之三以上，且最近一年度之獲利能力較前一年度為佳者。

(3)稅前淨利最近二年度均達新臺幣二億五千萬元以上者。

5.股權分散：上市時，在中華民國境內之臺灣存託憑證持有人不少於一千人，且扣除外國發行人內部人及該等內部人持股逾百分之五十之法人以外之持有人，其所持單位合計占發行單位總數百分之二十以上或滿一千萬個單位。

(四) 常考考點

1.於集中交易市場買賣外國股票使用之貨幣，以**外國發行人向本公司申請上市之幣別**為準。【109年第4次普業、109年第3次高業】

2.外國政府發行之政府公債及國際組織發行之債券，由**金管會函令證交所後**，公告其上市。【109年第2次高業】

3.在證券集中交易市場上市之外國股票買賣**申報價格以1股為準**。【109年第3次普業】

4.在證券集中交易市場為第一上市之外國股票**交易單位為1,000股**。【110年第1次普業】

即時演練

( ) **1** 凡有價證券已在其所屬國證券交易所上市之外國公司,得向金融監督管理委員會申請募集與發行何種證券? (A)全球存託憑證 (B)受益憑證 (C)海外存託憑證 (D)臺灣存託憑證。 【104年第1次高業】

( ) **2** 在國外交易所上市掛牌之公司來臺灣申請發行臺灣存託憑證(TDR)上市,其最少必須發行之單位收為多少? (A)兩千萬個單位以上 (B)三千萬個單位以上 (C)五千萬個單位以上 (D)八千萬個單位以上。 【102年第4次高業】

( ) **3** 股票已在外國證券交易所上市之某外國公司申請其發行之股票上市(簡稱「第二上市」),倘合於一定條件者,臺灣證券交易所得出具同意其上市之證明文件,試問下列何項條件非屬必要條件? (A)依據所屬國法律發行之記名股票已在經主管機關核定之證券交易所或證券市場之一上市滿一年者 (B)最近年度截止日之股東權益折合新臺幣六億元以上者 (C)上市股數為二千萬股以上 (D)上市股數市值不少於新臺幣三億元。 【100年第2次高業】

( ) **4** 目前政府各相關單位正積極吸引海外企業來台申請「第一上市」,臺灣證券交易所對於外國發行人申請股票「第一上市」之規定,其申請上市時之實收資本額或股東權益須達新臺幣多少元以上者才符合資格? (A)新臺幣三億元以上 (B)新臺幣四億元以上 (C)新臺幣五億元以上 (D)新臺幣六億元以上。 【108年第4次高業】

解答與解析

1 (D)。有價證券已在其所屬國證券交易所上市之外國公司,得向金融監督管理委員會申請募集與發行臺灣存託憑證。

2 (A)。根據臺灣證券交易所股份有限公司有價證券上市審查準則第26條,外在國外交易所上市掛牌之公司來臺灣申請發行臺灣存託憑證(TDR)上市,其最少必須發行:二千萬個單位以上或市值達新臺幣三億元以上。

3 (A)。外國發行人申請股票第二上市，應符合下列條件：

一、上市股數：二千萬股以上或市值達新臺幣三億元以上。

二、外國發行人依據註冊地國法律發行之記名股票，於申請上市之股票掛牌前，已在經主管機關核定之海外證券市場之一主板掛牌交易。

三、淨值：申請上市時，經會計師查核簽證之最近期財務報告所顯示之淨值折合新臺幣六億元以上。

4 (D)。根據臺灣證券交易所股份有限公司有價證券上市審查準則第28-1條：「外國發行人申請股票第一上市，合於下列各款條件者，本公司得出具同意其上市之證明文件：……三、公司規模應符合下列條件之一：(一)申請上市時之實收資本額或淨值達新臺幣六億元以上者。(二)上市時之市值達新臺幣十六億元以上者。……」

專題小教室

存託憑證【109年第3次、第4次高業、110年第1次高業】

(一) 前言：全球第一個存託憑證（Depositary Receipt）誕生於1927年，當時美國人對投資英國的股票很感興趣，但因為兩個國家的交易制度不同，且當時英國不允許該國的股票於國外交易，為滿足美國投資者的需求，美國存託憑證（American Depositary Receipt）應運而生，第一個代表英國百貨公司 Selfridge & Co的股票繼而在美國發行。

(二) 定義：存託憑證，指發行人為了使其有價證券在其他國家或地區掛牌流通交易，由發行人將公司有價證券交付保管機構（custodian institution）保管，並委託**存託機構**（depositary institution，通常為銀行）發行表彰其在原上市國有價證券之流通性證券，並售予市場上有意購買之投資人。

(三) 名稱：存託憑證通常依發行地之不同而冠以不同名稱。

1. 臺灣存託憑證（Taiwan Depositary Receipts，TDR）：外國公司在臺灣發行的存託憑證。

2. 美國存託憑證（ADR）：外國公司在美國發行的存託憑證。

3. 全球存託憑證（GDR）：在全球發行的存託憑證。

(四) 其他常見考點

1. 存託機構受外國發行人委託發放臺灣存託憑證所表彰之有價證券之股息、紅利、利息或其他收益，以「**新臺幣**」給付。

2. 集中交易市場存託憑證買賣之一個交易單位為「**一千單位**」。

3. 第二上櫃外國股票發行人所指定之專責機構及存託憑證之存託機構，應於櫃檯買賣市場開市「**半小時**」前，將外國股票或存託憑證所表彰之有價證券於其原掛牌交易市場**最近一營業日**之收盤價格，送達證券櫃檯買賣中心。

$ 即時演練

(　　) **1** 位於中華民國境內，經有關主管機關許可得辦理臺灣存託憑證業務之金融機構為：　(A)保管機構　(B)存託機構　(C)投資銀行　(D)證券承銷商。　　　　　　　　　　　【109年第4次高業】

(　　) **2** 臺灣積體電路公司（台積電）在美國市場上市所發行之存託憑證稱之為何？　(A)臺灣存託憑證（TDR）　(B)美國存託憑證（ADR）　(C)全球存託憑證（GDR）　(D)選項(A)(B)(C)皆非。　　　　　　　　　　　【105年第1次高業】

解答與解析

1 (B)。存託機構：指在國內經有關主管機關許可得辦理臺灣存託憑證業務之金融機構；或指在海外依發行地國之證券有關法令發行海外存託憑證之機構。

2 (B)。ADR（American Depositary Receipts）是海外存託憑證（DR）的一種，指臺灣公司在美國上市的股票，例如台積電ADR的代號是TSM。

三、創新板有價證券之上市

觀念理解 🔍

什麼是創新版？為強化發行市場功能，鼓勵擁有關鍵核心技術及創新能力（如物聯網、人工智慧、大數據等新技術應用）或創新經營模式之企業進入資本市場籌資，爰於證券交易法規範下，在現有證券集中交易市場增設臺灣創新板；鼓勵、支持及培植創新事業發展，帶動我國產業轉型。

(一) 設立年限：申請上市時已依公司法設立登記屆滿二年以上。
(二) 申請上市時普通股股份發行總額達新臺幣一億元以上且發行股數達一千萬股以上。
(三) 市值及財務標準：申請上市時應符合下列標準之一：
　　1.市值達新臺幣十五億元以上，最近一個會計年度營業收入不低於新臺幣一億五千萬元，且需證明有足供上市掛牌後十二個月之營運資金。
　　2.申請公司係屬生技醫療業者，市值達新臺幣三十億元以上，且需證明有不低於百分之一百二十五足供上市掛牌後十二個月之營運資金。若申請公司係屬新藥研發事業，其核心產品需通過第一階段臨床試驗。
　　3.市值達新臺幣四十億元以上，且需證明有不低於百分之一百二十五足供上市掛牌後十二個月之營運資金。
(四) 股權分散：記名股東人數五十人以上，公司內部人及該等內部人持股逾百分之五十之法人以外之記名股東所持股份合計占發行股份總額百分之五以上或滿五百萬股者。

四、終止上市【109年第2次普業、109年第3次高業】

(一) 上市公司有下列情事之一者，應終止其上市，並報請主管機關備查（本書僅列出常考事由，完整規範請參證交所營業細則第50-1條）。
　　1.辦理解散登記完成者，或經有關主管機關撤銷或廢止公司登記、命令解散、廢止許可或經法院裁定解散者。
　　2.經法院裁定宣告破產已確定者。
　　3.經法院裁定准予重整確定者。

4.其上市特別股發行總額低於新臺幣二億元或發行股數低於二千萬股者。

5.經停止買賣，連續滿六個月後仍未恢復其有價證券之買賣者。

6.依證券交易法第三十六條規定公告並申報之最近期財務報告顯示其淨值為負數者。

7.公司營業全面停頓六個月無法恢復或連續六個月公告之營業收入為零或負數者。

8.重大違反上市契約規定者。

(二) 經核准終止上市之有價證券，證交所應於實施日**二十日**前公告。

(三) 經證交所停止買賣之上市公司，其所繳付之有價證券上市費**不得請求返還**；經證交所終止上市者，**依當年度實際上市月數比例加以核算，予以退還。**【110年第1次普業】

重點3　上市公司永續報告書　重要度 ★★☆

一、企業社會責任報告書【109年第4次普業】

(一) **上市公司符合下列情事之一者，應編製與申報中文版本之永續報告書：**

1.屬食品工業、化學工業及金融保險業者。

2.最近一會計年度財務報告，餐飲收入占其全部營收比率達百分之五十以上者。

3.最近一會計年度財務報告，股本達新臺幣二十億元以上者。但未達五十億元者，得自中華民國一百一十二年適用。

(二) **各行業企業社會責任報告書應加強揭露事項**

1.食品工業之上市公司：應揭露企業在供應商對環境或社會衝擊之評估、顧客健康與安全及行銷與標示重大主題之管理方針、揭露項目及其報導要求。其報導要求至少應包含下列項目：

> **考點速攻**
>
> **屬食品工業、化學工業及金融保險業者，應於每年六月三十日前**申報永續報告書，並將報告書檔案置於其公司網站之連結。但最近一年未編製或未參考全球永續性報告協會發布之準則編製永續報告書者，或永續報告書經會計師依照前項準則出具意見書者，得延至九月三十日完成申報。

(1)為改善食品衛生、安全與品質，而針對其從業人員、作業場所、設施衛生管理及其品保制度等方面進行之評估與改進及所影響之主要產品與服務類別與百分比。

(2)違反有關產品與服務之健康與安全法規及未遵循產品與服務之訊與標示法規之事件類別與次數。

(3)採購符合國際認可之產品責任標準者占整體採購之百分比，並依標準區分。

(4)經獨立第三方驗證符合國際認證之食品安全管理系統標準之廠房所生產產品之百分比。

(5)對供應商進行稽核之家數及百分比、稽核項目及結果。

(6)依法規要求或自願進行產品追溯與追蹤管理之情形及相關產品占所有產品之百分比。

(7)依法規要求或自願設置食品安全實驗室之情形、測試項目、測試結果、相關支出及其占營業收入淨額之百分比。

2.化學工業之上市公司：應揭露保障職業安全與衛生、對當地社區之影響及企業本身及其供應商對環境或社會衝擊之評估等重大主題之管理方針、揭露項目及其報導要求。其報導要求至少應包含下列項目：

(1)能源消耗總量。

(2)總取水量、依法規要求或自願揭露之廢（污）水排放量。

(3)依法規要求或自願揭露之產品生產過程所製造之有害廢棄物總量。

(4)說明員工受傷害類別，計算傷害率、職業病率、損工日數率、缺勤率以及因公死亡件數。

(5)對當地社區具有顯著實際或潛在負面衝擊之營運活動。

(6)企業本身及其供應商為降低對環境或社會之負面衝擊所採取之具體、有效機制及作為。

6.金融保險業之上市公司【109年第2次、第3次高業】：金融保險業應揭露企業在永續金融重大主題之管理方針、揭露項目及其報導要求。其報導要求至少應包含各經營業務為創造社會效益或環境效益所設計之產品與服務。

精選試題

✔ 證券交易所

(　) **1** 關於公司制之證券交易所，下列敘述何者正確？　(A)公司制證交所以股份有限公司之組織為限　(B)公司制證交所得發行股票，並可上市交易之　(C)公司制證交所之存續期間，原則上以二十年為限　(D)以上皆是。

(　) **2** 證券交易所依法應訂立那些規範？
(A)股市監視制度辦法
(B)上市審查準則
(C)上市契約準則
(D)選項(A)(B)(C)皆是。　　　　　　　　　　【104年第4次高業】

(　) **3** 依現行證券交易法規定，一個證券交易所，以開設幾個有價證券集中交易市場為限？　(A)一個　(B)二個　(C)三個　(D)無明文限制。　　　　　　　　　　　　　　　　　　　【109年第4次普業】

(　) **4** 證券商與證券交易所之間因證券交易而產生之爭議，其仲裁方式為？　(A)強制仲裁　(B)約定仲裁　(C)任意仲裁　(D)協議仲裁。　　　　　　　　　　　　　　　　　　　【103年第4次高業】

(　) **5** 公司制證交所董事、監察人至少應有多少比例是由主管機關指派非股東之有關專家任之？　(A)四分之一　(B)三分之一　(C)二分之一　(D)五分之一。　　　　　　　　　　　　【101年第2次高業】

✔ 申請上市條件

(　) **6** 某水泥業者初次申請股票上市條件，其股權分散規定為記名股東人數至少須有多少人？　(A)五百人　(B)一千人　(C)一千五人　(D)二千人。　　　　　　　　　　　　　　　　　【104年第2次高業】

(　) **7** 申請股票上市公司之股權分散要求，其記名股東之人數至少應在多少人以上？　(A)1千人以上　(B)2千人以上　(C)3千人以上　(D)4千人以上。

(　　) **8** 科技事業申請上市，其申請上市最近期及其最近一個會計年度財務報告之淨值，不得低於財務報告所列示股本多少？　(A)五分之二　(B)四分之三　(C)三分之二　(D)二分之一。　【107年第1次高業】

(　　) **9** 申請以科技事業上市之發行公司，其上市條件含以下那一項？
(A)經證券承銷商書面推薦
(B)經證券自營商書面推薦
(C)經證券經紀商書面推薦
(D)經證券商業同業公會書面推薦。　　　　　【105年第4次高業】

(　　) **10** 某公司屬於政府獎勵民間參與之國家重大公共建設事業，取得中央政府出資百分之五十以上之法人核准投資興建及營運之特許權合約欲申請上市時，其特許營運權尚有存續期間需至少有多少年以上？
(A)七年　　　　　　　　　　(B)十年
(C)二十年　　　　　　　　　(D)無此條件。　【107年第4次高業】

(　　) **11** 申請以國家經濟建設重大事業上市之發行公司，其上市條件之一為該公司係由何者推動創設？　(A)政府　(B)科學園區　(C)財團法人　(D)加工出口處。　　　　　　　　　　【109年第3次普業】

(　　) **12** 證券商向證券交易所申請股票上市者，應先取得何機關之同意函？　(A)上市審議委員會　(B)臺灣證券交易所　(C)證券商業同業公會　(D)目的事業主管機關。　　　　　【109年第2次普業】

(　　) **13** 某上市公司之子公司擬申請上市，其合併財務報表中最近一個會計年度之股東權益為新臺幣十億元以上，且營業利益及稅前純益占股東權益總額比率，於最近二個會計年度均達百分之六以上，以下敘述何者為是？　(A)該子公司具備上市資格　(B)該公司不符上市資格，因該公司最近一個會計年度之股東權益未達新臺幣二十億元以上　(C)目前法令不允許母子公司皆上市　(D)以上皆非。　　　　　　　　　　【100年第1次高業】

(　　) **14** 發行公司就其所發行之普通股與各種特別股一併申請上市者，其普通股及各種特別股申請上市股份面值總額分別至少應達新臺

幣多少元？ (A)五千萬元以上及二億元以上 (B)二億元以上及三億元以上 (C)六億元及三億元以上 (D)六億元以上。

( ) **15** 申請公司股票上市買賣有下列那一情形者，應不同意其上市？ (A)行為有虛偽不實或違法情事 (B)有足以影響公司財務業務正常營運之重大勞資糾紛 (C)有重大非常規交易，尚未改善者 (D)選項(A)(B)(C)皆是。

( ) **16** 甲公司為在紐約證券交易所上市之公司，欲申請來臺參與募集、發行臺灣存託憑證，請問主管機關應依據何項法規審核？
(A)發行人募集與發行有價證券處理準則
(B)發行人募集與發行海外有價證券處理要點
(C)外國發行人募集與發行臺灣存託憑證處理要點
(D)外國發行人募集與發行有價證券處理準則。 【109年第4次高業】

( ) **17** 依「證券交易法」發行之有價證券，其發行人如欲申請上市，應向何者申請？ (A)金融監督管理委員會 (B)臺灣證券交易所 (C)證券櫃檯買賣中心 (D)證券商業同業公會。【108年第1次普業】

( ) **18** 下列何種行業申請其股票上市，應先取得目的事業主管機關之同意函後，臺灣證券交易所股份有限公司始予受理？ (A)證券業 (B)金融業 (C)保險業 (D)選項(A)(B)(C)皆是。【107年第3次普業】

✅ 上市公司永續報告書

( ) **19** 下列上市公司何者於最近一會計年度終了，應依規定編製與申報中文版本之企業社會責任報告書？ (A)食品工業、化學工業及金融保險業 (B)依財務報告，餐飲收入占其全部營業收入之比率達百分之五十以上者 (C)依財務報告，股本達新臺幣五十億元以上者 (D)選項(A)(B)(C)皆是。 【107年第1次高業】

( ) **20** 金融保險業依規定應編製及申報企業社會責任報告書，下列何者為其應加強揭露事項？ (A)經濟績效及企業金融商品或服務之環境面與社會面之具體管理方針及績效指標 (B)鼓勵與關注客戶或其他往來對象遵循金融保險業者對環境面和社會面要求之

作業流程，及達到合理之績效指標　(C)企業金融商品或服務至少應包含放貸、專案融資、共同基金、保險及企業本身投資等　(D)選項(A)(B)(C)皆是。　　　　　　　　　　　　　【107年第3次高業】

(　　) **21** 化學工業之上市公司，其編製之企業社會責任報告書，原則上至遲應於何時置於公司網站之連結及申報至臺灣證券交易所指定之網際網路資訊申報系統？　(A)每年六月三十日前　(B)每年五月三十一日前　(C)每年四月三十日前　(D)每年三月三十一日前。
　　　　　　　　　　　　　　　　　　　　　　　　　　　【105年第3次高業】

解答與解析

1 (A)。公司制證券交易所之股票不可上市交易；另其存續期間不得逾十年，但得視當地證券交易發展情形，於期滿三個月前，呈請主管機關核准延長之。

2 (D)。根據證券交易所管理規則第22條，證券交易所對集中交易市場應建立監視制度。根據證券交易法第140條，證券交易所應訂定有價證券上市審查準則及上市契約準則。

3 (A)。根據證券交易法第95條第2項：「每一證券交易所，以開設一個有價證券集中交易市場為限。」

4 (A)。根據證券交易法第166條：「依本法所為有價證券交易所生之爭議，當事人得依約定進行仲裁。但證券商與證券交易所或證券商相互間，不論當事人間有無訂立仲裁契約，均應進行仲裁。」

5 (B)。根據證券交易法第126條，公司制證交所董事、監察人至少應有三分之一是由主管機關指派非股東之有關專家任之。

6 (B)。根據臺灣證券交易所股份有限公司有價證券上市審查準則第4條第1項第4款，一般公司股票上市，記名股東人數應在一千人以上，公司內部人及該等內部人持股逾百分之五十之法人以外之記名股東人數不少於五百人，且其所持股份合計占發行股份總額百分之二十以上或滿一千萬股者。

7 (A)。根據臺灣證券交易所股份有限公司有價證券上市審查準則第4條第1項第4款：四、股權分散：記名股東人數在一千人以上，公司內部人及該等內部人持股逾百分之五十之法人以外之記名股東人數不少於五百人，且其所持股份合計占發行股份總額百分之二十以上或滿一千萬股者。

8 (C)。根據臺灣證券交易所股份有限公司有價證券上市審查準則第5條：「申請股票上市之發行公司，經中央目的事業主管機關出具其係屬科技事業或文化創意事業且具市場性之明確意見書，合於下列各款條件者，同意其股票上市：……四、最近期財務報告之淨值不低於財務報告所列示股本三分之二者。……」

9 (A)。根據臺灣證券交易所股份有限公司有價證券上市審查準則第5條：「申請股票上市之發行公司，經中央目的事業主管機關出具其係屬科技事業或文化創意事業且具市場性之明確意見書，合於下列各款條件者，同意其股票上市：……三、經證券承銷商書面推薦者。……」

10 (C)。根據臺灣證券交易所股份有限公司有價證券上市審查準則第6-1條：「申請股票上市之發行公司，屬於政府獎勵民間參與之國家重大公共建設事業，取得中央政府、直轄市級地方自治團體或其出資百分之五十以上之法人核准投資興建及營運之特許權合約，並出具證明文件，合於下列各款條件者，同意其股票上市：……四、申請上市時，其特許營運權尚有存續期間在二十年以上者。……」

11 (A)。根據臺灣證券交易所股份有限公司有價證券上市審查準則第6條：「申請股票上市之發行公司，屬於國家經濟建設之重大事業，經目的事業主管機關認定，並出具證明文件，合於下列各款條件者，同意其股票上市：一、由政府推動創設，……」

12 (D)。依「臺灣證券交易所股份有限公司有價證券上市審查準則」第十五條第一項規定，證券業、金融業及保險業申請其股票上市，除應符合本準則有關規定外，應先取得目的事業主管機關之同意函，臺灣證券交易所始予受理。

13 (A)。根據臺灣證券交易所股份有限公司有價證券上市審查準則第19條，子公司申請其股票上市，應檢具母公司與其所有子公司之合併財務報表；另最近一個會計年度之淨值總額應達新臺幣十億元以上；且最近二個會計年度之稅前淨利占淨值總額之比率，均應達百分之三以上。

14 **(C)**。根據臺灣證券交易所股份有限公司有價證券上市審查準則第8條第2
　　　項，發行公司就其所發行之普通股與各種特別股一併申請上市者，其
　　　普通股申請上市股份發行總額應至少符合第四條、第五條、第六條、
　　　第六條之一、第十六條或第二十條之二所訂資本額之規定，各種特別
　　　股申請上市股份發行總額分別應達新臺幣三億元以上且發行股數達
　　　三千萬股以上，並各均應符合股權分散之上市條件。

15 **(D)**。根據臺灣證券交易所股份有限公司有價證券上市審查準則第9條，(A)
　　　(B)(C)均不得上市。

16 **(D)**。股票已在外國證券交易所上市之外國公司，欲申請來臺參與募集、發
　　　行臺灣存託憑證，主管機關應依據《外國發行人募集與發行有價證券
　　　處理準則》審核。

17 **(B)**。根據證券交易法第139條規定，依證交法發行之有價證券，得由發行人
　　　向證券交易所申請上市。

18 **(D)**。臺灣證券交易所股份有限公司有價證券上市審查準則第15條規定：
　　　「證券業、金融業、保險業及專營期貨商申請其股票上市，除應符合
　　　本準則有關規定外，應先取得目的事業主管機關之同意函，本公司始
　　　予受理。…」

19 **(D)**。上述選項皆須編製與申報中文版本之企業社會責任報告書。（註：企
　　　業社會責任報告書自110年12月07日起更名為永續報告書。）

20 **(D)**。金融保險業依規定應編製及申報企業社會責任報告書，應加強揭露經
　　　濟績效及企業金融商品或服務之環境面與社會面之具體管理方針及績
　　　效指標、鼓勵與關注客戶或其他往來對象遵循金融保險業者對環境面
　　　和社會面要求之作業流程、企業金融商品或服務至少應包含放貸、專
　　　案融資、共同基金、保險及企業本身投資等。（註：企業社會責任報
　　　告書自110年12月07日起更名為永續報告書。）

21 **(A)**。屬食品工業、化學工業及金融保險業者，應於每年六月三十日前申
　　　報企業社會責任報告書，並將報告書檔案置於其公司網站之連結。
　　　（註：企業社會責任報告書自110年12月07日起更名為永續報告書。）

Ch4 櫃買中心及上櫃標準

依據出題頻率區分，屬：**A** 頻率高

課前導讀

櫃檯買賣，指「在證券商專設櫃檯進行之交易行為」，與前一章節「在集中交易市場以競價方式買賣」相對。企業上市或上櫃之目的，乃希冀藉由股票的發行來進行募資、取得資金來從事商業行為而獲利。而申請上市或上櫃的根本區別在於門檻不同，由於上櫃的資本額條件比較小，若企業有意從群眾獲取資金，會先以櫃買市場進行測試、進一步才會以上市為目標。

重點1 櫃檯買賣中心的基本概念　　　重要度 ★☆☆

櫃買中心：

(一) 財團法人中華民國證券櫃檯買賣中心（Taipei Exchange，TPEx）簡稱「櫃買中心」，為承辦臺灣證券櫃檯買賣（OTC）業務的公益性財團法人組織。目前上櫃公司約有788檔，興櫃公司約有300檔，創櫃公司約有60檔。

(二) 於83年11月1日依《證券交易法》設立。

(三) 業務：扶植企業掛牌及籌資，同時經營包括股票、債券、ETF、TDR與店頭衍生性金融商品等多元化的商品交易業務。

(四) 股票初次申請上櫃案件，於收文次週起「**六週內**」櫃買中心原則上將提報上櫃審議委員會審議之。【110年第1次高業】

重點 2　　上櫃條件　　重要度 ★★☆

一、本國有價證券之上櫃

(一) **一般公司股票之上櫃**【110年第2次高業】

1. **設立年限**：依公司法設立登記滿二個完整會計年度。

2. **資本額**：實收資本額達新臺幣五千萬元以上，且募集發行普通股股數達五百萬股以上者。

3. **財務要求**：應符合下列標準之一

(1) **「獲利能力」標準**：經會計師查核簽證之財務報告，其稅前淨利占股本之比率，符合下列條件之一者，且最近一個會計年度之稅前淨利不得低於新臺幣四百萬元：

A. 最近一個會計年度達百分之四以上，且決算無累積虧損者。

B. 最近二個會計年度均達百分之三以上者。

C. 最近二個會計年度平均達百分之三以上，且最近一個會計年度之獲利能力較前一個會計年度為佳者。

(2) **「淨值、營業收入及營業活動現金流量」標準，同時符合：**

A. 最近期經會計師查核簽證或核閱財務報告之淨值達新臺幣六億元以上且不低於股本三分之二。

B. 最近一個會計年度來自主要業務之營業收入達新臺幣二十億元以上，且較前一個會計年度成長。

C. 最近一個會計年度營業活動現金流量為淨流入。

4. **股權分散**：公司內部人及該等內部人持股逾百分之五十之法人以外之記名股東數不少於三百人，且其所持股份總額合計占發行股份總額百分之二十以上或逾一千萬股。

5. **經二家以上證券商書面推薦者。**【109年第2次普業、109年第4次普業、110年第1次普業】

(1) 櫃檯買賣股票之推薦證券商，於該股票開始在櫃檯買賣**五個營業日**前，應將其持有被推薦公開發行公司股數、比率及認購價格以書面向櫃買中心申報。

(2)推薦證券商自其所推薦之股票開始櫃檯買賣之日起**一年內，不得辭任**。

(3)**推薦證券商擬改由其他證券商擔任**時，應**由新舊推薦證券商聯名，檢附發行公司同意書及新推薦證券商願負推薦證券商義務之承諾書**，併同新推薦證券商所持有被推薦公開發行公司股數及比率之資料，以**書面向櫃買中心申請核准**。

(二) **科技事業或文化創意事業股票之上櫃**：公司取得中央目的事業主管機關出具其係屬科技事業或文化創意事業且具市場評估意見者，**得不受「設立年限」與「獲利能力」之限制**，但科技事業最近期經會計師查核簽證或核閱財務報告之淨值不低於股本三分之二。

> **考點速攻**
>
> 推薦一般公司申請上櫃的證券商，應具備證券承銷商及櫃檯買賣自營商之資格，但若是申請上櫃的公司本身為證券商者，其推薦之券商僅需具備證券承銷商之資格。又當公開發行公司與推薦證券商具有下列情事之一者，櫃買中心拒絕接受該推薦證券商所出具之評估報告，且不同意其有價證券上櫃：
> 1.雙方互為有價證券初次上櫃或上市評估報告之評估。
> 2.有證券商管理規則第二十六條所列情事。
> 3.屬同一集團企業。

(三) **證券業、期貨業、金融業及保險業之上櫃**：證券業、期貨業、金融業及保險業申請其股票為櫃檯買賣，**應先取得目的事業主管機關之同意函，證券櫃檯買賣中心始予受理**。【109年第3次普業】

(四) **公營事業之上櫃**：公營事業聲請股票上櫃，除**「設立年限、股權分散、董監持股集保比率、輔導期限」的條件不受限制**外，其餘條件皆與一般公司聲請上櫃相同。

(五) **母子公司上櫃**：申請時屬母子公司關係者，母公司申請其股票上櫃者，依據本中心審查準則有關規定辦理；**子公司申請其股票上櫃者，若有不能符合下列各款情事，應不同意其股票上櫃**：

1. 獲利能力應達上櫃標準，但申請公司基於行業特性、市場供需狀況、政府政策或其他合理原因者，得不適用上開限制。

2. 申請公司之董事會成員至少五席，監察人至少三席，且其中之獨立董事席次不得低於三席。

3. **母公司及其所有子公司**，以及前開公司之董事、監察人、代表人，暨持有公司股份超過發行總額百分之十之股東，**與其關係人總計持有該申請公司之股份不得超過發行總額之百分之七十。**

4. 本國上櫃（市）公司或第一上櫃（市）公司之子公司申請上櫃時，該已掛牌之**母公司最近四季未包括子公司財務數據之營業收入，未較其同期財務報告衰退達百分之五十以上**，且母公司最近二個會計年度未有重大客戶業務移轉之情事。

5. **已於國內上櫃之金融控股公司，其持股逾百分之七十之子公司不得申請上櫃。**【110年第2次高業】

(六) 特別股上櫃：公開發行公司就其所發行之普通股與各種特別股一併申請為櫃檯買賣者，**其普通股及各種特別股申請櫃檯買賣股份面值總額分別應達新臺幣五千萬元以上。**

即時演練

( )　**1** 櫃檯買賣之推薦證券商，至遲於該股票開始在櫃檯買賣幾個營業日前，應將其持有被推薦公司之股數、比率及認購價格以書面向證券櫃買中心申報？
(A)2個　　　　　　　　　(B)5個
(C)10個　　　　　　　　(D)15個。　　【105年第1次普業】

( )　**2** 申請股票上櫃必須有幾家以上證券商書面推薦？
(A)一家　　　　　　　　(B)二家
(C)三家　　　　　　　　(D)五家。　　【109年第4次普業】

( )　**3** 推薦證券商股票上櫃之證券商依法應具備：
(A)櫃檯買賣自營商　　　(B)證券承銷商
(C)綜合證券商　　　　　(D)證券經紀商。

( ) **4** 推薦證券商之變更應依下列何種方式申請？
(A)僅由新推薦證券商以書面向證券櫃檯買賣中心申報
(B)須由新舊推薦證券商聯名檢附發行公司同意書及新推薦證券商
義務承諾書向櫃檯買賣中心申報
(C)推薦證券商不得變更
(D)選項(A)(B)(C)皆是。 【106年第2次普業】

( ) **5** 科技事業或文化創意事業取得目的事業主管機關出具其產品或技
術成功之意見時，以下何項非其申請股票在櫃檯買賣之必要條
件？ (A)實收資本額標準 (B)推薦證券商家數 (C)股權分散標
準 (D)設立年限。 【107年第1次高業】

( ) **6** 公營事業申請股票在櫃檯買賣者，得不受那些限制？
(A)設立年限
(B)股權分散
(C)董、監與大股東股份集保
(D)以上皆是。 【101年第1次高業】

( ) **7** 申請股票上櫃之公司如與他公司有母子公司關係者，申請上櫃者為
子公司，應符合下列何項條件？
(A)應檢具母公司與其所有子公司依母公司所在地會計原則編製之
合併財務報表
(B)依合併財務報表核計之獲利能力應達上櫃標準
(C)申請公司之董事會成員至少五席，監察人至少三席，且其中之
獨立董事席次不得低於三席
(D)選項(A)(B)(C)皆是。 【106年第4次高業】

( ) **8** 下列哪一行業在有價證券申請上櫃前，必須先取得目的事業主管
機關之同意函，櫃買中心始予受理？ (A)保險業 (B)證券業
(C)金融業 (D)選項(A)(B)(C)皆是。 【109年第3次普業】

解答與解析

1 (B)。根據櫃檯買賣中心證券商營業處所買賣有價證券業務規則第31
條：櫃檯買賣股票之推薦證券商，於該股票開始在櫃檯買賣五

個營業日前，應將其持有被推薦公開發行公司股數、比率及認購價格以書面向本中心申報。

2 (B)。申請股票上櫃必須有二家以上證券商書面推薦。

3 (B)。推薦一般公司申請上櫃的證券商，應具備證券承銷商及櫃檯買賣自營商之資格，但若是申請上櫃的公司本身為證券商者，其推薦之券商僅需具備證券承銷商之資格。

4 (B)。根據櫃檯買賣中心證券商營業處所買賣有價證券業務規則第32條第2項：推薦證券商擬改由其他證券商擔任時，應由新舊推薦證券商聯名，檢附發行公司同意書及新推薦證券商願負推薦證券商義務之承諾書，併同新推薦證券商所持有被推薦公開發行公司股數及比率之資料，以書面向本中心申請核准。

5 (D)。當科技事業或文化創意事業取得目的事業主管機關出具其產品或技術成功之意見，則其申請不受「設立年限」與「獲利能力」之限制。

6 (D)。公營事業申請股票在櫃檯買賣者，其「設立年限、股權分散、董監持股集保比率、輔導期限」的條件不受限制。

7 (D)。申請股票上櫃時屬母子公司關係者，若是子公司申請上櫃，若有不能符合上述(A)(B)(C)選項情事，應不同意其股票上櫃。

8 (D)。保險業、證券業、金融業在有價證券申請上櫃前，必須先取得目的事業主管機關之同意函，櫃買中心始予受理。

二、外國有價證券之上櫃

(一) **外國發行人申請股票第一上櫃外國發行人申請第一上櫃者，應符合下列條件：**

1. 未違反「臺灣地區與大陸地區人民關係條例」
2. 大陸地區人民、法人、團體或其他機構直接或間接持有股份逾百分之三十者，應取得主管機關專案許可，並依「外國發行人募集與發行有價證券處理準則」規定補辦股票公開發行。
3. 發行之記名股票未在海外證券市場掛牌交易。
4. 最近期經會計師查核簽證或核閱之**淨值折合新臺幣一億元以上者**。

5. 依照外國法律**設立登記滿二個完整會計年度**。

6. 外國發行人編製之財務報告應符合下列規定：

　(1)以新臺幣為編製單位。

　(2)以中文版本為主，另得加送英文版本。

　(3)依主管機關認可之國際財務報導準則、或美國會計原則或國際財務報導準則編製。

7. 財務要求應符合下列標準之一：

　(1)「獲利能力」標準：經會計師查核簽證之財務報告，其最近一個會計年度之稅前淨利不得低於折合新臺幣四百萬元，且占歸屬於母公司業主之權益金額之比率，應符合下列條件之一：

　　A. 最近**一個**會計年度達**百分之四**以上，且決算無累積虧損者。

　　B. 最近**二個**會計年度均達**百分之三**以上者。

　　C. 最近**二個**會計年度平均達**百分之**三以上，且最近一個會計年度之獲利能力較前一個會計年度為佳者。

　(2)「淨值、營業收入及營業活動現金流量」標準，同時符合：

　　A. 最近期經會計師查核簽證或核閱財務報告之淨值折合**新臺幣六億元以上**且不低於股本**三分之二**。

　　B. 最近一個會計年度來自主要業務之營業收入達折合**新臺幣二十億元以上**，且較前一個會計年度成長。

　　C. 最近一個會計年度營業活動現金流量為淨流入。

8. 公司內部人及該等內部人持股逾百分之五十之法人以外之記名股東人數不少於三百人，且其所持股份總額合計占發行股份總額百分之二十以上或逾一千萬股。

9. 經二家以上證券商書面推薦者。惟應指定其中一家證券商係主辦推薦證券商，餘係協辦推薦證券商。推薦證券商應與外國發行人簽有輔導股票上櫃契約。外國發行人應於上櫃掛牌年度及其後三個會計年度內繼續委任主辦推薦證券商協助其遵循我國證券法令、本中心規章暨公告事項及外國發行人股票第一上櫃契約。

10. **應申報上櫃輔導或登錄興櫃一般板交易滿六個月以上**，但外國發行人屬登錄戰略新板轉至一般板者，其登錄一般板及戰略新板期間合計須

滿六個月以上，且登錄一般板期間須滿二個月以上。主辦輔導證券商或興櫃主辦輔導推薦證券商倘有異動者，發行人應由新任之主辦輔導證券商或興櫃主辦輔導推薦證券商進行輔導，且再申報輔導或再於興櫃股票市場交易滿六個月以上，始得提出上櫃之申請。

(二) **外國發行人申請股票第二上櫃**：外國發行人申請第二上櫃者，應符合下列條件：

1. 櫃檯買賣股數：一千萬股以上或其申請總市值折合新臺幣一億元以上者。但不得逾其已發行股份總數之百分之五十。

2. 外國發行人依據註冊地國法律發行之記名股票，於申請第二上櫃之股票掛牌前，已在經主管機關核定之海外證券市場主板之一交易者。

3. 股東權益：最近期經會計師查核簽證之歸屬於母公司業主之權益折合新臺幣二億元以上者。

4. 獲利能力：最近一會計年度之稅前淨利不包含非控制權益之淨利（損）不得低於折合**新台幣四百萬元**，且占歸屬於母公司業主之權益總額之比率，應符合下列標準之一者：

   (1)最近年度達**百分之四**以上，且其最近一會計年度決算**無累積虧損**者。

   (2)最近二會計年度均達**百分之三**以上者。

   (3)最近二會計年度平均達**百分之**三以上，且最近一會計年度之獲利能力較前一會計年度為佳者。

5. 發行人之股票於櫃檯買賣時，除發行人之內部人及該等內部人持股逾百分之五十之法人以外，在中華民國境內之記名股東人數不少於三百人，且其所持股份合計占發行股份總額須達百分之二十以上或逾一千萬股。

6. 外國發行人依據註冊地國法律發行之記名股票，於其股票第二上櫃契約經本中心同意前三個月未有股價變化異常之情事。

7. 外國發行人依據註冊地國法律發行之記名股票，於其股票第二上櫃契約經本中心同意前三個月未有股價變化異常之情事。

(三) **外國債券上櫃**：詳見下列整理之「專題小教室：國際債券」。

專題小教室

國際債券【109年第2次、第4次高業】

(一) 何謂國際債券？

國內、外發行人於臺灣募集發行，並<u>向櫃買中心申請上櫃之外幣計價債券</u>稱為「國際債券（International Bond）」。

(二) 特別的國際債券

具有部分特點的國際債券，實務上賦予其特別指稱，常見的考點如下：

1. **寶島債券（Formosa Bond）：<u>採人民幣計價</u>**，在臺灣發行的國際債券。

2. **伊斯蘭債券固定收益證券（Sukuk）**：傳統的債券是以會固定支付利息，但在伊斯蘭律法中收付利息是被禁止的；因此，在伊斯蘭固定收益證券（Sukuk）的商品設計上，改<u>以分配收益方式（例如租金收益）取代利息支付</u>。

※由於伊斯蘭債券並非支付傳統定義上的「利息」，故嚴格講起來並不算是債券，這也是為什麼主管機關要將它稱為伊斯蘭固定收益證券，而不直接稱之為伊斯蘭債券的原因。

三、國際債券次級市場交易管道

交易管道	國際債券交易系統	證券商營業處所議價
交易對象	國際債券自營商	國際債券自營商、法人及自然人
交易時間	買賣斷：9：00~13：30 附條件：9：00~13：30、 　　　　14：00~15：00	買賣斷：9：00~15：00 附條件：9：00~15：00
交割週期	T+3個營業日	T+3個營業日內

考點速攻

除等價成交系統外，櫃檯買賣債券交易之價格**無漲跌限制**。【109年第2次普業】

$\overset{\text{\large ✦✦}}{\underset{\$}{\textcircled{}}}$ **即時演練**

(　　) 一般散戶自然人若欲於次級市場買進寶島債券，可於下列哪個時點透過哪個管道為之？　(A)9：00透過國際債券交易系統　(B)12：00透過國際債券交易系統　(C)14：00透過證券商營業處所議價　(D)16：00透過證券商營業處所議價。

解答與解析

(C)。參見上述表格。

三、不得上櫃之情事

(一) 申請上櫃之公司縱使符合前述規定，但有下列各款情事之一，**應不同意其股票為櫃檯買賣**：

1. 公司或申請時之董事、監察人、總經理或實質負責人於最近三年內，有違反誠信原則之行為者。
2. 申請公司之董事會或監察人，有無法獨立執行其職務者。
3. 申請公司於申請上櫃會計年度及其最近一個會計年度已登錄為證券商營業處所買賣興櫃股票，於掛牌日起，其現任董事、監察人及持股超過其股份總額百分之十之股東，有未於興櫃股票市場，而買賣申請公司發行之股票情事者。

(二) 申請上櫃之公司縱使符合前述規定，但有下列各款情事之一，**得不同意其股票為櫃檯買賣**：

1. 有證券交易法第一百五十六條第一項第一款至第三款所列情事者。
2. 財務或業務未能與他人獨立劃分者。
3. 發生重大勞資糾紛或重大環境污染之情事，尚未改善者。
4. 有重大非常規交易迄申請時尚未改善者。
5. 申請上櫃會計年度已辦理及辦理中之增資發行新股併入最近一年度財務報告所列示股本計算，其獲利能力不符合上櫃規定條件者。
6. 未依相關法令及一般公認會計原則編製財務報告，或內部控制、內部稽核及書面會計制度未經健全建立且有效執行，其情節重大者。
7. 申請公司之股份為上櫃（市）公司持有且合於下列條件之一者，於申請上櫃前三年內，上櫃（市）公司為降低對申請公司之持股比例所進

行之股權分散行為，未採上櫃（市）公司原有股東優先認購或未採其他不損及上櫃（市）公司股東權益之方式者：

(1)申請公司係屬上櫃（市）公司進行分割之分割受讓公司。

(2)申請公司係屬上櫃（市）公司之子公司，於申請上櫃前三年內，該上櫃（市）公司降低對申請公司直接或間接持股比例累積達百分之二十以上。

8.所營事業嚴重衰退者。

9.其他因事業範圍、性質或特殊情況，本中心認為不宜上櫃者。

四、停止其有價證券櫃檯買賣

發行人有下列情事之一者，櫃買中心**得停止其有價證券櫃檯買賣**，並報請主管機關備查；或得由發行人依「上櫃公司申請終止有價證券櫃檯買賣處理程序」規定申請終止其有價證券櫃檯買賣：

(一) 檢送之書表或資料發現涉有不實之記載，經本中心要求解釋而逾期不為合理解釋者。

(二) 未依法令規定辦理財務報告或財務預測之公告申報者。

(三) **公告並申報之財務報告，未依有關法令及一般公認會計原則編製且情節重大，經通知更正或重編而逾期仍未更正或重編者。**

(四) **公告並申報之財務報告，經其簽證會計師出具無法表示意見或否定意見之查核報告或出具否定結論或無法作成結論之核閱報告者。**

(五) **告並申報經會計師核閱之財務預測，經其簽證會計師出具否定式或拒絕式核閱報告者。**

(六) 參與公共建設之民間機構其工程發生重大延誤或有其他違反興建、營運合約情事者。

(七) 發生存款不足之金融機構退票情事，經依前條規定處置後三個月內仍未達成補正程序並檢附相關書件證明者。

(八) 無法如期償還到期或債權人要求贖回之債券，經依前條規定處置後三個月內仍未償還債務或未與其債權人達成協議解決相關債務問題者。

> **考點速攻**
>
> 上櫃公司3年內降低重要子公司之持股比例累積達10%以上，或喪失控制力者，應事先委請獨立專家就歷次價格合理性及對股東權益之影響出具意見書。【109年第3次高業】

五、終止其有價證券櫃檯買賣【109年第2次普業；109年第3次高業】

發行人有下列情事之一者，本中心**得終止其有價證券櫃檯買賣，並報請主管機關備**查：

(一) 該股票已在臺灣證券交易所股份有限公司上市者。

(二) **經法院裁定宣告破產已確定者。**

(三) **經法院裁定准予重整確定者。**

(四) **公告並申報之最近期財務報告顯示淨值為負數者。**

(五) 有金融機構拒絕往來之紀錄者。

(六) 公司營運全面停頓逾六個月或連續六個月公告之營業收入為零或負數者。但參與公共建設之民間機構於特許合約工程興建時期無營業收入者，不在此限。

(七) 其申請書及所附之書類，對重要事項涉有虛偽之記載或重要之事實漏未記載者。

(八) 有重大違反上櫃契約情事者。

(九) 金融控股公司經主管機關廢止其許可者。

(十) **其已成為國內上市（櫃）公司持股逾百分之七十之子公司者。**

(十一) 經停止櫃檯買賣，**滿六個月**後仍未恢復其有價證券之買賣者。

(十二) 經停止櫃檯買賣未滿六個月而恢復其有價證券之櫃檯買賣者，若於恢復櫃檯買賣後六個月內又經停止櫃檯買賣，且其停止櫃檯買賣之期間合併計算超過六個月者。

(十三) 其他有必要終止該有價證券櫃檯買賣之重大情事者。

※發行人經櫃買中心通知其有價證券終止櫃檯買賣者，應於接獲通知日起**二日內**於指定之網際網路資訊申報系統揭露。

六、管理股票

(一) 定義：管理股票指原在集中市場交易的全額交割股、自集中市場下市後轉至櫃檯買賣中心繼續交易的股票
　　※全額交割股：全額交割股大多為發生財務困難、停工的公司。

(二) 公開發行公司符合下列條件之一，經二家以上證券商書面推薦，得向櫃買中心申請其股票為櫃檯買賣管理股票：

1. 終止有價證券櫃檯買賣者。

2. 上市公司依臺灣證券交易所營業細則第五十條之一終止有價證券上市者。

依前項規定申請為櫃檯買賣管理股票者，應於終止公告日起 **一個月** 內向櫃買中心提出申請。【109年第2次普業】

(三) 證券業、期貨業、金融業及保險業申請其股票為櫃檯買賣管理股票者，應先取得目的事業主管機關之同意函，本中心始予受理。

(四) 櫃檯買賣之證券經紀商接受客戶委託買入管理股票時，應先收足款項方可買進。

(五) 公司申請股票為管理股票者，其開始買賣日期應訂於終止櫃檯買賣或臺灣證券交易所終止上市之同一日。

(六) 管理股票公司的淨值已為財務報告所列示股本之「負二倍」時，櫃檯買賣中心得終止其櫃檯買賣。【109年第3次高業】

即時演練

( )　**1** 下列何者非屬證券商營業處所買賣有價證券審查準則所列之不宜上櫃條款？　(A)重大非常規交易迄申請時尚未改善　(B)所營事業不具成長性　(C)財務或業務未能與他人獨立劃分　(D)發生重大環境污染情事，尚未改善。　　　　　　　　　　　　　【第2次高業】

( )　**2** 以下何者為「財團法人中華民國證券櫃檯買賣中心證券商營業處所買賣有價證券業務規則」所規定證券櫃檯買賣中心報請終止櫃檯買賣之情事？　(A)已在交易所上市　(B)營業範圍有重大變更，不宜繼續櫃檯買賣　(C)營運全面停頓，無營運收入　(D)以上皆是。　　　　　　　　　　　　　　　　　　【100年第2次高業】

( )　**3** 甲公司之股票雖在櫃檯買賣中心掛牌，但是嗣後經營發生困難，並經法院裁定宣告破產確定，櫃檯買賣中心應如何處理？

(A)通知甲公司停止該公司有價證券之櫃檯交易

(B)報請主管機關撤銷甲公司之有價證券櫃檯買賣契約

(C)報請主管機關核准終止甲公司有價證券櫃檯買賣

(D)逕行終止甲公司有價證券櫃檯買賣。　　　　　【109年第3次高業】

( ) **4** 甲公司之股票雖在櫃檯買賣中心掛牌，但是嗣後公告並申報之最近期財務報告顯示淨值為負數，櫃檯買賣中心應如何處理？
(A)報請主管機關停止甲公司之有價證券櫃檯買賣契約
(B)報請主管機關核准終止甲公司有價證券櫃檯買賣
(C)通知甲公司停止其有價證券之櫃檯買賣
(D)逕行終止甲公司有價證券櫃檯買賣。　　【109年第2次普業】

( ) **5** 下列何者，不得向櫃檯買賣中心申請其股票為櫃檯買賣管理股票？
(A)終止有價證券櫃檯買賣之公開發行公司　(B)終止有價證券上市買賣之公開發行公司　(C)股票未曾上市上櫃之公開發行公司
(D)選項(A)(B)(C)皆是。　　【103年第3次普業】

( ) **6** 上市公司於臺灣證券交易所終止上市時，可向櫃買中心申請股票為何種股票？　(A)標的股票　(B)庫藏股票　(C)特別股票　(D)管理股票。　　【108年第1次普業】

( ) **7** 管理股票上櫃公司依「證券交易法」第三十六條公告並申報之最近期財務報告顯示淨值已為財務報告所列示股本之多少倍時，櫃檯買賣中心得終止其櫃檯買賣？　(A)負一倍　(B)負一點五倍
(C)負二倍　(D)負三倍。　　【101年第2次普業】

解答與解析

1 (B)。重大非常規交易迄申請時尚未改善、財務或業務未能與他人獨立劃分、發生重大環境污染情事尚未改善者，均屬於不宜上櫃之情事。

2 (D)。已在交易所上市、營業範圍有重大變更、營運全面停頓皆屬於櫃檯買賣中心報請終止櫃檯買賣之情事。

3 (C)。當有公司經法院裁定宣告破產確定，櫃檯買賣中心應報請主管機關核准終止甲公司有價證券櫃檯買賣。

4 (B)。根據證券櫃檯買賣中心證券商營業處所買賣有價證券業務規則第12條，發行人最近期財務報告顯示淨值為負數者，櫃買中心得終止其有價證券櫃檯買賣，並報請主管機關備查。

5 (C)。已終止有價證券上市買賣（選項(B)）、櫃檯買賣之公開發行公司（選項(A)），均得向櫃檯買賣中心申請其股票為櫃檯買賣管理股票。

6 (D)。上市公司於臺灣證券交易所終止上市時，可向櫃買中心申請轉
　　　　為管理股票。

7 (C)。管理股票公司的淨值已為財務報告所列示股本之「負二倍」
　　　　時，櫃檯買賣中心得終止其櫃檯買賣管理股票之交易，並報請
　　　　主管機關備查。

重點3　櫃檯買賣之交易　　重要度 ★★★

一、開戶

(一) 客戶初次與證券商進行櫃檯買賣有價證券時，**應與該證券商簽訂開戶契
約**，辦理開戶手續。但證券商於營業處所議價或參加本中心債券等殖成交
系統買賣債券者，僅需要求客戶檢附國民身分證或登記證照影本，得免辦
理開戶。

(二) 客戶初次以等價成交系統為櫃檯買賣者，**應開立有價證券集中保管帳戶及
款項劃撥帳戶**；客戶與自營商以議價方式成交並約定以帳簿劃撥方式完成
給付結算者，亦同。

(三) 拒絕開戶

1.證券商發現客戶有下列各款情事之一者，應拒絕接受開戶，已開戶者
應拒絕接受其買賣、委託買賣或申購有價證券：

(1)未成年人「未經」法定代理人之代理者。

(2)主管機關之證券期貨局員工未檢具其機關同意書者。

(3)櫃買中心員工未檢具本中心同意書者。

(4)受破產之宣告未經復權者。

(5)受監護宣告未經撤銷者。

(6)受輔助宣告之人未經其輔助人同意或法院許可者。

(7)法人委託開戶未能提出該法人授權開戶之證明者。

(8)證券商未經主管機關許可或櫃買中心同意者。

(9)委託證券商之董事、監察人及受僱人，代理其在該證券商開戶。

(10)全權委託投資之委任人受監護宣告未經撤銷者。

(11)委託人申請將原開立之全權委託投資帳戶，轉換為自行買賣之委
託買賣帳戶者。

2.客戶有下列情事之一者，證券商應拒絕接受開戶，已開戶者應拒絕接受其買賣、委託買賣或申購有價證券：

(1)因不如期履行給付結算義務違反契約，未結案且未滿五年者。但接獲通知後，就客戶同日已成交之融資買進或融券賣出，為同種類同數量有價證券沖抵交易之受託買賣，及當日依「有價證券當日沖銷交易作業辦法」為反向沖銷之受託買賣，不在此限。

(2)因違反證券交易法或偽（變）造上市、上櫃有價證券案件，經檢察機關提起公訴尚在審理中，或經法院諭知有罪判決確定未滿五年者。

(3)因違背期貨交易契約未結案且未滿五年，或違反期貨交易管理法令，經司法機關有罪之刑事判決確定未滿五年者。

(四) 境內華僑及外國人投資國內有價證券，應檢具相關文件委託證券經紀商向台灣證券交易所辦理登記，於完成登記後始得向證券經紀商辦理開戶買賣有價證券。

二、交易方式

證券商櫃檯買賣有價證券依下列方式為之：

(一) **股票**得採在證券商營業處所**議價**以自營方式為之；或參加櫃買中心股票**等價成交系統**、鉅額交易系統、盤後定價交易系統及零股交易系統以**自營或經紀**方式為之。

(二) **債券**得採在證券商營業處所議價或參加櫃買中心**債券等殖成交系統**以**自營**方式為之。【110年第1次普業】

(三) 櫃檯買賣市場上受託買賣之手續費率係由**櫃買中心報請金管會核定**之。【109年第3次普業、110年第1次普業】

三、證券商相關規範

(一) 證券商欲經營櫃買賣業務，符合下列條件：【109年第2次、第4次普業】

1.報經主管機關**（金管會）核准**。

2.**與櫃買中心簽訂證券商營業經營櫃檯買賣有價證券契約**。

3.繳存**給付結算基金**。

> • 考點速攻
>
> 1. 櫃檯買賣股票於證券商營業處所議價買賣之交易時間為星期一～五「9：00～15：00」。【110年第1次普業】
> 2. 櫃檯買賣等殖成交系統，電腦議價系統買賣斷交易之交易時間為星期一～五「9：00～13：30」。【109年第4次高業】

觀念理解

1. 櫃檯買賣市場的給付結算基金，在概念上等同於集中交易市場的交割結算基金，其主要目的在於提供證券商對市場履行交割（給付結算）義務之擔保，以確保部分市場參與者發生無法履行給付結算義務時，不致影響整體市場的正常運作。
2. 證券櫃檯買賣交易市場之給付結算基金，為**共同責任制**。【110年第1次高業】

(二) 櫃買賣證券商及其分支機構應於開始櫃買賣「五個」營業日前，向櫃買中心申報。

(三) 證券商及其分支機構之登記事項如有變更，應於變更後「五日」內向櫃買中心辦理變更。

(四) 證券商經營櫃買賣，應依下述規定辦理：
1. 自營商應自行買賣，不得代客買賣。
2. 經紀商應代客買賣，不得自行買入或賣出。
3. 兼具自營商及經紀商者，應於「每次」買賣時之書面件，區別其為自行或代客買賣。

(五) 經紀商接受客戶委託買賣股票或債券，股票每筆輸入股數應小於五百交易單位。

(六) 櫃檯買賣證券經紀商因執行受託買賣發生錯誤，須為買回、轉賣者，應於發生錯誤當日或次一營業日以錯帳處理專戶為之。
【109年第4次普業】

(七) 使用等價成交系統之證券商當日輸入委託或自行買賣，其買進或賣出委託申報總金額各超逾其淨值「四倍」，櫃買中心得停止其輸入。

(八) 自營商於其營業處所為櫃買賣時，不得收取手續費。

考點速攻

注意主體【109年第4次普業】
1. **證券商**經營在其營業處所受託及自行買賣有價證券業務者，向櫃檯買賣中心繳存之**給付結算基金**。
2. **櫃檯買賣中心**基於對市場之服務及管理，應提列**特別給付結算基金**新臺幣1億元。櫃檯買賣中心應就業務服務費收入之一定比率，於每季終了後十日內繼續提列特別給付結算基金。但**繼續提列部分以新臺幣3億元為限**。
3. **證交所**為配合交割結算基金制度之運作，應提列**特別結算基金**10億元，另外並就所提存賠償準備金超過新台幣10億元之部分，繼續提列特別結算基金，**繼續提列部分以20億元為上限**。

即時演練

( )　**1** 證券商經營櫃檯買賣業務，依法應向證券櫃檯買賣中心繳存下列何項費用方得經營？　(A)賠償準備金　(B)給付結算基金　(C)特別盈餘公積　(D)證券商經手費。　　　　　　　　【105年第1次普業】

( )　**2** 證券櫃檯買賣中心繼續提列特別給付結算基金之上限為多少？　(A)新臺幣一億元　(B)新臺幣三億元　(C)新臺幣六億元　(D)新臺幣十二億元。　　　　　　　　　　　　　　　　【105年第3次高業】

( )　**3** 以下何種情形，櫃檯買賣證券經紀商應拒絕接受開戶？　(A)受破產宣告未經復權者　(B)未成年人經法定代理人代理者　(C)受監護或輔助宣告經法定代理人代理者　(D)法人委託開戶能提出該法人授權開戶之證明者。　　　　　　　　【104年第3次普業】

( )　**4** 下列何選項非證券經紀商拒絕接受委託人開戶之情事？
(A)證券主管機關之職員雇員
(B)全權委託投資之同一委任人（非政府基金）對同一受任人在同一證券經紀商同一營業處所開立超過一個以上全權委託帳戶
(C)未成年人經法定代理人代理者
(D)委託證券商之董事代理其在該證券商開戶。　【101年第4次高業】

( )　**5** 投資人因證券交易違背契約，經證交所或櫃買中心轉知各證券經紀商後未結案且未滿幾年者，證券商應拒絕接受開戶？　(A)三年　(B)五年　(C)七年　(D)一年。　　　　　　　　【108年第2次普業】

( )　**6** 櫃檯買賣上櫃股票係採透過證券櫃檯買賣中心等價成交系統為之者，其每筆輸入應小於幾交易單位？　(A)二百　(B)三百　(C)四百　(D)五百。　　　　　　　　　　　　　【107年第4次普業】

( )　**7** 櫃檯買賣市場上受託買賣之手續費率係：
(A)由證券櫃買中心報請金管會核定之
(B)由證券櫃買中心報請財政部核定之
(C)由證券商業同業公會報請金管會核定之
(D)由證券商業同業公會報請財政部核定之。　【108年第1次普業】

(　　) **8** 若參加證券櫃買中心債券等殖成交系統，應以哪種方式為之？
(A)自營
(B)經紀
(C)議價
(D)選項(A)(B)(C)皆正確。　　　　　　　　　　【110年第1次普業】

解答與解析

1 (B)。根據櫃檯買賣中心證券商營業處所買賣有價證券業務規則第17條，證券商非經主管機關之許可，並與本中心簽訂證券商經營櫃檯買賣有價證券契約且依規定繳存給付結算基金，不得經營櫃檯買賣業務。

2 (B)。根據證券櫃檯買賣交易市場共同責任制給付結算基金管理辦法第4條第2項，櫃檯買賣中心於本辦法公告實施後，應就業務服務費收入（但不含議價交易及債券等殖交易之收入）之一定比率，於每季終了後十日內繼續提列特別給付結算基金。但繼續提列部分以新臺幣三億元為限。

3 (A)。根據櫃檯買賣中心證券商營業處所買賣有價證券業務規則第47條，受破產宣告未經復權者，櫃檯買賣證券經紀商應拒絕接受開戶。

4 (C)。根據櫃檯買賣中心證券商營業處所買賣有價證券業務規則第47條，未成年人未經法定代理人之代理者，櫃檯買賣證券經紀商應拒絕接受開戶。由此反面可知，若未成年人經法定代理人代理者，則非應拒絕之情事。

5 (B)。根據櫃檯買賣中心證券商營業處所買賣有價證券業務規則第47條，投資人因證券交易違背契約，經證交所或櫃買中心轉知各證券經紀商後未結案且未滿5年者，證券商應拒絕接受開戶。

6 (D)。根據櫃檯買賣中心證券商營業處所買賣有價證券業務規則第35條，櫃檯買賣上櫃股票係採透過證券櫃檯買賣中心等價成交系統為之者，其每筆輸入應小於五百交易單位。

7 (A)。櫃檯買賣市場上受託買賣之手續費率係由證券櫃買中心報請金管會核定之。

8 (A)。若參加證券櫃買中心債券等殖成交系統，應以自營方式為之。

重點回顧

股票上櫃與上市申請條件比較表

項目	上櫃	上市
設立年限	依公司法設立登記滿**2個完整會計年度**。	依公司法設立登記屆滿**3年**以上。
實收資本額	新臺幣**5千萬**元以上。	新臺幣**6億**元以上。
獲利能力	(1) 其財務報告之稅前淨利占股本之比率最近年度達4%以上，且其最近一會計年度決算無累積虧損者；或最近二年度均達3%以上者；或最近二年度平均達3%以上，且最近一年度之獲利能力較前一年度為佳者。 (2) 前述財務報告之獲利能力不包含非控制權益之淨利（損）對其之影響。但前揭之稅前淨利，於最近一會計年度不得低於新臺幣4百萬元。	其財務報告之稅前淨利符合下列標準之一，且最近一個會計年度決算無累積虧損者。 (1) 稅前淨利占年度決算之財務報告所列示股本比率，最近2個會計年度均達6%以上者。 (2) 稅前淨利占年度決算之財務報告所列示股本比率，最近2個會計年度平均達6%以上，且最近一個會計年度之獲利能力較前一會計年度為佳者。 (3) 稅前淨利占年度決算之財務報告所列示股本比率，最近5個會計年度均達3%以上者。
股權分散	公司內部人及該等內部人持股逾50%之法人以外之記名股東人數不少於3百人，且其所持股份總額合計占發行股份總額20%以上或逾1千萬股。	記名股東人數在1千人以上，公司內部人及該等內部人持股逾50%之法人以外之記名股東人數不少於5百人，且其所持股份合計占發行股份總額20%以上或滿1千萬股者。

精選試題

✔ 上櫃條件

( )　**1** 推薦一般公開發行公司股票上櫃之推薦證券商必須具備何種資格？
(A)證券承銷商及櫃檯買賣自營商
(B)證券自營商及經紀商
(C)證券自營商
(D)證券經紀商及櫃檯買賣經紀商。　　　　　　【102年第3次高業】

( )　**2** 櫃檯買賣之推薦證券商，至遲於該股票開始在櫃檯買賣幾個營業日前，應將其持有被推薦公司之股數、比率及認購價格以書面向證券櫃買中心申報？
(A)2個　　　　　　　　　　　(B)5個
(C)10個　　　　　　　　　　(D)15個。　　　　【109年第2次普業】

( )　**3** 推薦證券商之變更應依下列何種方式申請？
(A)僅由新推薦證券商以書面向證券櫃檯買賣中心申報
(B)須由新舊推薦證券商聯名檢附發行公司同意書及新推薦證券商義務承諾書向櫃檯買賣中心申報
(C)推薦證券商不得變更
(D)選項(A)(B)(C)皆是。　　　　　　　　　　【105年第3次普業】

( )　**4** 公開發行公司與推薦證券商若有下列何種情事，櫃檯買賣中心可拒絕接受該推薦證券商所出具之評估報告，且不同意其有價證券上櫃？　(A)雙方互為有價證券初次上櫃或上市評估報告之評估　(B)有證券商管理規則不得為主辦承銷商之情事　(C)屬同一集團企業　(D)以上皆是。　　　　　　　　　　　　【102年第1次高業】

( )　**5** 下列何者為發行公司申請股票上櫃應符合之規定？
(A)最近二個會計年度決算之實收資本額均在新臺幣三億元以上
(B)須自設立登記後，已滿二個完整會計年度
(C)最近二個會計年度營業利益及稅前淨利均為正數
(D)最近期財務報告及其最近一個會計年度盈餘分派前之淨值須達資產總額百分之二十以上。　　　　　　　　【104年第1次高業】

( )　**6** 取得中央目的事業主管機關出具係屬科技事業或文化創意事業且其產品開發成功具有市場性之評估意見的公開發行公司，申請上櫃時可不受哪一限制？　(A)設立年限　(B)資本額　(C)股權分散　(D)選項(A)(B)(C)皆非正確。　【105年第1次高業】

( )　**7** 下列何種行業，其股票要在櫃檯買賣，需先取得目的事業主管機關之同意函？　(A)營建業　(B)石化業　(C)服務業　(D)證券業。　【102年第4次高業】

( )　**8** 公營事業申請上櫃之條件與一般公司之相同者為：　(A)實收資本額之限制　(B)設立年限　(C)股權分散之限制　(D)董監持股比率之限制。

( )　**9** 申請上櫃時屬母子公司關係者，母公司及所有子公司，及其董事、監察人、代表人暨持有公司股份超過百分之十之股東，與其關係人總計持有申請公司之股份不得超過發行總額之多少百分比？　(A)百分之十　(B)百分之三十　(C)百分之七十　(D)百分之八十。　【106年第1次高業】

( )　**10** 已於國內上櫃之金融控股公司，其持股逾多少比率之子公司不得在國內申請股票上櫃？
(A)20%　　　　　　　　(B)50%
(C)60%　　　　　　　　(D)70%。　【107年第2次高業】

( )　**11** 公司就其發行之普通股及特別股一併申請為櫃檯買賣者，除均應符合股權分散條件外，其申請上櫃股份面值總額應分別達下列何項標準？　(A)五仟萬元以上　(B)一億元以上　(C)二億元以上　(D)三億元以上。　【100年第2次高業】

( )　**12** 外國發行人申請股票第一上櫃者，關於最近一會計年度經會計師查核簽證之股東權益總額須達多少？　(A)新臺幣一億元以上　(B)新臺幣二億元以上　(C)新臺幣五億元以上　(D)新臺幣十億元以上。　【100年第2次高業】

(　) **13** 外國政府發行之政府公債，申請在櫃檯買賣之方式為何？
(A)逕向臺灣證券交易所申請，並由其審核後公告　(B)逕向證券
櫃檯買賣中心申請，並由其審核後公告　(C)逕向中華民國證券
商業同業公會申請，並由其審核後公告　(D)由金融監督管理委
員會函令證券櫃檯買賣中心公告。　　　　　　【106年第4次高業】

✅ 不宜上櫃、終止櫃檯買賣、管理股票

(　) **14** 下列何者非屬「財團法人證券櫃檯買賣中心證券商營業處所買賣
有價證券審查準則」所列之不宜上櫃條款？
(A)重大非常規交易迄申請時尚未改善
(B)發生重大環境污染情事，尚未改善
(C)財務或業務未能與他人獨立劃分
(D)所營事業不具成長性。　　　　　　　　　　【104年第4次高業】

(　) **15** 以下何者，非終止櫃檯買賣之情事？　(A)已在交易所上市
(B)營業範圍有重大變更，不宜繼續櫃檯買賣　(C)營運全面停
頓，無營運收入　(D)會計師對財務報告出具無法表示意見或否
定意見未逾六個月。

(　) **16** 公開發行公司股票終止櫃檯買賣，發行人應於接到證券櫃買
中心通知日起幾日內公告之？　(A)當天　(B)二日　(C)三日
(D)十日。　　　　　　　　　　　　　　　　　【108年第4次高業】

(　) **17** 甲公司之股票雖在證券櫃檯買賣中心掛牌，但是嗣後經營發生困
難，並經法院裁定宣告破產確定，證券櫃檯買賣中心應如何處
理？　(A)通知甲公司停止該公司有價證券之櫃檯買賣交易　(B)報
請主管機關撤銷甲公司之有價證券櫃檯買賣契約　(C)逕行終止甲
公司有價證券櫃檯買賣　(D)證券櫃檯買賣中心得終止甲公司有價
證券櫃檯買賣，並報請主管機關備查。　　　　【109年第3次高業】

(　) **18** 發行人有金融機構拒絕往來之紀錄情事，證券櫃檯買賣中心得：
(A)終止其有價證券櫃檯買賣，並報請主管機關備查　(B)公告後
三日停止其有價證券櫃檯買賣　(C)要求其為合理之解釋　(D)由
發行人申請暫停買賣。　　　　　　　　　　　【104年第3次高業】

( ) **19** 櫃檯買賣之證券經紀商接受客戶委託以等價成交系統買賣者，應先收足款項方可買進的證券是： (A)上市股票 (B)上櫃股票 (C)管理股票 (D)公司債。 【105年第1次高業】

( ) **20** 公開發行公司依規定要件申請股票為櫃檯買賣管理股票者，其開始買賣日期應訂於終止櫃檯買賣或臺灣證券交易所終止上市之： (A)同一日 (B)次日 (C)第三日 (D)前一日。【103年第3次高業】

( ) **21** 發行公司申請為櫃檯買賣管理股票，應於終止上市或上櫃買賣公告日起多久期限內，向櫃買中心提出？ (A)一星期 (B)二星期 (C)一個月 (D)二個月。 【108年第3次普業】

( ) **22** 甲公司之股票雖在證券櫃買中心掛牌，但是嗣後經營發生困難，並經法院裁定宣告破產確定，證券櫃買中心應如何處理？ (A)報請主管機關核准終止甲公司之有價證券櫃檯買賣 (B)通知甲公司停止該公司有價證券之櫃檯買賣交易 (C)逕行終止甲公司有價證券櫃檯買賣 (D)證券櫃買中心得終止其有價證券櫃檯買賣，並報請主管機關備查。 【108年第3次普業】

✅ 櫃檯買賣之交易

( ) **23** 投資人因證券交易違背契約，經證交所或櫃買中心轉知各證券經紀商後未結案且未滿幾年者，證券商應拒絕接受開戶？ (A)三年 (B)五年 (C)七年 (D)一年。 【104年第3次普業】

解答與解析

1 (A)。推薦一般公司申請上櫃的證券商，應具備證券承銷商及櫃檯買賣自營商之資格，但若是申請上櫃的公司本身為證券商者，其推薦之券商僅需具備證券承銷商之資格。

2 (B)。根據櫃檯買賣中心證券商營業處所買賣有價證券業務規則第31條：櫃檯買賣股票之推薦證券商，於該股票開始在櫃檯買賣五個營業日前，應將其持有被推薦公開發行公司股數、比率及認購價格以書面向本中心申報。

3 (B)。根據櫃檯買賣中心證券商營業處所買賣有價證券業務規則第32條第2項：推薦證券商擬改由其他證券商擔任時，應由新舊推薦證券商聯名，檢附發行公司同意書及新推薦證券商願負推薦證券商義務之承諾書，併同新推薦證券商所持有被推薦公開發行公司股數及比率之資料，以書面向本中心申請核准。

4 (D)。若申請上櫃之公司與推薦證券商，其雙方互為有價證券初次上櫃或上市評估報告之評估、隸屬同一集團企業、或有證券商管理規則不得為主辦承銷商之情事時，櫃檯買賣中心可拒絕接受該推薦證券商所出具之評估報告，且不同意其有價證券上櫃。

5 (B)。公司申請股票上櫃應符：設立登記滿二個完整會計年度、實收資本額新臺幣五千萬元以上、最近一個會計年之稅前淨利不得低於新臺幣四百萬元。

6 (A)。當科技事業或文化創意事業取得目的事業主管機關出具其產品或技術成功之意見，則其申請不受「設立年限」與「獲利能力」之限制。

7 (D)。當證券業、期貨業、金融業及保險業要在櫃檯買賣，需先取得目的事業主管機關之同意函。

8 (A)。公營事業聲請股票上櫃，除「設立年限、股權分散、董監持股集保比率、輔導期限」的條件不受限制外，其餘條件皆與一般公司聲請上櫃相同。

9 (C)。申請上櫃時屬母子公司關係者，母公司及其所有子公司，以及前開公司之董事、監察人、代表人，暨持有公司股份超過發行總額百分之十之股東，與其關係人總計持有該申請公司之股份不得超過發行總額之百分之七十。

10 (D)。已於國內上櫃之金融控股公司，其持股逾70%之子公司不得申請上櫃。

11 (A)。公開發行公司就其所發行之普通股與各種特別股一併申請為櫃檯買賣者，其普通股及各種特別股申請櫃檯買賣股份面值總額分別應達新臺幣五千萬元以上。

12 (A)。國發行人申請股票第一上櫃者，關於最近一會計年度經會計師查核簽證之股東權益總額須達新臺幣一億元以上。

13 (D)。外國政府發行之政府公債，由金融監督管理委員會函令證券櫃檯買賣中心公告，不必向櫃買中心申請。

14 (D)。重大非常規交易迄申請時尚未改善、財務或業務未能與他人獨立劃分、發生重大環境污染情事尚未改善者，均屬於不宜上櫃之情事。

15 (D)。會計師對財務報告出具無法表示意見或否定意見未逾六個月並非終止櫃檯買賣之情事。

16 (B)。根據證券櫃檯買賣中心證券商營業處所買賣有價證券業務規則第12-2條，發行人經本中心通知其有價證券終止櫃檯買賣者，應於接獲本中心通知日起二日內於本中心指定之網際網路資訊申報系統揭露。

17 (A)。當發行人有金融機構拒絕往來之紀錄情事，證券櫃檯買賣中心得終止其有價證券櫃檯買賣，並報請主管機關備查。

18 (D)。根據證券櫃檯買賣中心證券商營業處所買賣有價證券業務規則第12條，發行人經法院裁定宣告破產已確定者，櫃買中心得終止其有價證券櫃檯買賣，並報請主管機關備查。

19 (C)。櫃檯買賣之證券經紀商接受客戶委託買入管理股票時，應先收足款項方可買進。

20 (A)。公司申請股票為管理股票者，其開始買賣日期應訂於終止櫃檯買賣或臺灣證券交易所終止上市之同一日。

21 (C)。依《財團法人中華民國證券櫃檯買賣中心證券商營業處所買賣有價證券審查準則》第3-1條，發行公司申請為櫃檯買賣管理股票，應於終止上市或上櫃買賣公告日起一個月內，向櫃買中心提出。

22 (D)。證券櫃買中心得終止其有價證券櫃檯買賣，並報請主管機關備查。

23 (B)。根據櫃檯買賣中心證券商營業處所買賣有價證券業務規則第47條，投資人因證券交易違背契約，經證交所或櫃買中心轉知各證券經紀商後未結案且未滿5年者，證券商應拒絕接受開戶。

Ch5　證券商的設立標準與管理

依據出題頻率區分，屬：**A** 頻率高

課前導讀

證券商是提供投資者證券買賣交易服務的法人組織，又可依經營業務分為：證券經紀商、證券自營商、證券承銷商三類。這裡將帶領各位認識不同券商的設立門檻、以及認識證券從業人員的相關資格。

重點 1　證券商的設立門檻　　重要度 ★★☆

一、證券商之申請

(一) 證券商之設置採「**許可制**」，即證須經金管會許可，方得營業。

　　1.設置證券商，應自許可日起**六個內**於經濟部辦理公司設立登記。

　　2.未於該上述期間辦理者，撤銷許可。「但」有正當理由得申請延，延展期限不得超過六個月，並以一次為限。

(二) 專業證券商之公司名稱應標明證券之字樣。

(三) 非證券商不得使用類似證券商之名稱。

(四) 證券商非加入同業公會，不得開業。【109年第2次普業】

二、證券商設立標準

(一) **最低實收資本額**【110年第1次普業；109年第2次高業】

　　1.證券承銷商：新臺幣四億元。

　　2.證券自營商：新臺幣四億元，僅經營自行買賣具證券性質之虛擬通貨業務者為新臺幣一億元。【110年第2次普業】

　　3.證券經紀商：新臺幣二億元。但經營下列業務者為新臺幣五千萬元：

　　　(1)**僅經營股權性質群眾募資業務。**

　　　(2)**僅經營基金受益憑證買賣及互易之居間業務。**

4. 經營二種以上證券業務者：按其經營種類依前三款規定併計之；**故綜合證券商最低實收資本額為10億元**（4＋4＋2＝10）。

　　※前項最低實收資本額，發起人應於發起時一次認足。

(二) **營業保證金**【110年第1次、第2次普業】

證券商應於辦理公司登記後，向指定銀行提存營業保證金如下

1. **證券承銷商**：新臺幣四千萬元。

2. **證券自營商**：新臺幣一千萬元。

3. **證券經紀商**：新臺幣五千萬元。但經營下列業務者為新臺幣一千萬元：

(1)僅經營股權性質群眾募資業務。

(2)僅經營基金受益憑證買賣及互易之居間業務。

※前項存入款項，得以政府債券或金融債券代之。

(三) **設立分支機構**

1. 證券商應**營業屆滿一年者，始得申請設置分支機構**。

2. 證券商每設置一家分支機構，其**最低實收資本額，應增加新臺幣三千萬元**。

3. 證券商每設置一家分支機構，其**營業保證金，應增提新臺幣五百萬元**。

(S) 即時演練

(　) **1** 有關證券商最低實收資本額之充實，下列何者正確？　(A)發起人應於發起時一次認足　(B)發起人應於發起時至少認足四分之一，其餘向外公開募足　(C)發起人應於發起時至少認足三分之一，其餘向外公開募足　(D)發起人應於發起時至少認足二分之一，其餘向外公開募足。　　　　　　　　　　　　　　　　【109年第2次高業】

(　) **2** 綜合證券商之最低實收資本額應為新臺幣（沒有分支機構）：(A)二億　(B)四億　(C)六億　(D)十億。　　　【102年第3次高業】

(　) **3** 證券商應於辦理公司登記後，提存營業保證金於證券主管機關指定銀行，有關其存入款項之規定，下列敘述何者正確？　(A)證券承

銷商：新臺幣五千萬元　(B)證券自營商：新臺幣一千萬元　(C)證券經紀商：新臺幣四千萬元　(D)以上選項皆錯。

(　) **4** 證券商繳交之營業保證金，不可用以下何者繳之？　(A)現金　(B)商業本票　(C)金融債券　(D)政府債券。　　　　　【第3次高業】

(　) **5** 證券經紀商實收資本額與提存營業保證金之金額，分別為新臺幣多少？　(A)二億元與四千萬元　(B)四億元與五千萬元　(C)二億元與五千萬元　(D)二億元與二千萬元。　　　　　【107年第4次普業】

解答與解析

1 (A)。根據證券商設置標準第3條第2項，證券商最低實收資本額，發起人應於發起時一次認足。

2 (D)。依證券商設置標準第三條，綜合證券商最低實收資本額為4+4+2=10億元。

3 (B)。提存營業保證金之規定：證券承銷商為新臺幣四千萬元。證券自營商為新臺幣一千萬元。證券經紀商為新臺幣五千萬元。

4 (B)。證券商繳交之營業保證金，得以政府債券或金融債券代之。

5 (C)。根據證券商設置標準第3條，證券商須為股份有限公司；其最低實收資本額如下：
一、證券承銷商：新臺幣四億元。
二、證券自營商：新臺幣四億元，僅經營自行買賣具證券性質之虛擬通貨業務者為新臺幣一億元。
三、證券經紀商：新臺幣二億元，僅經營股權性質群眾募資業務者為新臺幣五千萬元。
前項最低實收資本額，發起人應於發起時一次認足。

三、證券商有下列情事之一者，應「事先」經金管會「核准」【109年第2次普業】

(一) 變更機構名稱。

(二) 變更資本額、營運資金或營業所用資金。

(三) 變更機構或分支機構營業處所。

(四) 受讓或讓與他人全部或主要部分營業或財產。

(五) 合併或解散。

(六) 投資外國證券商。

四、證券商有下列情事之一者，應向金管會「申報」

(一) 開業、停業、復業或終止營業。

(二) 證券商或其董事、監察人及受僱人因經
營或從事證券業務，發生訴訟、仲裁或
為強制執行之債務人，或證券商為破產
人、有銀行退票或拒絕往來之情事。

(三) 董事、監察人及經理人有證券交易法第
五十三條所定之情事。

(四) 董事、監察人及受僱人，有違反證券交易法之行為。

(五) 董事、監察人、經理人及持有公司股份超過百分之十之股東，持有股份
變動。

前述第一款之事項，證券商應事先申報；第二款至第四款之事項，證券商應
於知悉或事實發生之日起五個營業日內申報；第五款之事項，證券商應於次
月十五日以前彙總申報。

> **考點速攻**
>
> 證券商有停業者，其於集中
> 交易市場了結停業前所為買
> 賣或受託事務範圍內，**視為
> 尚未停業**。【109年第2次普
> 業、110年第2次普業】

即時演練

(　　) **1** 證券商有下列何項情事者，應事先報經金融監督管理委員會核准？
(A)變更董事長、總經理　(B)購買不動產　(C)投資外國證券商
(D)選項(A)(B)(C)皆錯誤。　　　　　　　　　　　【105年第3次高業】

(　　) **2** 證券商因經營證券業務發生訴訟案件時，應於事實發生之日起，下
列何項之期限內，應向主管機關申報？　(A)二日內　(B)三日內
(C)五日內　(D)七日內。

(　　) **3** 證券商發生下列情事者，於何種情形毋庸先行報經主管機關核准？
(A)因經營證券業務發生訴訟事件　(B)合併　(C)投資外國證券商
(D)變更機構名稱。

解答與解析

1 (C)。證券商有下列情事之一者，應先報經金管會核准：一、變更機構名稱。二、變更資本額、營運資金或營業所用資金。三、變更機構或分支機構營業處所。四、受讓或讓與他人全部或主要部分營業或財產。五、合併或解散。六、投資外國證券商。

2 (C)。證券商因經營證券業務發生訴訟案件時，應於事實發生日起之五日內向金管會申報。

3 (A)。證券商因經營證券業務發生訴訟案件時，應於事實發生日起之五日內向金管會申報；而非事前先行報經金管會核准。

五、經營之業務

不同證券商可經營之證券業務，其種類如下：

(一) 證券承銷商

1.有價證券之承銷又可分為「代銷」與「包銷」。

(1)**代銷**：指證券發行人委託承銷商代為向投資者銷售證券。承銷商依規定的發行條件，在約定期間內盡力銷售，若到銷售截止日仍有證券未售出，則未售出之證券退還給發行人，承銷商不承擔任何發行風險。

(2)**包銷**：指證券發行人與承銷商簽訂合約，由承銷商買下全部或銷售剩餘部分的證券，承擔全部銷售風險。【110年第2次普業】

※**證券商包銷有價證券者**，其包銷之總金額，**不得超過其流動資產減流動負債後餘額之十五倍**。其中證券商國外分支機構包銷有價證券之總金額，不得超過其流動資產減流動負債後餘額之五倍。

2.交付公開說明書：**證券承銷商**出售其所承銷之有價證券，代理發行人交付**公開說明書**。【110年第1次、第2次普業；109年第4次高業】

3.承銷案件保存期限：證券商承銷有價證券應將銷售情形及自己取得之數量等資料，證券商於承銷期間結束後應至少**保存五年**。【110年第1次高業】

4.承銷價格：承銷價格以下列方式之一為之。【109年第2次高業】

(1)**競價拍賣**。

(2)**詢價圈購**。

(3)**與發行公司、發行機構或有價證券持有人議定。**

→如係由承銷商與發行公司或有價證券持有人議定者，其承銷公告事項必要記載事項包含：

A. 承銷價格訂定方式及其依據之說明。

B. 證券商評估報告總結意見。

C. 會計師對財務資料之查核意見。

D. 公開說明書之取閱地點及方法。

5. 有價證券配售：證券承銷商辦理有價證券之承銷，其配售以下列方式為之：

(1)**競價拍賣**：以已發行股票或現金增資發行新股辦理股票初次上市上櫃及已上市、上櫃公司辦理現金增資之股數，給予投資人進行競標。

> **考點速攻**
>
> 證券承銷商以競價拍賣配售辦理承銷，第5天為開標日。【110年第2次高業】

(2)**詢價圈購**【109年第4次高業】

A. 指承銷商在公告的特定期間內，接受投資人遞交圈購單，表達以特定價格認購特定數量的意願。承銷商辦理「詢價圈購」的目的，是在探詢市場實際需求狀況，以作為承銷價格訂定的參考，並配售給有意認購的投資人。

B. 詢價圈購如何決定誰得標？依實際承銷價格及認購數量為承諾者

(3)**公開申購配售**【109年第3次高業】

A. 俗稱的「股票抽籤」。

B. 申購人就每一種有價證券之公開申購僅能選擇一家經紀商辦理申購，不得重複申購，且每一申購人限申購一銷售單位。

C. 每件處理費新臺幣二十元。

D. 現行公開申購配售制度，於申購截止日次二營業日時進行電腦抽籤。

(4)**洽商銷售**【109年第2次高業】：採洽商銷售之承銷案件，除經證券主管機關核准者外，每一認購人認購數量規定如下：

A. **普通公司債、未涉及股權之金融債券每一認購人認購數量不得超過該次承銷總數之百分之五十**，惟認購人為保險公司且認購做為投資型保險商品所連結投資標的者不在此限；認購人僅限櫃檯買

賣中心外幣計價國際債券管理規則所定之專業投資人者每一認購人認購數量不得超過該次承銷總數之百分之八十，惟認購人為政府基金者，不在此限。【110年第1次高業】

B. 分離型附認股權公司債其分離後之公司債承銷案件每一認購人認購數量不得超過該次承銷總數之百分之五十。

C. 不動產資產信託受益證券、受託機構公開招募受益證券或特殊目的公司公開招募資產基礎證券承銷案件每一認購人認購數量不得超過該次承銷總數之百分之二十，但持有人為獨立專業投資者，不在此限。【109年第2次高業】

D. 認購（售）權證、指數投資證券、**附認股權公司債案件每一認購人認購數量不得超過該次承銷總數之百分之十**。【109年第2次高業】

(二) 證券自營商：進行有價證券之自行買賣。

1. 證券自營商自行買賣得以下列方式為之：

　(1)使用等價成交系統或等殖成交系統買賣。

　(2)在其營業處所以議價方式買賣，其如為債券買賣，包括買賣斷及附條件交易。

　(3)其他經櫃買中心規定之交易方式。

2. 證券自營商於營業處所議價買賣股票應以下所列範圍為限。【109年第4次高業】

　(1)**與其他證券自營商之買賣**。

　(2)**與客戶為一次交易在一百交易單位（含）以上買賣**。

　(3)**證券經紀商參加本中心股票等價成交系統發生錯帳或違約，因無法自該系統補券，而須與其他證券自營商議價補券之買賣**。

3. 證券商經營自行買賣有價證券業務，應訂定買賣政策及相關處理程序，買賣之分析、決策、執行、變更及檢討等作業程序應納入其內部控制制度。前項之資料，應按時序記載並建檔保存，其**保存期限不得少於五年**。【110年第1次高業】

4. 證券自營商除得為公司股份之認股人或公司債之應募人外，其自行買賣上市證券限於在本公司市場為之，除經主管機關許可者外，**不得委託證券經紀商代為買賣**。

(三) **證券經紀商**：有價證券買賣之行紀、居間、代理。【109年第3次普業】

1. 經紀商受託買賣時，應評估客戶投資能力；若該客戶之用狀況如有逾越其投資能力，除提供適當之擔保者外，「得」拒絕受買賣。

2. 手續費：經紀商受託於集中市場，買賣有價證券，其向委託人收取手續費之費率，由**證交所申報、金管會核定之**。目前證券商營業處所受託買賣有價證券的交易手續費**上限為千分之一點四二五**。【109年第4次普業、110年第2次普業】

3. 證券經紀商接受客戶委託時，應依據委託書所載委託事項執行，其輸入順序所據為編號順序。【109年第3次普業、110年第2次普業】

4. 證券商經營經紀業務屆滿「一年」以上，得申請辦理有價證券買賣融資融券。

5. **全權委託之禁止：證券經紀不得接受對有價證券買賣代為決定種類、數量、價格或買入、賣出之全權委託**。【109年第4次高業】

6. 自有資金投資之限制：

   (1)證券經紀商未經主管機關許可，不得以其自有資金投資非上市有價證券。

   (2)以自有資金投資上市有價證券者，其投資額度不得超逾主管機關之規定。證券經紀商自有資本適足比低於百分一百時，其自有資金不得買入上市（櫃）股票，僅得為賣出交易之處置。

   (3)證券經紀商不得其自有資金或證券，或向他人借入資金或證券而為其委託人買賣證券辦理交割。

即時演練

( )　**1** 證券承銷商包銷有價證券，於承銷契約所訂之承銷期間屆滿後，對於約定包銷之有價證券，未能全數銷售者，其剩餘數額之有價證券，應如何處理？　(A)自行認購　(B)再行銷售　(C)退還發行人　(D)洽特定人認購。　　　　　　　　　　　【105年第3次普業】

( )　**2** 證券承銷商包銷有價證券，原則上包銷總金額之上限為何？　(A)全部資產減全部負債後餘額之十五倍　(B)淨資產減無形資產後餘額之十五倍　(C)流動資產減流動負債後餘額之十五倍　(D)固定資產減短期債款後餘額之十五倍。　　　　　　　【108年第1次高業】

(　) **3** 證券商經營櫃檯買賣，下列敘述何者正確？　(A)證券承銷商不得自行買入或賣出，但得代客買賣　(B)證券自營商，應自行買入或賣出，亦得代客買賣　(C)證券經紀商，應自行買入或賣出，但不得代客買賣　(D)兼具證券自營及經紀商者，於每次買賣時之書面文件區別自行或代客買賣。

(　) **4** 申請辦理有價證券買賣融資融券之證券商，須經營何種業務滿一年以上？
(A)承銷
(B)自營
(C)經紀
(D)承銷、自營、經紀。　　　　　　　　　　【106年第2次高業】

(　) **5** 證券商客戶委託買賣有價證券逾越其投資能力時，證券商應採何種措施？　(A)委託人提供適當之擔保，仍拒絕其委託　(B)由營業經理決定是否接受其委託　(C)委託人未提供適當之擔保，得拒絕其委託　(D)報由主管機關核定。　　　　　　　　【104年第1次高業】

(　) **6** 證券承銷商出售證券時，負有代理發行人交付何種文書之義務？
(A)投資說明書
(B)公開說明書
(C)委託書
(D)風險預告書。　　　　　　　　　　　　【110年第1次普業】

(　) **7** 下列何事業，得接受他人之委託在集中交易市場買賣有價證券？
(A)證券投顧事業
(B)證券經紀商
(C)證券自營商
(D)證券承銷商。　　　　　　　　　　　　【109年第3次普業】

(　) **8** 證券經紀商接受客戶委託時，應依據委託書所載委託事項執行，其輸入順序所據為何？　(A)編號順序　(B)委託金額順序　(C)委託之證券代號順序　(D)委託人帳號順序。　　　【108年第1次普業】

解答與解析

1 (A)。包銷指證券發行人與承銷商簽訂合約，由承銷商買下全部或銷售剩餘部分的證券，承擔全部銷售風險。

2 (C)。證券承銷商包銷有價證券，原則上包銷總金額之上限為流動資產減流動負債後餘額之十五倍。

3 (D)。證券交易法第46條，兼營證券自營商及證券經紀商者，應於每次買賣時，以書面文件區別其為自行買賣或代客買賣。

4 (C)。根據證券商辦理有價證券買賣融資融券管理辦法第3條，證券商申請辦理有價證券買賣融資融券，應經營證券經紀業務屆滿一年以上。

5 (C)。根據證券商管理規則第35條，證券商受託買賣有價證券，應依據前條之資料及往來狀況評估客戶投資能力；客戶之委託經評估其信用狀況如有逾越其投資能力，除提供適當之擔保者外，得拒絕受託買賣。

6 (B)。根據證券交易法第79條，證券承銷商出售其所承銷之有價證券，應依第三十一條第一項之規定，代理發行人交付公開說明書。

7 (B)。證券經紀商得接受他人之委託在集中交易市場買賣有價證券。

8 (A)。證券經紀商接受客戶委託時，應依據委託書所載委託事項執行，其輸入順序所據為編號順序。

六、證券商的財務規範【109年第2次普業】

(一) 證券商除有特殊需要經專案核准者或由金融機構兼營者另依有關法令規定辦理外，其對外負債總額不得超過其淨值之六倍；其**流動負債總額不得超過其流動資產總額**。

但經營受託買賣有價證券或自行買賣有價證券業務，除另有規定者外，其對外負債總額不得超過其淨值。

(二) 證券商除由金融機構兼營者另依有關法令規定外，已依本法發行有價證券者，應依本法第四十一條規定，於每年稅後盈餘項下，**提存百分之二十特別盈餘公積**。但金額累積已達實收資本額者，得免繼續提存。

> **考點速攻**
>
> 證券商發行指數投資證券總額，不得超過最近期經會計師查核簽證之財務報告淨值之50%。【109年第3次高業】

未依本法發行有價證券者，應於每年稅後盈餘項下，**提存百分之二十特別盈餘公積**。但金額累積已達實收資本額者，得免繼續提存。

(三) 證券商轉投資證券、期貨、金融及其他事業，其全部事業投資總金額不得超過該證券商淨值之**百分之四十**。【109年第4次普業】

(四) 證券商除由金融機構兼營者依有關法令規定外，其經營自行買賣有價證券業務者，應依下列規定辦理：

1. 持有任一本國公司股份之總額不得超過該公司已發行股份總額之百分之十；持有任一本國公司所發行有價證券之成本總額，並不得超過該證券商淨值之百分之二十。

2. 持有任一外國公司股份之總額，不得超過該公司已發行股份總額之百分之五；持有任一外國公司所發行有價證券之成本總額，不得超過該證券商淨值之百分之二十，但涉及股權性質有價證券之成本總額，不得超過該證券商淨值之百分之十。

3. 持有單一關係人所發行股權性質有價證券之投資成本總額，不得超過該證券商淨值之百分之五；持有所有關係人所發行股權性質有價證券之投資成本總額，不得超過該證券商淨值之百分之十。但辦理認購（售）權證及於營業處所經營衍生性金融商品交易業務之履約與避險操作，以及指數股票型證券投資信託基金之受益憑證及該受益憑證所表彰股票組合之避險者，不在此限。

4. 持有單一證券商所發行普通公司債之投資成本總額，不得超過該證券商淨值之百分之五；持有所有證券商所發行普通公司債之投資成本總額，不得超過該證券商淨值之百分之十。

(五) **證券商除由金融機構兼營者另依有關法令規定外，非經金融監督管理委員會核准，不得為任何保證人、票據轉讓之背書或提供財產供他人設定擔保**。【109年第4次高業】

七、交割結算基金

(一) 我國證券商繳存之**交割結算基金為共同責任制**，並設置基金特別管理委員會。【110年第1次高業】

(二) 證券商經營「**受託買賣**」有價證券業務者，依下列規定向「**證券交易所**」**繳存交割結算基金**：【110年第1次普業】

1. **開始營業前，應繳基本金額新臺幣一千五百萬元**，並於開始營業後，按受託買賣上市有價證券成交淨收淨付金額一定比率，於每季終了十日內繼續繳存至當年底，其比率由金管會另訂之。
2. **開業次一年起，其原繳之基本金額減為新臺幣三百五十萬元**，並逐年按前一年受託買賣上市有價證券成交淨收淨付金額依前揭比率併計，於每年一月底前就已繳存基金不足或多餘部分向證券交易所繳存或領回。

(三) 證券商「**自行買賣**」有價證券業務者
   1. **開始營業前**，應一次向證券交易所繳存交割結算基金**新臺幣五百萬元**。
   2. 開始營業後及開業次一年起，除基本金額外，並按自行買賣上市有價證券成交淨收淨付金額之一定比率繼續繳存，其計算及提撥方式，比照前項規定辦理。

(四) **證券商經營受託及自行買賣有價證券業務者，應按前二項併計繳存。**

(五) 證券商每增設一**國內分支機構**，應於開業前，向證券交易所一次繳存**交割結算基金新臺幣三百萬元**，但自開業次一年起，其原繳之金額減為新臺幣五十萬元。【110年第1次普業】

(六) **證券交易所之會員或證券經紀商、證券自營商在證券交易市場買賣證券，買賣一方不履行交付義務時，證券交易所應指定其他會員或證券經紀商或證券自營商代為交付**。【110年第1次高業】**其因此所發生價金差額及一切費用，動用基金順序為：**
   1. 違約證券商所繳之交割結算基金。
   2. 如有不足，再動用證券交易所提撥之賠償準備金。
   3. 再有不足，再動用違約證券商以外證券商所提之交割結算基金與證交所提撥之賠償準備金，按提撥金額比例分攤。
   ※易混淆考點：注意，證券交易所並無提存營業保證金。

$ **即時演練** $

(　　) **1** 下列何種證券商應向臺灣證券交易所繳存交割結算基金？　(A)承銷商、自營商　(B)自營商、經紀商　(C)經紀商、承銷商　(D)承銷商、自營商、經紀商。　　　　　　　　　　　【105年第4次高業】

(　　) **2** 證券商經營在集中交易市場受託買賣有價證券業務者，於開始營業前，應繳之交割結算基金為多少？　(A)九百萬元　(B)八百萬元　(C)一千五百萬元　(D)六百萬元。　　　　　　　　　　【101年第4次高業】

(　　) **3** 證券經紀商於集中交易市場買賣有價證券而不履行交付義務者，不可運用於清償之資金為何？　(A)交割結算基金　(B)證券交易所之賠償準備　(C)證券商營業保證金　(D)證券交易所營業保證金。　　　　　　　　　　　　　　　　　【105年第4次高業】

(　　) **4** 證券商流動負債總額，不得超過其流動資產總額之多少？
(A)百分之五十
(B)百分之百
(C)百分之一百五十
(D)百分之二百。　　　　　　　　　　　　　【109年第2次普業】

(　　) **5** 證券商從事具有股權性質之投資，其轉投資總金額不得超過證券商淨值百分之多少？
(A)二十　(B)四十　(C)五十　(D)七十。　　　【108年第4次普業】

(　　) **6** 證券經紀商於集中交易市場受託買賣有價證券應繳存交割結算基金於：　(A)臺灣銀行　(B)集中保管結算所　(C)臺灣證券交易所　(D)證券商公會。　　　　　　　　　　　　　【110年第1次普業】

解答與解析

1 (B)。證券經紀商與自營商應向證券交易所繳存交割結算基金。

2 (C)。證券商經營受託買賣有價證券業務者，於開始營業前應繳之交割結算基金一千五百萬元。

3 (D)。證券交易所並無提存營業保證金。

4 (B)。根據證券商管理規則第13條，證券商除有特殊需要經專案核准者或由金融機構兼營者另依有關法令規定辦理外，其對外負債總額不得超過其淨值之六倍；其流動負債總額不得超過其流動資產總額。但經營受託買賣有價證券或自行買賣有價證券業務，除本會另有規定者外，其對外負債總額不得超過其淨值。

5 **(B)**。根據證券商管理規則第18條之1，證券商從事具有股權性質之投資，其轉投資總金額不得超過證券商淨值百分之四十。

6 **(C)**。證券經紀商於集中交易市場受託買賣有價證券應繳存交割結算基金於臺灣證券交易所。

八、罰則

證券商違反本法或依本法所發布之命令者，除依本法處罰外，主管機關得視情節之輕重，為下列處分，並得命其限期改善：【109年第3次普業】

(一) 警告。

(二) 命令該證券商解除其董事、監察人或經理人職務。

(三) 對公司或分支機構就其所營業務之全部或一部為 <u>六個月以內之停業</u>。

(四) 對公司或分支機構營業許可之撤銷或廢止。

(五) 其他必要之處置。

重點 2　**證券商之從業人員**　　重要度 ★★☆

一、證券商負責人與業務人員

證券商業務人員，指從事下列業務之人員：

(一) 有價證券投資分析、內部稽核、自行查核、法令遵循或主辦會計。

(二) 有價證券承銷、買賣之接洽或執行。

(三) 有價證券自行買賣、結算交割或代辦股務。

(四) 有價證券買賣之開戶、徵信、招攬、推介、受託、申報、結算、交割或為款券收付、保管。

(五) 有價證券買賣之融資融券。

(六) 衍生性金融商品之操作。

(七) 風險管理。

(八) 辦理其他經核准之業務。

> **考點速攻**
>
> 證券商受僱人對外執行業務及在集中交易市場所為之一切行為，證券商應負「完全責任」。【109年第4次普業】

二、證券商之業務人員職務

依其職務之繁簡難易、責任輕重,分為下列二種:

(一) **高級業務員**:擔任部門主管及分支機構負責人、投資分析或內部稽核等職務者。

(二) **業務員**:從事有價證券承銷、自行買賣、受託買賣、內部稽核或主辦會計等職務者。

三、同業兼職之禁止

證券商業務人員,不得兼任國內外其他證券商任何職務。但證券商法令遵循人員、內部稽核人員、風險管理人員及主辦會計人員兼任國外證券關係企業相同性質職務者,不在此限。

四、業務職權之規範

證券商之下列業務人員不得辦理登記範圍以外之業務或由其他業務人員兼辦

(一) **辦理有價證券自行買賣業務之人員**。【110年第1次、第2次高業】

(二) **內部稽核人員**。

(三) **風險管理人員**。

五、職前訓練與在職訓練

初任及離職滿三年再任之證券商業務人員應於到職後半年內參加職前訓練;在職人員應每三年參加在職訓練。

六、人員異動【109年第2次、第4次普業;109年第3次高業】

(一) 證券商負責人及業務人員有異動者,證券商應於異動後五日內向證券交易所、證券商同業公會或證券櫃檯買賣中心申報登記。

(二) **證券商內部稽核業務人員之異動,所屬證券商應於異動前,先申請證券交易所、證券商同業公會或證券櫃檯買賣中心核備後,始得異動之**。

七、董事、監察人、經理人之限制

有下列情事,不得充任證券商之董事、監察人或經理人;其已充任者解任之:

(一) 有公司法第三十條各款情事之一者。

(二) 曾任法人宣告破產時之董事、監察人、經理人或其他地位相等之人,其破產終結未滿三年或調協未履行者。

(三) 最近三年內在金融機構有拒絕往來或喪失債信之紀錄者。

(四) 依證券交易法之規定,受罰金以上刑之宣告,執行完畢、緩刑期滿或赦免後未滿三年者。

(五) 違反證券交易法第五十一條之規定者。

(六) 受證券交易法第五十六條及第六十六條第二款解除職務之處分,未滿三年者。

八、證券商內部關係人買賣有價證券之規範

證券商之董事、監察人持股超過百分之十之股東及其從業人員於初次櫃檯買賣有價證券時,應向本身所投資或服務之證券商辦理開戶。【110年第1次普業】

即時演練

(　　) **1** 證券商之在職人員應每幾年參加在職訓練?
(A)一年　　　　　　　　　(B)二年
(C)三年　　　　　　　　　(D)四年。

(　　) **2** 證券商從事下列何項職務之人員,不以取得高級業務員資格為要件? (A)營業部經理　(B)自營部主管　(C)交割部主管　(D)內部稽核人員。　　　　　　　　　　　　　　　　　【102年第1次高業】

(　　) **3** 王君擔任某證券商總經理,因公司違反證券管理法規情節嚴重,經主管機關處以證券交易法第六十六條第二款命令解除總經理職務之處分,請問王君幾年內不得再擔任證券商董事、監察人或經理人? (A)一年　(B)二年　(C)三年　(D)五年。

（　）　**4** 證券商負責人及業務人員有異動者，證券商應於何時向證券交易所、證券商業同業公會、證券櫃檯買賣中心申報登記？
(A)異動後五日內
(B)異動後十日內
(C)每月五日前
(D)每月十日前。　　　　　　　　　　　　　【105年第2次普業】

（　）　**5** 證券商之董事、監察人持股超過10%之股東及其從業人員於初次櫃檯買賣有價證券時，應向何證券商辦理開戶？
(A)主管機關指定之證券商
(B)證券櫃買中心所指定之證券商
(C)本身所投資或服務之證券商
(D)本身所投資或服務以外之證券商。　　　　　【109年第3次普業】

解答與解析

1 (C)。證券商之在職人員應每三年參加在職訓練。

2 (D)。證券商業務員包含：從事有價證券承銷、自行買賣、受託買賣、內部稽核或主辦會計等職務者。故內部稽核人員不以取得高級業務員資格為要件。

3 (C)。受證券交易法第五十六條及第六十六條第二款解除職務之處分，未滿三年者，不得充任證券商之董事、監察人或經理人；其已充任者，解任之。

4 (A)。根據證券商負責人與業務人員管理規則第13條，證券商負責人及業務人員有異動者，證券商應於異動後五日內依下列規定，向證券交易所、證券商同業公會或證券櫃檯買賣中心申報登記。

5 (C)。證券商之董事、監察人持股超過百分之十之股東及其從業人員於初次櫃檯買賣有價證券時，應向本身所投資或服務之證券商辦理開戶。

精選試題

✔ 證券商之設立標準

( )　**1** 我國證券商營業保證金不得以下列何種方式提存於受託保管銀行？　(A)現金　(B)政府債券　(C)金融債券　(D)公司債券。

( )　**2** 下列何者為非？
(A)證券商須為依法設立之股份有限公司
(B)專業證券商之公司名稱應標明證券之字樣
(C)非證券商不得使用類似證券商之名稱
(D)外國人不得投資我國證券商。　　　　　　　【104年第1次高業】

( )　**3** 下列關於證券商設置分支機構之敘述，何者正確？
(A)證券商營業滿一年，始得申請
(B)每增設一家分支機構，應增提營業保證金五百萬元
(C)每增設一家分支機構其實收資本額應增加新臺幣三千萬元
(D)選項(A)(B)(C)皆正確。

( )　**4** 有關證券商最低實收資本額，依證券商設置標準第三條，證券經紀商發起人應於發起時一次認足之金額為何？
(A)新臺幣四億元
(B)新臺幣三億元
(C)新臺幣二億元
(D)新臺幣一億元。　　　　　　　　　　　　　【104年第3次高業】

( )　**5** 證券商停業、復業、終止營業時，應如何處理？　(A)應先報經金管會核准　(B)應事先向金管會申報　(C)應於事實發生之日起五日內向金管會申報　(D)應向證券交易所申報。　　【102年第4次高業】

( )　**6** 下列何者不是證券商應先報主管機關核准之情形？　(A)變更機構名稱　(B)變更資本額　(C)董事、監察人持股變動　(D)與其他證券公司合併。　　　　　　　　　　　　　　　　　　【109年第2次普業】

證券商經營之業務

( )　**7** 下列何者並非證券商得經營之業務？　(A)提供集中交易之場所及設備　(B)有價證券之承銷　(C)有價證券之自行買賣　(D)有價證券買賣之行紀。　　　　　　　　　　　　　【107年第2次普業】

( )　**8** 證券經紀商所經營之業務為下列何者？　(A)有價證券之承銷　(B)有價證券之自行買賣　(C)有價證券買賣之行紀或居間　(D)有價證券投資之全權委託。　　　　　　　　　　　【106年第2次高業】

( )　**9** 下列何者並非證券承銷商包銷有價證券，所得採行之方式？　(A)對於約定包銷之有價證券，未能全數銷售者，自行認購其剩餘數額之有價證券　(B)先行認購後再行銷售　(C)於承銷契約訂明保留一部分自行認購　(D)承諾延長承銷期間至約定包銷之有價證券，全數銷售完畢為止。　　　　　　　　【102年第2次高業】

( )　**10** 證券交易法第七十一條規定，證券承銷商包銷有價證券，於承銷契約所定之承銷期間屆滿後，對於約定包銷之有價證券，未能全數銷售者，其剩餘數額之有價證券，應：　(A)再行銷售　(B)洽商銷售之　(C)退還發行人　(D)自行認購之。　【105年第4次高業】

( )　**11** 證券商承銷有價證券，若承銷價格係由承銷商與發行公司議定者，該承銷公告，下列何者非必要記載事項？　(A)承銷價格訂定方式　(B)會計師對財務資料之查核意見　(C)證券承銷商評估報告總結意見　(D)律師之審查意見。　　　　【106年第2次高業】

( )　**12** 有代理發行人交付公開說明書之義務並負責任者，為下列何者？　(A)該公司之簽證會計師　(B)證券經紀商　(C)證券承銷商　(D)證券自營商。　　　　　　　　　　　　　【104年第4次普業】

( )　**13** 對於證券自營商之規定，下列何項之敘述錯誤？　(A)證券自營商不得接受投資人之委託於市場內買賣　(B)證券自營商除自行於市場內買賣有價證券外，並得委託其他經紀商代為買賣　(C)對同一證券，自營商申報價格與經紀商相同時，以經紀商之買賣優先成交　(D)證券自營商不得申報賣出其未持有之有價證券。

(　) **14** 證券商違反「證券交易法」或依該法所發布之命令者，主管機關最長得為多久期間以內之停業處分？ (A)一年 (B)六個月 (C)三個月 (D)二個月。 【108年第2次普業】

✅ 交割結算金

(　) **15** 我國現行交割結算基金係採何種制度？
(A)個別責任制
(B)共同責任制
(C)折衷制
(D)兼採個別責任與共同責任制。 【110年第1次高業】

(　) **16** 證券交易所之會員或證券經紀商、證券自營商在證券交易市場買賣證券，買賣一方不履行交付義務時，證券交易所應指定其他會員或證券經紀商或證券自營商代為交付。其因此所發生價金差額及一切費用，證券交易所最先運用何者代償？
(A)賠償準備金
(B)營業保證金
(C)交割結算基金
(D)證券商經手費。 【108年第1次高業】

(　) **17** 證券商經營有價證券集中交易市場之受託買賣，應將交割結算基金繳存於何單位？ (A)商業銀行 (B)證券交易所 (C)中央銀行 (D)國庫。 【102年第4次高業】

✅ 證券商從業人員之規範

(　) **18** 證券商業務人員辦理下列何種事項之人員，不得辦理登記範圍以外之業務或由其他業務人員兼辦？ (A)辦理結算交割人員 (B)內部稽核人員 (C)集保業務人員 (D)代理股務作業之人。 【107年第1次高業】

(　) **19** 初任證券商業務人員應於到職後多久內參如職前訓練？ (A)一個月 (B)二個月 (C)半年 (D)一年。 【103年第4次高業】

(　) **20** 「證券交易法」第五十四條之對於有價證券營業行為直接有關之
業務人員，係指：　(A)證券承銷商之辦理承銷、買賣接洽或執
行人員　(B)證券自營商之辦理買賣、結算交割或代辦股務人員
(C)證券經紀商之辦理買賣開戶、推介、受託、申報、結算交割或
款券收付保管人員　(D)選項(A)(B)(C)皆正確。　【107年第1次高業】

(　) **21** 初任及離職滿三年再任之證券商業務人員應於到職後多久之內參
加職前訓練？
(A)二個月　　　　　　　　　(B)三個月
(C)半年　　　　　　　　　　(D)一年。　　　【107年第4次高業】

解答與解析

1 (D)。根據證券商管理規則第9條，營業保證金，應以現金、政府債券或金融
債券提存。

2 (D)。外國人得投資我國證券商。

3 (D)。上述選項皆正確。

4 (C)。依證券商設置標準第3條，證券經紀商最低實收資本額為新臺幣二億元。

5 (B)。證券商停業、復業、終止營業時，應事先申報。

6 (C)。根據證券商管理規則第3條，證券商有下列情事之一者，應先報經本會
核准：一、變更機構名稱。二、變更資本額、營運資金或營業所用資
金。三、變更機構或分支機構營業處所。四、受讓或讓與他人全部或
主要部分營業或財產。五、合併或解散。六、投資外國證券商。七、
其他經本會規定應先報經核准之事項。

7 (A)。提供集中交易之場所及設備並非證券商得經營之業務。

8 (C)。證券經紀商所經營之業務為有價證券買賣之行紀或居間。

9 (D)。包銷指承銷商在約定期間內若未能全數銷售證券，則剩餘證券自行認
購；並無承諾延長承銷期間至銷售完畢之情事。

10 (D)。銷商包銷有價證券，於承銷契約所定之承銷期間屆滿後，對於約定包
銷之有價證券，未能全數銷售者，其剩餘數額之有價證券，應自行認
購之。

11 (D)。如承銷價格係由承銷商與發行公司或有價證券持有人議定者，其承銷公告事項必要記載事項包含：承銷價格訂定方式及其依據之說明、證券商評估報告總結意見、會計師對財務資料之查核意見、公開說明書之取閱地點及方法。

12 (C)。根據證券交易法第79條，證券承銷商出售其所承銷之有價證券，應依第三十一條第一項之規定，代理發行人交付公開說明書。

13 (B)。根據臺灣證券交易所股份有限公司營業細則第97條，證券自營商除得為公司股份之認股人或公司債之應募人外，其自行買賣上市證券限於在本公司市場為之，除經主管機關許可者外，不得委託證券經紀商代為買賣。

14 (B)。證券交易法第66條，證券商違反本法或依本法所發布之命令者，除依本法處罰外，主管機關得視情節之輕重，為下列處分，並得命其限期改善：一、警告。二、命令該證券商解除其董事、監察人或經理人職務。三、對公司或分支機構就其所營業務之全部或一部為六個月以內之停業。四、對公司或分支機構營業許可之撤銷或廢止。五、其他必要之處置。

15 (B)。我國現行交割結算基金為共同責任制。

16 (C)。首先動用的為違約證券商所繳之交割結算基金。

17 (B)。證券商經營有價證券集中交易市場之受託買賣，應將交割結算基金繳存於證券交易所。

18 (B)。證券商之下列業務人員不得辦理登記範圍以外之業務或由其他業務人員兼辦：一、辦理有價證券自行買賣業務之人員。二、內部稽核人員。三、風險管理人員。

19 (C)。初任及離職滿三年再任之證券商業務人員應於到職後半年內參加職前訓練。

20 (D)。上述選項皆屬證券商業務人員。

21 (C)。初任及離職滿三年再任之證券商業務人員應於到職後半年內參加職前訓練。

Ch6　證交法對公司內部人之規範

依據出題頻率區分，屬：**A** 頻率高

課前導讀
公開發行公司藉由金融市場向民眾募集資金，但相對於一般投資大眾，公司內部的董事、監察人、經理人及大股東，則因為身分特殊、故對公司財務及經營資訊掌握度高，倘若這些人利用內線消息謀取私利，使不知情的投資人受損，將喪失股票交易的公平性、甚至會影響投資人對於金融市場的信心、損害市場之健全發展。是以，證交法為確保交易得以公平進行，特制定對內部人之規範，以監督、遏制不法的交易行為。

重點　## 證交法對公司內部人之規範　　重要度 ★★☆

一、內部人的定義【110年第1次、第2次普業】
(一) 董事。

(二) 監察人。

(三) 經理人

　　1.總經理及相當等級者。

　　2.副總經理及相當等級者。

　　3.協理及相當等級者。

　　4.財務部門主管。

　　5.會計部門主管。

　　6.其他有為公司管理事務及簽名權利之人。

(四) **持有公司股份超過股份總額百分之十之股東。**

(五) 法人董事（監察人）代表人。

(六) 配偶、未成年子女、利用他人名義持有者。

二、內部人之義務

證券交易法中規範，**公司內部人的義務包括：持股轉讓之事前申報、持股變動之事後申報、董事與監察人最低持股成數之維持、庫藏股實施期間賣出之禁止、大量取得股份及變動之申報、短線交易之禁止、內線交易之禁止等**。

三、內部人股權申報的範圍

(一) **事前申報**：

1. 根據證券交易法第22-2條，公開發行公司的內部人於**轉讓**所屬公司之股票前，應先依規定辦理持股轉讓申報後，始得轉讓持股，其持股轉讓應依下列方式之一為之：

    (1)**向非特定人轉讓**：經主管機關核准或自申報主管機關生效日後，向非特定人為之。

    (2)**於市場中轉讓**：依所定持有期間及每一交易日得轉讓數量比例，於申報之日起**三日後**，在集中交易市場或證券商營業處所為之。但每一交易日轉讓股數**未超過一萬股者，免予申報**。【109年第4次普業】

    (3)**向特定人轉讓**：**於申報之日起三日內，向符合所定條件之特定人為之**（且該特定人在**一年內**欲轉讓其股票，仍須依此三種方式之一為之）。

2. 「持有期間」限制：內部人採集中市場交易或證券商營業處所之方式轉讓持股時，應先符合「持有期間」之規定。規定為公開發行公司內部人自取得其身分之日起**六個月後**，始得於集中市場或證券商營業處所轉讓持股。

3. 每一交易日得轉讓數量比例：依證券交易法第22-2條，內部人採集中市場交易或證券商營業處所之方式轉讓持股時，公司內部人每日於盤中交易最大得轉讓股數之限制如下：

    (1)上市上櫃公司之股數限制依下兩種方式，擇一計算之

    　　A. 發行股數在三千萬股以下部分，為千分之二；發行股數超過三千萬股者，其超過部分為千分之一。

    　　B. 申報日之前十個營業日該股票市場平均每日交易量（股數）之百分之五。

    (2)興櫃公司者，其股數限制為發行股份之百分之一。

(二) **事後申報**

1. 根據證券交易法第25條，公開發行公司內部人應於**每月五日以前將上月持股變動之情形向公司申報**，**公司應於每月十五日以前，彙總申報並輸入「公開資訊觀測站」**。

2. 若違反上述規定，主管機關每次得對該公司處**新臺幣二十四萬元以上，新臺幣四百八十萬元以下罰鍰**，並得命其限期改善；屆期未改善者，得按次處罰。【109年第4次普業】

觀念理解

內部人買進公司股票前是否應辦理事前申報？

答：內部人「買進」所屬公司股票前不必申報，即無須辦理「事前申報」；惟買進股票後之次月應依規定辦理「事後申報」。

(三) **設解質申報**

1. **不定期申報**：董事、監察人，與代表行使董事監察人職務之自然人及所代表之法人，其持有之股票辦理設解質時，**出質人應即通知公司；公司應於其質權設定後五日內**，將其出質情形，辦理申報並輸入「公開資訊觀測站」。

2. **定期申報**：公司應於每月十五日前，應將上月份公司全體內部人（含配偶、未成年子女及利用他人名義持有者）「質權設定及解除登記」之情形彙整，併同全體內部人股權異動情形辦理申報。

四、違反申報之罰責

違反該法第22-2條（事前申報）或第25條（事後申報）之規定者，**處新臺幣二十四萬元以上二百四十萬元以下罰鍰**。法人違反本法之規定者，處罰其為行為之負責人。【109年第2次高業】

即時演練

( )　**1** 下列何者不包括於「證券交易法」第一百五十七條之「取得」範圍？　(A)買入　(B)受贈　(C)繼承　(D)選項(A)(B)(C)均包括在「取得」之意義。　【109年第2次高業】

( )　**2** 公開發行股票之公司於登記後，應即將其董事、監察人、經理人及持有股份超過股份總額百分之十之股東，所持有之本公司股票種類及股數，向主管機關申報並公告之，其後股數變動應如何處理？　(A)應於每月五日以前將上月份持有股數變動之情形，向公司申報，公司應於每月十五日以前，彙總向主管機關申報　(B)應於每月十日以前將上月份持有股數變動之情形，向公司申報，公司應於每月十五日以前，彙總向主管機關申報　(C)應於每月十五日以前將上月份持有股數變動之情形，向公司申報，公司應於每月二十日以前，彙總向主管機關申報　(D)應於每月十五日以前將上月份持有股數變動之情形，向公司申報，公司應於每月三十日以前，彙總向主管機關申報。

( )　**3** 公開發行公司董事、監察人、經理人或持股超過百分之十之股東，其股票在集中交易市場或在證券商營業處所轉讓者，下列敘述何者錯誤？　(A)依主管機關所定持有期間及每一交易日得轉讓數量比例進行轉讓　(B)於向主管機關申報之日起三日後開始轉讓　(C)每一交易日轉讓股數未超過二萬股者免予申報　(D)轉讓對象可為符合主管機關所定條件之特定人。　【101年第1次高業】

( )　**4** 公開發行公司董事、監察人、經理人及大股東持有股數如有變動時，應於每月幾日以前將上月份持有股數變動之情形，向公司申報；公司應於每月幾日以前，彙總向主管機關申報？　(A)五日；十日　(B)五日；十五日　(C)十日；十五日　(D)十日；二十日。　【105年第2次普業】

( )　**5** 上市公司持股超過百分之十之大股東，得於申報之日起幾日後，依主管機關所定持有期間及每一交易日得轉讓數量比例在集中市場轉讓持股？　(A)二日　(B)三日　(C)四日　(D)五日。　【108年第1次普業】

解答與解析

1 **(C)**。根據金管證三字第0960048145號，繼承非屬證券交易法第一百五十七條第一項所定之「取得」。買入、贈與可透過「人為預先安排」轉移股票，惟繼承是無法事先提前繼承轉移，必須發生被繼承人死亡後，才有繼承之權力產生。

2 **(A)**。公開發行股票之公司之內部人對所屬公司股票持股情形，應依證券交易法第25條向主管機關申報並公告之。

3 **(C)**。根據依證券交易法第22-2條，公開發行股票公司之董事、監察人、經理人或持有公司股份超過股份總額百分之十之股東，其股票之轉讓，除每一交易日轉讓股數未超過一萬股者，免予申報。

4 **(B)**。根據證券交易法第25條，公開發行公司內部人應於每月五日以前將上月持股變動之情形向公司申報，公司應於每月十五日以前，彙總申報並輸入「公開資訊觀測站」。

5 **(B)**。根據證券交易法第22-2條，已依本法發行股票公司之董事、監察人、經理人或持有公司股份超過股份總額百分之十之股東，其股票之轉讓，應依左列方式之一為之：
一、經主管機關核准或自申報主管機關生效日後，向非特定人為之。
二、依主管機關所定持有期間及每一交易日得轉讓數量比例，於向主管機關申報之日起三日後，在集中交易市場或證券商營業處所為之。但每一交易日轉讓股數未超過一萬股者，免予申報。
三、於向主管機關申報之日起三日內，向符合主管機關所定條件之特定人為之。
經由前項第三款受讓之股票，受讓人在一年內欲轉讓其股票，仍須依前項各款所列方式之一為之。第一項之人持有之股票，包括其配偶、未成年子女及利用他人名義持有者。

五、董事、監察人最低持股成數之維持

(一) 證券交易法第26條規定，公開發行公司其全體董事及監察人所持有之股份，各不得少於公司已發行股份總額一定之成數。

(二) 全體董事、監察人其持股成數標準如下表：

公司實收資本（X）	全體董事應持有股數總額比例或股數	全體監察人應持有股數總額比例或股數
X≦三億	15%	1.5%
三億＜X≦十億	10%（最低四百五十萬股）	1%（最低四十五萬股）
十億＜X≦二十億	7.5%（最低一千萬股）	0.75%（最低一百萬股）
二十億＜X≦四十億	5%（最低一千五百萬股）	0.5%（最低一百五十萬股）
四十億＜X≦一百億	4%（最低二千萬股）	0.4%（最低二百萬股）
一百億＜X≦五百億	3%（最低四千萬股）	0.3%（最低四百萬股）
五百億＜X≦一千億	2%（最低一億五千萬股）	0.2%（最低一千五百萬股）
一千億＜X	1%（最低二億股）	0.1%（最低二千萬股）

(三) 現行查核實施規則條文重點

　　1. 選任時持股成數不足，或任期中轉讓或部分董事（監察人）解任致持股成數不足，公司應於每月十六日以前通知獨立董事外之全體董事或監察人補足，並副知主管機關。

　　2. 獨立董事所持有公司股票不計入持股總額中計算；公司同時選任獨立董事二人以上者，獨立董事外之全體董事、監察人之應持有股權成數，得按原規定調降為八成。

　　3. 已依證券交易法設置審計委員會者，不適用有關監察人持有股數不得少於一定比率之規定。

　　4. 除金融控股公司、銀行法所規範之銀行及保險法所規範之保險公司外，選任之獨立董事超過全體董事席次二分之一，且已依證券交易法

設置審計委員會者，不適用全體董事及監察人持有股數各不得少於一定比率之規定。

5. 政府或法人為股東，自行或由其代表人當選董事或監察人者，其持有股份總額應以政府或法人股東持有之記名股票計算。但其指定之代表人自己所持有以分戶保管方式提交證券集中保管事業辦理集中保管之該公司記名股票，得併入前條持有股份總額中計算。

(四) 違反規定之行政責任：違反主管機關依證券交易法第26條第2項所定公開發行公司董事、監察人股權成數及查核實施規則有關通知及查核之規定，則依同法第178條第1第6款規定，**處新臺幣二十四萬元以上二百四十萬元以下之罰鍰**外，並得依第178條第2項規定責令限期辦理，**逾期不辦理者，得繼續限期令其辦理，並按次連續各處新臺幣四十八萬元以上四百八十萬元以下之罰鍰，至辦理為止**。

六、短線交易之禁止【109年第3次高業、110年第1次高業】

為避免**董事、監察人、經理人及持有公司股份超過百分之十的大股東**等內部人致力於利用內部消息而無心經營公司，影響證券市場的公平性及功能，世界各主要國家，如美、英、日等均於法律中明文禁止內線交易。

為補充禁止內線交易規定的不足，並實現禁止內線交易的規範目的，而有**歸入權**的設計，**將從事短線交易而獲得的利益歸屬於公司**。

(一) **短線交易的行為態樣**【109年第2次普業、110年第1次普業】

1. 公司內部人對於所持有該公司上市、上櫃股票或具有股權性質的其他有價證券，**於取得後六個月內再行賣出，或於賣出後六個月內再行買進，即短線交易**，若有差價利益，即可對內部人行使歸入權，將利益歸入公司。

2. **短線交易不一定屬於內線交易**，惟若內部人利用未公開的重大消息從事短線交易，則同時適用內線交易及歸入權的規定。

(二) **歸入權－內部人短線交易**

1. 發行股票公司的內部人，對該公司的股票或具有股權性質的其他有價證券，從事短線交易而獲有利益時，公司應請求內部人將其**利益歸屬於公司**，即為歸入權。

2. 得對內部人行使歸入權之人

　　(1)內部人從事短線交易而獲有利益時，應由董事會或監察人代表公司對內部人行使歸入權，將利益歸入公司，<u>**董事會或監察人不為公司行使時，股東得請求董事或監察人於三十日內行使；董事或監察人超過三十日仍不行使時，請求的股東得為公司對內部人行使歸入權。**</u>

　　(2)董事或監察人不代表公司行使歸入權以致公司受損害時，對公司負連帶賠償責任。

3. 對內部人行使歸入權的期限：自內部人獲得利益之日起二年內均可對內部人行使歸入權，超過二年期間而未行使，即不得再為行使。

(三) 歸入利益的計算

1. 歸入利益的計算採「<u>**最高賣價減最低買價法**</u>」，以最高賣價與最低買價相配，再取次高賣價與次低買價相配，依序計算所得的差價，虧損部分不予計入。【109年第3次普業】

2. 交易股票所獲配的股息列入計算，若獲配現金股利，則應自獲取之日起，至交付公司之日止，該期間依民法第203條所規定的年利率百分之五，計算法定利息。

3. 買賣所支付證券商的手續費及證券交易稅，得自利益中扣除。

即時演練

(　) **1** 依「證券交易法」之規定，短線交易之利益歸入權行使之法定主體係下列何者？　(A)主管機關　(B)該發行股票公司　(C)證券投資人及期貨交易人保護中心　(D)消費者保護委員會。　【107年第2次高業】

(　) **2** 有關短線交易之規定，下列敘述何者錯誤？　(A)短線交易的期間為六個月　(B)請求短線交易之利益，自獲得利益之日起二年間不行使而消滅　(C)短線交易利益之計算採最高賣價減最低買價法　(D)買進同一公司之普通股、賣出特別股，不構成短線交易。　【106年第3次高業】

(　) **3** 「證券交易法」對「短線交易」期間之定義，為取得公司上市股票幾個月內再行賣出，因而獲有利益之行為？　(A)十二個月內　(B)六個月內　(C)三個月內　(D)一個月內。　【107年第3次普業】

(　) **4** A上市公司董事甲之下列有價證券交易行為，何者構成證交法第一百五十七條之短線交易？　(A)甲於取得A公司配發之股票股利滿三個月時，將該股票股利賣出獲利　(B)甲買進A公司發行但未掛牌上市買賣之特別股股票，五個月後，以高於特別股股價之價格賣出同數量之A公司普通股　(C)甲於A公司上市前買進A公司之股票，三個月後A公司上市，甲乃賣出持股獲利　(D)選項(A)(B)(C)皆不構成短線交易。

(　) **5** 乙上市公司董事甲之下列有價證券交易行為，何者構成「證券交易法」第一百五十七條之短線交易？　(A)甲於取得乙公司配發之股票股利滿三個月時，將該股票股利賣出獲利　(B)甲買進乙公司發行但未掛牌上市買賣之特別股股票，五個月後，以高於特別股股價之價格賣出同數量之乙公司普通股　(C)甲於乙公司上市前買進乙公司之股票，三個月後乙公司上市，甲賣出持股獲利　(D)甲賣出所持有之乙公司股票後四個月，認為乙公司後市看好，又買進乙公司股票。　　　　　　　　　　　　　　　　　【107年第3次高業】

(　) **6** 公司內部人為公司股票短線交易而獲利，公司得行使歸入權，其「獲得利益」之計算方式，下列何者正確？　(A)以最高賣價與最低買價相配，次取次高賣價與次低買價相配，依序計算差價　(B)依法配對計算所得差價利益之交易股票所獲配之股息不列入計算　(C)計算差價利益最後一筆交易日起至交付公司時，其法定利息，不列入計算　(D)計算差價利益買賣所支付證券商之手續費及交易稅，自利益中不扣除。　　　　　　　　　　　　　　【第1次高業】

(　) **7** 下列何者非短線交易歸入權行使之對象？　(A)董事　(B)經理(C)持有公司股份超過百分之十之股東　(D)持有公司已發行股份總數百分之五的員工。　　　　　　　　　　　　　　　　　　【106年第2次高業】

解答與解析

　1 (B)。根據證券交易法第157條，發行股票公司董事、監察人、經理人或持有公司股份超過百分之十之股東，對公司之上市股票，於取得後六個月內再行賣出，或於賣出後六個月內再行買進，因而獲得利益者，公司應請求將其利益歸於公司。

2 (D)。對該公司的股票或具有股權性質的其他有價證券，從事短期交易而獲有利益時即構成短線交易。

3 (B)。公司內部人對於所持有該公司上市、上櫃股票或具有股權性質的其他有價證券，於取得後六個月內再行賣出，或於賣出後六個月內再行買進，即短線交易。

4 (D)。參照主管機關（78）台財證（二）字第24094號函釋，證券交易法第157條第1項及第62條第3款所規範之有價證券，係指上市及上櫃股票，因此公開發行公司之內部人於公司辦理上市或上櫃前所取得之股票，不屬第157條第1項所定之「取得」股票，尚無歸入權之適用。

5 (D)。董事甲於賣出後六個月內再行買進，構成證券交易法第一百五十七條之短線交易。

6 (A)。有關短線交易，依法配對計算所得差價利益之交易股票所獲配之股息要列入計算；買賣所支付證券商之手續費及交易稅，得自利益中扣除；計算差價利益最後一筆交易日起至交付公司時，應依民法第203條計算其法定利息。

7 (D)。短線交易歸入權行使之對象：指公開發行公司的內部人，包括董事、監察人、經理人、持有公司股份超過10%的股東。

七、內線交易之禁止【110年第2次高業】

（一）**規範對象**

1. 發行股票公司之董事、監察人、經理人及依公司法第二十七條第一項規定受指定代表行使職務之自然人。
2. 持有該公司之股份超過百分之十之股東。
3. 基於職業或控制關係獲悉消息之人。
4. 喪失前三款身分後，未滿六個月者。【109年第2次高業】
5. 從前四款所列之人獲悉消息之人。

（二）**禁止行為**：上述各款之人，知悉發行股票公司有重大影響其股票價格之消息時，**在該消息明確後，未公開前或公開後「十八小時」內**，不得對該公司之上市或在證券商營業處所買賣之股票或其他具有股權性質之有價證券，自行或以他人名義買入或賣出。

(三) **重大影響股票價格之消息**【109年第3次普業、110年第1次普業；110年第1次高業】：
根據「證券交易法第一百五十七條之一第五項及第六項重大消息範圍及其公開方式管理辦法」，重大影響公司股價的消息包括：

1. 證交法施行細則第7條所定之事項。

2. 公司辦理重大之募集發行或私募具股權性質之有價證券、減資、合併、收購、分割、股份交換、轉換或受讓、直接或間接進行之投資計畫，或前開事項有重大變更者。

3. 公司辦理重整、破產、解散、或申請股票終止上市或在證券商營業處所終止買賣，或前開事項有重大變更者。

4. 發生災難、集體抗議、罷工、環境污染或其他重大情事，致造成公司重大損害，或經有關機關命令停工、停業、歇業、廢止或撤銷相關許可者。

5. 公司發生重大之內部控制舞弊、非常規交易或資產被掏空者。

6. 公司財務報告有下列情形之一：
   (1)未依證券交易法第36條規定公告申報者。
   (2)編製之財務報告發生錯誤或疏漏，且應更正且重編者。
   (3)會計師出具無保留意見或修正式無保留意見以外之查核或核閱報告者。
   (4)會計師出具繼續經營假設存有重大疑慮之查核或核閱報告者。

7. 涉及公司之財務、業務，對公司股票價格有重大影響，或對正當投資人之投資決定有重要影響者。

8. 證券集中交易市場或證券商營業處所買賣之有價證券有**被進行或停止公開收購者**。

9. 公司或其控制公司股權有重大異動者。

10. 公司發生重大虧損，致有財務困難、暫停營業或停業之虞者。

11. 其他足以影響公司支付本息能力之情事者。

(四) **從事內線交易應負責任**【109年第4次高業】：若從事內線交易，不問其是否因內線交易而獲利，縱使虧損，除有正當理由相信消息已公開外，仍應對於善意不知情而從事相反買賣之人負民事損害賠償責任及刑事責任。

1. **民事責任**：對於當日善意從事相反買賣之人買入或賣出該證券之價格，與消息公開後「**十個**」**營業日收盤平均價格**之差額，負損害賠償

責任;其**情節重大者,法院得依善意從事相反買賣之人之請求,將賠償額提高至三倍**;其情節輕微者,法院得減輕賠償金額。

2. **刑事責任:處三年以上十年以下有期徒刑**,得併科新臺幣一千萬元以上二億元以下罰金,犯罪所得金額達新臺幣一億元以上者,處七年以上有期徒刑,得併科新臺幣二千五百萬元以上五億元以下罰金。

※僅提供內部消息而未從事內線交易者,應與消息受領者從事內線交易者負民事連帶賠償責任。

(五) **損害賠償的請求期限**:自有請求權人知有得受賠償的原因二年內,或自募集、發行或買賣起五年內,應行使請求權,逾期不得行使。

即時演練

( ) **1** 公開發行公司之內部人(如董監、經理人等)喪失其身分後,未滿多久前仍受「證券交易法」第一百五十七條之一(內線交易)的規範?
(A)三個月 　　　　　　　　(B)六個月
(C)九個月 　　　　　　　　(D)十二個月。 　【108年第3次高業】

( ) **2** 「證券交易法」第一百五十七條之一所謂「基於職業獲悉消息之人」不包括下列何者? 　(A)獲悉死者為某龍頭電子公司董事長之救護車司機甲 　(B)因路過得悉公司董事長車禍身亡之乙 　(C)因紀錄得悉某上市公司將因違背環境保護法被罰停工半年之法院書記官丙 　(D)因聽到董事長及總經理談話得知股利將增加一倍之董事長特別助理丁。

( ) **3** 對於內線交易之民事賠償責任,法院得依被害人之請求將賠償責任額提高至: 　(A)二倍 　(B)三倍 　(C)五倍 　(D)四倍。

( ) **4** 內部人於實際知悉發行股票公司有重大影響其股票價格之消息時,在該消息明確後,未公開前或公開後幾小時內,不得買入或賣出該公司之股票或其他具有股權性質之有價證券? 　(A)十 　(B)十二
(C)十八 　(D)二十四。 　　　　　　　　【106年第2次高業】

( ) **5** 內線交易之民事賠償責任之請求權人，為下列何者？
(A)發行公司
(B)公司股東
(C)國庫
(D)當日善意從事相反買賣之人。 【108年第2次高業】

( ) **6** 違反內線交易之刑事處罰，最重得處幾年以下有期徒刑？ (A)七年 (B)二年 (C)三年 (D)十年。 【100年第4次高業】

解答與解析

1 (B)。根據證券交易法第157-1下列各款之人，實際知悉發行股票公司有重大影響其股票價格之消息時，在該消息明確後，未公開前或公開後十八小時內，不得對該公司之上市或在證券商營業處所買賣之股票或其他具有股權性質之有價證券，自行或以他人名義買入或賣出：一、該公司之董事、監察人、經理人及依公司法第二十七條第一項規定受指定代表行使職務之自然人。二、持有該公司之股份超過百分之十之股東。三、基於職業或控制關係獲悉消息之人。四、喪失前三款身分後，未滿六個月者。

2 (B)。(B)選項並非基於職務關係因而知悉。

3 (B)。內線交易之民事賠償，為對於當日善意從事相反買賣之人買入或賣出該證券之價格，與消息公開後十個營業日收盤平均價格之差額，負損害賠償責任；其情節重大者，法院得依善意從事相反買賣之人之請求，將賠償額提高至三倍；其情節輕微者，法院得減輕賠償金額。

4 (C)。內部人於實際知悉發行股票公司有重大影響其股票價格之消息時，在該消息明確後，未公開前或公開後十八小時內，不得買入或賣出該公司之股票或其他具有股權性質之有價證券。

5 (D)。內部人交易之民事賠償責任，其賠償對象為當日就該股票善意從事相反買賣之人。

6 (D)。違反內線交易之刑事處罰，處三年以上十年以下有期徒刑，得併科新臺幣一千萬元以上二億元以下罰金，犯罪所得金額達新臺幣一億元以上者，處七年以上有期徒刑，得併科新臺幣二千五百萬元以上五億元以下罰金。

重點回顧

公司內部人持股轉讓應注意事項

規範項目	內容摘要	申報（辦理）期限	違反效果
持股轉讓事前申報	(1) 公司董事、監察人、經理人及持有股份超過10%之股東（包括其配偶、未成年子女及利用他人名義持有者），轉讓公司股票前應先辦理轉讓申報。 (2) 政府或法人股東指派代表人及其配偶、未成年子女及利用他人名義持有者亦併受規範。 (3) 金融控股公司持股100%子公司內部人及其配偶、未成年子女及利用他人名義持有者亦併受規範。	(1) 依主管機關所定期間及轉讓數量，於申報之日起3日後，在集中交易市場或證券商營業處所為之。 (2) 於申報之日起3日內，向符合主管機關所定條件之特定人為之（該特定人在1年內欲轉讓其股票，仍須依三種方式之一為之）。	依證券交易法第178條第1項第1款規定，處新臺幣24萬元以上240萬元以下之罰鍰。
持股變動事後申報	(1) 公司董事、監察人、經理人及持有股份超過10%之股東（包括其配偶、未成年子女及利用他人名義持有者）取得或轉讓公司股票後，次月應辦理持股異動申報。	(1) 公司內部人應於每月5日以前將上月份持有股數變動之情形，向公司申報；公司應於每月15日以前，彙總申報。	

規範項目	內容摘要	申報（辦理）期限	違反效果
持股變動事後申報	(2) 政府或法人股東指派代表人及其配偶、未成年子女及利用他人名義持有者亦併受規範。 (3) 金融控股公司之子公司內部人及其配偶、未成年子女及利用他人名義持有者亦併受規範。	(2) **公司內部人股票設定質權者，出質人應立即通知公司**；公司應於其質權設定後5日內，將其出質情形，辦理申報；質權解除者亦同。【110年第2次高業】	
董事、監察人最低持股成數之維持	（第一上市公司不適用） (1) 選任時持股成數不足，或任期中轉讓或部分董事（監察人）解任致持股成數不足，公司應於每月16日以前通知獨立董事外之全體董事或監察人補足，並副知主管機關。 (2) 獨立董事所持有公司股票不計入持股總額中計算；公司同時選任獨立董事2人以上者，獨立董事外之全體董事、監察人之應持有股權成數，得按原規定調降為八成。	(1) 選任時及任期中均應維持法定持股成數標準。 (2) 選任時或任期中有持股成數不足者，公司均應於每月16日以前通知獨立董事外之全體董事或監察人補足，並副知主管機關。	依證券交易法第178條第1項第6款規定，處新臺幣24萬元以上240萬元以下之罰鍰，並得依同條第2項規定，責令限期辦理，逾期不辦理者，按次連續各處新臺幣48萬元以上480萬元以下之罰鍰，至辦理為止。

規範項目	內容摘要	申報（辦理）期限	違反效果
董事、監察人最低持股成數之維持	(3) 已依證券交易法設置審計委員會者，不適用有關監察人持有股數不得少於一定比率之規定。 (4) 除金融控股公司、銀行法所規範之銀行及保險法所規範之保險公司外，選任之獨立董事超過全體董事席次二分之一，且已依證券交易法設置審計委員會者，不適用全體董事及監察人持有股數各不得少於一定比率之規定。 (5) 政府或法人為股東，自行或由其代表人當選董事或監察人者，其持有股份總額應以政府或法人股東持有之記名股票計算。但其指定之代表人自己所持有以分戶保管方式提交證券集中保管事業辦理集中保管之該公司記名股票，得併入前條持有股份總額中計算。		

規範項目	內容摘要	申報（辦理）期限	違反效果
大量取得股份及變動申報	任何人單獨或與其他人共同取得任一公開發行公司已發行股份總額超過10%及其後異動之申報。	(1) 任何單獨或共同取得人取得公開發行公司股份超過10%者，應於取得後10日內公告，並檢附公告報紙向證期局申報。 (2) 申報後若申報事項有變動，應於事實發生之日起2日內公告，並檢附公告報紙向證期局申報。	依證券交易法第178條第1項第2款規定，處新臺幣24萬元以上240萬元以下之罰鍰。
短線交易之禁止	(1) 上市上櫃興櫃公司董事、監察人、經理人或持有公司股份超過10%之股東，對公司股票及具有股權性質之其他有價證券，不得於取得後6個月內再行賣出，或於賣出後6個月內再行買進。 (2) 政府或法人股東指派代表人及其配偶、未成年子女及利用他人名義持有者亦併受規範。	不適用	依證券交易法第157條規定，公司應請求將其利益歸於公司。

規範項目	內容摘要	申報（辦理）期限	違反效果
內線交易之禁止	(1) 上市上櫃興櫃公司內部人及利害關係人於實際知悉有重大影響其股票價格之消息時，在該消息明確後，未公開前或公開後18小時內，不得對該公司之上市或在證券商營業處所買賣之股票或其他具有股權性質之有價證券，自行或以他人名義買入或賣出。 (2) 政府或法人股東指派代表人及其配偶、未成年子女及利用他人名義持有者亦應併受規範。		(1) 依證券交易法第171條規定，處3年以上10年以下有期徒刑，得併科新臺幣1千萬元以上2億元以下罰金；犯罪所得金額達新臺幣1億元以上者，處7年以上有期徒刑，得併科新臺幣2,500萬元以上5億元以下罰金。 (2) 對於當日善意從事相反買賣之人買入或賣出該證券之價格，與消息公開後10個營業日收盤平均價格之差額，負損害賠償責任；其情節重大者，法院得依善意從事相反買賣之人之請求，將賠償額提高至3倍；其情節輕微者，法院得減輕賠償金額。

精選試題

內部人持股規範

( )　**1** 公開發行公司董事、監察人、經理人或持股超過百分之十之股東，其股票在集中交易市場或在證券商營業處所轉讓者，下列敘述何者錯誤？　(A)依主管機關所定持有期間及每一交易日得轉讓數量比例進行轉讓　(B)於向主管機關申報之日起三日後開始轉讓　(C)每一交易日轉讓股數未超過二萬股者免予申報　(D)每次申報轉讓之有效期間為一個月。

( )　**2** 某上櫃公司之監察人，連續兩次未依「證券交易法」第二十二條之二所定程序轉讓其持股，主管機關每次得處新臺幣多少元之行政罰鍰：　(A)新臺幣十萬元以上，五十萬元以下　(B)新臺幣二十四萬元以上，四百八十萬元以下　(C)新臺幣十三萬元以上，二百萬元以下　(D)新臺幣十四萬元以上，二十萬元以下。　【109年第2次普業】

( )　**3** 公開發行公司董、監、經理人或大股東持股於集中交易市場或櫃檯買賣市場之轉讓，依證券交易法有一定之申報期間之限制，下列何者為例外？　(A)每三交易日轉讓股數未超過十萬股者　(B)每十交易日轉讓股數未超過五萬股者　(C)每一交易日轉讓股數未超過一萬股者　(D)以上皆是。　【第3次高業】

( )　**4** 公開發行公司之董事、監察人、經理人及持有股份超過股份總額百分之十之股東，應於每月幾日以前將上月份持有股份變動之情形，向公司申報，公司再彙總向主管機關申報？　(A)五日前　(B)七日前　(C)十日前　(D)十五日前。　【108年第3次高業】

( )　**5** 公開發行公司之董事、監察人、經理人或持有公司股份超過股份總額百分之十之股東如有取得或出售股票情事，公司應於每月幾日以前，彙總內部人持有股數變動之情形向主管機關申報？　(A)5日　(B)10日　(C)15日　(D)20日。　【101年第1次高業】

( ) **6** 公開發行公司董事、監察人、經理人或持股超過百分之十之股東，其持有之公司股票經設定質權者，出質人應即通知公司；公司則應於其質權設定後若干日內，將其出質情形，向主管機關申報並公告之？ (A)二日內 (B)三日內 (C)四日內 (D)五日內。　　　　　　　　　　　　　【108年第3次高業】

( ) **7** 公開發行公司董、監、經理人及大股東，欲向特定人轉讓其持股，須於向主管機關申報之日起幾日內，向該特定人轉讓之？ (A)二日 (B)三日 (C)五日 (D)十日。　　　　　　　　【103年第3次高業】

( ) **8** 公開發行公司董事、監察人、經理人或持股超過百分之十之股東，其股票在集中交易市場或在證券商營業處所轉讓者，下列敘述何者錯誤？ (A)依主管機關所定持有期間及每一交易日得轉讓數量比例進行轉讓 (B)於向主管機關申報之日起五日後開始轉讓 (C)每一交易日轉讓股數未超過一萬股者免予申報 (D)轉讓對象可為符合主管機關所定條件之特定人。　【109年第1次高業】

( ) **9** 下列何者為對公開發行公司無義務申報持股變動之人？ (A)董事 (B)監察人 (C)檢查人 (D)經理人。　　【106年第1次普業】

✔ 短線交易

( ) **'10** 董事、監察人發生短線交易之情事，得為公司請求其將所得利益歸入公司者，可為下列何者？ (A)董事會 (B)監察人 (C)股東 (D)選項(A)(B)(C)皆是。　　　　　　　　　【107年第1次高業】

( ) **11** 下列何種有價證券為證券交易法所規範之短線交易歸入權及內線交易所稱「具有股權性質之其他有價證券」？ (A)可轉換公司債 (B)認購（售）權證 (C)臺灣存託憑證 (D)選項(A)(B)(C)皆是。　　　　　　　　　　　　【110年第1次普業】

( ) **12** 有關短線交易之規定，下列敘述何者錯誤？ (A)短線交易的期間定義為六個月 (B)買進同一公司之普通股、賣出特別股，不構成短線交易 (C)短線交易利益之計算採最高賣價減最低買價法 (D)請求短線交易之利益，自獲得利益之日起二年間不行使而消滅。　　　　　　　　　　　　　　　【104年第4次高業】

( ) **13** 下列有關短線交易規定之敘述何者錯誤？
(A)買進同一公司之普通股，賣出特別股，亦構成短線交易
(B)短線交易獲得利益之計算方式採最高賣價減最低買價法
(C)證券交易稅得自短線交易所得利益中扣除
(D)短線交易的期間為三個月。 【108年第3次高業】

( ) **14** 有關短線交易利益歸入權，下列敘述何者正確？ (A)持有公司股份超過百分之五之股東方可行使 (B)董事或監察人不向義務人請求時，股東即可直接代為請求 (C)董事或監察人不行使請求權限，致公司受有損害時，對公司負連帶賠償之責任 (D)歸入請求權自可行使權利之日起二年間不行使而消滅。 【100年第1次普業】

( ) **15** 公司得對內部人為公司股票短線交易之獲利行使歸入權，其「獲利」之計算方式，下列何者正確？ (A)以最高賣價與最低買價相配，再取次高賣價與次低買價相配，依序計算差價 (B)對於差價利益之交易股票所獲配之股息不列入計算 (C)計算差價利益最後一筆交易日起至交付公司時，其法定利息，不列入計算 (D)計算差價利益買賣所支付證券商之手續費及交易稅，自利益中不扣除。 【109年第3次普業】

✅ 內線交易

( ) **16** 「證券交易法」第一百五十七條之一明定之內線消息，狹義而言是指下列何者？ (A)有重大影響公司股票價格之消息 (B)有重大影響公司經營策略之消息 (C)金融監督管理委員會之重大政策消息 (D)大型研究機構發布經濟數據。 【109年第3次普業】

( ) **17** 關於「證券交易法」第一百五十七條之一所定內線交易禁止規定，下列敘述何者正確： (A)適用對象為具有股權性質之有價證券 (B)規範對象以他人之名義買入或賣出，亦構成內線交易 (C)該重大影響股價之消息，若已公開超過十八小時，即非屬內線交易 (D)選項(A)(B)(C)皆正確。 【108年第1次高業】

(　) **18** 適用內線交易禁止規定的內部人為？　甲.公司之董事、監察人；乙.持有該公司股份超過百分之十之股東；丙.公司之顧問律師；丁.公司之會計師　(A)甲、乙、丙、丁　(B)僅甲、乙、丙　(C)僅乙、丙、丁　(D)僅甲、丙、丁。　【107年第1次高業】

(　) **19** 有關內部人交易規範之敘述，下列何者正確？
(A)可能包括公司內部人之短線交易及利用內部消息買賣圖利之情形
(B)短線交易所獲利益所有權直接屬於公司，不須另經他人請求
(C)利用內部消息圖利之行為主體亦限於公司內部人
(D)只有利用內部消息獲利之人須負刑事責任。　【105年第1次高業】

(　) **20** 「證券交易法」第一百五十七條之一所定內部人交易之民事賠償責任，其賠償對象為下列何者？　(A)該內線交易行為之相對人　(B)任何因該股票之交易而受有損害之人　(C)當日就該股票善意從事相反買賣之人　(D)證券承銷商。　【105年第2次高業】

(　) **21** 根據證券交易法之規定，違反第一五七條之一內線交易規定之刑事責任，以下敘述何者正確？
(A)一年以上七年以下有期徒刑
(B)三年以上七年以下有期徒刑
(C)三年以上十年以下有期徒刑，得併科新臺幣二千萬元以上一億元以下罰金
(D)犯罪所得達一億元以上者，處七年以上有期徒刑，得併科新臺幣二千五百萬元以上五億元以下罰金。　【101年第2次分析師】

(　) **22** 「證券交易法」第一百五十七條之一第五項及第六項所稱涉及公司之財務、業務，對其股票價格有重大影響，或對正當投資人之投資決定有重要影響之消息，係指下列何種消息？
(A)私募具股權性質之有價證券
(B)公司董事受停止行使職權之假處分裁定，致董事會無法行使職權者
(C)停止公開收購公開發行公司所發行之有價證券
(D)選項(A)(B)(C)皆是。　【107年第2次高業】

( ) **23** 依現行法，下列何者非刑事不法行為？ (A)內部人短線交易行為 (B)利用內部消息從事內線交易行為 (C)操縱市場行情行為 (D)選項(A)(B)(C)皆是刑事不法行為。 【106年第4次高業】

( ) **24** 依現行法之規定，僅提供內部消息而未從事內線交易者，應負下列何項之責任？
(A)可處二年以下有期徒刑
(B)與消息受領者從事內線交易者負民事連帶賠償責任
(C)選項(A)、(B)之刑事、民事責任皆有
(D)無任何法律責任。 【109年第4次高業】

解答與解析

1 (C)。公開發行公司之內部人，每一交易日轉讓股數未超過一萬股者，免予申報。

2 (D)。根據證券交易法第22-2條，公開發行公司之內部人未依程序轉讓其持股，主管機關每次得處新臺幣二十四萬元以上，新臺幣二百四十萬元以下之行政罰鍰。

3 (C)。根據證券交易法第22-2條，公開發行公司的內部人於轉讓所屬公司之股票，若每一交易日轉讓股數未超過一萬股者，免予申報。

4 (A)。根據證券交易法第25條，公開發行公司內部人應於每月五日以前將上月持股變動之情形向公司申報，公司應於每月十五日以前，彙總申報並輸入「公開資訊觀測站」。

5 (C)。根據證券交易法第25條，公開發行公司內部人應於每月五日以前將上月持股變動之情形向公司申報，公司應於每月十五日以前，彙總申報並輸入「公開資訊觀測站」。

6 (D)。董事、監察人，與代表行使董事監察人職務之自然人及所代表之法人，其持有之股票辦理設解質時，出質人應即通知公司；公司應於其質權設定後五日內，將其出質情形，辦理申報並輸入「公開資訊觀測站」。

7 (B)。根據證券交易法第22-2條，公開發行股票公司之內部人，其股票轉讓，應於向主管機關申報之日起三日內，向符合條件特定人為之。

8 (B)。應修正為→於向主管機關申報之日起「五日」後開始轉讓。

9 (C)。根據證券交易法第25條，公開發行股票之公司於登記後，應即將其董事、監察人、經理人及持有股份超過股份總額百分之十之股東，所持有之本公司股票種類及股數，向主管機關申報並公告之。

10 (D)。內部人從事短線交易而獲有利益時，應由董事會或監察人代表公司對內部人行使歸入權，將利益歸入公司，董事會或監察人不為公司行使時，股東得請求董事或監察人於30日內行使；董事或監察人超過30日仍不行使時，請求的股東得為公司對內部人行使歸入權。

11 (D)。上市上櫃的普通股、特別股、可轉換公司債、附認股權公司債、認股權憑證、認購（售）權證、股款繳納憑證、新股認購權利證書、新股權利證書、債券換股權利證書、臺灣存託憑證及其他具有股權性質的有價證券；皆屬於內部人從事短線交易所買賣的有價證券。

12 (B)。根據證券交易法施行細則第11條：本法第一百五十七條第六項及第一百五十七條之一第一項所稱具有股權性質之其他有價證券，指可轉換公司債、附認股權公司債、認股權憑證、認購（售）權證、股款繳納憑證、新股認購權利證書、新股權利證書、債券換股權利證書、臺灣存託憑證及其他具有股權性質之有價證券。→是以，具股權性質之特別股亦屬短線交易規範範圍。

13 (D)。短線交易的期間為六個月。

14 (C)。董事或監察人不向義務人請求時，股東得請求董事或監察人於30日內行使；董事或監察人超過30日仍不行使時，請求的股東得為公司對內部人行使歸入權，且該請求股東並無股份持有總數之限制。歸入請求權自「獲得利益」之日起二年間不行使而消滅。

15 (A)。根據證券交易法施行細則第11條，本法第一百五十七條第一項所定獲得利益，其計算方式如下：取得及賣出之有價證券，其種類均相同者，以最高賣價與最低買價相配，次取次高賣價與次低買價相配，依序計算所得之差價，虧損部分不予計入。

16 (A)。根據證交法第第157-1條，內線消息，狹義而言是指有重大影響公司股票價格之消息。

17 (D)。根據證券交易法第157-1條，下列各款之人，實際知悉發行股票公司有重大影響其股票價格之消息時，在該消息明確後，未公開前或公開後

十八小時內，不得對該公司之上市或在證券商營業處所買賣之股票或其他具有股權性質之有價證券，自行或以他人名義買入或賣出：

一、該公司之董事、監察人、經理人及依公司法第二十七條第一項規定受指定代表行使職務之自然人。

二、持有該公司之股份超過百分之十之股東。

三、基於職業或控制關係獲悉消息之人。

四、喪失前三款身分後，未滿六個月者。

五、從前四款所列之人獲悉消息之人。

18 **(A)**。內線交易禁止規定的內部人包刮：

(1) 發行股票公司之董事、監察人、經理人。

(2) 持有該公司之股份超過百分之十之股東。

(3) 基於職業或控制關係獲悉消息之人。

(4) 喪失前三款身分後，未滿六個月者。5.從前四款所列之人獲悉消息之人。

19 **(A)**。短線交易所獲利益需要董事或經理人主張。利用內部消息圖利之行為主體並不限於公司內部人。根據證券交易法第一百五十七條之一，凡利用內部消息獲利之人均須負刑事責任。

20 **(C)**。內部人交易之民事賠償責任，其賠償對象為當日就該股票善意從事相反買賣之人。

21 **(D)**。違反第一五七條之一內線交易規定之刑事責任，處三年以上十年以下有期徒刑，得併科新臺幣一千萬元以上二億元以下罰金，犯罪所得金額達新臺幣一億元以上者，處七年以上有期徒刑，得併科新臺幣二千五百萬元以上五億元以下罰金。

22 **(D)**。私募具股權性質之有價證券、公司董事受停止行使職權之假處分裁定，致董事會無法行使職權者、停止公開收購公開發行公司所發行之有價證券，上述消息均涉及公司之財務、業務，對其股票價格有重大影響。

23 **(A)**。內部人短線交易行為須負民事損害賠償責任，但無刑事罰則。

24 **(B)**。若僅提供內部消息但未從事內線交易者，其應與消息受領者從事內線交易者負民事連帶賠償責任。

Ch7　證券投資信託及投資顧問

依據出題頻率區分，屬：**B** 頻率中

> **課前導讀**
>
> 證券投資信託，即投信」指可以從事發行、募集、銷售且管理基金的公司；證券投資顧問，即「投顧」則因為屬於顧問公司，故只能代理已發行基金、募集、銷售但不負責管理基金。本章先分別介紹投信及投顧公司，再講述市面上常見的基金募集方式，最後帶領讀者認識全權委託投資業務（即代客操作）的相關規範。

重點 1　證券投資信託事業

重要度 ★★☆

一、證券投資信託事業

(一) **業務概述**

1. 證券投資信託，指向不特定人募集證券投資信託基金發行受益憑證，或向特定人私募證券投資信託基金交付受益憑證，從事於有價證券、證券相關商品或其他經主管機關核准項目之投資或交易。

2. 證券投資信託事業得經營之業務種類如下：

　(1) **發行受益憑證，募集證券投資信託基金。**

　(2) **運用證券投資信託基金，從事證券與相關商品之買賣。**

　(3) **接受客戶全權委託投資業務（代客操作）。**

　(4) **其他經主管機關核准之有關業務。**

(二) **設置規定**

1. 組織：證券投資信託事業之組織，**以股份有限公司為限。**

2. 實收資本額：**不得少於新臺幣三億元**，發起人應於發起時一次認足。

3. 發起人資格【109年第2次高業】：經營證券投資信託事業之發起人中應有**基金管理機構、銀行、保險公司、金融控股公司、證券商或其他經主管機關認可之機構，且其所認股份，合計不得少於第一次發行股份之百分之二十**。其詳細條件如下：

(1) **基金管理機構：**
A. **成立滿三年，且最近三年未曾因資金管理業務受其本國主管機關處分。**
B. 具有管理或經營國際證券投資信託基金業務經驗。
C. 該機構及其控制或從屬機構所管理之資產中，以公開募集方式集資投資於證券之共同基金、單位信託或投資信託之基金資產總值不得少於新臺幣六百五十億元。

(2) **銀行：**
A. **成立滿三年，且最近三年未曾因資金管理業務受其本國主管機關處分。**
B. 具有國際金融、證券或信託業務經驗。
C. 最近一年於全球銀行資產或淨值排名居前一千名內。

(3) **保險公司：**
A. **成立滿三年，且最近三年未曾因資金管理業務受其本國主管機關處分。**
B. 具有保險資金管理經驗。
C. 持有證券資產總金額在新臺幣八十億元以上。

(4) **證券商：**
A. **成立滿三年，並為綜合經營證券承銷、自營及經紀業務滿三年之證券商。**
B. **最近三年未曾受證券交易法第六十六條第二款至第四款規定之處分；** 其屬外國證券商者，未曾受其本國主管機關相當於前述之處分。
C. **實收資本額達新臺幣八十億元以上，** 且最近期經會計師查核簽證之財務報告，每股淨值不低於面額。

(5) **金融控股公司：** 該公司控股百分之五十以上之子公司應有符合前四款所定資格條件之一者。

(三) **其他常考之規範**
1. 證券投資信託事業之董事、監察人或持有已發行股份總數百分之五以上之股東，不得兼為其他證券投資信託事業之發起人或持有已發行股份總數百分之五以上之股東。

2. 證券投資信託事業之股東，除專業發起人外，每一股東與其關係人及股東利用他人名義持有股份合計，不得超過該公司已發行股份總數百分之二十五。

3. 證券投資信託事業之發起人自公司設立之日起一年內，不得兼為其他證券投資信託事業之發起人。曾擔任證券投資信託事業之發起人者，自主管機關核發該證券投資信託事業營業執照之日起三年內，不得再擔任其他證券投資信託事業之發起人。

4. 證券投資信託事業之負責人、部門主管、分支機構經理人或基金經理人本人或其配偶，有擔任證券發行公司之董事、監察人、經理人或持有已發行股份總數百分之五以上股東者，於證券投資信託事業運用證券投資信託基金買賣該發行公司所發行之證券時，不得參與買賣之決定。

5. 證券投資信託事業應將重大影響受益人權益之事項，於事實發生之日起二日內，公告並申報主管機關。

即時演練

( )　**1** 證券投資信託事業違反「證券投資信託及顧問法」或依該法所發布之命令者，除依證券投資信託及顧問法處罰外，金融監督管理委員會並得視情節輕重，為何處分？　甲.警告；乙.命令該證券投資信託事業解除其董、監或經理人職務；丙.六個月以下停業　(A)僅甲、乙　(B)僅乙、丙　(C)僅甲、丙　(D)甲、乙、丙皆是。　【110年第1次高業】

( )　**2** 證券投資信託事業之專業發起人不包括下列何者？　(A)基金管理機構　(B)銀行　(C)保險公司　(D)證券集中保管事業。　【104年第3次高業】

( )　**3** 證券投資信託事業之專業發起人，其所認股份，合計不得少於第一次發行股份之百分之幾？　(A)20%　(B)25%　(C)30%　(D)33%。　【102年第3次高業】

( )　**4** 證券投資信託事業之具有決定證券投資信託基金運用之人員，下列何者不得參與買賣之決定？　(A)擔任發行公司之董事、監察人　(B)擔任發行公司之經理人　(C)持有發行公司已發行股份總數百分之五以上之股東　(D)以上皆不得參與。

( ) **5** 證券投資信託事業之許可設立，以股份有限公司為限，其最低實收資本總額不得少於新臺幣多少元？ (A)一億元 (B)二億元 (C)三億元 (D)四億元。 【108年第3次分析師】

( ) **6** 證券投資信託事業得經營業務範圍為？ 甲.有價證券買賣之融資融券；乙.發行有關證券投資之出版品；丙.發行受益憑證募集證券投資信託基金；丁.運用證券投資信託基金從事證券及其相關商品之投資 (A)甲、乙、丙、丁 (B)僅乙、丙、丁 (C)僅甲、乙 (D)僅丙、丁。 【108年第2次高業】

解答與解析

1 (D)。根據證券投資信託及顧問法第103條，主管機關對證券投資信託事業或證券投資顧問事業違反本法或依本法所發布之命令者，除依本法處罰外，並得視情節之輕重，為下列處分：一、警告。二、命令該事業解除其董事、監察人或經理人職務。三、對該事業二年以下停止其全部或一部之募集或私募證券投資信託基金或新增受託業務。四、對公司或分支機構就其所營業務之全部或一部為六個月以下之停業。五、對公司或分支機構營業許可之廢止。六、其他必要之處置。

2 (D)。經營證券投資信託事業之發起人有基金管理機構、銀行、保險公司、金融控股公司、證券商或其他經主管機關認可之機構，且其所認股份，合計不得少於第一次發行股份之百分之二十。

3 (A)。證券投資信託事業之專業發起人，其所認股份，合計不得少於第一次發行股份的20%。

4 (D)。證券投資信託事業之負責人、部門主管、分支機構經理人或基金經理人本人或其配偶，有擔任證券發行公司之董事、監察人、經理人或持有已發行股份總數百分之五以上股東者，於證券投資信託事業運用證券投資信託基金買賣該發行公司所發行之證券時，不得參與買賣之決定。

5 (C)。證券投資信託事業實收資本額不得少於新臺幣三億元。

6 (D)。根據證券投資信託及顧問法第3條，本法所稱證券投資信託，指向不特定人募集證券投資信託基金發行受益憑證，或向特定人

私募證券投資信託基金交付受益憑證，從事於有價證券、證券相關商品或其他經主管機關核准項目之投資或交易。

本法所稱證券投資信託事業，指經主管機關許可，以經營證券投資信託為業之機構。

證券投資信託事業經營之業務種類如下：

一、證券投資信託業務。

二、全權委託投資業務。

三、其他經主管機關核准之有關業務。

證券投資信託事業經營之業務種類，應報請主管機關核准。

重點 2　證券投資顧問事業　　重要度 ★★☆

一、證券投資顧問

(一) **業務概述**

1. 證券投資顧問，指直接或間接自委任人或第三人取得報酬，對有價證券、證券相關商品或其他經主管機關核准項目之投資或交易有關事項，提供分析意見或推介建議。

2. 證券投資顧問事業經營之業務種類如下：

    (1) **接受委任，對證券投資有關事項提供研究分析或推介建議。**

    (2) **接受客戶全權委託投資業務（代客操作）。**

    (3) **發行有關證券投資的出版品。**

    (4) **舉辦有關證券投資的講習。**

    (5) **其他經證期會核准之有關業務。例如顧問外國有價證券業務。**

(二) **設置規定**

1. 組織：證券投資顧問事業之組織，**以股份有限公司為限**。

2. 實收資本額：其其實收資本額不得少於**新臺幣二千萬元**。前項最低實收資本額，發起人應於發起時一次認足。

3. 證券投資顧問事業應至少設置投資研究、財務會計部門，配置適足、適任之經理人、部門主管及業務人員，並應符合證券投資顧問事業負責人與業務人員管理規則所定之資格條件。

(三) 其他應注意之限制

1. 證券投資顧問事業於開始經營業務後，依前項規定應申報經會計師查核簽證之財務報告，**每股淨值低於面額者**，應於一年內改善。屆期未改善者，金管會得限制其於傳播媒體從事證券投資分析活動。【109年第4次高業】

2. 證券投資顧問事業接受客戶委任，對證券投資或交易有關事項提供分析意見或推介建議時，應訂定書面證券投資顧問契約，載明雙方權利義務。

3. 於前項情形，客戶得自收受書面契約之日起**七日內，以書面終止契約**。前項契約終止之意思表示，於到達證券投資顧問事業時生效。證券投資顧問事業因前述原因而為契約之終止時，**得對客戶請求終止契約前所提供服務之相當報酬**。**但不得請求契約終止之損害賠償或違約金**。【109年第3次高業】

4. 證券投資顧問事業提供投資分析建議時，應做成**投資分析報告**，報告之副本及紀錄應自提供之日起，至少保存**五年**。

5. 證券投資顧問事業在各種傳播媒體提供投資分析者，應將節目錄影及錄音存查，並至少保存一年。

6. 證券投資顧問事業為廣告、公開說明會及其他營業促銷活動，應於事實發生後**十日內向同業公會申報**。

7. 證券投資顧問事業為廣告、公開說明會及其他營業促銷活動，製作之宣傳資料、廣告物及相關紀錄應至少保存二年。

$ 即時演練

(　　) **1** 為獲取報酬，經營或提供有價證券價值分析，投資判斷建議之業務者，為那種證券事業？　(A)證券投資信託事業　(B)證券金融事業　(C)證券集中保管事業　(D)證券投資顧問事業。　【104年第1次高業】

(　　) **2** 客戶與投顧事業訂定書面證券投資顧問契約，客戶得自收受書面契約之日起幾日內終止契約？　(A)3日　(B)5日　(C)7日　(D)10日。　【109年第3次高業】

(　) **3** 證券投資顧問事業在各種傳播媒體提供投資分析者，應將節目錄影及錄音存查，並至少保存多久？　(A)一年　(B)五年　(C)十年　(D)永久保存。　　　　　　　　　　　　　　　　　　　　　　【105年第4次高業】

(　) **4** 證券投資顧問事業為廣告、公開說明會及其他營業促銷活動，應於事實發生後幾日內向同業公會申報？　(A)二日　(B)五日　(C)七日　(D)十日。　　　　　　　　　　　　　　　　　　　　　　【104年第3次高業】

解答與解析

1 (D)。對有價證券之投資或交易提供分析意見或推介建議，係屬於證券投資顧問事業業務。

2 (C)。客戶與投顧事業訂定書面證券投資顧問契約，客戶得自收受書面契約之日起七日內，以書面終止契約。

3 (A)。證券投資顧問事業在各種傳播媒體提供投資分析者，應將節目錄影及錄音存查，並至少保存一年。

4 (D)。證券投資顧問事業為廣告、公開說明會及其他營業促銷活動，應於事實發生後十日內向同業公會申報。

二、證券投資信託及顧問事業共同規定

(一) **投資投顧事業發起人、負責人及業務人員之消極資格**：有下列情事之一者，不得充任證券投資信託事業與證券投資顧問事業之發起人、負責人及業務人員；其已充任負責人或業務人員者，解任之：

1. 曾犯組織犯罪防制條例規定之罪，經有罪判決確定，尚未執行完畢，或執行完畢、緩刑期滿或赦免後尚未逾五年。

2. **曾犯詐欺、背信或侵占罪，經宣告有期徒刑一年以上之刑確定，尚未執行完畢，或執行完畢、緩刑期滿或赦免後尚未逾二年。**

3. 違反證券交易法或本法規定，經有罪判決確定，尚未執行完畢，或執行完畢、緩刑期滿或赦免後尚未逾三年。

4. 違反銀行法第二十九條第一項規定經營收受存款、受託經理信託資金、公眾財產或辦理國內外匯兌業務，經宣告有期徒刑以上之刑確定，尚未執行完畢，或執行完畢、緩刑期滿或赦免後尚未逾三年。

5. 違反信託業法第三十三條規定辦理信託業務，經宣告有期徒刑以上之刑確定，尚未執行完畢，或執行完畢、緩刑期滿或赦免後尚未逾三年。

6. 受破產之宣告，尚未復權，或曾任法人宣告破產時之董事、監察人、經理人或與其地位相等之人，其破產終結尚未逾三年或調協未履行。

7. **受證券交易法第五十六條或第六十六條第二款之處分，或受本法第一百零三條第二款或第一百零四條解除職務之處分，尚未逾三年。**

8. 曾擔任證券商、證券投資信託事業或證券投資顧問事業之董事、監察人，而於任職期間，該事業受證券交易法第六十六條第三款或第四款之處分，或受本法第一百零三條第四款或第五款停業或廢止營業許可之處分，尚未逾一年。

(二) **行政監督**

1. **證券投資信託事業及證券投資顧問事業，應於每會計年度終了後三個月內，公告並向主管機關申報經會計師查核簽證、董事會通過及監察人承認之年度財務報告。**

2. 主管機關對證券投資信託事業或證券投資顧問事業違反本法或依本法所發布之命令者，除依本法處罰外，並得視情節之輕重，為下列處分：【110年第1次高業】

   (1) 警告。

   (2) 命令該事業解除其董事、監察人或經理人職務。

   (3) 對該事業二年以下停止其全部或一部之募集或私募證券投資信託基金或新增受託業務。

   (4) 對公司或分支機構就其所營業務之全部或一部為六個月以下之停業。

   (5) 對公司或分支機構營業許可之廢止。

   (6) 其他必要之處置。

(三) **罰則**

1. 有下列情事之一者，處五年以下有期徒刑，併科新臺幣一百萬元以上五千萬元以下罰金：

   (1) 未經主管機關許可，經營證券投資信託業務、證券投資顧問業務、全權委託投資業務或其他應經主管機關核准之業務。

   (2) 違反第十六條第一項規定，在中華民國境內從事或代理募集、銷售境外基金。

2. 證券投資信託事業、證券投資顧問事業之董事、監察人、經理人或受僱人，意圖為自己或第三人不法之利益，或損害證券投資信託基金資產、委託投資資產之利益，而為違背其職務之行為，致生損害於證券

投資信託基金資產、委託投資資產或其他利益者，**處三年以上十年以下有期徒刑**，得併科新臺幣一千萬元以上二億元以下罰金。其因犯罪獲取之財物或財產上利益金額達新臺幣一億元以上者，處七年以上有期徒刑，得併科新臺幣二千五百萬元以上五億元以下罰金。【109年第2次高業】

重點3　證券投資信託基金　　重要度 ★★☆

一、基金募集、私募、發行及行銷

(一) 非經主管機關核准，不得在中華民國境內從事或代理募集、銷售、投資顧問境外基金。

(二) 證券投資信託事業經核發營業執照後，應於一個月內申請募集證券投資信託基金。申請經核准效後，應於核准通知函送達日起六個月內開始募集，**三十日內募集成立該基金**。

(三) 首次募集的證券投資信託基金最低成立金額為**新臺幣二十億元**。

(四) 證券投資信託事業得對下列對象進行受益憑證之私募：

　　1.銀行業、票券業、信託業、保險業、證券業或其他經主管機關核准之法人或機構。

　　2.符合主管機關所定條件之自然人、法人或基金（應募人總數不得超過九十九人）。

(五) 證券投資信託事業應於私募受益憑證價款繳納完成日起五日內，向主管機關申報之。

(六) 證券投資信託事業募集證券投資信託基金，**未依規定向申購人交付公開說明書，應處新臺幣30萬元以上150萬元以下之罰鍰**，並責令限期改善；屆期不改善者，得按次連續處二倍至五倍罰鍰至改善為止。

知識補給站 ✎

投資人申購基金後，證券投資信託公司需印製「受益憑證」，發給投資人或代投資人保管（受益憑證亦得不印製實體，而以帳簿劃撥方式交付）。

受益憑證是一種有價證券，記載受益人申購之基金名稱及受益單位數。

二、基金持股相關規定

(一) 目前基金所持有股票的投票表決權，由證券投資信託公司行使之。

(二) 經理公司所經理之證券投資信託基金符合下列條件者，經理公司得不指派
人員出席股東會：任一證券投資信託基金持有公開發行公司股份均**未達
三十萬股**且全部證券投資信託基金合計持有股份**未達一百萬股**。

三、基金運用範圍的限制

(一) **不得投資於未上市、未上櫃股票或私募之有價證券。**

(二) **不得為放款或提供擔保。**

(三) **不得從事證券信用交易。**

(四) **不得與同一投信經理的其他各基金有價證券帳戶間為證券相關交易行為。**

(五) **不得運用基金買入本基金之受益憑證。**

(六) **不得投資於結構式利率商品。**

(七) **不得將基金持有之有價證券借予他人。**

(八) 證券投資信託事業於國外募集基金投資國內任一上市或上櫃公司股票及公
司債或金融債券之總金額，不得超過基金淨資產價值之**百分之二十**。

(九) 每一基金投資於任一上市或上櫃公司股票及公司債或金融債券之總金額，
不得超過基金淨資產價值之百分之十。

(十) 每一基金投資於任一上市或上櫃公司股票之股份總額，**不得超過該公司已
發行股份總數之百分之十**；所經理之全部基金投資於任一上市或上櫃公司
股票之股份總額，不得超過該公司已發行股份總數之百分之十。

(十一)**每一基金投資於任一公司所發行無擔保公司債之總額，不得超過該公司
所發行無擔保公司債總額之百分之十。**

(十二)每一基金委託單一證券商買賣股票金額，不得超過本基金當年度買賣
股票總金額之百分之三十。但基金成立未滿一個完整會計年度者，不
在此限。

四、基金之保管

(一) **資信託事業募集或私募之證券投資信託基金，與證券投資信託事業及基金
保管機構之自有財產，應分別獨立。證券投資信託事業及基金保管機構就
其自有財產所負之債務，其債權人不得對於基金資產為任何請求或行使其
他權利。**

(二) **證券投資信託事業運用證券投資信託基金所持有之資產，應以基金保管機構之基金專戶名義登記。**

(三) **有下列情形之一者，不得擔任基金保管機構：**

1. 經主管機關依第一百十五條規定處分，處分期限尚未屆滿。

2. 未達經主管機關核准或認可之信用評等機構一定等級以上評等。

3. 投資於證券投資信託事業已發行股份總數達百分之十以上。

4. **擔任證券投資信託事業董事或監察人；或其董事、監察人擔任證券投資信託事業董事、監察人或經理人。**

5. 證券投資信託事業持有其已發行股份總數達百分之十以上。

6. 由證券投資信託事業或其代表人擔任董事或監察人。

7. 擔任證券投資信託基金之簽證機構。

8. 與證券投資信託事業屬於同一金融控股公司之子公司，或互為關係企業。

9. 其他經主管機關規定不適合擔任基金保管機構。

五、基金之買回

(一) 證券投資信託契約載有受益人得請求買回受益憑證之約定者，受益人得以書面或其他約定方式請求證券投資信託事業買回，證券投資信託事業不得拒絕；對買回價金之給付不得遲延。

(二) 受益人請求買回受益憑證到達之次一營業日起**五個營業日**內，給付買回價金。

(三) 受益憑證之買回價格，以買回請求到達證券投資信託事業或其代理機構之**到達當日或次一營業日**的基金淨資產核算。

六、基金之會計

(一) 證券投資信託事業應於**每一營業日計算證券投資信託基金之淨資產價值**。
【109年第3次高業】

(二) **證券投資信託事業應於每一營業日公告前一營業日證券投資信託基金每受益權單位之淨資產價值**。

(三) 證券投資信託事業**運用每一證券投資信託基金**，應依主管機關規定之格式及內容於每會**計年度終了後二個月內**，編具年度財務報告；於每月終了後十日內編具月報，向主管機關申報。

(四) 證券投資信託事業就每一證券投資信託基金之資產，應依主管機關所定之比率，以下列方式保持之：【110年第1次高業】

　　1.現金。

　　2.存放於銀行。

　　3.向票券商買入短期票券。

　　4.其他經主管機關規定之方式。

(五) 證券投資信託基金投資所得依契約分配收益，應於會計年度終了後六個月內分配之，並應於契約內明定分配日期。

七、受益憑證

(一) **受益權之內容**：證券投資信託基金之受益權，按受益權單位總數，平均分割，每一受益憑證之受益權單位數，依受益憑證之記載。

(二) **受益人收益分配請求權之消滅時效**：自收益發放日起**五年**間不行使而消滅，因時效消滅之收益併入該證券投資信託基金。

八、受益人會議

(一) **受益人權利之行使**：受益人權利之行使，應經受益人會議決議為之。但僅為受益人自身利益之行為，不在此限。

(二) **應經受益人會議決議之事項**：

　　1.更換基金保管機構。

　　2.更換證券投資信託事業。

　　3.終止證券投資信託契約。

　　4.調增證券投資信託事業或基金保管機構之經理或保管費用。

　　5.重大變更基金投資有價證券或從事證券相關商品交易之基本方針及範圍。

　　6.其他修正證券投資信託契約對受益人權益有重大影響。

(三) **受益人召開會議之主體、順位、條件及程序等**

　　1.依法律、命令或證券投資信託契約規定，應由受益人會議決議之事項發生時，由證券投資信託事業召開受益人會議。證券投資信託事業不能或不為召開時，由基金保管機構召開之。基金保管機構不能或不為召開時，依證券投資信託契約之規定或由受益人自行召開；均不能或不為召開時，由主管機關指定之人召開之。

2. **受益人自行召開受益人會議**時，應由繼續**持有受益憑證一年以上**，且其所表彰受益權單位數占提出當時該基金已發行在外**受益權單位總數百分之三以上**之受益人，以書面敘明提議事項及理由，申請主管機關核准後，自行召開之。【109年第4次高業】

3. 受益人會議非由證券投資信託事業召開時，證券投資信託事業應依基金保管機構、受益人或經主管機關指定之人之請求，提供召開受益人會議之必要文件及資料。

九、基金之變更、存續、終止、清算

(一) 投資信託契約之變更

1. **募集**證券投資信託基金者，應先報經行政院金管會核准；經核准後，投信事業應於「二日」內公告。

2. **私募**證券投資信託基金者者，應於變更後五日內向主管機關申報。

(二) 基金之存續期間依證券投資信契約之約定。

(三) 投資信託契約終止時，清算人應於主營機關核准清算後三個月內完成基金之清算。

十、境外基金

(一) 非經金管會核准或申報生效後，不得在中華民國境代理募集及銷售境外基金。

(二) 境外基金機構得委任投信投顧事業或證券經紀商擔任總代理人，辦理境外基金募集及售業務，總代理人之實資本額應達**七千萬元**。

(三) 境外基金公開說明書之更新或修正，總代理人應將其中譯本於更新或修正後三日內辦理公告。

💲 即時演練

(　　) **1** 證券投資信託事業經核發營業執照後，應於首次募集基金案件經核准函送達日起多久內開始募集？多久內募集成立該基金？(A)三個月；三十天　(B)三個月；四十五天　(C)六個月；三十天　(D)六個月；四十五天。　　　　【107年第4次高業】

( ) **2** 證券投資信託事業經核發營業執照後,應於一個月內申請募集基金,其最低成立金額為: (A)五十億元 (B)十五億元 (C)二十億元 (D)三十億元。　　　　　　　　【105年第4次高業】

( ) **3** 下列有關證券投資信託事業運用募集證券投資信託基金應遵守之規範,何者為非? (A)得投資於上櫃公司股票 (B)得投資於本證券投資信託事業或與本證券投資信託事業有利害關係之公司所發行之證券 (C)不得對於本證券投資信託事業經理之各基金間為證券交易行為 (D)不得從事證券信用交易。

( ) **4** 證券投資信託事業募集之基金,投資於任一公司所發行無擔保公司債之總額,不得超過該公司所發行無擔保公司債總額之多少? (A)百分之二 (B)百分之五 (C)百分之十 (D)百分之十五。　　　　　　　　【105年第3次高業】

( ) **5** 證券投資信託事業運用證券投資信託基金為有價證券之買賣,應依據投資分析報告作成投資決定,並按月提出書面檢查報告,其書面資料之保存期間: (A)不得少於三年 (B)不得少於五年 (C)應依商業會計法規定保存十年 (D)以上皆非。

( ) **6** 下列何者,除經金融監督管理委員會核准外,不得擔任基金保管機構? (A)投資於證券投資信託事業已發行股份總數百分之八股份之銀行 (B)證券投資信託事業持有其已發行股份總數百分之五股份之銀行 (C)由證券投資信託事業或其代表人擔任董事或監察人之銀行 (D)選項(A)(B)(C)皆不適宜擔任保管機構。　　【107年第1次高業】

( ) **7** 證券投資信託事業,應按下列時間,公告募集之證券投資信託基金每受益憑證單位之淨資產價值? (A)每一營業日 (B)每二營業日 (C)每一月 (D)每一季。　　　　　　　　【104年第1次高業】

解答與解析

1 (C)。投信經核發營業執照後,應於核准函送達日起六個月內開始募集,並於三十天內募集成立該基金。

2 (C)。首次募集的證券投資信託基金最低成立金額為新臺幣二十億元。

3 (B)。證券投資信託事業「不得」投資於本證券投資信託事業或與本證券投資信託事業有利害關係之公司所發行之證券。

4 (C)。每一基金投資於任一公司所發行無擔保公司債之總額，不得超過該公司所發行無擔保公司債總額之百分之十。

5 (B)。證券投資信託事業運用證券投資信託基金為有價證券之買賣，應按月提出書面檢查報告，其書面資料之保存期間不得少於五年。

6 (C)。除經金管會核准外。不得擔任基金保管機構如下：
(1) 投資於證券投資信託事業已發行股份總數達百分之十以上。
(2) 擔任證券投資信託事業董事或監察人。
(3) 證券信託投資事業持有其已發行股份數達百分之十以上。
(4) 由證券投資信託事業或其代表人擔任董事或監察人。
(5) 與證券投資信託是業屬於同一金融控股公司之子公司或互為關係企業。
(6) 其他經本會為保護公益規定不是合擔任基金保管機構。

7 (A)。證券投資信託事業應於每一營業日計算證券投資信託基金之淨資產價值，並於每一營業日公告前一營業日證券投資信託基金每受益權單位之淨資產價值。

重點 4　全權委託投資業務　重要度 ★★☆

一、全權委託投資業務

「全權委託投資」即為俗稱的「代客操作」，由委任方將一筆資產（例如現金、股票、債券）委託投顧公司（受任人），由專業經理人依雙方約定條件、投資方針、可忍受的風險範圍進行投資。

二、經營全權委託投資業務之條件

(一) **證券投資信託事業申請經營全權委託投資業務，應具備下列條件：**
1.已募集成立證券投資信託基金。
2.最近期經會計師查核簽證之財務報告每股淨值不低於面額。

(二) **證券投資顧問事業申請經營全權委託投資業務，應具備下列條件：**
　　1.**實收資本額達新臺幣五千萬元；已兼營期貨顧問業務之證券投資顧問事業**申請或同時申請經營全權委託投資業務及兼營期貨顧問業務者，**實收資本額應達新臺幣七千萬元。**
　　2.最近期經會計師查核簽證之財務報告每股淨值不低於面額。

三、營業保證金

證券投資信託事業或證券投資顧問事業應依下列規定提存營業保證金：
(一) **實收資本額未達新臺幣一億元者，提存新臺幣一千萬元。**
(二) **實收資本額新臺幣一億元以上而未達新臺幣二億元者，提存新臺幣一千五百萬元。**
(三) **實收資本額新臺幣二億元以上而未達新臺幣三億元者，提存新臺幣二千萬元。**【110年第1次高業】
(四) **實收資本額新臺幣三億元以上者，提存新臺幣二千五百萬元。**
上述保證金應以現金、銀行存款、政府債券或金融債券提存，不得分散提存於不同金融機構。

四、其他規範

(一) 證券投資信託事業或證券投資顧問事業經營全權委託投資業務，其接受**單一客戶委託投資資產之金額不得低於新臺幣五百萬元。**
(二) **證券投資顧問事業經營全權委託投資業務，接受委託投資之總金額，不得超過其淨值之二十倍。但其實收資本額達新臺幣三億元者，不在此限。**
(三) 證券投資信託事業或證券投資顧問事業與客戶簽訂全權委託投資契約前，應有七日以上之期間，供客戶審閱全部條款內容。
(四) 經營全權委託投資業務，應每月定期編製客戶資產交易紀錄及現況報告書送達客戶。

即時演練

(　　) 1 證券投資顧問事業經營全權委託投資業務，其實收資本額未達三億元者，接受委託投資之總金額，其限制為：　(A)不得超過淨值十

倍　(B)不得超過淨值二十倍　(C)不得超過資本額十倍　(D)不得超過資本額二十倍。 　　　　　　　　　　　　　　　　【105年第2次高業】

(　　) **2** 已兼營期貨顧問業務之證券投資顧問公司申請經營全權委託投資業務，最低實收資本額應達新臺幣多少元以上？　(A)一千萬元　(B)七千萬元　(C)五千萬元　(D)五百萬元。

(　　) **3** 證券投資信託事業或證券投資顧問事業經營全權委託投資業務，原則上其接受單一客戶委託投資資產之金額不得低於新臺幣多少元？　(A)五百萬元　(B)一千萬元　(C)一千五百萬元　(D)二千萬元。 　　　　　　　　　　　　　　　　【106年第4次高業】

(　　) **4** 證券投資信託事業或證券投資顧問事業經營全權委託投資業務，其實收資本額達新臺幣三億元以上者，應提存多少營業保證金？(A)新臺幣一千萬元　(B)新臺幣一千五百萬元　(C)新臺幣二千萬元　(D)新臺幣二千五百萬元。 　　　　　　　　　　【106年第4次高業】

解答與解析

1 (B)。證券投資顧問事業經營全權委託投資業務，接受委託投資之總金額，不得超過其淨值之二十倍。

2 (B)。已兼營期貨顧問業務之證券投資顧問事業申請或同時申請經營全權委託投資業務及兼營期貨顧問業務者，實收資本額應達新臺幣七千萬元。

3 (A)。證券投資信託事業或證券投資顧問事業經營全權委託投資業務，其接受單一客戶委託投資資產之金額不得低於新臺幣五百萬元。

4 (D)。證券投資信託事業或證券投資顧問事業應依下列規定提存營業保證金：
(1) 實收資本額未達新臺幣一億元者，提存新臺幣一千萬元。
(2) 實收資本額新臺幣一億元以上而未達新臺幣二億元者，提存新臺幣一千五百萬元。
(3) 實收資本額新臺幣二億元以上而未達新臺幣三億元者，提存新臺幣二千萬元。
(4) 實收資本額新臺幣三億元以上者，提存新臺幣二千五百萬元。

精選試題

✔ 投信投顧設置資格

( )　**1** 下列何者不符合證券投資信託事業之專業發起人資格？
(A)基金管理機構
(B)銀行
(C)保險公司
(D)證券交易所。　　　　　　　　　　　　【109年第2次高業】

( )　**2** 證券投資顧問事業最低實收資本額為：
(A)新臺幣五千萬元
(B)新臺幣三千萬元
(C)新臺幣二千萬元
(D)新臺幣一千萬元。　　　　　　　　　　【105年第4次高業】

✔ 證券投資信託事業

( )　**3** 證券投資信託事業經核准且開始募集首支證券投資信託基金，必須於下列何項之期限內募集成立該基金，否則主管機關得撤銷營業之核准？
(A)三十日　　　　　　　　　(B)四十日
(C)六十日　　　　　　　　　(D)九十日。　　【106年第1次高業】

( )　**4** 證券投資信託事業就其自有財產所負債務，其債權人之求償權利如何行使？　(A)債權人應就證券投資事業之自有資產與基金資產擇一求償　(B)債權人須先就證券投資事業之自有資產求償後，始能就基金資產求償　(C)債權人只能就證券投資事業之自有資產與基金資產，比例求償　(D)債權人不得就基金資產求償。

( )　**5** 證券投資信託事業應於每會計年度終了後多少個月內，公告並向行政院金融監督管理委員會申報經會計師查核簽證、董事會通過及監察人承認之年度財務報告？　(A)三個月　(B)四個月　(C)五個月　(D)六個月。　　　　　　　　　　　【100年第1次分析師】

(　) **6** 未經主管機關許可而經營證券投資信託業務者,依證券投資信託及顧問法規定,處何種刑度之有期徒刑？ (A)七年以下 (B)五年以下 (C)三年以下 (D)一年以下。 【107年第2次高業】

(　) **7** 證券投資信託事業的業務範圍為： (A)發行受益憑證募集證券投資信託基金 (B)運用證券投資信託基金從事證券投資 (C)全權委託投資業務 (D)以上皆是。

(　) **8** 我國證券投資信託事業所核准經營之業務「不」包括以下何者？ (A)發行受益憑證募集證券投資信託基金 (B)接受客戶全權委託投資業務 (C)運用證券投資信託基金從事證券及其相關商品之投資 (D)開發並發行認購權證。

✅ 證券投資顧問事業

(　) **9** 下列何種行為非屬證券投資顧問事業從事廣告及營業活動行為規範所指之「廣告」或「公開說明會及「其他營業活動」？ (A)於大樓外牆之跑馬燈顯示公司名稱及服務事項 (B)於自宅中與固定之友人為證券價值分析之研討 (C)於雜誌中置入宣傳公司證券投資分析之專題報導 (D)在捷運車廂廣告看板上宣傳公司的基金產品。 【105年第2次高業】

(　) **10** 證券投資顧問事業為廣告、公開說明會及其他營業促銷活動,製作之宣傳資料、廣告物及相關紀錄應保存幾年？ (A)二年 (B)五年 (C)十年 (D)十五年。 【105年第2次高業】

(　) **11** 證券投資顧問事業提供投資分析建議時,應做成投資分析報告,報告之副本及紀錄應自提供之日起,保存多久的時間？ (A)三年 (B)五年 (C)一年 (D)十年。 【107年第3次高業】

✅ 投資投顧之共同規範

(　) **12** 因犯詐欺罪受有期徒刑一年以上刑之宣告,服刑期滿未超過幾年者,不得為證券投資顧問事業之負責人？ (A)一年 (B)二年 (C)三年 (D)四年。

(　　) **13** 受「證券投資信託及顧問法」第一百零三條第二款或第一百零四條解除職務之處分者，幾年內不得充任證券投資信託事業與證券投資顧問事業之發起人、負責人及業務人員？　(A)二年　(B)三年　(C)五年　(D)七年。　　　　　　　　　　【106年第2次分析師】

(　　) **14** 證券投信事業之董事、監察人或經理人，除經主管機關豁免規定外，不得從事下列何項之行為？　(A)投資於其他證券投資信託事業　(B)擔任其他投信事業或證券商之董事、監察人或經理人　(C)擔任投信基金所購入股票發行公司之董事、監察人或經理人　(D)以上皆不可。

(　　) **15** 證券投資信託事業除專業發起人外，每一股東與其關係人及股東利用他人名義持有股份，合計不得超過已發行股份百分之幾？　(A)10%　(B)15%　(C)25%　(D)30%。　　　　　【103年第3次高業】

(　　) **16** 證券投資信託事業與證券投資顧問事業之異同，下列敘述何者正確？　(A)均須為股份有限公司方可申請設立　(B)前者設立時實收資本額不得少於新臺幣三億元，後者則為一億元　(C)投信之設立須經金融監督管理委員會核准，投顧則不用　(D)最低實收資本額，發起人於發起時得分批認購，不須一次認足。　　　【110年第1次高業】

✅ 證券投資信託基金

(　　) **17** 證券投資信託事業運用證券投資信託基金投資有價證券及從事證券相關商品之交易，下列何者錯誤？　(A)應依據投資或交易分析報告做成投資或交易決定　(B)應依據投資或交易決定書交付執行，並做成投資執行紀錄　(C)投資執行紀錄應記載實際投資或交易標的之種類、數量、價格及時間，並說明投資或交易差異原因　(D)有關投資分析報告、投資決定書及執行紀錄等書面資料之保存期限為三年。　　　　　　　　　　　【101年第1次高業】

(　　) **18** 證券投資信託事業運用募集之證券投資信託基金，下列那一項為禁止行為？　(A)投資於上市股票　(B)認購已上市公司增資股票　(C)從事信用交易　(D)認購已上櫃公司增資股票。　【102年第3次高業】

（　）**19** 證券投資信託事業募集之證券投資信託基金，與證券投資信託事業及基金保管機構之自有財產，應如何處理？　(A)混合列帳　(B)分別獨立　(C)合併計算　(D)形式區分。　　【102年第4次高業】

（　）**20** 證券投資信託事業運用每一證券信託基金，應於每會計年度終了後幾個月內，編具年報？並經何機構簽署後予以公告？　(A)一個月；投信投顧公會　(B)二個月；基金保管機構　(C)二個月；投信投顧公會　(D)四個月；基金保管機構。

（　）**21** 證券投資信託基金所買入之有價證券，應登記為：　(A)基金保管機構名義下基金專戶　(B)證券投資信託事業名義下專戶　(C)各受益憑證持有人名義下專戶　(D)以上皆非。　　【108年第4次高業】

（　）**22** 證券投資信託事業所經理投資國內之公募基金，應自受益人買回受益憑證請求到達之次一營業日起幾日內，給付買回價金？　(A)二個營業日　(B)三個營業日　(C)四個營業日　(D)五個營業日。　　【102年第3次高業】

（　）**23** 受益憑證之買回價格，以請求買回書面到達證券投資信託事業或其代理機構何時之基金淨資產核算？　(A)到達前一營業日　(B)到達當日或次一營業日　(C)到達次二營業日　(D)到達日起計算之第三日。　　【106年第1次高業】

（　）**24** 證券投資信託事業募集證券投資信託基金，未依規定向申購人交付公開說明書，應處：　(A)新臺幣30萬元以上150萬元以下之罰鍰　(B)停權　(C)警告　(D)處三年以下有期徒刑。　　【106年第2次高業】

✅ 全權委託

（　）**25** 下列何者為證券投資顧問事業申請經營全權委託業務須符合之條件？　(A)實收資本須達五千萬元，同時申請經營全權委託投資業務及兼營期貨顧問業務者，實收資本額應達新臺幣七千萬元　(B)最近三年未曾受金管會警告之處分　(C)營業滿一年　(D)選項(A)(B)(C)皆是。

解答與解析

1 (D)。根據證券投資信託事業設置標準第74條，經營證券投資信託事業，發起人得為基金管理機構、銀行、保險公司、證券商或金融控股公司、證券商或其他經主管機關認可之機構。

2 (C)。證券投資顧問事業最低實收資本額為新臺幣二千萬元。

3 (A)。證券投資信託事業經核准且開始募集首支證券投資信託基金，必須於三十日內募集成立該基金三十日內。

4 (D)。證券投資信託事業或證券投資顧問事業就其自有財產所負債務，其債權人不得對前項資產，為任何之請求或行使其他權利。

5 (A)。證券投資信託事業及證券投資顧問事業，應於每會計年度終了後三個月內，公告並向主管機關申報經會計師查核簽證、董事會通過及監察人承認之年度財務報告。

6 (B)。根據證券投資信託及顧問法第107條，有下列情事之一者，處五年以下有期徒刑，併科新臺幣一百萬元以上五千萬元以下罰金：
一、未經主管機關許可，經營證券投資信託業務、證券投資顧問業務、全權委託投資業務或其他應經主管機關核准之業務。
二、違反第十六條第一項規定，在中華民國境內從事或代理募集、銷售境外基金。

7 (D)。投信的業務範圍包含一、證券投資信託業務。二、全權委託投資業務。三、其他經主管機關核准之有關業務。

8 (D)。僅證券商及銀行得發行認購權證。

9 (B)。於自宅中與固定之友人為證券價值分析之研討非屬廣告、公開說明會或及其他營業活動。

10 (A)。證券投資顧問事業為廣告、公開說明會及其他營業促銷活動，製作之宣傳資料、廣告物及相關紀錄應至少保存二年。

11 (B)。證券投資顧問事業提供投資分析建議時，應做成投資分析報告，報告之副本及紀錄應自提供之日起，至少保存五年。

12 (B)。因犯詐欺罪受有期徒刑一年以上刑之宣告，服刑期滿未超過二年者，不得為證券投資顧問事業之負責人。

13 (B)。受證券投資信託及顧問法解除職務之處分者，三年內不得充任證券投資信託事業與證券投資顧問事業之發起人、負責人及業務人員。

14 (D)。證券投信事業之董事、監察人或經理人不得投資於其他證券投資信託事業、不得擔任其他投信事業或證券商或投信基金所購入股票發行公司之董事、監察人或經理人。

15 (C)。證券投資信託事業之股東，除專業發起人外，每一股東與其關係人及股東利用他人名義持有股份合計，不得超過該公司已發行股份總數百分之二十五。

16 (A)。(B)投信設立時最低實收資本額為新臺幣三億元；投顧為新臺幣二千萬元。
(C)投顧之設立亦須經金融監督管理委員會核准。
(D)最低實收資本額應一次認足。

17 (D)。有關投資分析報告、投資決定書及執行紀錄等書面資料之保存期限為五年。

18 (C)。證券投資信託事業運用證券投資信託基金，不得1.指示基金保管機構為放款或提供擔保。2.從事證券信用交易。3.與本證券投資信託事業經理之其他證券投資信託基金間為證券交易行為4.指示基金保管機構將基金持有之有價證券借與他人。

19 (B)。證券投資信託事業依法規以自己名義為投資人取得之資產，與證券投資信託事業或證券投資顧問事業之自有財產，應分別獨立。

20 (B)。證券投資信託事業運用每一證券投資信託基金，應依主管機關規定之格式及內容於每會計年度終了後二個月內，編具年度財務報告；並經基金保管機構簽署後予以公告。

21 (A)。證券投資信託事業運用證券投資信託基金所持有之資產，應以基金保管機構之基金專戶名義登記。

22 (D)。受益人請求買回受益憑證後，證券投資信託事業應於請求到達之次一營業日起五日內給付買回價金。

23 (B)。受益憑證之買回價格，以買回請求到達證券投資信託事業或其代理機構之到達當日或次一營業日的基金淨資產核算。

24 (A)。證券投資信託事業募集證券投資信託基金，未依規定向申購人交付公開說明書，應處新臺幣30萬元以上150萬元以下之罰鍰，並責令限期改善；屆期不改善者，得按次連續處2倍至5倍罰鍰至改善為止。

25 (A)。僅選項(A)為投顧公司申請經營全權委託業務須符合之條件。

Ch8 仲裁與常考罰則

依據出題頻率區分，屬：**B** 頻率中

課前導讀

對於有價證券交易糾紛的處理方式，除了向法院提起訴訟，還可以透過訴訟外紛爭解決機制，例如「仲裁」來實現。透過仲裁程序，爭議雙方可以提出彼此均能接受的方案，直接交涉與協商，更迅速的化解紛爭、加速權利的實現。

重點 1 仲裁
重要度 ★★☆

一、基本原則

(一) 有價證券爭議之仲裁，除證券交易法規定外，依仲裁法之規定。

(二) 有價證券交易所生爭議，應先適用證券交易法規定，仲裁法則適用於一般仲裁情形。

二、仲裁種類

(一) **約定仲裁**

　　1.依證券交易法所為有價證券交易所生之爭議，當事人得依約定進行仲裁。

　　2.委託人與證券經紀商間因委託買賣證券所生之爭議，得依證券交易法之仲裁規定辦理，該規定應於委契約中訂明。

　　3.經紀商或委託人依約定進行之仲，得向仲裁機構申請，由仲裁庭辦理之。

(二) **強制仲裁**【109年第2次普業；109年第3次高業、110年第2次高業】

　　1.**證券商與證券交易所**或**證券商相互間**，不論當事人間有無訂立仲裁契約，均「**應**」進行仲裁。

　　2.證券商與證券商間因有價證券交易所生之爭議，應進行仲裁，但證券交易所得商請證券商業同業公會為仲裁前之調解。

三、妨訴抗辯

爭議當事人之一方違反仲規定，另行提起訴訟時，他方得據請求法院駁回其訴。即如有妨訴抗辯之情形，當事人不得逕行起訴。

四、仲裁人

(一) 仲裁契約應約定仲裁人、或訂明選定仲裁人方式；

(二) 若仲裁契約未約定仲裁人及選定方法，應由雙方當事人各選一仲裁人、再由雙方選出之仲裁人共同推出第三仲裁人為主任仲裁，並由仲裁庭以書面通知當事人。

(三) 當事人若約定仲裁事件由仲裁機構辦理者，由該仲裁機構選定仲裁人。

(四) 當事人之一方選定仲裁人後，應以書面通知他方及仲裁人；並得以書面催告他方於受催告之日起，**十四日內選定仲裁人**，倘他方已逾規定期間而不選定仲裁人者，催告人得聲請仲裁機構或法院為之選定。【110年第1次普業】

(五) 由仲裁機構選定仲裁人者，仲裁機構應以書面通知雙方當事人及仲裁人。應由仲裁機構選定仲裁人者，當事人得催告仲裁機構，於前項規定期間內選定之。倘**仲裁機構已逾規定期間而不選定仲裁人**者，催告人得聲請**法院**為之選定。【109年第3次普業】

五、仲裁程序

仲裁進行程序，當事人未約定者，仲庭應決定處所及詢問期日，通知雙方當事人，並於六個月內做成仲裁判斷書。

六、仲裁判斷

(一) 仲裁判斷書為迅速簡便之訴訟外解決紛爭方法。

(二) 仲裁人應於六個月內做成仲裁判斷書。

(三) **仲裁人之判斷與法院之確定判決有相同效力**。

(四) 證券商對仲裁之判斷延不履行時，主管機關得以命令**停止業務**。

七、撤銷仲裁判斷之訴

(一) 有下列各款情形之一者，當事人得對於他方提起撤銷仲裁判斷之訴：

　1. 有仲裁法第三十八條各款情形之一者。

　2. 仲裁協議不成立、無效，或於仲裁庭詢問終結時尚未生效或已失效者。

　3. 仲裁庭於詢問終結前未使當事人陳述，或當事人於仲裁程序未經合法代理者。

　4. 仲裁庭之組成或仲裁程序，違反仲裁協議或法律規定者。

　5. 仲裁人違反仲裁法第十五條第二項所定之告知義務而顯有偏頗或被聲請迴避而仍參與仲裁者。但迴避之聲請，經依本法駁回者，不在此限。

6.參與仲裁之仲裁人，關於仲裁違背職務，犯刑事上之罪者。

7.當事人或其代理人，關於仲裁犯刑事上之罪者。

8.為判斷基礎之證據、通譯內容係偽造、變造或有其他虛偽情事者。

9.為判斷基礎之民事、刑事及其他裁判或行政處分，依其後之確定裁判或行政處分已變更者。

(二) **提起撤銷仲裁判斷之訴**，應於判斷書交付或送達之日起，<u>三十日</u>之不變期間內為之。【109年第4次普業】

專題小教室

調處

證券投資人如遭遇投資民事糾紛，民眾除了一般向法院提起訴訟、以及本章所介紹的「仲裁」外，另有一種訴訟外紛爭解決機制，稱「調處」，相關規範介紹如下：

(一) 證券投資人或期貨交易人與發行人、證券商、證券服務事業、期貨業、交易所、櫃檯買賣中心、結算機構或其他利害關係人間，因有價證券之募集、發行、買賣或期貨交易及其他相關事宜所生民事爭議，得向保護機構申請調處。

> **考點速攻**
>
> 倘若是客戶與證券經紀商因委託買賣證券所生之爭議，則向**證券商業同業公會**申請調處【109年第3次普業、110年第1次普業】

(二) 保護機構為處理調處事項，應設調處委員會，置委員7人至15人；其組織及調處辦法，由主管機關定之。

(三) 申請調處有下列情形之一者，不予受理：【109年第2次普業】

　　1.非屬前條前述1.所指之民事爭議者。

　　2.非證券投資人、期貨交易人提起者。

　　3.無具體相對人者。

　　4.**已在第一審法院言詞辯論終結者**。

　　5.調處內容為確定判決之效力所及者。

　　6.同一事件已依本法規定申請調處者。

(四) 調處委員會除前項情形或應補正事項外，應於受理申請後<u>15日</u>內進行調處。【109年第4次高業】

$ **即時演練** ⚡

(　) 下列各項民事爭議中，依證券投資人及期貨交易人保護法申請調處，將不予受理？
(A)已在第一審法院言詞辯論終結者
(B)與證券發行人產生之民事爭議者
(C)證券投資人提起之民事爭議者
(D)有具體相對人之民事爭議者。　　　　　　【109年第2次普業】

解答與解析

(A)。根據證券投資人及期貨交易人保護法第23條，已在第一審法院言詞辯論終結者，不予受理調處之申請。

重點 2　常考罰則　　　　　重要度 ★★☆

一、常考罰則

(一) 下列情事處五年以下有期徒刑，併科新臺幣一百萬元以上五千萬元以下罰金：
1. **未經主管機關許可，經營證券投資信託業務、證券投資顧問業務、全權委託投資業務或其他應經主管機關核准之業務。**
2. 違反規定，在中華民國境內從事或代理募集、銷售境外基金。

(二) 下列情事處三年以上十年以下有期徒刑，得併科新臺幣一千萬元以上二億元以下罰金。
1. **內線交易。**
2. 操縱市場行為（例如投顧於電視宣傳明牌、串聯其他主力聯合炒股、散布流言、不履行交割義務足以影響市場秩序）

(三) 下列情事處一年以下有期徒刑、拘役或科或併科新臺幣一百二十萬元以下罰金：

1. 未依法於集中市場買賣者。

2. 募集有價證券，**未先向認股人交付公開說明書**。

(四) 下列情事處罰**新臺幣二十四萬元以上二百四十萬元以下**罰金：【109年第3次、第4次普業；110年第1次高業】

1. 證券經紀商接受全權委託。

2. 公開發行公司對於其董事、監察人、經理人及大股東持股，並未依於每月十五日以前，彙總向主管機關申報其異動。

3. 發行人、公開收購人或其關係人、證券商之委託人，對於主管機關命令提出之帳簿、表冊、文件或其他參考或報告資料，屆期不提出，或對於主管機關依法所為之檢查予以規避、妨礙或拒絕。

(五) 下列事情處罰**五年以下有期徒刑**、拘役或科或併科**新臺幣二百四十萬元以下**罰金：證券交易所之董事、監察人或受僱人，**對於職務上之行為，要求期約或收受不正利益者**。

(六) 下列情事處罰**七年以下有期徒刑**，得併科**新臺幣三百萬元以下**罰金：前項人員對於「**違背職務之行為**」，要求期約或收受不正利益者。

精選試題

仲裁

( )　**1** 因有價證券交易而產生之爭議，何者不適用強制仲裁之規定？ (A)證券商與投資人之間　(B)證券商與證券商之間　(C)證券交易所與證券商之間　(D)一律適用強制仲裁。　【108年第3次高業】

( )　**2** 對於證券交易所會員間或證券商間，因有價證券集中交易所生之爭議，證券交易所得請何單位為仲裁前之和解？　(A)中華民國仲裁協會　(B)證券商業同業公會　(C)行政院金管會　(D)證券暨期貨市場發展基金會。

( )　**3** 證券商與證券交易所或證券商相互間，依證券交易法所為有價證券交易所生之爭議，爭議當事人之一造如未依證券交易法規定進行仲裁，另行提起訴訟時，他造得請求法院如何處理？
(A)損害賠償
(B)停止訴訟
(C)駁回訴訟
(D)不予受理。　【106年第3次分析師】

( )　**4** 證券商與證券交易所之間因證券交易而產生之爭議，其仲裁方式為？　(A)強制仲裁　(B)約定仲裁　(C)任意仲裁　(D)協議仲裁。　【101年第3次高業】

( )　**5** 有關證券交易爭議之仲裁，下列敘述何者正確？　(A)是一種訴訟外解決紛爭之方法　(B)仲裁進行程序當事人得約定　(C)可區分為任意仲裁及強制仲裁　(D)選項(A)(B)(C)皆是。

( )　**6** 證券商對仲裁之判斷延不履行時，得如何處理之？　(A)主管機關得訂一期限要求履行，未履行者廢止其營業之許可　(B)主管機關得聲請強制執行　(C)主管機關得以命令停止業務　(D)相對人得另行請求仲裁。

( ) **7** 證券商相互間發生有價證券交易之爭議時，應採行哪一種解決方式？ (A)雙方協商解決 (B)約定仲裁 (C)強制仲裁 (D)向法院提起訴訟。 【106年第2次普業】

( ) **8** 應由仲裁機構選定仲裁人，而仲裁機構超過期限尚未選定者，當事人得聲請哪一機構為其選定？ (A)中華民國仲裁協會 (B)證券交易所 (C)金融監督管理委員會 (D)法院。【109年第3次普業】

( ) **9** 客戶與證券經紀商因委託買賣證券所生之爭議，得向何者申請調處？ (A)金管會證期局 (B)證交所 (C)櫃買中心 (D)證券商業同業公會。 【109年第3次普業】

( ) **10** 當事人之一方已選定仲裁人之後，得以書面方式催告另一方於多久內選定仲裁人？
(A)10日 (B)12日
(C)7日 (D)14日。 【110年第1次普業】

✅ 常考罰則

( ) **11** 證券商若未如期提出主管機關命令所需提供之帳簿，可處新臺幣多少元之罰鍰？
(A)十二萬元以上二百四十萬元以下
(B)二十四萬元以上一百二十萬元以下
(C)二十四萬元以上二百四十萬元以下
(D)二十四萬元以上四百八十萬元以下。 【109年第3次普業】

解答與解析

1 (A)。證券商與投資人之間若因有價證券交易而產生爭議，採任意仲裁。

2 (B)。證券商之間若交易有價證券發生爭議，應強制仲裁；但在仲裁前得先請證券商業同業公會進行仲裁前之調解。

3 (C)。證券商與證券交易所、或證券商之間，未先進行仲裁而提起訴訟時，對造得請求法院駁回訴訟。

4 (A)。證券商與證券交易所之間因證券交易而產生之爭議，應強制仲裁。

5 (D)。投資人進行有價證券交易，發生爭議時當事人除了「訴訟」，亦可透過訴外解決紛爭的途徑「仲裁」來處理。仲裁制度具有彈性（例如仲裁進行程序得由當事人約定）、和諧性、專家性、迅速性及經濟性等優點。

根據《證券交易法》規定，關於有價證券交易所生的爭議是否適用仲裁，可分兩種情形：

(1) 強制仲裁：不論當事人間有無訂立仲裁契約，爭議一律要透過「仲裁」解決，而不得另循訴訟途徑。

(2) 任意仲裁：必須雙方當事人間有「仲裁契約」或「仲裁協議」，才可以將爭議提向所約定的仲裁機構仲裁。

6 (C)。證券商對仲裁之判斷延不履行時，主管機關得以命令停止業務。

7 (C)。根據證券交易法第166條，依本法所為有價證券交易所生之爭議，當事人得依約定進行仲裁。但證券商與證券交易所或證券商相互間，不論當事人間有無訂立仲裁契約，均應進行仲裁。

8 (D)。根據仲裁法第12條，受催告，已逾規定期間而不選定仲裁人者，催告人得聲請法院為之選定。

9 (D)。根據臺灣證券交易所股份有限公司證券經紀商受託契約準則第21條，委託人與證券經紀商間因委託買賣證券所生之爭議，得依證券交易法關於仲裁之規定辦理或向同業公會申請調處。

10 (D)。當事人之一方選定仲裁人後，得以書面催告他方於受催告之日起，十四日內選定仲裁人。

11 (D)。根據證交法第178條，處新臺幣二十四萬元以上四百八十萬元以下罰鍰，並得命其限期改善；屆期未改善者，得按次處罰。

第二篇 證券交易實務

Ch1 證券交易實務

依據出題頻率區分，屬：**A** 頻率高

課前導讀

2021年的台股市場交易繁盛，新進場的投資人也源源不絕，整體開戶數不斷創歷史新高；據統計，30歲以下的投資者佔新開戶數的5成以上，成為開戶主要部隊、「錢」進股市的生力軍。

在這裡將介紹踏入證券交易的基礎流程，包含開戶、下單、撮合等實務細節；以及掛單方式、各金融商品漲跌幅限制等規範。

重點 ## 證券交易的基礎流程　　　　　　　　　重要度 ★★★

進行證券交易的基礎流程

1　開戶
(1)找一家證券商開立證券帳戶，證券商會發給投資人一本證券存摺。
(2)證券商會指定投資人到配合銀行開立活期儲蓄存款帳戶。

2　下單
委託證券商下單買賣股票。

3　撮合
市場所有的委託單都會轉送到證券交易所或櫃檯買賣中心進行撮合。

4 成交
撮合成交後，證券商會向投資人進行成交回報。

5 交割
必須在T＋2早上10：00以前完成款券的交付。
（註：T為當日成交日，Transaction Day）

6 交易完成
完成交割後，您將後T＋2日取得買進的股票或賣出的價款。

一、開戶

(一) **投資人需親臨證券商開戶**：民眾須備妥證件，親臨證券公司進行開戶，相關開戶文件需要投資人親簽以及用印，以確保維護投資人權益。

(二) **填寫開戶契約**：投資人須開立兩個帳戶，分別為：

　　1.**集保帳戶**：集保帳戶即為證券商的股票帳戶，早期台股投資者是可以拿到實體股票的，但因容易發生遺失，甚至挪用、盜賣等人為弊端，後來便有臺灣集中保管結算所統一保管上市櫃公司之有價證券，並非把股票存在銀行或證券商。當投資人於券商買賣股票時，便會在集保帳戶中進行登載紀錄，透過集保存摺辦理股票交割，無須動用到實體股票。→詳見本章後段專題小教室：證券集中保管事業。

　　2.**銀行劃撥帳戶**：當投資人在證券商買入股票，需交付股票交割款，「銀行劃撥帳戶」即為股票交割撥款的專款專用的銀行帳戶。

(三) **開戶所需證件**

　　1.自然人：若年滿二十歲之中華民國國民，由本人親持身份證正本及第二證件。若為未成年人，需準備委託人及法定代理人之身份證正本及第二證件，開戶契約須需加填法定代理人代理開戶授權書和委任授權暨受任承諾買賣國內有價證券授權書。

　　註：委託人未申請身份證者，可用戶口名簿或戶籍謄本辦理。

　　2.大陸地區人民：大陸地區人民只准受託賣出，不得受託買入。

(四) **禁止開戶之情形**

　1.未成年人未經法定代理人之代理者。

　2.**證券主管機關及臺灣證券交易所職員雇員**。

　3.受監護或輔助宣告尚未撤銷者。

　4.受禁治產之宣告未經法定代理人之代理者。

　5.法人委託開戶未能提出該法人授權開戶之證明者。

　6.證券自營商未經主管機關許可者。

　7.因證券交易違背契約，經臺灣證券交易所或櫃檯買賣中心轉知各證券經紀商後，未結案且**未滿五年者**。

　8.因違反證券交易法或偽（變）造上市、上櫃有價證券案件，經檢察機關提起公訴尚在審理中，或經法院諭知有罪判決確定**未滿五年**。

　9.因違背期貨交易契約未結案且未滿五年者，或違反期貨交易管理法令，經司法機關有罪之刑事判決確定**未滿五年者**。

觀念理解

若投資人**欲於股市中多空雙向操作、或擴大財務槓桿，須辦理信用交易**，信用交易帳戶開立條件如下：

1.年滿二十歲且有行為能力之中華民國國民。

2.開立普通受託買賣帳戶滿三個月。

3.最近一年內委託買賣成交十筆以上，累積成交金額達所申請融資額度之百分之五十。

4.最近一年之所得與各種財產合計達所申請融資額度之百分之三十。

即時演練

(　　) **1** 證券經紀商受理大陸地區人民開立之帳戶，可受託何種買賣？

　　(A)可自由買賣上市股票

　　(B)可自由買賣上櫃股票

　　(C)僅得受託買入，不得受託賣出

　　(D)僅得受託賣出，不得受託買入。　　　　　　【106年第2次高業】

(　　) **2** 曾因證券交易違背契約未結案，或因偽造上市有價證券案件經法院諭知有罪判決確定須滿幾年始得再行開戶買賣上市證券？　(A)二年　(B)三年　(C)五年　(D)七年。　【109年第1次高業】

解答與解析

1 (D)。根據臺灣證券交易所股份有限公司營業細則第77-2條，大陸地區人民只准受託賣出，不得受託買入。

2 (D)。因違反證券交易法或偽（變）造上市、上櫃有價證券案件，經檢察機關提起公訴尚在審理中，或經法院諭知有罪判決確定未滿五年者，不得申請開戶進行有價證券之買賣。

二、下單

(一) 下單管道

	網路下單	語音按鍵下單	透過營業員下單
特點	因可省下證券商之人力成本，固網下單之手續費低廉	被網路下單取代，逐漸式微	致電所屬營業員以進行下單

(二) 下單條件設定【109年第3次高業】

1. 單筆委託不可大於499張。
2. 證券商當日輸入委託或自行買賣申報總額，若超過其可動用資金淨額的**20倍**時，證券交易所即可停止其輸入買賣申報。
3. 電腦自動交易之買賣申報，限當市有效。
4. 委託交易可選擇「限價委託」、「市價委託」兩種價格條件。
   (1) 限價委託（Limit order）：投資人自行決定買賣價格，成交價與客戶指定價間為買低賣高；例如：王小明以限價85元買進A公司股票，最後成交價會在45元或45元以下。
   (2) 市價委託（Market order）：若投資人沒有指定買進或賣出價格，則依當時市場的成交價進行撮合交易。掛入市價單的優點為成交迅速，缺點則是快市時，滑價容易過大。

5.升降單位：我國市場升降單位可依證券種類不同，區分為七類：

(1)**政府公債、公司債：升降單位為0.05元之單一固定方式。**

(2)外國債券：升降單位為0.05貨幣單位之單一固定方式。

(3)中央登錄公債：升降單位為0.01元之單一固定方式。

(4)**轉換公司債及附認股權公司債：**分為三個級距，未滿150元者其升降單位為5分，150元至未滿1,000元者為1元，1,000元以上者為5元。
【109年第4次高業】

(5)股票指數型基金（ETF）：採二個級距，未滿50元者其升降單位為1分，50元以上者為5分。

(6)**股票、債券換股權利證書、受益憑證、存託憑證、外國股票、新股權利證書、股款繳納憑及附認股權特別股：則採六個級距方式：**

新制	升降單位
0.01元～10元	0.01元
10元～50元	0.05元
50元～100元	0.10元
100元～500元	0.50元
500元～1000元	1.00元
1000元以上	5.00元

(7)認購（售）權證：採五個級距方式。

6.漲跌停限制

(1)**股票、第一上市外國股票、受益憑證、存託憑證、轉換公司債暨債券換股權利證書：**10%。【109年第2次高業】

(2)債券：5%。

(3)外國股票第二上市、新上市普通股首五日、國外成分證券指數股票型基金受益憑證（ETF）、國外槓桿反向ETF：無漲跌幅度限制。

(4)認購售權證：漲跌幅依標的證券計算，標的證券漲跌幅限制10%。
例：甲股票價格一百元，認售權證二十元，則認售權證之漲跌上限為？

答：甲股票100元，其漲跌幅限制＝100×10%＝10元

→認購售權證之漲跌幅依標的證券計算，故亦為10元。

7.除權息參考價【110年第1次高業】

(1)除息參考價＝除息前一天收盤價－配息金額

例：除息前一天收盤價為100元，現金股息4元，則：

除息參考價＝100－4＝96元

(2)除權參考價＝除權前一天收盤價÷（1＋配股率）

例：除權前一天收盤價為100元，股票股利是2.5元，則：

除權參考價＝100÷（1＋0.25）＝80元

(3)上述例子若同時除權息，則參考價＝（100-4）÷（1＋0.25）＝76.8元

即時演練

( ) **1** 以下何者不是目前證券商可以接受的有價證券買賣委託方式？
甲：口頭委託他人，乙：電報，丙：全權委託，丁：網際網路
(A)乙、丁 (B)甲、乙 (C)甲、丁 (D)甲、丙。

( ) **2** 證券經紀商於集中市場（臺灣交易所）受託為限價委託買進時：
(A)僅得於限價之價格成交
(B)僅得於低於限價之價格成交
(C)僅得於限價以上之價格成交
(D)得在限價或低於限價之價格成交。

( ) **3** 申報買賣價格之升降單位，臺灣證券交易所規定股票每股市價十元
至未滿五十元者為： (A)五分 (B)一元 (C)五角 (D)一角。

( ) **4** 所謂除權參考價，即以：
(A)除權當日開盤價減權值
(B)除權前一日收盤價加權值
(C)除權當日收盤價減權值
(D)除權前一日收盤價減權值。 【104年第1次高業】

(　　) **5** A股除權前一營業日收盤價60元，無償配股每股2元，則除權參考
價為：　(A)58元　(B)50元　(C)48元　(D)40元。

解答與解析

　1 (D)。目前證券商可接受的委託下單方式有：網路下單、語音按鍵下
單、透過營業員下單。

　2 (D)。限價單之成交價位必須優於投資人之設定，故限價委託買進
時，得在限價或低於限價之價格成交。

　3 (A)。股票每股市價十五元至未滿五十元之升降單位為五分。

　4 (D)。除權參考價即除權前一日收盤價減權值。

　5 (B)。無償配股率＝股票股利/10（面額）＝2/10＝0.2
除權參考價＝除權前一日收盤價/（1＋無償配股率）＝60/（1＋
0.2）＝50

三、撮合

(一) **撮合方式**：過去我國集中交易市場，是採「集合競價」方式，然隨著與國
際市場接軌，臺灣證券交易所自2020年3月23日起，台股盤中撮合方式將
從集合競價（Call Auctions）改成**逐筆交易**（Continucs Trading）。

　1. **集合競價**

　　(1) **撮合方式**：集合競價是將同時段所有價位的委託買賣單集合在一
起，**並取最大成交量為成交價位**。每一盤在價格決定時，都互為獨
立，彼此價格並無必然關係。集合競價撮合循環秒數，從最初25秒
一盤，後隨著硬體設備的進步逐漸縮短，目前為每5秒撮合一次。

　　(2) **撮合成交順序**：「價格優先、時間優先」。

　　(3) 我國上市（櫃）股票目前均採「集合競價」撮合方式。

　　(4) **例子**：

買進		賣出	
價格	張數	價格	張數
60.3	200	60.5	200

買進		賣出	
價格	張數	價格	張數
60.2	300	60.4	100
60.1	300	60.3	300
60.0	600	60.2	200
59.9	400	60.1	100

60.1元可成交張數：100張

60.2元可成交張數：300張

60.3元可成交張數：200張

60.0元、59.9元、60.4元、60.5元：無法成交

→**60.2元可以滿足最大成交量，故為本次撮合成交價。**

2. **逐筆交易**

(1)**撮合方式**：收到委託單後立刻撮合，所有未成交的委託都按價格排序，當收到委買單時，由價格最低的委賣單依序成交；當收到委賣單時，價格愈高的優先成交。

(2)**撮合成交順序**：首重價格優先、再來才是時間優先。

(3)**除限價單之外，增加市價單**：委託單期限除了當日有效之外，增加了立即成交或取消（IOC）以及全部成交或取消（FOK）。【109年第2次普業】

考點速攻

1. ROD（Rest of Day）：「當日委託有效單」，送出委託之後，投資人只要不刪單且直到當日收盤前，此張單子都是有效的。【110年第2次普業】

2. IOC（Immediate-or-Cancel）：「立即成交否則取消」，投資人委託單送出後，允許部份單子成交，其他沒有滿足的單子則取消。

3. FOK（Fill-or-Kill）：「立即全部成交否則取消」，當投資人掛單的當下，只要全部的單子成交，沒有全部成交時則全部都取消。【110年第1次普業；110年第1次高業】

(4) **案例說明**

買進		賣出	
價格	張數	價格	張數
60.3	200	60.5	200
60.2	300	60.4	100
60.1	300	60.3	300
60.0	600	60.2	200
59.9	400	60.1	100

有一筆60.4元200張的單子掛入，

此時會有100張全部以60.4元成交，另有100張以60.3元成交。

→逐筆競價的成交價可能有多個（集合競價只會有一個成交價）

四、成交

現行法規規定，證券商應於**每月10日以前**，將前一月份有證券交易成交之投資人，依帳戶別寄發**月對帳單**供投資人核對，除有錯誤能即早發現外，亦希望降低成為人頭帳戶的風險。

一般投資人皆可申請改採以電子郵件方式，取代寄送實體紙本對帳單。惟有一個例外必須郵寄紙本對帳單，即投資人簽訂授權書委託他人下單月成交金額在1,000萬元以上，證券商仍須郵寄實體對帳單。

五、交割

(一) **什麼是股票交割：股票交割是買賣股票成交後，一手交錢一手交貨的過程**。簡單來說，即投資人於買進股票成交後，須付出交割所需款項，方能獲取所買的股票；同樣地，投資人在賣出股票且成交後，須交付賣出的股票，方能獲取應得的款項。

(二) **如何交割股票**：現在因證券的收付及交割作業，均委由券商及集保中管結算所辦理，故交割手續已經十分簡便，投資人只要在證券商的辦理開戶，券商都會為投資人處理交易的所有交割手續。

(三) **股票交割時間點**

1. **投資人對證券商款券交割截止時點**

	時間點
付券	T＋2日上午10時
付款	T＋2日上午10時

2. **證券商對證交所款券交割截止時點**

	時間點
付券	T＋2日上午10時
付款	T＋2日上午11時

(四) **交割種類**

1. **普通交割**：證券商在成交日後的第二營業日（T＋2）進行交割。

2. **餘額交割**

(1)若投資人透過同一券商、同一證券交易帳戶，則當**日買賣的股票可以用買賣相抵後的價金餘額辦理交割**，此即稱為餘額交割。

(2)案例說明：王小明今日在A券下單買進500萬元的股票，並另有賣出300萬元的股票，則成交日後的第二個營業日（T＋2）時，王小明的銀行交割帳戶僅備有200萬元（500萬－300萬）的現金以供扣款。但如果王小明是透過不同的券商買/賣股票，則會因為需分別辦理交，故兩家證券商間的款項不能以買賣相抵後的餘額辦理交割。

3. **全額交割**

(1)一般股票的買賣，通常是先成交、再進行交割。但投資人買進全額交割股時，需先繳交全額股款，經紀商才會接受委託代為買進；賣出時亦須先繳交股票，經紀商才會接受委託代為賣出，且不接受信用交易

(2)「全額交割」指投資人不可以將同一天買賣相同標的股票總張數相互沖抵，必須把每筆交易的股票或現金集中送到交易所清算組交割。

(3)通常證交所會對營運可能出問題的公司，強制採取全額交割的方式，用意在限制股票過度流通。

(五) **違約交割**：根據「臺灣證券交易所股份有限公司證券經紀商受託契約準則」，若投資人在股票成交後無法履行交割義務，券商可以以成交金額的百分之七向投資人收取違約金、甚至可以將投資人在集保帳戶中的其他股票自行賣出以償還違約債務和費用。

另外違約交割的投資人會被註銷委託買賣帳戶，且五年內證券商應拒絕接受其申請開戶，已開戶者亦應拒絕接受委託買賣或申購有價證券，故投資人不得不慎交割帳戶的資金水位是否足夠，避免陷入違約交割的窘境。

專題小教室

證券集中保管事業【109年第2次普業；109年第3次高業】

(一) 集保的意義

1. 集保，就是股票所有人將持有之股票，經證券商轉存至集中保管公司的程序。在過去，股東是持有「實體」股票，但也因此常有遺失的風險，而改為集保庫存後，即以電腦統一管理、減少許多不必要的手續。

2. 因此，我們可以將負責集保的「證券集中保管事業」，想像為保管股票的機構。

(二) 證券集中保管事業管理的規範

1. 經營證券集中保管事業，應經金管會核准。每一證券集中交易市場，以**設立一家證券集中保管事業為限**。【109年第3次普業】

2. 證券集中保管事業以股份有限公司組織為限，其實收資本額不得少於新臺幣五億元，發起人並應於發起時一次認足之。證券集中保管事業之單一股東，除為公益目的並經本會核准者外，持股比例不得超過實收資本額百分之五。

3. 證券集中保管事業經營下列業務：【110年第1次普業】

　(1)有價證券之保管。

　(2)有價證券買賣交割或設質交付之帳簿劃撥。

　(3)有價證券帳簿劃撥事務之電腦處理。

　(4)有價證券帳簿劃撥配發作業之處理。

(5)有價證券無實體發行之登錄。

(6)其他經本會核准之有關業務。

4. **證券集中保管事業之參加人，以下列為限**【110年第2次普業；109年第3次高業】

(1)財政部。

(2)證券交易所。

(3)證券櫃檯買賣中心。

(4)證券商。

(5)證券金融事業。

> **考點速攻**
>
> 於證券集中保管事業開設帳戶，送存證券並辦理帳簿劃撥之人，稱之為「參加人」。【109年第4次普業】

(6)受託保管證券投資信託基金、全權委託投資資金、境外華僑及外國人款券或外國專業投資機構款券之保管機構。

(7)中央公債交易商。

(8)金融機構。

(9)保險業。

(10)以帳簿劃撥方式交付無實體有價證券之發行人。

(11)其他經本會核定者。

5. 證券集中保管事業保管之有價證券，以下列為限：

(1)在證券交易所上市之有價證券。

(2)在證券商營業處所買賣之有價證券。

(3)其他經本會核定保管之有價證券。

6. 申請上市（櫃）、興櫃公司，應委託其股務代理機構至臺灣集中保管結算所指定之網際網路資訊申報系統，向臺灣集中保管結算所申請證明文件。前述之申請，應於向證交所或櫃買中心送件申請上市（櫃）、興櫃之**七個營業日前**為之。【109年第3次高業】

7. 證券集中保管事業接獲參加人申請領回有價證券通知後，應於**當日**將有價證券交付參加人。【109年第2次普業】

即時演練

(　) **1** 「證券集中保管事業管理規則」中所稱之參加人，以下列何者為限？甲.一般投資人；乙.證券交易所；丙.證券商；丁.證券金融事業　(A)甲、乙、丙、丁　(B)甲、乙、丙　(C)甲、乙、丁 (D)乙、丙、丁。

(　) **2** 證券集中保管事業接獲參加人申請領回有價證券通知後，應於何日將有價證券交付參加人？　(A)當日　(B)次一營業日　(C)次二營業日　(D)次三營業日。　　　　　　　　　　　　　【109年第2次高業】

解答與解析

1 (D)。 證券集中保管事業管理規則第11條，證券集中保管事業之參加人，以下列為限：

一、財政部。

二、證券交易所。

三、證券櫃檯買賣中心。

四、證券商。

五、證券金融事業。

六、受託保管證券投資信託基金、全權委託投資資金、境外華僑及外國人款券或外國專業投資機構款券之保管機構。

七、中央公債交易商。

八、金融機構。

九、保險業。

十、以帳簿劃撥方式交付無實體有價證券之發行人。

十一、其他經本會核定者。

2 (A)。 根據有價證券集中保管帳簿劃撥作業辦法第23條，保管事業接獲前條申請領回清冊，應於當日將有價證券連同證券號碼清單交付參加人。

重點回顧

一、撮合方式

(一)撮合方式相關彙整

	逐筆交易 （2020年後新制）	集合競價 （2020年前舊制）
撮合方式	盤中時段09:00-13:25實施逐筆交易（隨到隨撮），開、收盤時段仍維持集合競價	累積一段時間（現行為5秒）之委託後始進行撮合處理
價格形成	依已下單的對手方價格依序成交，一筆委託可能於瞬間產生多個成交價量資訊	滿足最大成交量之委託價為成交價，只有單一成交價格
資訊揭示速度	快	慢

(二)新制圖示

8:30~9:00	9:00:00	9:00:01	...	13:24:58	13:24:59	13:25~13:30
集合競價 開盤前30分鐘	買賣撮合 成交價量、5檔資訊			買賣撮合 成交價量、5檔資訊		集合競價 收盤前5分鐘

二、每日漲跌幅限制

證券種類	升降幅度
股票、**外國股票第一上市**、受益證券、**存託憑證**、國內成分證券指數股票型基金受益憑證（ETF）、債券換股權利證書、新股權利證書、股款繳納憑證、轉換公司債、國內成分指數投資證券（ETN）等	漲或跌至當日開盤競價基準10%
公司債	漲或跌至當日開盤競價基準5%
中央登錄公債、**外國債券、外國股票第二上市、新上市普通股首五日**、國外成分證券指數股票型基金受益憑證（ETF）、追蹤國外商品期貨指數之指數股票型期貨信託基金受益憑證（ETF）、境外指數股票型基金受益憑證（ETF）	**無漲跌幅**

精選試題

開戶

( ) **1** 只准受託賣出，不得受託買入之帳戶為：
(A)華僑
(B)外國人
(C)大陸地區人民
(D)證券商之董事人、監察人。　　　　【106年第2次高業】

( ) **2** 曾因證券交易違背契約未結案，或因偽造上市有價證券案件經法院諭知有罪判決確定者，須滿幾年始得再行開戶買賣上市證券？
(A)二年　(B)三年　(C)五年　(D)七年。　　　　【105年第4次高業】

下單

( ) **3** 證券商接受股票委託買賣之委託書，如未特別約定有效期限者，以：　(A)當日有效　(B)隔日有效　(C)三日內有效　(D)一週內有效。　　　　【100年第2次高業】

( ) **4** 以下有關證券經紀商接受買賣委託之敘述，何者符合現行規定？
(A)市價委託最優先
(B)不聲明限價即為市價
(C)賣出時，不得在限價以下成交
(D)買進時，不得在限價以下成交。　　　　【102年第4次高業】

( ) **5** 證券商當日輸入委託或自行買賣申報總金額，若超過其可動用資金淨額的幾倍時，證券交易所即可停止其輸入買賣申報？
(A)二十倍　(B)十五倍　(C)十倍　(D)五倍。　　　　【第4次高業】

( ) **6** 透過電腦自動成交系統買賣股票，其最高單筆可買賣股數為多少股？
(A)100千股
(B)499千股
(C)500千股
(D)1,000千股。　　　　【第2次高業】

( ) **7** 逐筆交易制度中，若委託不能全部成交時，則全數取消不予成
交，此委託方式為？
(A)ROD (B)IOC
(C)FOK (D)ICO。 【110年第1次普業】

✅ 撮合

( ) **8** 下列何者非買賣申報單有效期別？ (A)當日有效 (B)立即成
交否則取消 (C)自行指定之日期內有效 (D)選項(A)、(B)、
(C)皆可。 【109年第2次普業】

( ) **9** 集中交易市場採逐筆交易之時段為： (A)開盤 (B)盤中 (C)收
盤 (D)選項(A)、(B)、(C)皆是。 【109年第2次普業】

( ) **10** 證交所買賣申報之競價方式為？ (A)集合競價及逐筆交易
(B)逐筆交易及連續競價 (C)集合競價及連續競價 (D)協議競價
及逐筆交易。 【109年第3次普業】

✅ 升降單位、漲跌停限制

( ) **11** 股票市價五十元至未滿一百元者，其升降單位為： (A)五分
(B)一角 (C)五角 (D)一元。 【107年第3次高業】

( ) **12** 買賣轉換公司債及交換公司債為一千元以上者，其升降單位為：
(A)五分 (B)一角 (C)一元 (D)五元。 【108年第4次高業】

( ) **13** 臺灣證券交易所外國債券交易價格之漲跌幅限制為何？ (A)7%
(B)5% (C)無漲跌幅限制 (D)10%。 【102年第2次高業】

( ) **14** 集中交易市場轉換公司債，每日市價之升降幅度為：
(A)百分之一
(B)百分之七
(C)百分之十
(D)一律不予限制。 【106年第2次高業】

( ) **15** 集中交易市場存託憑證每日之升降幅度為： (A)百分之七
(B)百分之十 (C)百分之十五 (D)不予限制。 【106年第4次高業】

(　　) **16** 下列何者具漲跌幅限制？
(A)在店頭市場買賣之外國債券
(B)中央公債
(C)店頭市場債券交易
(D)轉換公司債。　　　　　　　　　　　　　　　【102年第2次高業】

(　　) **17** 某股票除息前一日之收盤價為123元，發放現金股利每股3元，
則依電腦交易除息當日漲停板價格為：　(A)130元　(B)131元
(C)132元　(D)133元。除權息

(　　) **18** 股票在除權交易日前一天收盤價為90元，若盈餘轉增資配股率
15%，資本公積轉增資配股率10%，則除權參考價為：　(A)64元
(B)72元　(C)69.5元　(D)80元。　　　　　　　　【102年第2次高業】

(　　) **19** 某股票除息前一日之收盤價格為89.5元，發放現金股息每股
2.3元，則除息交易日之參考價格為：　(A)87.2元　(B)89元
(C)81.5元　(D)84元。　　　　　　　　　　　　【100年第2次高業】

(　　) **20** 在有價證券集中交易之買賣申報價格，有關股票除權交易開始日
升降幅度之計算，下列何者為是？　(A)以前一日開盤價格減除
權利價值後為計算之參考基準　(B)以前一日收盤價格減除權利
價值後為計算之參考基準　(C)以當日收盤價格減除股息及紅利
金額後為計算之參考基準　(D)以當日開盤價格減除股息及紅利
金額後為計算之參考基準。　　　　　　　　　　【100年第2次高業】

解答與解析

1 (C)。根據臺灣證券交易所股份有限公司營業細則第77-2條，大陸地區人民
只准受託賣出，不得受託買入。

2 (C)。曾因證券交易違背契約未結案，須滿五年始得再行開戶買賣上市證券。

3 (A)。股票買賣委託書，若未特別約定有效期限者，屬當日有效。

4 (C)。賣出時，不得在限價以下成交；買進時，不得在限價以上成交。

5 (B)。證券商當日輸入委託或自行買賣申報總金額，若超過其可動用資金淨
額的二十倍時，證券交易所即可停止其輸入買賣申報。

6 (B)。最高單筆可買賣股數為多少499千股。

7 (C)。FOK（Fill or Kill）：全部成交或取消。

8 (C)。根據臺灣證券交易所股份有限公司營業細則第58條之8，買賣申報有效期別分為當日有效、立即成交否則取消、立即全部成交否則取消：一、當日有效係指買賣申報如未能一次全部成交，其餘量未撤銷，當市有效。二、立即成交否則取消係指買賣申報輸入時，如未能於當次撮合全部成交，其餘量取消。三、立即全部成交否則取消係指買賣申報輸入時，如未能於當次撮合全部成交，該筆申報取消。

9 (B)。開盤/收盤：集合競價。盤中：逐筆交易。

10 (A)。證交所買賣申報之競價方式為集合競價及逐筆交易。

11 (B)。股票市價五十元至未滿一百元者，其升降單位為一角。

12 (D)。轉換公司債及交換公司債為一千元以上者，其升降單位為五元。

13 (C)。臺灣證券交易所外國債券交易價格無漲跌幅限制。

14 (C)。集中交易市場轉換公司債，每日市價之升降幅度為10%。

15 (B)。集中交易市場存託憑證每日之升降幅度為10%。

16 (D)。選項中僅轉換公司債具10%之漲跌幅限制。

17 (C)。除息參考價＝123－3＝120元，漲停板價格＝120×（1＋10%）＝132

18 (B)。除權參考價＝90/（1＋15%＋10%）＝72

19 (A)。除息參考價＝89.5－2.3＝87.2

20 (B)。除權交易開始日升降幅度以前一日收盤價格減除權利價值後為計算之參考基準。

Ch2 特殊交易制度

依據出題頻率區分，屬：**A** 頻率高

課前導讀

證券市場中，除了一般交易，其實也涵蓋許多特別的交易制度，以滿足投資人的需求（例如：小資族可善用零股交易、主力或大戶可選擇鉅額交易），而近年小資族的崛起，推動政府於2020年新增「盤中零股」制度，更加豐富了我國的證券交易型態；以下將介紹各類特殊的交易制度。

 重點 **特殊交易制度** 重要度 ★★☆

一、零股交易

(一) 一般股票的交易單位為1,000股，即所指的「一張」，而未滿一張即稱為零股。

(二) 制度演變：過去一般投資人若要買賣零股，僅得於盤後時段。而後為便利社會大眾參與臺股，滿足投資人普通交易時段買賣零股之需求，證交所修訂上市股票零股交易辦法業獲金融監督管理委員會核可，**投資人自109年10月26日起，可於普通交易時段買賣零股，既有之盤後零股交易仍依原機制維持運作。**

(三) 盤中零股交易【110年第2次普業】

項目	說明
買賣申報時間	上午9時～下午1時30分。
競價方式	上午9:10起第一次撮合，進而每3分鐘以**集合競價撮合**。買賣成交優先順序 (1) 價格優先原則：較高買進申報優先於較低買進申報，較低賣出申報優先於較高賣出申報。同價位之申報，依時間優先原則決定優先順序。

項目	說明
競價方式	(2) 時間優先原則：第一次撮合前輸入之申報，依電腦隨機排列方式決定優先順序；第一次撮合後輸入之申報，依輸入時序決定優先順序。
買賣申報價格範圍及漲跌幅度	同當日普通交易（即以當日上午9時至下午1時30分大盤當日個股開盤競價基準上下10%為限）。惟新上市股票如掛牌後首5日於普通交易採無漲跌幅限制者，其零股交易該段期間買賣申報價格亦為無漲跌幅限制。
委託種類	**以限價為之，且限當日有效。**
收盤清盤	盤中零股交易時段未成交之委託，不保留至盤後零股交易時段。
資訊揭露	(1) 成交行情資訊：盤中零股自第一次撮合起，每次撮合後對外揭示成交價格及數量，以及未成交最佳5檔申報買賣價格、申報買賣數量等資訊。 (2) 收受買賣申報期間實施試算行情資訊：自上午9:00起第一次揭示，其後每隔10秒試算撮合後，揭露模擬成交價格、成交數量及最佳五檔申報買賣價格、申報買賣數量等資訊，至下午1:30止。
瞬間價格穩定措施	為避免因行情波動劇烈，致成交價超出投資人預期，除初次上市普通股採無升降幅度限制期間，依證交所章則規定施以延長撮合間隔時間之有價證券，及當市開盤競價基準低於一元者外，自第一次撮合成交後至申報時間截止前之一段時間（13:25。實施價格穩定措施，如每次撮合前經試算成交價格漲跌超逾前一次成交價格之上下3.5%時，證交所立即對當次撮合延緩2分鐘，並繼續接受買賣申報之輸入、取消及變更，俟延緩撮合時間終了後依序撮合成交。價格穩定措施暫緩撮合期間，每10秒揭露模擬撮合成交價、量及最佳5檔買賣價量之訊息供投資人參考。）

(四) 盤中與盤後零股交易比較

1.差異比較

項目	盤中零股交易	盤後零股交易
委託時間	9:00～13:30	13:40～14:30
競價方式	上午9:10起第一次撮合，之後每3分鐘以集合競價撮合成交。	僅撮合一次，於14:30集合競價撮合成交。

項目	盤中零股交易	盤後零股交易
買賣成交優先順序	(1) 價格優先。 (2) 同價格時間優先（第一次撮合以電腦隨機排序）。	(1) 價格優先。 (2) 同價格以電腦隨機排序。
資訊揭示	(1) 成交資訊揭露：每盤撮合後，揭露成交價、量以及最佳5檔買賣申報價、量等。 (2) 實施試算行情資訊揭露：9:00至13:30，約每10秒揭露模擬成交價、量及最佳5檔買賣申報價、量等。	買賣申報期間最後5分鐘（14:25至14:30。）約每30秒揭露試算之最佳1檔買賣價格。
預收款券	併同普通交易之委託進行預收款券： (1) 處置有價證券（處以預收款券者）。 (2) 變更交易方法之有價證券。	(1) 處置有價證券（處以預收款券者。須併同普通交易之委託進行預收款券。） (2) 為避免影響既有作業，爰變更交易方法之有價證券維持盤後零股交易不預收款券。
委託方式	(1) 原則：以電子式交易型態之規定辦理。 (2) 例外：委託人為專業機構投資人者，得採非電子式委託。	形式不拘
瞬間價格穩定措施	(1) 實施時間：第一次撮合起（約9:10）～至13:25。 (2) 實施標準：每次撮合前經試算成交價格漲跌超逾前一次成交價格之上下3.5%。 (3) 如達實施標準，當次撮合延緩**2分鐘**，該期間可進行新增、減量及刪除委託，俟延緩撮合時間終了以集合競價撮合成交。	無
收盤清盤	未成交委託，不保留至盤後零股交易時段。	無

2.相同

項目	盤中零股交易	盤後零股交易
交易標的	1.股票、TDR、ETF及受益憑證等 2.認購（售）權證及ETN不得進行零股交易。	
交易單位	1股～999股	
買賣申報價格範圍及漲跌幅度	同當日普通交易（即以當日上午9時至下午1時30分普通交易當日個股開盤競價基準上下10%為限）。惟新上市股票如掛牌後首5日於普通交易採無漲跌幅限制者，其零股交易該段期間買賣申報價格亦為無漲跌幅限制。	
委託種類	僅得以限價當日有效（限價ROD）進行委託。	
委託修改	可減量及取消，無法進行改價。	
交易限制	不得使用信用交易及借券賣出。	

二、鉅額交易

(一) 鉅額交易的最低數額標準如下
　　1.單一證券：**數量達500交易單位以上或金額達**1,500**萬元以上。**
　　2.股票組合：5種股票以上且總金額達1,500萬元以上。
(二) 交易方式
　　1.配對交易：08：00～08：30及09：00～17：00
　　2.逐筆交易：09：00～17：00【109年第2次普業】
(三) 申報買賣價格範圍：與一般交易相同。
(四) 升降單位：一般交易漲跌停價格範圍內，**買賣價格升降單位均為**0.01元。
(五) 預收款券：除另有規定應預收款券（如全額交割股及處置證券等）外，證券商接受鉅額買賣委託時，得視情形自行向投資人預收足額或一定成數之款券。
(六) 鉅額交易申報限制：不得融資、融券，現股買賣不得當日沖銷。

三、盤後定價交易

證券市場多於正常交易時間以外特定時間實施盤後定價交易，提供未克參與前盤交易者再次成交機會。

(一) **制度**：盤後定價是指每日收盤後，有價證券依集中交易市場收盤價格進行交易之方式。若當日上午無成交價格產生時，則暫停該證券盤後定價交易。

(二) **買賣申報及撮合時間**：投資人可於週一至週五每日下午2：00～2：30向證券商委託買賣有價證券，證券商受託後將買賣委託輸入本公司電腦主機，下午3：00本公司電腦會自動撮合。

(三) **買賣申報數量限制**：以一交易單位或其整倍數為限，且一次買賣同種類有價證券之數量，仍受每筆499交易單位之限制。

即時演練

( ) **1** 以下關於上市股票之零股交易之敘述，何者為真？ (A)申報買賣以一股為一交易單位 (B)採電腦交易 (C)零股交易應併普通交易編製交割計算表 (D)選項(A)(B)(C)均符合現行規定。 【106年第4次高業】

( ) **2** 上市股票零股交易，下列敘述何者為非？ (A)委託人應先開立集中保管劃撥帳戶 (B)申報買賣之數量必須是一股或其倍數 (C)每筆委託買賣數量不得超過一千股 (D)零股交易於申報截止後，即以集合競價撮合成交。 【107年第1次高業】

( ) **3** 零股交易申報撮合成交，其買賣成交之順序何者最先成交？
(A)採時間優先原則
(B)證券經紀商申報者優先
(C)採價格優先原則，同價位者由電腦隨機決定
(D)一般投資者申報者優先。 【101年第1次高業】

( ) **4** 凡一次買賣同一上市證券數量相當於多少交易單位以上者，為單一證券鉅額買賣？ (A)五百 (B)五十 (C)五千 (D)一千。

( ) **5** 有關盤後定價交易之時間，下列何者正確？ (A)下午一時三十分至二時三十分止 (B)下午二時至三時止 (C)下午二時至二時三十分止 (D)下午一時三十分至二時止。 【102年第2次高業】

解答與解析

1 (D)。根據台灣證券交易所股份有限公司上市股票零股交易辦法
(A)第2條：「本國股票或外國股票之零股以一股為一交易單位，申報買賣之數量必須為一股或其整倍數。」
(B)第8條：「……依電腦隨機排列方式決定優先順序……。」
(C)第9條：「零股交易之買賣，應併普通交易編製「交割計算表」並依本公司營業細則第一百零四條規定辦理交割。」

2 (C)。每筆委託買賣數量不得超過999股。

3 (C)。零股買賣的成交順序採價格優先原則，同價位者由電腦隨機決定。

4 (A)。數量達500交易單位以上或金額達1,500萬元以上，為鉅額買賣。

5 (C)。盤後定價交易之時間指下午二時至二時三十分。

四、拍賣

(一) 交易時間：下午3時至4時，並於申報日成交。
(二) 拍賣底價：除公股釋出外，以拍賣當日開盤競價基準上下百分之十五幅度範圍內為限。
(三) 申報之買價較高者優先成交。申報之買價相同時，按各委託申報數量之比例分配至整拍賣單位為止。
(四) 申請拍賣數量限制：拍賣數量不得少於200萬股（單位）。但政府以其持有之證券申請拍賣者，不在此限。【109年第2次高業】

即時演練

( ) **1** 上市股票拍賣價格的決定為： (A)最高賣價優先成交 (B)最低買價優先成交 (C)最高買價優先成交 (D)按申報數量比例分配。 【105年第1次高業】

( ) **2** 關於上市有價證券拍賣，下列何者有誤？ (A)申報之買價較高者優先成交 (B)於申報當日成交 (C)拍賣成交之價格，不受通常交易升降幅度規定之限制 (D)採人工撮合交易。 【105年第1次高業】

(　) **3** 上市有價證券拍賣競買申報之時間限於下午：

(A)一時至二時

(B)三時至四時

(C)三時三十分至五時

(D)五時至六時。 　　　　　　　　　　　　　　　　【105年第1次高業】

解答與解析

1 (C)。上市股票拍賣價格的決定為最高買價優先成交。

2 (D)。應該為採電腦自動交易。

3 (B)。上市有價證券拍賣競買申報之時間為下午三時至四時。

五、有價證券借貸

所謂有價證券借貸交易，是指出借人同意將有價證券出借，並由借券人以相同種類數量有價證券返還之行為。

(一) 有價證券借貸依交易型態不同，分為下列三種：

1. **定價交易**：採固定費率成交（年利率），**其費率由臺灣證券交易所公告之**。目前為3.5%，將定期檢討費率。

2. **競價交易**：**由借券人及出借人自行申報借券、出借費率，最高申報費率為年利率20%，並以0.1%為升降單位**，再由證券交易所的借券系統依撮合成交原則決定成交費率。

3. **議借交易**：借貸雙方當事人協商決定交易之所有條件，**最高申報費率為年利率20%，並以0.01%為升降單位**。由證交所確認條件一致後，即通知集保公司撥券。**議借交易之借貸雙方為契約當事人**，擔保品之擔保權利歸出借人所有，擔保品之條件及擔保比例由雙方議定並自行移轉，股利分派之補償及股權行使亦由雙方議定。**當借券人違約不履行還券義務時，由出借人自行承擔風險**。

臺灣證券交易所借券系統

・**定價交易、競價交易**

· 議借交易

(二) 借券相關規定

1. 證交所借券系統參加人之資格：以法人或基金為限。

2. 可借貸之標的證券：得為融資融券交易之有價證券、得發行認購（售）權證之標的證券、指數股票型證券投資信託基金（ETF）之國內成分證券，及已發行下列金融商品之標的證券在我國上市（櫃）者：

 (1)股票選擇權或股票期貨。

 (2)海內外可轉換公司債或可交換公司債。

 (3)海外存託憑證。

3. 證券交易所借券系統提供有價證券借貸之營業時間為上午9：00時至下午3：30分止。

4. 定價、競價交易之借券申報，限當日有效，出借申報於取消前仍屬有效。

5. 借券期間：

 (1)**有價證券借貸期間，自借貸交易成交日起算，最長不得超過6個月。**

 (2)**借券人得於約定期限內隨時返還借券。**

 (3)出借人無提前還券要求時，借券人得於**借貸期限屆滿前第10個營業日起至到期日止，經由證交所向出借人提出續借申請**，出借人接到通知後未同意者視為拒絕。

 (4)前項續借申請除借貸期間外，不得變更其他借貸條件，延長以2次為限，每次不得超過6個月。

(三) 證券商借券

1. 賣方證券商保管劃撥帳戶存券餘額不足履行交割義務者，應於成交日後第二營業日上午10時前申請辦理借券。其未申請借券且未完成有價

證券交割者，證交所即併於上午11時後，為其辦理借券，並於當日通知該證券商，所生之借券費用由該證券商負擔，證券商不得異議。

2.**借券證券商**應於成交日後第2營業日上午11時前，**按前一營業日該種有價證券收盤價格及申請數量相乘後120%之金額，向證交所交借券擔保金。**

3.出借之有價證券，以證券集中保管事業保管帳戶所載之集中交易市場上市有價證券為限。該有價證券所有人如欲出借時，應填具出借委託書，委由其往來證券商或其保管機構，將有關資料鍵入有價證券借貸電腦系統辦理出借申報，並得於未完成出借前，隨時更改申報內容或取消申報。

前項數量，以一交易單位為申報出借單位，**出借費率以不超過該種有價證券收盤價格7%為限。**

4.交割需求借券，按出借人所訂出借費率，由低而高依序取借，如相同費率之出借數量超過所需數量，以隨機方式取借。

5.**出借人之往來證券商**應將有價證券出借及歸還情形通知出借人，並**得向出借人收取手續費，其費率以不超過借券費10%為限。**

(四) 證券金融事業借券

1.證券金融事業因辦理融資融券、有價證券借貸及轉融通業務致某種有價證券發生差額時，或證券金融事業接受證券商委託代理因客戶有價證券當日沖銷交易先賣出後買進之未完成沖銷部位，**於次一營業日上午9時起，**向該種有價證券所有人「**標借**」；**若再有不足，於下午2時前，**洽特定人「**議借**」；**仍有不足時，**證券金融事業應於當日下午2：30前，委託證券商辦理「**標購**」。

2.證券所有人參加**標借，**應填寫標單，**委託證券商辦理。**【109年第4次普業】

3.有價證券之**最高「標借」單價，以標借申請日開盤競價基準「7%」為限；**並按當日競標之單價；**由低而高依序取借，**如標定單價之出借股數超過所需標借股數時，依其輸入時間先後順序取借之。

4.證券金融事業應於標借申請日下午2時前，依當日該種有價證券收盤價格及得標數量相乘後120%之金額向本公司繳存擔保金。

5.**受託證券商得向出借人收取手續費，其費率以不超過借券費10%為限。**

6. 證券金融事業辦理「議借」時，議借之單價以不超過議借申請日開盤競價基準「10%」為限，並就議得數量優先分配予融資融券交易券差。

7. 證券商因證券金融事業辦理標借、議借、標購應負擔之各項費用，應向融券人計收。

專題小教室

融券和借券有什麼不同？

(一) 輿論常會把借券交易和融券交易混為一談，但兩者間有一個很顯著的差異必須加以區分。**融券交易方面，投資人一方面向授信機構借入標的股票，一方面委託證券商賣出該股票，這兩個動作必須同時到位，才會有相對的融券餘額產生**。而借券交易則是出借人和借券人之間成立證券借貸契約，在未還券前，借券餘額會一直存在。

(二) 是以，「借券交易不等於借券賣出」。事實上大約有40%左右的借入股票，在借貸存續期間內並未做任何運用，而借券餘額乃是標的股票各種多、空力道的集合，必須進一步加以區分，才可以合理解讀。

	融券	借券
交易方向	單向，投資人向券商借股票來賣。	雙向，投資人得借出或借入股票。
投資人行為	借入後必須直接賣出。	借入後不必馬上賣出股票，用途很廣，可用以賣出、履約、還券。
遇到股東會、除權息，是否需回補	必須強制回補，投資人立即買回。	股票仍在出借人手中，但借券人要補償出借人權益（例如股利或股息）。
提前召回風險	出借人不能提前召回。	出借人得提前召回出借之股票。

$ 即時演練

( ) **1** 證券商受託於證券交易所辦理標借,對於出借人得收取手續費,其費率為? (A)不得收取 (B)借券費百分之五 (C)借券費百分之七 (D)證券面額百分之十。 【104年第2次高業】

( ) **2** 依臺灣證券交易所規定,有價證券借貸之競價交易是由借券人及出借人依最高利率百分之多少以下,自行申報費率? (A)10 (B)15 (C)20 (D)25。

( ) **3** 證券金融公司發生券源不足時所採行辦法之順序,是先公開標借,若不足時再洽特定人議價,仍不足時,最後才採行: (A)標借 (B)標購 (C)拍賣 (D)標售。 【100年第1次高業】

( ) **4** 證券商因證券金融事業辦理標借、議借、標購應負擔之各項費用,應向何人計收? (A)融資人 (B)證券交易所 (C)融券人 (D)證金公司。 【105年第3次高業】

( ) **5** 有價證券借貸之交易型態不包括下列何者? (A)定價交易 (B)等價交易 (C)競價交易 (D)議借交易。 【107年第2次高業】

解答與解析

1 (D)。受託證券商得向出借人收取手續費,其費率以不超過借券費百分之十為限。

2 (C)。有價證券借貸之競價交易是由借券人及出借人自行申報借券、出借費率,最高申報費率為年利率20%,並以0.1%為升降單位。

3 (B)。證券金融公司發生券源不足時,應於次一營業日上午九時起,向該種有價證券所有人「標借」;若再有不足,於下午二時前,洽特定人「議借」;仍有不足時,證券金融事業應於當日下午二時三十分前,委託證券商辦理「標購」。

4 (C)。證券商因證券金融事業辦理標借、議借、標購應負擔之各項費用,應向融券人計收。

5 (B)。有價證券借貸之交易型態包含:定價交易、競價交易與議借交易。

六、有價證券標購

(一) **一般標購**

1. 標購底價：以標購當日開盤競價基準上下15%幅度範圍內為限。

2. 申請標購之證券，發行總數在2,000萬股以下者，其標購數量不得於發行總數20%，超過2,000萬股者，其超過部分，不得少於10%。

3. 證券經紀商接受委託申請標購或參加競賣經成交者，均依規定向委託人收取手續費。

(二) **證券金融事業標購**

1. 證券經紀商接受證券金融事業為供交割或還券之用委託標購上市證券者，應於標購作業當日下午二時三十分前向證交所申請，證交所即將申請標購之有價證券名稱及數量等資訊於基本市況報導中公告之。公告後，證券金融事業及受託證券經紀商不得申請變更或撤銷。

2. 有價證券之標購單價，以標購申請日當日該種有價證券收盤價格加計10%至20%為限；並按標購申請日競賣之單價，申報賣價較低者優先成交，如申報之賣價相同，依其輸入時間先後順序成交。

七、公開收購

(一) 公開收購，是指不經由有價證券集中交易市場或證券商營業處所，對非特定人以公告、廣告、廣播、電傳資訊、信函、電話、發表會、說明會或其他方式為公開要約而購買有價證券之行為。

(二) 公開收購公開發行公司有價證券者，應向金管會申報並公告後始得為之。對同一公開發行公司發行之有價證券競爭公開收購者，應於原公開收購期間屆滿之日五個營業日以前向金管會辦理公開收購之申報並公告。

(三) 公開收購人應以同一收購條件為公開收購，**且不得為下列公開收購條件之變更：**

1. 調降公開收購價格。

2. 降低預定公開收購有價證券數量。

3. 縮短公開收購期間。

4. 其他經金管會規定之事項。

(四) 公開收購之對價除現金外，應以下列範圍為限：

　　1.已在證券交易所上市或於證券商營業處所買賣之國內有價證券。

　　2.公開收購人為公開發行公司者，其募集發行之股票或公司債。

　　3.前款公開收購人之其他財產。

(五) 任何人單獨或與他人共同預定於五十日內取得公開發行公司已發行股份總額百分之二十以上股份者，應採公開收購方式為之。

(六) **公開收購之期間不得少於二十日，多於五十日。**

(七) 應賣有價證券之數量超過預定收購數量時，公開收購人應依同一比例向所有應賣人購買，並將已交存但未成交之有價證券退還原應賣人。

$ 即時演練

(　) **1** 公開發行公司進行公開收購時，應以同一收購條件為公開收購，且不得為下列何種公開收購條件之變更？　(A)調升公開收購價格　(B)降低預定公開收購有價證券數量　(C)延長公開收購期間　(D)將收購對價從有價證券變更為現金。　　　【101年第4次分析師】

(　) **2** 公開收購之應賣人，於公開收購期間能否撤銷其應賣？　(A)得隨時撤銷　(B)經公開收購人之同意後撤銷　(C)應主管機關核准者，得撤銷　(D)於條件成就公告後不得撤銷。

(　) **3** 下列有關公開收購之敘述，何種錯誤？

　　(A)公開收購人應以同一條件為公開收購

　　(B)公開收購人可以調升公開收購的價格

　　(C)公開收購人於應賣人請求時，應交付公開收購說明書

　　(D)任何人單獨或與他人共同預定於50日內取得公開發行公司已發行股份總額達30%之比例者，除符合一定條件外，應採公開收購方式為之。　　　【105年第1次分析師】

(　) **4** 有關「公開收購」，下列敘述何者正確？　(A)係經由證券集中交易市場或證券商營業處所所為之收購有價證券之行為　(B)對特定人所持有之有價證券為收購　(C)採核准制　(D)收購之有價證券限於公開發行公司所發行之有價證券。　　　【105年第1次高業】

解答與解析

1 (B)。公開發行公司進行公開收購時，不得為下列公開收購條件之變更
(1) 調降公開收購價格。
(2) 降低預定公開收購有價證券數量。
(3) 縮短公開收購期間。
(4) 其他經金管會規定之事項。

2 (D)。公開收購之應賣人，於條件成就公告後不得撤銷。

3 (D)。任何人單獨或與他人共同預定於50日內取得公開發行公司已發行股份總額達「20%」之比例者，除符合一定條件外，應採公開收購方式為之。

4 (D)。公開收購是指「不」經由有價證券集中交易市場或證券商營業處所，對「非」特定人以公告、廣告、廣播、電傳資訊、信函、電話、發表會、說明會或其他方式為公開要約而購買有價證券之行為，其為申報生效制。

八、庫藏股買回

(一) 公司於有價證券集中交易市場或證券商營業處所買回其股份者，應於董事會決議之即日起算二日內，公告並向金融監督管理委員會申報。

(二) 公司於申報預定買回本公司股份期間屆滿之即日起算**二個月內，得經董事會三分之二以上董事之出席及出席董事超過二分之一同意，向金管會申報變更原買回股份之目的。**

(三) 公司**買回股份之數量每累積達公司已發行股份總數百分之二或金額達新臺幣三億元以上者**，應於事實發生之即日起算二日內將買回之日期、數量、種類及價格公告。

(四) 公司買回股份，應於申報之即日起算二個月內執行完畢，並應於上述期間屆滿或執行完畢後之即日起算五日內向本會申報並公告執行情形；逾期未執行完畢者，如須再行買回，應重行提經董事會決議。

(五) 公司買回股份，**其每日買回股份之數量，不得超過計畫買回總數量之三分一**且不得於交易時間開始前報價，並應委任二家以下證券經紀商辦理。公司每日買回股份之數量不超過二十萬股者，得不受前項有關買回數量之限制。

(六) **公司買回其股份之總金額，不得超過保留盈餘及下列已實現之資本公積之金額：**
　　1.尚未轉列為保留盈餘之處分資產之溢價收入。
　　2.超過票面金額發行股票所得之溢額及受領贈與之所得。

(七) 公司買回股份，應經由證券集中交易市場電腦自動交易系統或櫃檯買賣等價成交系統為之，並不得以鉅額交易、零股交易、標購、參與拍賣、盤後定價交易或證券商營業處所進行議價交易之方式買回其股份。

(八) 公司買回其股份時，該公司其關係企業或董事、監察人、經理人之本人及其配偶、未成年子女或利用他人名義所持有之股份，**於該公司買回之期間內不得賣出**。

九、外國證券之交易

(一) 證券商受託買賣外國有價證券，應與委託人簽訂受託買賣外國有價證券契約，始得接受委託辦理買賣有價證券。

(二) 證券商受託買賣外國有價證券契約，應報請證券商同業公會備查。

(三) 證券商受託買賣外國有價證券，**除委託人為專業機構投資人及高淨值投資法人外，應於委託人開戶前指派業務人員說明買賣外國有價證券可能風險，且應交付風險預告書**，並由負責解說之業務人員與委託人簽章存執。

(四) 證券商受託買賣外國有價證券，不得接受代為決定種類、數量、價格或買入、賣出之全權委託。

(五) 證券商受託買賣外國有價證券，應遵守下列規定：
　　1.不得以自有資金先行買入該有價證券，再以受託買賣方式賣予委託人。
　　2.投資標的之發行條件限制投資人於發行後一定期間內不得提前贖回或出售該投資標的，或未有該限制者，證券商不得另行與委託人為該發行條件以外之約定。
　　3.證券商與委託人另行約定於固定期日受理委託人提前請求贖回或出售投資標的指示者，應同時明定委託人仍得於其他時間請求贖回，證券商並應告知可能不利委託人之情事。

(六) 證券商受託買賣外國有價證券，不得為有價證券買賣之融資融券。

(七) 證券商受託買賣外國有價證券，經向外國證券市場申報成交者，<u>以成交日</u><u>後第一個營業日為確認成交日</u>。

(八) 證券商受託買賣外國有價證券，與複委託證券商間款券之交割期限為<u>**依各**</u><u>**外國證券市場之交割期限辦理**</u>。

(九) 證券商受託買賣外國有價證券，應<u>**按月編製對帳單，於次月十日前**</u>分送委託人查對。

(十) 證券商受託買賣外國有價證券之手續費費率、買賣之契約準則、開戶受託買賣及交割等相關管理辦法，<u>**由證券商同業公會報請金管會核定之**</u>。

(十一) 證券商及其負責人、受僱人不得轉介投資人至國外證券商開戶、買賣外國有價證券。

(十二) 證券商接受委託買賣外國有價證券，應<u>**按日**</u>向<u>**證券商同業公會**</u>申報受託買賣外國有價證券營業日報表；並應<u>**於次月十日前**</u>向<u>**外匯主管機關及證**</u><u>**券商同業公會**</u>申報受託買賣外國有價證券營業月報表。

精選試題

零股交易

（　　）**1** 上市股票零股交易，下列敘述何者正確？
(A)委託人應先開立集中保管劃撥帳戶
(B)申報買賣之數量必須是一股或其倍數
(C)每筆委託買賣數量不得超過九百九十九股
(D)以上皆是。　　　　　　　　　　　　　　　　　　　【105年第1次高業】

（　　）**2** 零股交易每筆買賣委託申報量不得超過多少股？　(A)一千股
(B)九百股　(C)二千股　(D)九百九十九股。　　【104年第3次高業】

（　　）**3** 以下有關零股交易說明，何者有誤？　(A)指委託人買賣同一種類
上市之本國股票或外國股票，其股數不足該股票原流通交易市場規
定之交易單位者　(B)零股交易買賣申報時間為下午一時四十分起至
二時止　(C)零股交易每筆買賣委託申報量不得超過九百九十九股
(D)零股交易申報及成交之股票價格均不作為當日之開盤、收盤價
格，亦不作為最高、最低行情之紀錄依據。　　　　　【第3次高業】

鉅額交易

（　　）**4** 鉅額買賣價格之申報，升降單位為：　(A)0.05元　(B)0.01元
(C)0.1元　(D)0.5元。　　　　　　　　　　　　　　【101年第1次高業】

（　　）**5** 某營業員接到客戶鉅額買進委託，要以參考基準價格下兩檔賣出
某電子股500張，若參考基準價格為50元，營業員應填寫之委託
報價為：
(A)49元　　　　　　　　　　　(B)49.8元
(C)49.9元　　　　　　　　　　(D)49.98元。　　【107年第2次高業】

（　　）**6** 臺灣證券交易所中央公債鉅額買賣之一交易單位為新臺幣：
(A)面額十萬元　(B)面額一百萬元　(C)面額五百萬元　(D)面額
一千萬元。

( ) **7** 下列何者為鉅額逐筆交易之交易時段？ (A)8：00～8：30
(B)8:30~9:00 (C)9:00~17:00 (D)17:00~17:30。【107年第3次普業】

盤後定價交易、拍賣

( ) **8** 集中交易市場之盤後定價交易，應以何種價格撮合成交？
(A)當日市場收盤價格扣減千分之一
(B)當日市場收盤價格扣減百分之一
(C)當日市場開盤價格
(D)當日市場收盤價格。 【106年第2次普業】

( ) **9** 關於「臺灣證券交易所股份有限公司受託辦理上市證券拍賣辦
法」的規定，下列敘述何者為非？ (A)證券拍賣競買申報之時
間限於星期一至星期五下午三時至四時 (B)參加競買者以使用
臺灣證券交易所市場之證券商為限 (C)依本辦法申請拍賣之證
券，其拍賣數量不得少於二百萬股 (D)證券商對於申報之競買
數量及價格於申報時間內，不得取消或變更。 【107年第3次高業】

( ) **10** 臺灣證券交易所向申請拍賣之證券商收取之拍賣經手費為成交總
額之千分之： (A)一 (B)三 (C)六 (D)十。

( ) **11** 關於上市有價證券拍賣，下列何者有誤？ (A)採人工撮合交易
(B)於申報當日成交 (C)拍賣成交之價格，不受通常交易升降幅
度規定之限 (D)申報之買價較高者優先成交。 【105年第1次高業】

( ) **12** 有關股票拍賣方式之規定，下列何者正確？ (A)申報當日成交
(B)不得申請變更或取消申報 (C)不得少於一百萬股 (D)等價
成交。 【107年第2次高業】

有價證券借貸

( ) **13** 關於證券商辦理有價證券出借業務之借券之費率，下列何者為
非？ (A)年利率百分之二十以下 (B)百分之零點一為升降單位
(C)證券商與客戶自行議定成交費率 (D)借券費用之計算及收取
方式載明於契約中。 【105年第3次高業】

( ) **14** 依有價證券借貸辦法規定,借券證券商辦理借券手續時,應依規定將該種證券前一營業日收盤價格及取借數量相乘後的多少擔保金繳存證券交易所? (A)百分之五十 (B)百分之八十 (C)百分之一百 (D)百分之一百二十。 【102年第3次高業】

( ) **15** 有價證券借貸期間,自借貸交易成交日起算,原則上不得超過: (A)十二個月 (B)九個月 (C)六個月 (D)一個月。

( ) **16** 向證券交易所辦理標借證券之最高標借價格,以不超過融券差額發生日該種證券次日參考價之多少為限? (A)百分之二 (B)百分之三 (C)百分之四 (D)百分之七。 【100年第3次高業】

( ) **17** 證券金融事業辦理議借時,議借之單價以不超過議借當日該種有價證券開始交易基準價多少為限? (A)百分之五 (B)百分之十 (C)百分之十五 (D)百分之二十。 【104年第1次高業】

( ) **18** 證券所有人參加標借,應填寫標單,委託何者辦理?
(A)證券商
(B)證券金融事業
(C)證交所
(D)證券商業同業公會。 【104年第1次普業】

( ) **19** 目前證券金融事業得經營下列哪些業務? (A)對證券商辦理承銷之融資 (B)承銷認股之融資 (C)有價證券買賣之融資融券 (D)選項(A)(B)(C)皆是。 【103年第1次普業】

✅ 有價證券標購

( ) **20** 上市證券標購底價,以標購當市開盤競價基準上下百分之多少為限? (A)七 (B)十 (C)十五 (D)二十。 【103年第3次高業】

( ) **21** 對同一公開發行公司發行之有價證券競爭公開收購者,應於原公開收購期間屆滿之日若干日以前為之? (A)三個營業日 (B)五個營業日 (C)七個營業日 (D)十個營業日。 【104年第1次高業】

庫藏股

(　) **22** 公司於申報預定買回本公司股份期間屆滿之日起多久期間內,得經董事會特別決議之同意,向主管機關申報變更原買回股份之目的?
(A)二個月　　　　　　　　(B)三個月
(C)四個月　　　　　　　　(D)六個月。　　【107年第3次高業】

(　) **23** 依「證券交易法」規定,公司買回股份之總金額,不得超過下列何者?　(A)保留盈餘　(B)保留盈餘加資本公積　(C)可支配之現金　(D)保留盈餘加發行股份溢額及已實現之資本公積之金額。　　【106年第2次高業】

(　) **24** 下列何者為是?
(A)買回公司股份之目的,向主管機關申報後,即不得變更
(B)執行期間屆滿之日起二個月內,若有董事會三分之二以上董事之出席及出席董事超過二分之一同意,得向主管機關申報變更原買回股份之目的
(C)得隨時向主管機關申請核准變更
(D)以上皆非。　　【100年第2次高業】

外國證券之交易

(　) **25** 證券商受託買賣外國有價證券,應按月編製對帳單,於次月何日前分送委託人查對?
(A)三日　　　　　　　　　(B)五日
(C)十日　　　　　　　　　(D)十五日。　　【104年第2次高業】

(　) **26** 證券經紀商接受客戶初次委託買賣上櫃外國股票前,除下列何種客戶外,其他客戶均應簽署風險預告書?　(A)專業機構投資人　(B)專業自然人投資人　(C)一般投資人　(D)選項(A)(B)(C)皆非正確。　　【104年第2次高業】

(　) **27** 證券商受託買賣外國有價證券成交者,以那一天為確認成交日?
(A)成交日　(B)成交日後第一營業日　(C)成交日後第二營業日
(D)交割日。

(　) **28** 於集中交易市場買賣外國股票使用之貨幣，以下列何者為準？
(A)台幣　(B)美元　(C)外國發行人申請上市之幣別　(D)以上
皆非。

解答與解析

1 (D)。(A)證交所上市股票零股交易辦法第4條：「委託人應開立集中保管劃
撥帳戶，證券經紀商始得接受其委託買賣。」
(B)證交所上市股票零股交易辦法第2條：「本辦法所稱零股交易，係指
委託人買賣同一種類上市之本國股票或外國股票，其股數不足該股票
原流通交易市場規定之交易單位者。本國股票或外國股票之零股以一
股為一交易單位，申報買賣之數量必須為一股或其整倍數。」
(C)證交所綜合交易帳戶作業要點第3條：「……(三)普通交易及盤後定
價交易之每筆分配數量不得超過四九九交易單位，零股交易之每筆分
配數量不得超過九九九股，另普通交易及盤後定價交易分配後之成交
明細應與零股交易分別申報。」

2 (D)。零股交易每筆買賣委託申報量不得超過九百九十九股。

3 (B)。零股交易買賣申報時間自下午1:40至下午2:30止。

4 (B)。鉅額買賣價格升降單位均為0.01元。

5 (D)。鉅額買賣升降單位一律為0.01元，下兩檔之委託報價為＝50－0.01×2
＝49.98元。

6 (C)。中央公債鉅額買賣之一交易單位為面額新臺幣五百萬元。

7 (C)。根據臺灣證券交易所股份有限公司上市證券鉅額買賣辦法第5條，逐
筆交易時間為上午九時至下午五時。上市證券於本公司營業細則第
六十三條第二項採無升降幅度限制之交易日，暫停逐筆交易之申報。

8 (D)。盤後定價交易，應以當日市場收盤價格撮合成交。

9 (D)。證券商對於申報之競買數量及價格，於申報時間內均得予取消或變更。

10 (D)。臺灣證券交易所向申請拍賣之證券商收取之拍賣經手費為成交總額之
千分之一。

11 (A)。有價證券拍賣是電腦自動交易。

12 (A)。股票拍賣之相關規定如右：
　　(1) 交易時間：下午3時至4時，並於申報日成交。
　　(2) 得申請變更或取消申報。
　　(3) 申報之買價較高者優先成交。
　　(4) 申請拍賣數量限制：拍賣數量不得少於二百萬股（單位）。

13 (B)。證券商辦理有價證券借貸之最高申報費率為年利率20%，並以0.1%為升降單位。

14 (D)。借券證券商辦理借券手續時，應將該種證券前一營業日收盤價格及取借數量相乘後百分之一百二十擔保金繳存證券交易所。

15 (C)。有價證券借貸期間，自借貸交易成交日起算，原則上不得超過六個月。

16 (D)。向證券交易所辦理標借證券之最高標借價格，以不超過融券差額發生日該種證券次日參考價之百分之七為限。

17 (B)。證券金融事業辦理議借時，議借之單價以不超過議借當日該種有價證券開始交易基準價的百分之十。

18 (A)。根據臺灣證券交易所股份有限公司有價證券借貸辦法，證券所有人參加標借，應填寫標單，委託證券商辦理。

19 (D)。根據證券金融事業管理規則第5條，證券金融事業經營下列業務：一、有價證券買賣之融資融券。二、對證券商或其他證券金融事業之轉融通。三、現金增資及承銷認股之融資（以下簡稱認股融資）。四、對證券商辦理承銷之融資（以下簡稱承銷融資）。五、有價證券交割款項之融資。六、有價證券之借貸。七、其他經主管機關核准之有關業務。

20 (C)。上市證券標購底價，以標購當市開盤競價基準上下百分之二十為限。

21 (B)。對同一公開發行公司發行之有價證券競爭公開收購者，應於原公開收購期間屆滿之五個營業日以前為之。

22 (A)。公司於申報預定買回本公司股份期間屆滿之即日起算二個月內，得經董事會三分之二以上董事之出席及出席董事超過二分之一同意，向金管會申報變更原買回股份之目的。

23 (D)。公司買回其股份之總金額，不得超過保留盈餘及下列已實現之資本公積之金額：一、尚未轉列為保留盈餘之處分資產之溢價收入。二、超過票面金額發行股票所得之溢額及受領贈與之所得。

24 (B)。公司於申報預定買回本公司股份期間屆滿之即日起算二個月內，得經董事會三分之二以上董事之出席及出席董事超過二分之一同意，向金管會申報變更原買回股份之目的。

25 (C)。證券商受託買賣外國有價證券，應按月編製對帳單，於次月十日前分送委託人查對。

26 (A)。證券商受託買賣外國有價證券，除委託人為專業機構投資人及高淨值投資法人外，應於委託人開戶前指派業務人員說明買賣外國有價證券可能風險，且應交付風險預告書，並由負責解說之業務人員與委託人簽章存執。

27 (B)。證券商受託買賣外國有價證券成交者，以成交日後第一營業日為確認成交日。

28 (C)。於集中交易市場買賣外國股票使用之貨幣，以外國發行人申請上市之幣別為準。

Ch3 信用交易制度

依據出題頻率區分，屬：**B** 頻率中

課前導讀

信用交易制度在我國證券市場扮演十分重要的功能，不論是融資融券或資券相抵交易，均可提升投資人操作彈性、促進多空雙向交易。惟此等交易因涉及資金槓桿，故風險也相對更大，是以，我國法規對此類信用交易制度亦有不同規範，本章將依序介紹之。

重點 1　融資融券業務　　　　　　　　重要度 ★★☆

一、融資融券業務概述

(一) **融資**

1. 當投資人預期股票價格將上漲，**先向券商借錢買進股票**。

2. 融資成數：上市櫃股票融資成數為60%。倘若一股股票市價10元，券商就會借你6元，意即投資人只花4元就可以買到10元的股票，槓桿度是 $10/4 = 2.5$ 倍。

3. 案例說明：小明買進A股票5張，成交價12.5元，融資成數60%。
   券商可融資款項 $= 12.5 \times 5,000 \times 0.6 = 37,500$（不足千位捨去）
   小明實際自付款項 $= 12.5 \times 5,000 - 37,000 = 25,500$#

(二) **融券**

1. 當投資人預期股票價格將下跌，**先向券商借股票賣出**。【110年第1次高業】

2. 融券保證金：90%

3. 舉例：小明賣出A股票5張，成交價12.5元，融券成數90%，借券費萬分之八。
   融券借券費 $= 12.5 \times 5,000 \times 0.0008 = 48$ 元
   融券保證金 $= 12.5 \times 5,000 \times 90\% = 56,250$（不足百位自動進位）
   小明實際支付保證金 $= 56,300$

二、融資融券相關規定

(一) 限額：自104年6月29日起，金融監督管理
委員會取消投資人與證券商業務避險之單
戶及單股融資融券限額，回歸各授信機構
自行控管。

考點速攻

有價證券買賣融資融券額
度、期限及融資比率、融券保
證金成數，係由主管機關商經
「中央銀行」同意後定之。

(二) **最高融資比率：上市及上櫃有價證券為六成。**

(三) **最低融券保證金成數：上市及上櫃有價證券為九成。**

(四) 融資融券之期限

　　1.有價證券買賣融資融券之期限為六個月，委託人於期限屆滿前得申請
展延，以二次為限；證券商應審核委託人之信用狀況始得同意展延。

　　2.證券商若不同意前項委託人展延之申請，或該筆融資融券已展延二次
者，證券商應於期限屆滿十個營業日前，以書面通知委託人。

(五) 融資融券金額之最小單位【109年第2次普業】

　　1.融資融券交易成交後，證券商應於成交日後第二個營業日上午十時
前，按融資買進成交價款扣除融資金額後之餘額，向委託人收取融資
自備款；並按融券賣出成交價款乘以規定成數，向委託人收取**融券保
證金（未滿百元部分以百元計算）**

　　2.證券商對委託人融資，應按融資買進成交價款乘以規定比率計算**融資
金額（未滿千元部分不予計算）**，予以融資代辦交割。

三、融資融券信用帳戶之開立與管理【109年第3次高業】

(一) **客戶須開立信用帳戶，證券商始得受理融資融券之委託。**

(二) 信用帳戶，以每人一戶為限。

(三) 客戶不得在同一證券商分別開立本人與全權委託投資帳戶之信用帳戶。

(四) 申請開立信用帳戶，應備下列條件：

　　1.年滿二十歲有行為能力之國民，或登記之法人。

　　2.**開立受託買賣帳戶滿三個月。**【110年第2次高業】

　　3.最近一年內委託買賣成交十筆以上，**累積成交金額達所申請融資額度之
百分之五十**，其開立受託買賣帳戶未滿一年者亦同。【110年第1次普業】

　　4.**最近一年之所得及各種財產計達所申請融資額度之百分之三十**，但申
請融資額度未逾新臺幣五十萬元者不適用之。

　　※開立信用帳戶之條件由櫃檯買賣中心定訂。

(五) 開立信用帳戶之委託人**連續三年以上無融資融券交易紀錄**者，證券商應即註銷其信用帳戶並通知委託人。【110年第1次高業】

即時演練

( )　**1** 假設有一投資人，於三月二十日開立有價證券買賣帳戶，至同年七月十五日，累積交易筆數十筆，總累積成交金額為二百五十萬元，以下有關該投資人擬申請開立信用交易帳戶（額度為八百萬元）之說明，何者為真？　(A)可以申辦，完全吻合資格要求　(B)不可以，其交易期間不足　(C)不可以，其累積成交金額不足　(D)不可以，其交易筆數不足。　　　　　　　　【第3次高業】

( )　**2** 自辦融資融券證券商於接受客戶開立信用交易帳戶時，若所申請融資額度超過新臺幣伍十萬元者，該客戶最近一年所得及各種財產合計應達所申請融資額度之多少？　(A)10%　(B)20%　(C)30%　(D)40%。　　　　　　　　　　　　　　　　【105年第2次高業】

( )　**3** 自辦信用交易證券商受理委託人開立信用帳戶之開戶數：　(A)每人限開一戶　(B)每人可在每一證券商總、分公司各開一戶　(C)每人限開二戶　(D)無限制。　　　　　　　　　　　　　【106年第4次高業】

( )　**4** 假設小白融資買進A股票6,000股，當日股價每股為50元，且融資比率為六成，則融資金額為多少？　(A)二十一萬元　(B)二十萬元　(C)十九萬元　(D)十八萬元。　　　　　　　　　　【101年第3次高業】

( )　**5** 委託人融資買進，其計算融資金額之最小單位為何？　(A)未滿百元部分不予計算　(B)未滿千元部分不予計算　(C)未滿萬元部分不予計算　(D)未滿十元部分不予計算。　　　　　　　【109年第2次普業】

解答與解析

1 (C)。累積成交金額應達所申請融資額度之百分之五十，故該投資人若申請額度八百萬，則交易金額須達四百萬元。

2 (C)。最近一年之所得及各種財產計達所申請融資額度之百分之三十。

3 (A)。證券商受理委託人開立信用帳戶，其開戶數每人限開一戶。

4 (D)。融資金額＝6,000股×50元×60%＝180,000。

5 (B)。融資：未滿千元不予計算、融券：未滿百元以百元計。

四、得為融資融券交易之有價證券

(一) 上市

1. 上市滿六個月。

2. 每股淨值在票面以上。若未達者最近一個會計年度財報顯示無累積虧損。

3. **無下列情事之一者：**

(1) **價格波動過度劇烈。**

(2) **股權過度集中。**

(3) **成交量過度異常。**

(二) 上櫃

1. 上櫃滿六個月。

2. 每股淨值在票面以上，若未達者最近一個會計年度財報需無累積虧損。

3. 公司設立登記屆滿**三年以上**。【110年第2次高業】

4. 實收資本額達新臺幣三億元以上。但每股面額非屬新臺幣十元者，淨值須達新臺幣六億元以上。

5. 最近一個會計年度決算無累積虧損，且其個別或合併財務報表之營業利益及稅前淨利占年度決算實收資本額比率達百分之三以上。

(三) **櫃檯買賣管理股票、興櫃股票、零股交易、鉅額交易、全額交割股票，均不得進行融資融券交易。**【109年第2次、第4次高業】

💲 即時演練 ⚡

( ) **1** 得為融資融券交易之上櫃股票經發行公司轉申請上市後，則除了下列何種原因之外均可為融資融券的標的？

(A)股價波動過度劇烈者　　　　(B)股權過度集中者

(C)成交量過度異常者　　　　　(D)以上皆是。　　【第1次高業】

( ) **2** 下列何者不是普通上櫃股票成為融資融券交易股票之條件？
(A)上櫃滿六個月　(B)每股淨值在票面以上　(C)該上櫃股票之發行公司設立登記滿三年　(D)經證券商業同業公會公告得為融資融券交易股票。　　　　　　　　　　　　　　　　　【106年第3次高業】

( ) **3** 上櫃股票公司若欲符合得為融資融券之資格，其公司設立登記應滿幾年？　(A)十年　(B)四年　(C)三年　(D)二年。　【103年第4次高業】

解答與解析

1 (B)。根據有價證券得為融資融券標準第2條第6項：「得為融資融券交易之上櫃股票經發行公司轉申請上市後，除有股權過度集中之情事者外，即得為融資融券交易，不適用第一項上市滿六個月與第四項第一款及第三款規定；該項作業程序由證券交易所擬訂，並報主管機關核定。」

2 (D)。經櫃檯買賣中心公告，方為成為融資融券交易股票之條件。

3 (C)。上櫃股票公司需設立登記滿三年，方符合得為融資融券之資格。

五、信用交易擔保維持率

(一) 證券商應**逐日計算**每一信用帳戶之整戶及各筆融資融券擔保維持率。

(二) 擔保維持率＝（融資擔保品證券市值＋融券擔保品及保證金＋抵繳有價證券或其他商品市值）÷（融資金額＋融券標的證券市值）×100%

(三) 上市（櫃）有價證券除權息交易日之前六個營業日，其融資擔保品證券市值及上市（櫃）有價證券抵繳市值，則以各當日收盤價扣除息值或扣除以該當日收盤價為基礎計算之權值計之：

　1. 上市（櫃）中央登錄公債、地方政府債券、公司債、金融債：面額。

　2. 上市（櫃）有價證券：證券交易所或櫃檯買賣中心公布之收盤價。

　3. 登錄為櫃檯買賣之黃金現貨：收市當時造市商間最高買進報價及最低賣出報價之均價（以下簡稱收市均價）。

　4. 開放式證券投資信託基金受益憑證及期貨信託基金受益憑證：前一營業日每受益權單位淨資產價值。

(四) 委託人信用帳戶之整戶**擔保維持率低於130%者，證券商應即通知委託人就各該筆不足擔保維持率之融資融券**，於通知送達之日起**二個營業日內補繳**融資自備款或融券保證金差額。【109年第2次普業】

專題小教室

資券相抵【109年第2次高業】

(一) 資券相抵制度之發展

　　1. 投資人針對一檔有價證券，欲在同一日內進行買進與賣出相抵交割之交易，以鎖定單日利潤或損失，即為**當日沖銷**（以下簡稱當沖）。

　　2. 然而從事當沖交易，需以帳戶內已有足額之股票應付交割為前提，否則即為違法；亦即，投資人無法以現貨買賣達成當日沖銷交易。

　　3. 民國79年起開放證券商得自辦信用交易，自此以後，證券商逐漸累積信用交易業務經驗，發現組合不同融資、融券的交易形態，**可以產生讓客戶當日沖銷的效果，其具體作法為**：針對已開立信用交易帳戶之投資人，**如欲進行當日沖銷交易者，可於同日融資買進與融券賣出相同數額之同種有價證券**。

　　4. 主管機關於評估此類交易之適法性無虞後，基於滿足投資人需求，以及增加證券商業務量等多重考量下，乃同意從事前項交易之投資人可以沖抵後之餘額辦理交割，並自83年正式實施，此即**資券相抵**之交易。

(二) 資券相抵制度之規範

　　1. 委託人同日「融資買進」與「融券賣出」同種有價證券，如採資券相抵交割者，應事先與證券商簽訂概括授權之同意書

　　2. 於當日融資融券交易後，其數額相同部分即自動沖抵，並由證券商逐筆代為製作融資現金償還申請書及融券現券償還申請書，委託人不需逐件申請。

　　3. 沖抵部分不必計算融資利息，融券仍計收融券手續費。

　　4. 沖抵部分之交易仍應該列入當日融資融券限額內計算。

　　5. 已簽訂同意書之委託人如不採資券相抵交割，須於成交當日收盤前向證券商書面聲明。

即時演練

(　) 有關資券相抵沖銷交易之敘述何者錯誤？
(A)應事先與證券商簽訂概括授權之同意書
(B)於成交日之次日以現券償還融券
(C)於成交當日以現金償還融資
(D)僅須結計淨收、淨付的款項差額。

解答與解析

(C)。「融資買進」→故投資人無須「當日」償還。

| 重點 2 | 證券商自辦有價證券融資融券 | 重要度 ★★☆ |

一、證券商自辦有價證券融資融券

(一) 申請條件

1. **最近期之財報淨值達新臺幣2億元**。

2. **經營證券經紀業務屆滿1年以上**。

3. 最近期之財報每股淨值不低於票面金額。

4. 最近3個月未曾受警告處分。

5. 最近半年未曾受解除其董事、監察人或經理人職務處分。

6. 最近1年未曾受停業處分。

7. 最近2年未曾受廢止分支機構設立許可之處分。

8. 最近1年未曾受處以違約金或停止或限制買賣之處分。

9. 申請日前半年自有**資本適足比率未低於**150%者。

> **考點速攻**
>
> 證券商辦理有價證券融資融券，應向**金融監督管理**委員會申請核准。

(二) **營業保證金**：證券商辦理有價證券融資融券者，應增提新臺幣五千萬元營業保證金。

(三) **證券商辦理融資融券之限制**

1. **對每種證券之融資總金額，不得超過其淨值**10%。

2. 對每種證券融券與出借之總金額，合計不得超過其淨值5%。

3.證券商辦理有價證券買賣融資融券，對客戶融資或融券總金額，分別不得超過其淨值250%。【109年第2次高業】

(四) 對信用帳戶之管理

1.證券商辦理有價證券買賣融資融券，對所留存之融券賣出價款及融券**保證金，除下列用途外，不得移作他用：**

(1)作為辦理融資業務之資金來源。

(2)作為向證券金融事業轉融通證券之擔保。

(3)作為辦理證券業務借貸款項之資金來源。

(4)作為向證券交易所借券系統借券之擔保。

(5)銀行存款。

(6)購買短期票券。

2.證券商辦理有價證券買賣融資融券，對所取得之**證券，除下列用途外，不得移作他用，且應送存集中保管**。

(1)作為辦理融券業務之券源。

(2)作為向證券金融事業轉融通資金或證券之擔保。

(3)作為辦理有價證券借貸業務之出借券源。

(4)作為向證券交易所借券系統借券之擔保。

(5)出借予辦理有價證券借貸業務之證券商或證券金融事業作為辦理有價證券借貸業務或有價證券融資融券業務之券源。

(6)於證券交易所借券系統出借證券。

(7)參與證券金融事業之標借或議借。

即時演練

(　　) **1** 申請辦理有價證券買賣融資融券之證券商，須經營何種業務滿一年以上？
(A)承銷
(B)自營
(C)經紀
(D)承銷、自營、經紀。　　　　　　　　　　　　　【106年第2次高業】

(　　) **2** 證券商辦理有價證券買賣融資融券，對每種證券之融資總金額，不得超過其淨值百分之多少？
(A)20%　　　　　　　　(B)5%
(C)10%　　　　　　　　(D)15%。　　　　【103年第2次高業】

(　　) **3** 證券商辦理有價證券買賣融資融券，對所留存之客戶融券賣出價款及融券保證金之利用，不包括下列何種情形？
(A)作為其辦理融資業務之資金來源
(B)作為向證券金融事業轉融通證券之擔保
(C)作為向金融機構轉融通之擔保
(D)銀行存款。　　　　【102年第4次高業】

解答與解析

1 (C)。申請辦理有價證券融資融券之證券商，須經營經紀業務滿一年以上。

2 (C)。證券商辦理有價證券買賣融資融券，對每種證券之融資總金額，不得超過其淨值的10%。

3 (C)。對所留存之客戶融券賣出價款及融券保證金之利用，除下列用途外，不得移作他用：一、作為辦理融資業務之資金來源。二、作為向證券金融事業轉融通證券之擔保。三、作為辦理證券業務借貸款項之資金來源。四、作為向證券交易所借券系統借券之擔保。五、銀行存款。六、購買短期票券。

精選試題

✅ 融資融券業務

( )　**1** 下列何者不得融資融券？
(A)零股交易
(B)鉅額交易
(C)全額交割股票
(D)選項(A)(B)(C)皆是。　　　　　　　　　　【109年第4次高業】

( )　**2** 得為融資融券交易之上櫃股票經發行公司轉申請上市後，除了下列何種原因之外均可為融資融券的標的？
(A)股價波動過度劇烈者
(B)股權過度集中者
(C)成交量過度異常者
(D)選項(A)(B)(C)皆是。　　　　　　　　　　【107年第1次高業】

( )　**3** 下列上櫃有價證券得為融資融券之條件何者有誤？
(A)股票上櫃滿6個月
(B)每股市場成交收盤價格在票面之上
(C)實收資本額達新臺幣3億元以上
(D)設立登記屆滿3年以上。　　　　　　　　　【101年第4次高業】

( )　**4** 普通股股票須上市滿多久期間，始符合得為融資融券股票之要件？
(A)三個月　　　　　　　　　　(B)半年
(C)一年　　　　　　　　　　　(D)不限期。　　【102年第3次普業】

( )　**5** 開立受託買賣帳戶滿幾個月才可申請開立信用帳戶？
(A)六個月　　　　　　　　　　(B)三個月
(C)二個月　　　　　　　　　　(D)一個月。　　【102年第2次高業】

( )　**6** 信用帳戶在連續多少期間以上無融資融券交易紀錄，即被證券公司取消帳戶？
(A)一年　　　　　　　　　　　(B)五年
(C)二年　　　　　　　　　　　(D)三年。　　　【110年第1次高業】

(　) **7** 假設老陳融資買進上市C股票五千股，當日股價每股為六十元，且融資比率為六成，如果二天後股價市價下跌至五十七元，則擔保維持率為多少？　(A)95%　(B)135.70%　(C)139%　(D)158.30%。　　　　　　　　　　　　　　　【第4次高業】

(　) **8** 證券商應多久計算每一信用帳戶之整戶及各筆融資融券擔保維持率？　(A)每日　(B)每週　(C)每月　(D)每季。【103年第3次高業】

(　) **9** 假設小白融資買進A股票五千股，當日股價每股為七十元，且融資比率為六成，則融資金額為多少？　(A)二十一萬元　(B)二十三萬元　(C)十八萬元　(D)十六萬元。　【100年第3次高業】

(　) **10** 當信用帳戶的擔保維持率不足，證券商通知補繳差額後 ____ 個營業日內未補繳足夠金額，可能將面臨「斷頭」？　(A)1　(B)2　(C)3　(D)5。　　　　　　　　　　　　　　　【109年第1次普業】

(　) **11** 投資人向證券金融公司申請開立信用帳戶時，其最近一年內委託買賣成交累積成交金額應達所申請之融資額度多少比率？　(A)60%　(B)30%　(C)40%　(D)50%。　　　【110年第1次普業】

✔ 證券商自辦有價證券融資融券

(　) **12** 證券商辦理有價證券買賣融資融券，對每種證券之融資總金額，不得超過其淨值百分之多少？　(A)百分之三　(B)百分之十　(C)百分之四十　(D)無限制。　　　　　【107年第2次高業】

(　) **13** 資本適足比率低於多少時，不可辦理融資融券業務？　(A)50%　(B)100%　(C)150%　(D)200%。　　　【102年第2次高業】

(　) **14** 證券商辦理融券所留存之客戶融券賣出價款及融券保證金，下列何者非其合法用途？
(A)辦理融資業務之資金來源
(B)做為向證券金融事業轉融通證券之擔保
(C)購買商業本票
(D)銀行存款。　　　　　　　　　　　　　　【101年第2次高業】

(　　) **15** 下列那一項對證券金融事業辦理融資融券業務之規定為不正確？
(A)應與委託人簽訂融資融券契約
(B)應依開戶條件辦理徵信
(C)應開立信用交易帳戶
(D)開戶條件由金融監督管理委員會擬訂。　【105年第3次高業】

(　　) **16** 下列何者非為證券商申請經營信用交易業務所必須具備之條件？
(A)證券商淨值達新臺幣二億元
(B)每股淨值不低於票面金額，且財務狀況符合證券商管理規則之規定
(C)申請日前半年自有資本適足比率未低於百分之一百五十者
(D)必須為綜合證券商。　【106年第4次高業】

解答與解析

1 (D)。零股、鉅額交易、全額交割股票均不得融資融券。

2 (B)。根據有價證券得為融資融券標準第2條第6項：「得為融資融券交易之上櫃股票經發行公司轉申請上市後，除有股權過度集中之情事者外，即得為融資融券交易，不適用第一項上市滿六個月與第四項第一款及第三款規定；該項作業程序由證券交易所擬訂，並報主管機關核定。」

3 (B)。若每股市價低於票面金額者，其公司最近一個會計年度財報顯示無累積虧損，仍得融資融券。

4 (C)。股票上市公司需設立登記滿一年，方符合得為融資融券之資格。

5 (B)。開立受託買賣帳戶應滿三個月，方可申請開信用帳戶。

6 (D)。開立信用帳戶之委託人連續三年以上無融資融券交易紀錄者，證券商應即註銷其信用帳戶。

7 (D)。擔保維持率＝57×5000/60×5000×60％＝158.3％。

8 (A)。證券商應逐日計算每一信用帳戶之整戶及各筆融資融券擔保維持率。

9 (A)。5000×70×0.6＝210,000。

10 **(B)**。根據證券商辦理有價證券買賣融資融券業務操作辦法第55條，當信用
帳戶的擔保維持率不足，證券商通知補繳差額後5個營業日內未補繳足
夠金額，可能將面臨「斷頭」。

11 **(D)**。股票信用交易帳戶申請資格條件：
(1) 申請人年滿20歲的本國自然人。
(2) 具中華民國稅務居民身份。
(3) 證券戶開立滿3個月。
(4) 證券戶最近一年成交筆數滿10筆以上。
(5) 證券戶最近一年累積成交金額，達所申請融資信用額度的50%。
(6) 證券戶最近一年所得與各種財產，達所申請融資信用30%。

12 **(B)**。證券商辦理有價證券買賣融資融券，對每種證券之融資總金額，不得
超過其淨值的10%。

13 **(C)**。申請辦理有價證券融資融券之證券商，其半年前的資本適足率須達
150%以上。

14 **(C)**。對所留存之客戶融券賣出價款及融券保證金之利用，除下列用途外，
不得移作他用：
(1) 作為辦理融資業務之資金來源。
(2) 作為向證券金融事業轉融通證券之擔保。
(3) 作為辦理證券業務借貸款項之資金來源。
(4) 作為向證券交易所借券系統借券之擔保。
(5) 銀行存款。
(6) 購買短期票券。

15 **(D)**。開立信用帳戶之條件由櫃檯買賣中心定訂。

16 **(D)**。證券商申請經營信用交易業務並不一定要事為綜合證券商，只要為經
營證券經紀業務屆滿一年以上即可申請。

Ch4 有價證券之募集、發行與私募

依據出題頻率區分，屬：**A** 頻率高

課前導讀

我國有價證券的募集與發行，係採「申報生效制」。這裡整理《發行人募集與發行有價證券處理準則》中常見考點，使讀者了解有價證券募集時應檢附之文件、以及在哪些狀況下金管會得退回或廢止申請。

重點 1 有價證券之募集

重要度 ★★☆

一、有價證券的募集制度

(一) 金管會審核有價證券之募集與發行、公開招募、補辦公開發行、無償配發新股與減少資本採**申報生效制**。【110年第1次普業】

(二) 申報生效制：指發行人依規定檢齊書件向金管會提出申報，除因申報書件應行「**記載事項不充分、為保護公益**有必要補正說明或**經本會退回**者外」，**其案件自金管會收到申報書件即日起屆滿一定營業日即可生效**。【110年第2次普業】

> **考點速攻**
>
> 發行人募集與發行有價證券處理準則所稱「營業日」係指證券市場交易日。【109年第4次普業】

(三) **現行法申報生效期間**【110年第1次、第2次普業；109年第2次高業】

申報生效期間	事項
3個營業日	**無償配發新股者（盈餘轉增資、資本公積轉增資）。**
7個營業日	金融相關事業以外之興櫃公司具金管會認可之信用評等報告，以辦理發行新股。
	非金融相關事業發行公司債。

申報生效期間	事項
12個營業日	發行新股。
	金融相關事業發行公司債。
	發行可轉換公司債。
	募集與發行海外有價證券。
20個營業日	募集設立。
	發行新股有特殊事由（發行人申請曾被退件、撤銷或遭處分）。

二、募集與發行有價證券應檢具的資料

(一) 發行人申報募集與發行有價證券，應檢具**公開說明書**。

　　1. 目前為降低發行人公開說明書製作之成本，引進他國制度而有簡式公開說明書。

　　2. 公開說明書之財務報告應載明，發行人申報募集發行有價證券時最近2年度之財務報告。

　　3. 會計項目重大變動說明：比較最近2年度資產負債表及綜合損益表之會計項目，**若金額變動達百分之十以上，且金額達當年度資產總額百分之一者，應詳予分析其變動原因**。

(二) 發行人申報募集與發行有價證券，有下列情形之一，應分別委請主辦證券承銷商及律師分別提出**評估報告及法律意見書：**

　　1. 上市或上櫃公司辦理現金發行新股、合併發行新股、受讓他公司股份發行新股、依法律規定進行收購或分割發行新股者。

　　2. 興櫃股票公司辦理現金增資並提撥發行新股總額之一定比率公開銷售者。

　　3. 發行人經證券交易所向本會申報其股票創新板上市契約後，辦理現金增資發行新股為初次上市公開銷售者。

　　4. 股票未在證券交易所上市（以下簡稱未上市）或未在證券商營業處所買賣之公司辦理現金發行新股，依第18條規定提撥發行新股總額之一定比率對外公開發行者。

5.募集設立者。

6.發行具股權性質之公司債有委託證券承銷商對外公開承銷者。

⑤ 即時演練 ⚡⚡

( )　**1** 依我國現行「證券交易法」規定，對於有價證券之公開募集及發行，除政府債券或經主管機關核定之其他有價證券外，應經何種程序始得為之？　(A)向主管機關申報生效制　(B)向主管機關申請核准制　(C)兼採向主管機關申報生效及申請核准制　(D)向主管機關事後報備制。　【106年第2次高業】

( )　**2** 發行人申報募集與發行有價證券，至申報生效前，發生證券交易法第三十六條第三項第二款規定對股東權益或證券價格有重大影響之事項，應依規定於事實發生日起幾日內公告並申報？　(A)七日　(B)五日　(C)三日　(D)二日。　【107年第4次高業】

( )　**3** 發行人於編製公開說明書時，應比較最近兩年度資產負債表及損益表之會計科目，若其金額變動達下列何項標準時，應詳予分析其變動原因？　(A)百分之五以上，且金額達當年度資產總額百分之一者　(B)百分之五以上，且金額達當年度資產總額百分之二者　(C)百分之十以上，且金額達當年度資產總額百分之一者　(D)百分之十以上，且金額達當年度資產總額百分之二者。　【第4次高業】

( )　**4** 發行人申報募集與發行有價證券，以下何者情形不須委請主辦證券商出具承銷商評估報告以及委請律師出具法律意見書？　(A)未上市櫃公司辦理現金增資依規定提撥一定比率對外公開發行者　(B)上市公司辦理現金增資　(C)募集設立者　(D)盈餘轉增資。　【105年第2次高業】

( )　**5** 甲上市科技公司欲辦理盈餘轉增資發行股票，請問適用下列那一項？　(A)適用申報生效制且十五個營業日自動生效　(B)適用申報生效制且十二個股市交易日自動生效　(C)適用申報生效制且三個營業日自動生效　(D)適用申請核准制。　【108年第3次高業】

解答與解析

1 (A)。我國現行有價證券之募集及發行是採申報生效制。

2 (D)。發行人申報募集與發行有價證券至申報生效前，發生對股東權益或證券價格有重大影響之事項，應於事實發生日起二日內公告並申報。

3 (C)。發行人於編製公開說明書時，應比較最近兩年度資產負債表及損益表之會計科目，若其金額變動達百分之十以上，且金額達當年度資產總額百分之一者，應詳予分析其變動原因。

4 (D)。有下列情形之一，應分別委請主辦證券承銷商及律師分別提出評估報告及法律意見書：
　(1) 上市或上櫃公司辦理現金發行新股、合併發行新股、受讓他公司股份發行新股、依法律規定進行收購或分割發行新股者。
　(2) 興櫃股票公司辦理現金增資並提撥發行新股總額之一定比率公開銷售者。
　(3) 發行人經證券交易所向本會申報其股票創新板上市契約後，辦理現金增資發行新股為初次上市公開銷售者。
　(4) 股票未在證券交易所上市（以下簡稱未上市）或未在證券商營業處所買賣之公司辦理現金發行新股，依第18條規定提撥發行新股總額之一定比率對外公開發行者。
　(5) 募集設立者。
　(6) 發行具股權性質之公司債有委託證券承銷商對外公開承銷者。

5 (C)。甲上市科技公司欲辦理盈餘轉增資發行股票，適用申報生效制且三個營業日自動生效。

三、募集期間重大事件之申報

發行人申報募集與發行有價證券，自所檢附最近期財務報告資產負債表日至申報生效前，**發生對股東權益或證券價格有重大影響之事項**，應於事實發生日起**2日內**公告並向金管會申報，並應視事項性質檢附相關專家意見，洽請簽證會計師表示其對財務報告之影響提報金管會。

四、退回有價證券募集與發行之申請

發行人申報募集與發行有價證券有下列情形，金管會得退回其案件：【110年第2次高業】

(一) 簽證會計師出具**無法表示意見或否定意見**之查核報告者。

(二) 簽證會計師出具保留意見之查核報告，其保留意見影響財務報告之允當表達者。

(三) 發行人填報、簽證會計師複核或主辦證券承銷商出具之案件檢查表，顯示有違反法令或公司章程，致影響有價證券之募集與發行者。

(四) **律師出具之法律意見書，表示有違反法令**，致影響有價證券之募集與發行者。

(五) **證券承銷商出具之評估報告，未明確表示本次募集與發行有價證券計畫之可行性、必要性及合理性者**。

(六) 有違反法令，情節重大者。

五、撤銷、廢止有價證券募集與發行

發行人募集與發行有價證券，經發現有下列情形之一，金管會得撤銷或廢止申報生效或核准：

(一) 發行人申報發行普通公司債案件之募集期間，逾櫃買中心審查準則及櫃買中心國際債券管理規則所定期限者。

(二) 前款以外之案件，自申報生效通知到達之日起，**逾三個月尚未募足並收足現金款項者**。

(三) 有公司法第251條第1項或第271條第1項規定情事者。

(四) 違反或不履行辦理募集與發行有價證券時所出具之承諾，情節重大者。

(五) 發行人自申報生效之日起至有價證券募集完成之日止，對外公開財務預測資訊或發布之資訊與申報（請）書件不符，且對證券價格或股東權益有重大影響者。

※經撤銷或廢止申報生效時，已收取有價證券價款者，發行人或持有人應於接獲金管會撤銷或廢止通知之日起**10日內，依法加算利息返還該價款**，並負損害賠償責任。【109年第3次普業】

六、本國人可赴海外發行有價證券之種類

現行法令允許**本國人可赴海外發行有價證券之種類**，包括：海外公司債、海外股票、參與發行海外存託憑證及申報其已發行之股票於國外證券市場交易。【109年第3次高業】

⏱ 即時演練 ⚡

(　) **1** 發行人申報募集與發行有價證券時，若簽證會計師出具無法表示意見或否定意見之查核報告時，主管機關可作何種處分？　(A)退回其案件　(B)要求補件　(C)請會計師重新表示意見　(D)撤銷發行人已申報生效之案件。　　　　　　　　　　　　　　　　　　　　　　　【103年第4次高業】

(　) **2** 發行人募集與發行有價證券，自申報生效通知到達之日起，逾一定時日尚未募足並收足現金款項者，金融監督管理委員會得撤銷或廢止其申報生效。其一定時日是指？　(A)一個月　(B)三個月　(C)半年　(D)一年。　　　　　　　　　　　　　　　　　　　　　　　　　　【105年第1次高業】

(　) **3** 有價證券募集與發行之申請（報）案，經撤銷或廢止申報生效或核准時，對已收取之有價證券價款，發行人或持有人應於接獲撤銷或廢止通知之日起幾日內，依法加算利息返還該價款，並負損害賠償責任？　(A)五日內　(B)十日內　(C)十五日內　(D)二十日內。

(　) **4** 完成有價證券募集之申報程序，可否藉以作為證實申報事項或保證證券價值之宣傳？　(A)經主管機關核准後才可以　(B)有承銷商評估報告者可以　(C)可以　(D)不可以。　　　　　　　　　　　【107年第1次普業】

解答與解析

1 (A)。發行人申報募集與發行有價證券時，若簽證會計師出具無法表示意見或否定意見之查核報告時，主管機關可退回其案件。

2 (B)。發行人募集與發行有價證券，自申報生效通知到達之日起，逾三個月尚未募足並收足現金款項者，金融監督管理委員會得撤銷或廢止其申報生效。（注意法規於111年01月26日修訂，若有正當理由申請延期，經金管會核准者，得再延長三個月，並以一次為限。）

3 (B)。經撤銷或廢止申報生效時，已收取有價證券價款者，發行人或持有人應於接獲金管會撤銷或廢止通知之日起十日內，依法加算利息返還該價款，並負損害賠償責任。

4 (D)。根據發行人募集與發行有價證券處理準則第3條，完成有價證券募集之申報程序，不可藉以作為證實申報事項或保證券價值之宣傳。

重點2　有價證券之發行　　重要度 ★★☆

一、發行市場【109年第3次普業】

證券發行者為擴充經營，按照一定的法律規定和發行程式，向投資者出售新證券所形成的市場所為「發行市場」，又叫做初級市場（Primary Market）。

二、發行股票

(一) **發行人申報發行股票，有下列情形之一，金管會得停止其申報發生效力：**
【110年第1次高業】

1. 申報書件不完備或應記載事項不充分者。

2. 發生對股東權益或證券價格有重大影響之事項。

3. 經主管機關認定有必要者。

　　※發行人於停止申報生效送達日起，得就停止申報生效之原因提出補正。若自停止申報生效函送達即日起**屆滿12個營業日**，未依前項規定申請解除停止申報生效，將退回其案件。【109年第3次高業】

(二) **發行新股限制：提撥比率**

1. **上市或上櫃公司辦理現金增資發行新股，應提撥發行新股總額之百分之十**，以時價對外公開發行。【109年第3次普業】

2. 辦理現金增資發行新股為初次上市、上櫃公開銷售者，「應」準用前項規定辦理；興櫃股票公司辦理上開案件以外之現金增資發行新股者，「得」準用前項規定辦理。

3. 未上市或未在證券商營業處所買賣之公司，其持股一千股以上之記名股東人數未達三百人；或未達其目的事業主管機關規定之股權分散標準者，於現金發行新股時，**除有下列情形之一外，應提撥發行新股總額之百分之十**，對外公開發行。

   (1) 首次辦理公開發行。

   (2) 自設立登記後，未逾二年。

   (3) 財務報告之決算營業利益及稅前純益占歸屬於母公司業主之權益比率均未達相關標準。

   (4) 依百分之十之提撥比率或股東會決議之比率計算，對外公開發行之股數未達五十萬股。

   (5) 發行附認股權特別股。

> **考點速攻**
>
> 發行人要將其股票在交易所掛牌買賣，交易所因提供場所，每年依據發行有價證券之總面值，向發行人收取之費用稱為「上市費」。
> 【109年第3次普業】

💲 即時演練 ⚡

(　)　**1** 上市公司於現金發行新股時，主管機關得依證券交易法規定提撥發行新股總額之多少，以時價向外公開發行？　(A)百分之五　(B)百分之十　(C)百分之十五　(D)百分之二十。　【100年第3次高業】

(　)　**2** 股票未在證券交易所上市或未於證券商營業處所買賣之公開發行公司，其持有一千股以上之記名股東人數，未達多少人者，於現金增資發行新股時，應提撥發行新股總額的百分之十對外公開發行？　(A)五百人　(B)四百人　(C)三百人　(D)二百人。　【101年第1次普業】

(　)　**3** 未上市或未上櫃之公開發行公司，於何種情形之下，於現金發行新股時，原則上應提撥發行新股總額的百分之十，對外公開發行？
　　　　(A)首次辦理公開發行時
　　　　(B)自設立登記後未逾五個完整會計年度
　　　　(C)股權未達主管機關規定之分散標準
　　　　(D)以上皆是。　【100年第3次高業】

解答與解析

1 **(B)**。上市公司於現金發行新股時，主管機關得依證券交易法規定提撥發行新股總額之百分之十，以時價向外公開發行。

2 **(C)**。股票未在證券交易所上市或未於證券商營業處所買賣之公開發行公司，其持有一千股以上之記名股東人數，未達三百人者，於現金增資發行新股時，應提撥發行新股總額的百分之十對外公開發行。

3 **(C)**。根據發行人募集與發行有價證券處理準則第18條，未上市或未上櫃之公開發行公司，其持股一千股以上之記名股東人數未達三百人；「或未達其目的事業主管機關規定之股權分散標準者（選項(C)）」，於現金發行新股時，除有下列情形之一外，「應提撥發行新股總額之百分之十，對外公開發行」：一、首次辦理公開發行。二、自設立登記後，未逾二年。三、財務報告之獲利能力達主管機關規定。四、依百分之十之提撥比率或股東會決議之比率計算，對外公開發行之股數未達五十萬股。五、發行附認股權特別股。」

三、發行公司債

(一) 發行普通公司債

1. 公開發行公司發行公司債，應檢具發行公司債申報書，載明其應記載事項，連同應檢附書件，向金管會申報生效後，始得為之。
2. 公開發行公司依前項規定提出申報，於金管會及其指定機構收到發行公司債申報書即日起屆滿三個營業日生效。但金融控股、票券金融及信用卡等事業，申報生效期間為十二個營業日。
3. 公開發行公司得發行以其**持有期限二年以上之**其他上市櫃公司股票**為償還標的之交換公司債**。

(二) 發行轉換公司債

1. 發行轉換公司債應檢具發行轉換公司債申報書，載明其應記載事項，連同應檢附書件，向金管會申報生效後，始得為之。
2. 發行以外幣計價之轉換公司債，應向財團法人中華民國證券櫃檯買賣中心申請櫃檯買賣。

3. **轉換公司債面額限採新臺幣十萬元或為新臺幣十萬元之倍數，償還期限不得超過十年**，且同次發行者，其償還期限應歸一律。【109年第3次普業】

4. 轉換公司債發行時，除**上市或上櫃公司應全數委託證券承銷商包銷**者外，不得對外公開承銷。

5. 轉換公司債持有人請求轉換者，應填具轉換請求書，並檢同債券或登載債券之存摺，向發行人或其代理機構提出，於送達時生轉換之效力；發行人或其代理機構於受理轉換之請求後，其以已發行股票轉換者，應於次一營業日交付股票，其以發行新股轉換者，除應登載於股東名簿外，並**應於五個營業日內發給新股或債券換股權利證書**。上市、上櫃或興櫃股票公司依前項所發給之股票或債券換股權利證書，自向股東交付之日起上市或在證券商營業處所買賣。【109年第3次普業】

6. **轉換公司債及依規定請求換發之債券換股權利證書或股票，除不印製實體者外，應一律為記名式**。【110年第2次高業】

7. 轉換公司債自發行日後屆滿一定期間起至到期日前**十日**止，除依法暫停過戶期間外，其持有人得依發行人所定之轉換辦法隨時請求轉換。【110年第1次高業】

(三) **發行附認股權公司債**

1. 「非」上市、上櫃公司或興櫃股票公司，「不得」發行公司債券與認股權分離之附認股權公司債。

2. 發行附認股權公司債時，其公司債之面額限採新臺幣十萬元或為新臺幣十萬元之倍數。

3. 發行附認股權公司債時，**因認股權行使而須發行新股之股份總數，按每股認股價格計算之認購總價額，不得超過該公司債發行之總面額**。

4. 附認股權公司債發行時，除上市或上櫃公司應全數委託證券承銷商包銷者外，不得對外公開承銷。

💲 **即時演練** ⚡

( ) **1** 公開發行公司發行以其持有之其他上市或上櫃公司股票為償還標的之交換公司債，其持有期限至少為： (A)一年 (B)二年 (C)五年 (D)不限期間。 【106年第1次高業】

( ) **2** 依「發行人募集與發行有價證券處理準則」規定，上市上櫃公司發行轉換公司債時，應將多少數額委託證券承銷商包銷？ (A)全數 (B)半數 (C)其三分之一 (D)其四分之一。

( ) **3** 下列敘述何者為非？ (A)轉換公司債及依規定請求換發之債券換股權利證書或股票，應一律為記名式 (B)上市或上櫃公司發行轉換公司債時，應全數委託證券承銷商包銷 (C)轉換公司債之償還期限不得超過七年 (D)轉換公司債屬同次發行者，其償還期限應歸一律。 【106年第1次高業】

( ) **4** 轉換公司債經持有人請求轉換為債券換股權證，何時可以上市上櫃買賣？
(A)於發行公司或其代理機構同意之日
(B)於主管機關核准之日
(C)於主管機關核准後七日
(D)於向股東交付之日。 【108年第1次高業】

( ) **5** 轉換公司債持有人請求轉換，公司或其代理人於受理轉換之請求後，應於幾個營業日內發給債券換股權利證書？
(A)二個營業日
(B)五個營業日
(C)次三營業日
(D)次二營業日。 【109年第3次高業】

解答與解析

1 (B)。公開發行公司發行以其持有之其他上市或上櫃公司股票為償還標的之交換公司債，其持有期限至少二年。

2 (A)。上市上櫃公司發行轉換公司債時，應將全數委託證券承銷商包銷。

3 (C)。轉換公司債之償還期限不得超過十年。

4 (D)。轉換公司債經持有人請求轉換為債券換股權證，於向股東交付之日可以上市上櫃買賣。

5 **(B)**。根據發行人募集與發行有價證券處理準則第34條，轉換公司債持有人請求轉換者，除本會另有規定外，應填具轉換請求書，並檢同債券或登載債券之存摺，向發行人或其代理機構提出，於送達時生轉換之效力；發行人或其代理機構於受理轉換之請求後，其以已發行股票轉換者，應於次一營業日交付股票，其以發行新股轉換者，除應登載於股東名簿外，並應於五個營業日內發給新股或債券換股權利證書。

四、發行員工認股權憑證與限制員工權利新股

(一) 發行人申報發行員工認股權憑證及限制員工權利新股，如有下列情形之一，金管會得退回其案件：

　1. 最近連續2年有虧損者。但依其事業性質，須有較長準備期間或具有健全之營業計畫，確能改善營利能力者，不在此限。

　2. 資產不足抵償債務者。

　3. 重大喪失債信情事，尚未了結或了結後尚未逾3年者。

　4. 對已發行員工認股權憑證或限制員工權利新股而有未履行發行及認股辦法約定事項之情事，迄未改善或經改善後尚未滿3年者。

(二) 員工認股權憑證不得轉讓。但因繼承者不在此限。

(三) 上市或上櫃公司申報發行員工認股權憑證，其認股價格不得低於發行日標的股票之收盤價。興櫃股票公司發行員工認股權憑證，其認股價格不得低於發行日前一段時間普通股加權平均成交價格，且不得低於最近期經會計師查核簽證或核閱之財務報告每股淨值。

(四) **員工認股權憑證自發行日起屆滿「2年」後，持有人除依法暫停過戶期間外，得依發行人所定之認股辦法請求履約。**

(五) **員工認股權憑證之存續期間不得超過10年。**

(六) 發行人申報發行員工認股權憑證，應經董事會三分之二以上董事出席及出席董事超過二分之一之同意。

即時演練

(　　) **1** 員工認股權憑證自發行日起屆滿幾年後，持有人除依法暫停過戶期間外，得依發行公司所定之認股辦法請求履約？
(A)一年
(B)二年
(C)三年
(D)五年。　　　【105年第4次高業】

(　　) **2** 員工認股權憑證之規定，下列敘述何者正確？　A.上市或上櫃公司得發行員工認股權憑證；B.單一認股權人每次得認購金額，不得超過新臺幣一千萬元；C.原則上認股價格不得低於發行日標的股票之收盤價；D.員工認股權憑證之存續期間不得超過二十年
(A)A、B、C、D
(B)A、B、D
(C)A、C
(D)B、C。　　　【100年第3次高業】

(　　) **3** 甲上市公司申報發行員工認股權憑證，其認股價格有何限制？
(A)不得低於發行日標的股票之開盤價
(B)不得低於發行日標的股票之收盤價
(C)不得低於申請通過時標的股票價格
(D)無限制。　　　【105年第4次高業】

(　　) **4** 員工認股權憑證之存續期間不得超過幾年？
(A)二年
(B)五年
(C)十年
(D)十五年。　　　【107年第1次高業】

解答與解析

1 (B)。員工認股權憑證自發行日起屆滿「二年」後，持有人除依法暫停過戶期間外，得依發行人所定之認股辦法請求履約。

2 (C)。單一認股權人每次得認購金額，不得超過新臺幣三千萬元。員工認股權憑證之存續期間不得超過十年。

3 (B)。上市公司申報發行員工認股權憑證，其認股價格不得低於發行日標的股票之收盤價。

4 (C)。員工認股權憑證之存續期間不得超過十年。

重點 **3** 有價證券之私募　　　　　　　　　重要度 ★★☆

一、定義

指公開發行公司依證券交易法向「特定人」招募有價證券之行為。【109年第2次普業】

二、私募特定對象【109年第2次普業；109年第3次高業】

(一) 銀行業、票券業、信託業、保險業、證券業或其他經主管機關核准之法人或組織。（應募人數無限制）

(二) 符合主管機關所定條件之自然人、法人或基金。（**不得超過35人**）

(三) 該公司或其關係企業之董事、監察人及經理人。（不得超過35人）

三、私募程序【109年第3次高業】

公開發行股票之公司私募有價證券（除普通公司債之私募得於董事會決議後辦理，無須經由股東會決議外），須有代表已發行股份總數過半數股東之出席，出席股東表決權三分之二以上之同意，始得對特定對象進行有價證券之私募。另應在股東會召集事由中列舉並說明下列事項，並不得以臨時動議提出：

(一) 價格訂定之依據及合理性。

(二) 特定人選擇之方式；其已洽定應募人者，並說明應募人與公司之關係。

(三) 辦理私募之必要理由。

四、轉售的限制

私募股票有流通轉讓之限制，且該私募股票須於交付日滿三年並補辦公開發行後，才得據以申請上市（櫃）掛牌交易。

五、罰則

違反股東決議程序規定者，處行為之負責人二年以下有期徒刑、拘役或科或併科新臺幣一百八十萬元以下罰金。違反證券交易法第43-6條第6項、第7項及公開發行公司辦理私募有價證券應注意事項應於股東會召集事由中列舉並說明相關事項規定或以臨時動議提出者，處為行為之負責人新臺幣二十四萬元以上二百四十萬元以下罰鍰。

即時演練

( ) **1** 依「證券交易法」規定，私募對象有條件限制，且其人數不得超過幾人？
(A)二十人　　　　　(B)三十五人
(C)五十人　　　　　(D)一百人。　　【109年第2次普業】

( ) **2** 公開發行公司辦理有價證券之私募須先經下列何者之同意？
(A)股東會　　　　　(B)董事會
(C)主管機關　　　　(D)證券交易所。

( ) **3** 已依證交法發行之公司得於一定條件下對特定人招募有價證券，稱之為何種行為？
(A)私募　　　　　　(B)公開募集
(C)發行　　　　　　(D)掛牌。

解答與解析

1 (B)。根據證券交易法第43-6條，私募對象不得超過三十五人。

2 (A)。公開發行公司辦理有價證券之私募須先經股東會同意。

3 (A)。根據證交法第7條，本法所稱私募，謂已依本法發行股票之公司依第四十三條之六第一項及第二項規定，對特定人招募有價證券之行為。

專題小教室

證券業務創新實驗【109年第3次普業；109年第1次、第2次、第3次、第4次高業】

(一) 前言

1. 創新科技的發展正急速翻轉我們的生活，科技用於金融方面即是其中之一。金融科技（FinTech）改變全球商業模式，為金融服務帶來新樣貌；

為了迎接FinTech浪潮，政府以專法推動金融科技發展，並建置創新實驗機制，期優化臺灣創新創業環境，提升金融市場的效率及品質。

2. 然而，政府在鼓勵金融科技創新的同時，亦須考量業者可能面對現行法規的阻礙或困難。為了讓業者可以在低度監理空間，測試其創新商品、服務或商業模式，不會立即受到現行法規的制約，並能在風險可控情形下，驗證該科技在金融服務上的可行性及成效，行政院於106年通過了《金融科技發展與創新實驗條例》（俗稱「金融監理沙盒」）（Financial Regulatory Sandbox））。

※金融科技創新實驗，即俗稱的「金融監理沙盒」，源於讓孩子在安全沙池玩耍、發揮創意的概念。首由英國金融行為監理總署（FCA）於2015年提出。

(二) 證券業務創新實驗

1. 為促進普惠金融及金融科技發展，不限於證券商及證券金融事業，得依《金融科技發展與創新實驗條例》申請辦理證券業務創新實驗。

2. 前項之創新實驗，於主管機關核准辦理之期間及範圍內，得不適用證券交易法之規定。

💲 **即時演練**

(　　) **1** 欲從事證券業務創新實驗之業者，下列敘述何者錯誤？
(A)必須取得證券商資格
(B)從事證券業務創新實驗前，必須向主管機關申請取得核准
(C)在主管機關核准的期間與範圍內，創新實驗不適用證券交易法規定
(D)實驗申請之主要法源為金融科技發展與創新實驗條例。

【109年第2次高業】

( ) **2** 為促進我國普惠金融與金融科技發展，下列何者可依金融科技發展
與創新實驗條例申請辦理證券業務創新實驗？
(A)證券商
(B)證券金融事業
(C)科技業
(D)以上皆可進行申請。 【109年第4次高業】

解答與解析

1 (A)。根據證券交易法第44-1條，為促進普惠金融及金融科技發展，
不限於證券商及證券金融事業，得依金融科技發展與創新實驗
條例申請辦理證券業務創新實驗。前項之創新實驗，於主管機
關核准辦理之期間及範圍內，得不適用本法之規定。主管機關
應參酌第一項創新實驗之辦理情形，檢討本法及相關金融法規
之妥適性。

2 (D)。證券交易法第44-1條，為促進普惠金融及金融科技發展，不限
於證券商及證券金融事業，得依金融科技發展與創新實驗條例
申請辦理證券業務創新實驗。

精選試題

✔ 有價證券之募集

( )　**1** 行政院金融監督管理委員會審核有價證券之募集與發行、公開招募、補辦公開發行、無償配發新股與減少資本係採？　(A)申報生效制　(B)申請核准制　(C)備查制　(D)視案件狀況採申報生效制或申請核准制。　【100年第3次高業】

( )　**2** 目前為降低發行人公開說明書製作之成本，引進他國制度而有何種型式之公開說明書？　(A)簡式公開說明書　(B)電子式公開說明書　(C)轉換公司債公開說明書　(D)以上皆是。　【第4次普業】

( )　**3** 公開說明書之財務報告應載明，發行人申報募集發行有價證券時最近幾年度之財務報告？　(A)一年度　(B)二年度　(C)三年度　(D)四年度。　【104年第4次高業】

( )　**4** 發行人申報募集與發行有價證券，以下何者不須承銷商評估或律師意見？　(A)上市（櫃）公司辦理現金發行新股　(B)未上市（櫃）公司現金發行新股，提撥一定比率對外公開發行　(C)上市（櫃）公司盈餘轉增資　(D)募集設立。　【102年第1次高業】

( )　**5** 發行人募集與發行有價證券案件，自主管機關停止申報生效通知到達日起，如屆滿幾個營業日未申請解除，主管機關將退回其案件？　(A)七個營業日　(B)十二個營業日　(C)十五個營業日　(D)選項(A)(B)(C)皆非。　【101年第2次高業】

( )　**6** 甲上市公司現金增資發行新股於一零四年四月一日申報生效，請問甲公司應於何時募集完成？　(A)五月一日以前　(B)六月一日以前　(C)七月一日以前　(D)八月一日以前。　【105年第3次高業】

( )　**7** 依發行人募集與發行有價證券處理準則之規定，發行人募集與發行有價證券，經發現自申報生效或申請核准通知到達之日起，逾三個月尚未募足並收足現金款項者，金管會得為下列如

何之處分？　(A)延期其申報生效或核准　(B)撤銷或廢止其申報生效或核准　(C)撤銷或廢止公司之營業　(D)延期該公司之營業。　　　　　　　　　　　　　　　　　【102年第2次分析師】

(　　) **8** 發行人募集與發行有價證券，經證券主管機關撤銷其生效或核准時，已收取有價證券價款者，發行人或持有人應於接獲撤銷或廢止通知之日起幾日內，依法加計利息返還該價款？　(A)10日　(B)20日　(C)30日　(D)50日。　　　　　　　　【105年第3次普業】

發行股票

(　　) **9** 依發行人募集與發行有價證券處理準則之規定，發行人申報發行股票，有下列何種情形，金管會得停止其申報發生效力？　(A)申報書件完備或應記載事項充分者　(B)申報書件不完備或應記載事項不充分者　(C)申報書件完備者　(D)應記載事項充分者。　　　　　　　　　　　　　　　　　【104年第1次分析師】

(　　) **10** 上市上櫃公司於現金發行新股時，依「證券交易法」之規定，至少應提撥多少股份，以時價對外公開發行？　(A)公司已發行股份總數的百分之十　(B)公司該次發行新股總額之百分之十　(C)公司登記資本額的百分之十　(D)公司經核准發行股份總額的百分之三十。　　　　　　　　　　　　　　　　　【105年第1次高業】

(　　) **11** 股票上市上櫃之公開發行公司，現金增資發行新股，應依下列何者公開募集？　(A)須全部以面額價額，對外公開募集　(B)必須提撥一定比率，對外以時價公開募集　(C)必須於員工、股東認購後之餘額，才能對外公開募集　(D)公司任意決定公開募集事宜。　　　　　　　　　　　　　　　【109年第3次普業】

發行公司債

(　　) **12** 上市、上櫃公司發行轉換公司債時，應提出多少比例委託證券承銷商辦理公開承銷？　(A)百分之五十　(B)百分之六十　(C)百分之八十　(D)百分之百。　　　　　　　　　　　　【107年第3次高業】

(　　) **13** 轉換公司債每一交易單位之面額為多少？
(A)新臺幣一萬元
(B)新臺幣十萬元
(C)新臺幣一百萬元
(D)新臺幣五百萬元。　　　　　　　　　　　【107年第1次普業】

(　　) **14** 金融控股公司發行普通公司債，並檢具對外公開發行公司債申報
書與書件，向金融監督管理委員會提出申報，一般情形，金管會
受理發行公司債申報書之日起幾個營業日即可申報生效？　(A)7
個　(B)12個　(C)15個　(D)30個。　　　　　【110年第1次普業】

解答與解析

1 (A)。我國現行有價證券之募集與發行、公開招募、補辦公開發行、無償配
發新股與減少資本係採申報生效制。

2 (A)。目前為降低發行人公開說明書製作之成本，引進他國制度而有簡式公
開說明書。

3 (B)。公開說明書之財務報告應載明，發行人申報募集發行有價證券時最近
二年的財務報告。

4 (C)。有下列情形之一，應分別委請主辦證券承銷商及律師分別提出評估報
告及法律意見書：
(1)上市或上櫃公司辦理現金發行新股、合併發行新股、受讓他公司股份
發行新股、依法律規定進行收購或分割發行新股者。
(2)興櫃股票公司辦理現金增資並提撥發行新股總額之一定比率公開銷
售者。
(3)發行人經證券交易所向本會申報其股票創新板上市契約後，辦理現金
增資發行新股為初次上市公開銷售者。
(4)股票未在證券交易所上市（以下簡稱未上市）或未在證券商營業處所
買賣之公司辦理現金發行新股，依第十八條規定提撥發行新股總額之
一定比率對外公開發行者。
(5)募集設立者。
(6)發行具股權性質之公司債有委託證券承銷商對外公開承銷者。

5 (B)。發行人募集與發行有價證券案件，自主管機關停止申報生效通知到達日起，如屆滿十二個營業日未申請解除，主管機關將退回。

6 (C)。發行人募集與發行有價證券，自申報生效通知到達之日起，應於三個月內募足並收足現金款項，故甲公司須於七月一日以前募集完成。

7 (B)。發行人募集與發行有價證券，經發現自申報生效或申請核准通知到達之日起，逾三個月尚未募足並收足現金款項者，金管會得撤銷或廢止其申報生效或核准。

8 (A)。根據發行人募集與發行有價證券處理準則第11條，有價證券持有人對非特定人公開招募有價證券，經向本會申報生效後有前項第四款、第六款或第七款之情事者，本會亦得撤銷或廢止其申報生效。發行人自申報生效之日起至有價證券募集完成之日止，對外公開財務預測資訊或發布之資訊與申報（請）書件不符，且對證券價格或股東權益有重大影響時，本會得撤銷或廢止其申報生效。

經撤銷或廢止申報生效時，已收取有價證券價款者，發行人或持有人應於接獲本會撤銷或廢止通知之日起十日內，依法加算利息返還該價款，並負損害賠償責任。

9 (B)。發行人申報發行股票，若申報書件不完備或應記載事項不充分，金管會得停止其申報發生效力。

10 (B)。上市上櫃公司於現金發行新股時，至少應提撥該次發行新股總額之百分之十股份，以時價對外公開發行。

11 (B)。發行人募集與發行有價證券處理準則第17條，上市或上櫃公司辦理現金增資發行新股，且未經依本法第一百三十九條第二項規定限制其上市買賣，應提撥發行新股總額之百分之十，以時價對外公開發行，不受公司法第二百六十七條第三項關於原股東儘先分認規定之限制。但股東會另有較高比率之決議者，從其決議。

12 (D)。上市上櫃公司發行轉換公司債時，應將全數委託證券承銷商包銷。

13 (B)。公債、公司債、金融債：最低成交單位為面額1萬元。
轉換公司債：每一交易單位面額為10萬元。

14 (B)。金融控股公司發行普通公司債，並檢具對外公開發行公司債申報書與書件，一般情形，金管會受理發行公司債申報書之日起12個營業日即可申報生效。

Ch5 金融商品與稅賦

依據出題頻率區分，屬：**B** 頻率中

課前導讀

在這裡收錄與整理普業及高業測驗中，較為零星出現的考點，例如ETF、權證、稅賦等，若能於考前熟讀，亦可使準備過程臻於完備。

重點 1　金融市場與金融商品　　重要度 ★★☆

一、金融市場的分類

(一) 以期限長短區分

1. 貨幣市場

(1)金融商品的到期期限在「**1年以下者**」，是為「**貨幣市場工具**」，貨幣市場工具流通之市場，即「**貨幣市場**」。

(2)常見的貨幣市場工具有：可轉讓定期存單、銀行承兌匯票、國庫券、商業本票等。

2. 資本市場

(1)金融商品的到期期限在「**1年以上**」者，是為「**資本市場工具**」，資本市場工具流通之市場，即「**資本市場**」。

(2)常見的資本市場工具有：股票、債券、共同基金、臺灣存託憑證等。

(二) 以流通順序區分

1. 初級市場：又稱「**發行市場**」，為金融工具初次發行的市場。

2. 次級市場：又稱「**流通市場**」，為交易已經發行在外證券的市場。

(三) 以交易場所區分

1. 集中市場：上市股票在證券交易所，以集中競價的方式買賣的市場。

2. 櫃買市場：在證券商營業櫃檯以議價進行的交易，稱為「**櫃檯買賣（Over-the-Counter，簡稱OTC）**」，又稱「**店頭市場**」。

(四) 以資金的供輸作業區分

1. **直接金融**：資金需求者直接向資金供給者籌措款項。
2. **間接金融**：資金需求者向金融仲介機構借款，而金融仲介機構的資金是來自於資金供給者的存款；故中間透過仲介角色，稱為間接金融。

二、共同基金

(一) 共同基金為將眾多投資者的資金聚集，再交付專業機構投資、管理的一種理財方式，其基金的投資收益或風險則由全體投資人共同分擔。

(二) 優點：一般民眾平常無暇注意市場行情，又金融市場標的種類繁多，無法一一深入研究，可藉由專業經理人來掌握投資的時機，以追求穩健獲利。

(三) 基金的分類

1. 依交易方式分類
   (1) 開放式基金：投資人直接向基金公司以「基金淨值」來買入或賣出，**開放式基金的規模會隨著投資人的買入或賣出而變動**。
   (2) 封閉式基金：**封閉式基金在募集完成之後，就不再由投資人直接或間接向基金公司購買**，只能於股票市場上和其他基金持有者交易，是故基金規模不會因為投資人的買賣而變動。

2. 依標的資產類別分類
   (1) 股票型基金：股票投資比重佔基金淨值的70%以上。
   (2) 債券型基金：以債券為投資標的。
   (3) **平衡型基金：投資於股票與債券，且股票比重需介於基金淨值的30%～70%**。
   (4) 組合型基金：為特殊的基金，**此類基金以其他基金為投資標的**，而非直接投資於股票、債券等有價證券。**每一組合型基金至少應投資5個以上子基金**，且**每個子基金最高投資上限**不得超過組合型基金淨資產價值之30%。

(四) 受益憑證

1. 經理公司以發行「受益權證」來取得共同投資信託基金，而投資人則以購買「受益憑證」的方式，成為共同基金的「受益人」。
2. 是以，受益憑證是一種有價證券，且具有良好的變現能力。

三、ETF（Excgange Traded Fund）【109年第4次普業】

(一) ETF（Exchange Traded Fund）」，譯為「指數型基金」。與「共同基金」一樣，ETF也是由「一籃子股票」組成的；差別在於「共同基金」的證券名單是由基金經理人所挑選，而「指數型基金」的名單則是「依指數成分股」所訂。

(二) 在ETF出現之前，投資人無法直接投資指數。例如今天民眾想複製「臺灣加權股價指數」的績效，只能照著成分股的組成比例去買。對大多數人來說麻煩又有高門檻。而1990年John Bogle發明ETF，把「指數證券化」，新型的投資方式便廣受大眾歡迎。

(三) 以下整理ETF與傳統共同基金之比較

交易特點	ETF	傳統共同基金
管理方式	被動管理，旨在追求與指數一致報酬	主動管理，旨在打敗大盤
交易方式	盤中可隨時交易	以每日收盤淨值定價及交易
信用交易	可	否
投組變動頻率	指數成分股變動時才變動	由經理人判斷是否更改
投組透明度	因為追蹤指數，故透明度高	由經理人操作，透明度低
管理費用	低	高

四、權證【109年第3次高業】

(一) 定義

　　1. 權證是一種「具有執行權利」的有價證券。投資人支付權利金（權證市價），以換取在未來某一段時間內（存續期間），可以事先約定好的標的證券價格（履約價格），向發行人要求轉換成一定數量（行使比例）之標的股票的機會。

　　2. 舉例：假設投資人買入履約價為550元的台積電認購權證，未來台積電股價漲到680元，其即可以每股550元像發行券商買進台積電股票。

　　3. 股票、指數、期貨均為認購（售）權證得連結之標的。

(二) 權證的種類

1. 依判斷標的漲跌區分

(1)**認購權證**：投資人可依事先約定價金，購買某檔股票的權利，其概念相當於選擇權的「買權」；適合看多的投資人購買。

(2)**認售權證**：投資人可依事先約定價金，賣出某檔股票的權利，其概念相當於選擇權的「賣權」；適合看空的投資人購買。

2. 依履約時點區分

(1)**美式權證**：投資人可於權證存續期間內任意時點要求履約。

(2)**歐式權證**：投資人僅可在權證到期日當天要求履約。

3. 依履約價值區分

(1)**價內權證**：標的市價＞認購權證的履約價，或標的市價＜認售權證的履約價

(2)**價平權證**：標的市價＝權證的履約價

(3)**價外權證**：標的市價＜認購權證的履約價，或標的市價＞認售權證的履約價

(三) 發行權證相關限制

1. 認購（售）權證發行人的資格條件

(1)**本國發行人資格認可之條件**

A. 同時經營證券承銷、自行買賣及行紀或居間等三種業務之證券商。

B. 最近期經會計師查核簽證之財務報告淨值達新臺幣30億元以上，且不低於實收資本額；財務狀況符合證券商管理規則之規定。

(2)**外國發行人資格認可之條件**

A. 同時經營證券承銷、自行買賣及行紀或居間等三種業務之證券商。

B. 最近期經會計師查核簽證之財務報告淨值達新臺幣30億元以上，且不低於實收資本額。

C. 符合經主管機關認可之信用評等機構評定達一定等級以上。

D. 具有國際認購（售）權證業務經驗。

E. 最近二年在其本國未曾受主管機關處分。

F. 其在中華民國境內之分支機構或直接間接持股百分之百之子公司在中華民國境內之分支機構淨值應達新臺幣一億伍千萬元以上，並符合下列條件

2.上市認購（售）權證之發行，應符合下列各款規定：

(1)發行單位五百萬單位至五千萬單位。每一發行單位價格不低於新臺幣0.6元（含）。

(2)存續期間：自上市買賣日起算，其存續期間應為六個月以上二年以下。

3.認購權證之發行人與證券交易所簽定之上市契約，如經行政院金融監督管理委員會不予核准、撤銷或廢止其核准時，發行人應於接獲撤銷通知之日起10日內，加算利息返還該價額，給予認購權證持有人。

即時演練

( )　**1** 一組合型基金至少會有＿＿＿個子基金，且每個子基金最高投資上限不得超過淨資產價值之＿＿＿。空格中的數字分別為？
(A)3與30%　　　　　　　　(B)3與50%
(C)5與30%　　　　　　　　(D)5與50%。

( )　**2** 認購權證一交易單位為：
(A)一千個認購權證單位
(B)五百個認購權證單位
(C)三百個認購權證單位
(D)一百個認購權證單位。　　　　　　　　【105年第2次高業】

( )　**3** ETF是否可以配息？
(A)僅分配現金股利
(B)可分配現金股利及股票股利
(C)僅分配股票股利
(D)不可參與配息。　　　　　　　　【109年第4次普業】

( )　**4** 下列何者為被動式操作管理之基金？
(A)指數型基金
(B)指數股票型基金（ETF）
(C)ETF連結基金
(D)以上皆是。　　　　　　　　【109年第4次普業】

解答與解析

1 (C)。根據證券投資信託基金管理辦法第43條，每一組合型基金至少
　　　應投資五個以上子基金，且每個子基金最高投資上限不得超過
　　　組合型基金淨資產價值之百分之三十。

2 (A)。認購權證一交易單位為一千個認購權證單位。

3 (A)。ETF通常採年配息，且通常是發放現金股利。

4 (D)。指數基金即為被動式管理的代表，指數型基金、指數股票型基
　　　金（ETF）、ETF連結基金均為被動式操作管理之基金。

重點2　稅賦與手續費　　　　　　　重要度 ★★☆

一、證券交易稅【109年第2次、第3次普業】

證券交易稅係由有價證券「**賣方**」負擔，由自營商本身負責繳納及代徵人負
責代徵繳納。各項有價證券之證交稅稅率如下：

(一) **股票**：0.3%。

(二) **受益憑證**：0.1%。

(三) **臺灣存託憑證**：0.1%。

(四) **認購（售）權證**：0.1%。

(五) **政府債券、公司債與金融債券**：免稅。

知識補給站

我國證券交易的投資人目前僅須負擔證券交易稅，無須負擔「證券交易所得稅」。

二、手續費

(一) 買賣股票時，券商會各收取一次手續費，手續費依成交金額的0.1425%計
　　收，未滿新台幣20元按20元計收。

(二) 買賣權證，向委託人收取之手續費準用上市股票規定，即0.1425%。

$ **即時演練**

(　) **1** 買賣公司債及金融債券，其證券交易稅稅率為：
(A)免稅　　　　　　　　　(B)千分之一
(C)千分之二　　　　　　　(D)千分之三。　【108年第3次高業】

(　) **2** 在櫃檯買賣中心買賣政府債券，其證券交易稅稅率為多少？
(A)千分之一點五　　　　　(B)千分之三
(C)千分之一點四五　　　　(D)免稅。　　　【108年第1次高業】

(　) **3** 目前證券交易稅為：
(A)買賣雙方共同負擔
(B)買方負擔
(C)賣方負擔
(D)獲利者才負擔。　　　　　　　　　　　【108年第2次高業】

(　) **4** 證券經紀商代客買賣證券，應於下列何種交易時替政府收取證券交易稅？
(A)客戶買入及賣出股票時
(B)融資買進時
(C)客戶買入股票時
(D)客戶賣出股票時。　　　　　　　　　　【108年第3次普業】

解答與解析

1 (A)。我國為活絡債券市場，協助企業籌資及促進資本市場之發展，自中華民國99年1月1日起至115年12月31日止7年內暫停徵公司債及金融債券之證券交易稅。

2 (D)。交易政府債券免稅。

3 (C)。根據證券交易稅條例第2條，僅賣出股票者方須繳納證券交易稅。

4 (D)。根證券交易稅條例據第2條，證券交易稅向出賣有價證券人按每次交易成交價格依左列稅率課徵之：
一、公司發行之股票及表明股票權利之證書或憑證徵千分之三。
二、公司債及其他經政府核准之有價證券徵千分之一。

精選試題

✅ 金融市場的分類

( ) **1** 下列何者不可能為貨幣市場基金的主要投資標的？ (A)可轉讓定期存單 (B)國庫券 (C)60天期附買回票券 (D)2年期公債。

✅ 基金

( ) **2** 下列哪項可能為多重資產型之資產配置比例？ (A)股票：90%、債券：10% (B)股票：80%、債券：10%、REITs：10% (C)股票：10%、債券：80%、REITs：10% (D)股票：70%、REITs：30%。

( ) **3** 集中交易市場受益憑證申報買賣之數量，以多少受益權單位為一交易單位？
(A)五百 (B)一千
(C)一萬 (D)十萬。 【110年第1次高業】

✅ 權證

( ) **4** 依「臺灣證券交易所股份有限公司認購（售）權證上市審查準則」規定，上市認購權證之發行單位的最高上限為：
(A)五百萬單位
(B)一千萬單位
(C)三千萬單位
(D)五千萬單位。 【105年第1次高業】

( ) **5** 假設履約價格為八十元，標的股票價格為九十元，則該認購權證處於：
(A)價平（At-the-money）
(B)價外（Out-of-the-money）
(C)價內（In-the-money）
(D)選項(A)、(B)、(C)皆非。 【109年第2次高業】

( )   **6** 認購權證之發行人與證券交易所簽定之上市契約，如經行政院金融監督管理委員會不予核准、撤銷或廢止其核准時，發行人應於接獲撤銷通知之日起幾日內，加算利息返還該價額，給予認購權證持有人？
(A)三十日內　　　　　　　　(B)七日內
(C)十日內　　　　　　　　　(D)十五日內。

( )   **7** 目前我國認購權證其發行人為：甲.標的證券發行公司；乙.標的證券發行公司以外之第三者。何者正確？
(A)甲　　　　　　　　　　　(B)乙
(C)甲、乙皆是　　　　　　　(D)甲、乙皆非。

✔ 稅賦與手續費

( )   **8** 有關賣出股票所需繳交之證券交易稅敘述，以下何者正確？
(A)證券交易稅為證券商收取
(B)賣出時以買價計算
(C)買進與賣出時各計算一次
(D)賣出時以賣價計算。　　　　　　　　　【110年第1次高業】

( )   **9** 某投資人買進甲公司股票一百張，每股價格三十元，手續費率為千分之一點四二五，則此投資人須交割之價金及各項費用合計為：
(A)3,002,423元
(B)3,021,250元
(C)3,057,125元
(D)3,004,275元。　　　　　　　　　　　【108年第2次高業】

解答與解析

 1 (D)。貨幣市場基金所投資的標的須在一年以內。

 2 (D)。多重資產型基金指得同時投資於股票、債券、基金受益憑證等種類，且投資於前開任一資產種類之總金額不得超過本基金淨資產價值之70%。

3 (B)。集中交易市場受益憑證申報買賣之數量,以一千受益權單位為一交易單位。

4 (D)。根據臺灣證券交易所股份有限公司認購(售)權證上市審查準則第11條規定,上市認購權證之發行單位的最高上限為五千萬單位。

5 (C)。(1)價內:認購權證履約價<股票標的物的股價。
(2)價平:認購權證履約價=股票標的物的股價。
(3)價外:認購權證履約價>股票標的物的股價。

6 (C)。認購權證之發行人與證券交易所簽定之上市契約,如經行政院金融監督管理委員會不予核准、撤銷或廢止其核准時,發行人應於接獲撤銷通知之日起10日內,加算利息返還該價額,給予認購權證持有人。

7 (B)。發行人發行認購(售)權證處理準則第3條,本準則所稱發行人,係指標的證券發行公司以外之第三者且同時經營有價證券承銷、自行買賣及行紀或居間等三種業務者。

8 (D)。證券交易稅係由出賣有價證券的人負擔,由自營商本身負責繳納及代徵人負責代徵繳納。僅需在賣出股票時繳納,且以賣價計算。

9 (D)。手續費為100(張)×1,000(股)×30(元)×0.1425%(手續費率)
=4,275
成交費用100(張)×1,000(股)×30(元)=3,000,000
總和為3,000,000+4,275=3,004,275元。

證券商業務員

( )　**1** 依「公司法」規定，股份有限公司發生下列何種情事，主管機關得依職權命令解散？　(A)監察人代表公司向董事提起訴訟　(B)支付不能　(C)公司設立登記後六個月內尚未開始營業，且未辦妥延展登記　(D)董事長自行決策。

( )　**2** 股份有限公司於章程訂明以當年度獲利狀況之定額或比率，分派員工酬勞，應於多少比例之董事出席，並在董事會過半數同意後決議行之？　(A)三分之一　(B)二分之一　(C)三分之二　(D)全數。

( )　**3** 何者為會計師對公開發行公司年度財務報告之查核意見，無須載明其理由：　(A)保留意見　(B)修正式無保留意見　(C)無保留意見　(D)無法表示意見。

( )　**4** 已依證交法發行之公司得於一定條件下對特定人招募有價證券，稱之為何種行為？　(A)私募　(B)公開募集　(C)發行　(D)掛牌。

( )　**5** 依「證券交易法」規定在私募的應募對象中，符合主管機關所定條件之應募人總人數不得超過多少人？　(A)二十人　(B)三十五人　(C)五十人　(D)六十五人。

( )　**6** 發行交換公司債，則其交換標的須送存下列哪一個機構保管？　(A)金融監督管理委員會　(B)保管銀行　(C)臺灣集中保管結算所　(D)標的為上市股票，送臺灣證券交易所；標的為上櫃股票，送櫃檯買賣中心。

( )　**7** 依公開發行公司審計委員會行使職權辦法，審計委員會應至少召開一次？　(A)每月　(B)每季　(C)每半年　(D)每年。

(　　) **8** 依「證券交易法」之規定，短線交易之利益歸入權行使之法定主
體係下列何者？　(A)主管機關　(B)該發行股票公司　(C)證券投
資人及期貨交易人保護中心　(D)消費者保護委員會。

(　　) **9** 某證券商（非由金融機構兼營）之稅後盈餘為二十億元，依規定
須提列多少特別盈餘公積？　(A)二億元　(B)四億元　(C)六億元
(D)八億元。

(　　) **10** 證券商經營櫃檯買賣業務，依法應向證券櫃檯買賣中心繳存下列
何項費用方得經營？　(A)賠償準備金　(B)給付結算基金　(C)特
別盈餘公積　(D)證券商經手費。

(　　) **11** 下列何者非可在臺灣證券交易所申請上市買賣之金融商品？
(A)認購權證　(B)受益憑證　(C)存託憑證　(D)利率交換契約。

(　　) **12** 證券集中保管事業接獲參加人申請領回有價證券通知後，應於何
日將有價證券交付參加人？　(A)當日　(B)次一營業日　(C)次二
營業日　(D)次三營業日。

(　　) **13** 證券商相互間發生有價證券交易之爭議時，應採行哪一種解決方
式？　(A)雙方協商解決　(B)約定仲裁　(C)強制仲裁　(D)向法
院提起訴訟。

(　　) **14** 下列各項民事爭議中，依證券投資人及期貨交易人保護法申請調
處，將不予受理？　(A)已在第一審法院言詞辯論終結者　(B)與
證券發行人產生之民事爭議者　(C)證券投資人提起之民事爭議
者　(D)有具體相對人之民事爭議者。

(　　) **15** 「證券交易法施行細則」係由下列何機關所訂定？　(A)財政部
(B)行政院　(C)金融監督管理委員會　(D)經濟部。

(　　) **16** 下列何者不是股份有限公司之解散事由？　(A)公司所經營事業
已成就或不能成就　(B)股東會為解散之決議　(C)公司轉投資逾
越公司章程之規定　(D)與他公司合併。

(　) **17** 下列關於股份有限公司盈餘分配之敘述，何者錯誤？　(A)公司章程得訂明盈餘分派或虧損撥補於每季或每半會計年度終了後為之　(B)盈餘分派之議案需提董事會決議　(C)公司決定於每季分派盈餘時，可不須先保留應納稅捐　(D)公司於分派盈餘時，需提列法定盈餘公積。

(　) **18** 公司因減資換發新股時，公司應於減資登記後，定下列何項期限以上，通知各股東換取並聲明逾期不換取者，喪失股東權利？(A)一個月　(B)三個月　(C)六個月　(D)十二個月。

(　) **19** 證券商向證券交易所申請股票上市者，應先取得何機關之同意函？　(A)上市審議委員會　(B)臺灣證券交易所　(C)證券商業同業公會　(D)目的事業主管機關。

(　) **20** 證券商流動負債總額，不得超過其流動資產總額之多少？(A)百分之五十　(B)百分之百　(C)百分之一百五十　(D)百分之二百。

(　) **21** 證券商業務人員有異動者，應於何時向證券交易所（或證券櫃檯買賣中心）、證券商業同業公會申報登記？　(A)次月十日前(B)異動後十日內　(C)每月五日前　(D)異動後五日內。

(　) **22** 下列何者不是證券商應先報主管機關核准之情形？　(A)變更機構名稱　(B)變更資本額　(C)董事、監察人持股變動　(D)與其他證券公司合併。

(　) **23** 證券商之加入同業公會制度相關規定是：　(A)任意入會　(B)選擇入會　(C)強制入會　(D)可以隨時退出。

(　) **24** 證券交易所提存之賠償準備金，得為下列何項之運用？　(A)購買政府債券　(B)購買上市公司股票　(C)貸與公開發行公司(D)投資共同基金。

(　) **25** 證券集中交易市場上市之有價證券，何者得為帳簿劃撥？(A)受益憑證　(B)存託憑證　(C)轉換公司債　(D)選項(A)、(B)、(C)皆是。

( ) **26** 企業籌措資金之管道可分為「直接金融」與「間接金融」兩種，下列何者是屬於「直接金融」？Ⅰ.發行新股；Ⅱ.發行轉換公司債；Ⅲ.向銀行借款；Ⅳ.辦理私募 (A)Ⅰ、Ⅲ、Ⅳ (B)Ⅰ、Ⅱ、Ⅲ (C)Ⅰ、Ⅱ、Ⅳ (D)Ⅰ、Ⅱ、Ⅲ、Ⅳ。

( ) **27** 假設投資人持有一槓桿型ETF，標的指數第一天上漲5%，第二天上漲5%，則2倍槓桿ETF報酬率為多少？ (A)20% (B)10% (C)21% (D)25%。

( ) **28** 某上市公司舉行股東會，股東可用何種方式行使表決權？
(A)自行繕寫萬言書並寄給公司，對各議案盡情揮灑觀點
(B)口頭請求他人代理出席並交付身分證以茲證明
(C)上集保網頁進行電子投票
(D)選項(A)、(B)、(C)皆是。

( ) **29** 代辦股務之機構須配置哪種設備？ (A)電腦設備 (B)印鑑比對系統 (C)具防火、防水、防盜功能之金庫 (D)選項(A)、(B)、(C)皆是。

( ) **30** 下列何種情事係重大影響上市公司股票價格之消息？
(A)變更董事長
(B)存款不足遭退票
(C)因訴訟對公司財務或業務有重大影響者
(D)選項(A)、(B)、(C)皆是。

( ) **31** 上市公司經終止上市，且被列為管理股票者，欲再行申請上市時應如何辦理？
(A)重新依上市審查準則所定條件辦理
(B)證交所對此類公司另行訂定上市條件
(C)需重新獲得主管機關許可上市
(D)不准再申請上市。

( ) **32** 證券商有停業者，其於集中交易市場了結停業前所為買賣或受託事務範圍內，如何處理？ (A)視為尚未停業 (B)視為清算程序 (C)視為辦理解散中 (D)視為破產。

( ) **33** 集中交易市場採逐筆交易之時段為： (A)開盤 (B)盤中 (C)收盤 (D)選項(A)、(B)、(C)皆是。

( ) **34** 發行公司申請為櫃檯買賣管理股票，應於終止上市或上櫃買賣公告日起多久期限內，向櫃買中心提出？ (A)一星期 (B)二星期 (C)一個月 (D)二個月。

( ) **35** 接受客戶委託應先收足款項方予買進的證券是： (A)上市股票 (B)上櫃股票 (C)管理股票 (D)公司債。

( ) **36** 櫃檯買賣之推薦證券商，至遲於該股票開始在櫃檯買賣幾個營業日前，應將其持有被推薦公司之股數、比率及認購價格以書面向證券櫃買中心申報？ (A)2個 (B)5個 (C)10個 (D)15個。

( ) **37** 向證券金融公司開立帳戶之委託人，擬變更新受託證券商時，下列哪一敘述正確？
(A)由新受託證券商將委託人變更通知核轉證券金融公司
(B)由原受託證券商將委託人變更通知核轉證券金融公司
(C)在生效日之次一營業日變更
(D)由新受託證券商通知原受託證券商。

( ) **38** 當信用帳戶的擔保維持率不足，證券商通知補繳差額後 ＿＿＿＿ 個營業日內未補繳足夠金額，可能將面臨「斷頭」？ (A)1 (B)2 (C)3 (D)5。

( ) **39** 未上市或未上櫃公司發行公開之股票，其持有人申報對非特定人公開招募，應委託證券承銷商包銷，並保留多少比率之承銷股數由證券承銷商自行認購？ (A)20% (B)30% (C)40% (D)50%。

( ) **40** 外國企業來臺以存託憑證方式籌措資金謂之發行：
(A)臺灣存託憑證（TDR） (B)全球存託憑證（GDR）
(C)美國存託憑證（ADR） (D)歐洲存託憑證（EDR）。

( ) **41** 經核准終止上市之有價證券，證交所應於實施日幾日前公告？ (A)7日 (B)12日 (C)15日 (D)20日。

( ) **42** 證交所提供之交易資訊有傳輸中斷情事時，證券商可否請求
賠償？
(A)得向證交所請求賠償
(B)應循行政救濟程序處理
(C)應透過證券商業同業公會請求證交所賠償
(D)不得向證交所請求賠償。

( ) **43** 下列何者為鉅額逐筆交易之交易時段？
(A)8：00~8：30　　　　　(B)8：30~9：00
(C)9：00~17：00　　　　 (D)17：00~17：30。

( ) **44** 下列何者非買賣申報單有效期別？　(A)當日有效　(B)立即成
交否則取消　(C)自行指定之日期內有效　(D)選項(A)、(B)、
(C)皆可。

( ) **45** 櫃檯買賣證券經紀商接受客戶以電話委託者，應同步錄音，對無
爭議之電話錄音應至少保存多久期限？　(A)一個月　(B)三個月
(C)六個月　(D)一年。

( ) **46** 除等價成交系統外，櫃檯買賣債券交易之價格有無漲跌限制？
(A)無漲跌停限制　　　　　(B)有5%之漲跌停限制
(C)有7%之漲跌停限制　　　(D)有10%之漲跌停限制。

( ) **47** 甲公司之股票雖在證券櫃買中心掛牌，但是嗣後公告並申報之最
近期財務報告顯示淨值為負數，證券櫃買中心應如何處理？
(A)報請主管機關停止甲公司之有價證券櫃檯買賣契約
(B)報請主管機關核准終止甲公司有價證券櫃檯買賣
(C)得終止甲公司有價證券櫃檯買賣，並報請主管機關備查
(D)逕行終止甲公司有價證券櫃檯買賣。

( ) **48** 委託人融資買進，其計算融資金額之最小單位為何？
(A)未滿百元部分不予計算　(B)未滿千元部分不予計算
(C)未滿萬元部分不予計算　(D)未滿十元部分不予計算。

( ) **49** 得向證券金融事業辦理融資融券事項者有哪些？
(A)證券投資人 　　　　　(B)證券商
(C)證券金融公司 　　　　(D)選項(A)、(B)、(C)皆是。

( ) **50** 證券經紀商代客買賣證券，應於下列何種交易時替政府收取證券
交易稅？
(A)客戶買入及賣出股票時 　(B)融資買進時
(C)客戶買入股票時 　　　　(D)客戶賣出股票時。

解答與解析 （答案標示為#者，表官方曾公告更正該題答案。）

1 (C)。 根據公司法第10條，公司有下列情事之一者，主管機關得依職權或利
害關係人之申請，命令解散之：
一、公司設立登記後六個月尚未開始營業。但已辦妥延展登記者，不在
此限。
二、開始營業後自行停止營業六個月以上。但已辦妥停業登記者，不在
此限。
三、公司名稱經法院判決確定不得使用，公司於判決確定後六個月內尚
未辦妥名稱變更登記，並經主管機關令其限期辦理仍未辦妥。
四、未於第七條第一項所定期限內，檢送經會計師查核簽證之文件者。
但於主管機關命令解散前已檢送者，不在此限。

2 (C)。 根據公司法第235-1條，公司應於章程訂明以當年度獲利狀況之定額或
比率，分派員工酬勞。前項員工酬勞以股票或現金為之，應由董事會
以董事三分之二以上之出席及出席董事過半數同意之決議行之，並報
告股東會。

3 (C)。 根據證券交易法施行細則第4條第1項第1款：年度財務報告應載明查
核會計師姓名及其查核意見為「無保留意見」、「修正式無保留意
見」、「保留意見」、「無法表示意見」或「否定意見」之字樣；其
非屬「無保留意見」查核報告者，並應載明其理由。

4 (A)。 根據證交法第7條，本法所稱私募，謂已依本法發行股票之公司依第
四十三條之六第一項及第二項規定，對特定人招募有價證券之行為。

5 (B)。 根據證券交易法第43-6條，符合主管機關所定條件之應募人總人數不得
超過35人。

6 (C)。 發行交換公司債，則其交換標的須送存臺灣集中保管結算所保管。

7 (B)。 根據公開發行公司審計委員會行使職權辦法第7條，審計委員會應至少每季召開一次，並於審計委員會組織規程中明定之。

8 (B)。 根據證券交易法第157條，發行股票公司董事、監察人、經理人或持有公司股份超過百分之十之股東，對公司之上市股票，於取得後六個月內再行賣出，或於賣出後六個月內再行買進，因而獲得利益者，公司應請求將其利益歸於公司。

9 (B)。 提撥百分之20%，20億×20%＝4億元。

10 (B)。 櫃檯買賣市場的給付結算基金，在概念上等同於集中交易市場的交割結算基金，其主要目的在於提供證券商對市場履行交割（給付結算）義務之擔保，亦即只有在證券商無法對市場履行交割義務時，才有可能動用給付結算基金，以確保部分市場參與者發生無法履行給付結算義務時，不致影響整體市場的正常運作。

11 (D)。 利率交換契約非可在臺灣證券交易所申請上市買賣之金融商品。

12 (A)。 根據有價證券集中保管帳簿劃撥作業辦法第23條，保管事業接獲前條申請領回清冊，應於當日將有價證券連同證券號碼清單交付參加人。

13 (C)。 根據證券交易法第166條，依本法所為有價證券交易所生之爭議，當事人得依約定進行仲裁。但證券商與證券交易所或證券商相互間，不論當事人間有無訂立仲裁契約，均應進行仲裁。

14 (A)。 根據證券投資人及期貨交易人保護法第23條，申請調處有下列情形之一者，不予受理：
一、非屬前條第一項民事爭議者。選項(B)錯誤。
二、非證券投資人、期貨交易人提起者。選項(C)錯誤。
三、無具體相對人者。選項(D)錯誤。
四、已在第一審法院言詞辯論終結者。選項(A)正確。
五、調處內容為確定判決之效力所及者。
六、同一事件已依本法規定申請調處者。
調處委員會除前項情形或應補正事項外，應於受理申請後十五日內進行調處。

15 (C)。 證券交易法施行細係由金融監督管理委員會所訂定。

16 (C)。 根據公司法第315條，股份有限公司，有左列情事之一者，應予解散：
一、章程所定解散事由。
二、公司所營事業已成就或不能成就。
三、股東會為解散之決議。
四、有記名股票之股東不滿二人。但政府或法人股東一人者，不在此限。
五、與他公司合併。
六、分割。
七、破產。
八、解散之命令或裁判。
前項第一款得經股東會議變更章程後，繼續經營；第四款本文得增加有記名股東繼續經營。

17 (C)。 根據公司法第228-1條，公司分派盈餘時，應先預估並保留應納稅捐、依法彌補虧損及提列法定盈餘公積。但法定盈餘公積，已達實收資本額時，不在此限。

18 (C)。 根據公司法第279條，因減少資本換發新股票時，公司應於減資登記後，定六個月以上之期限，通知各股東換取，並聲明逾期不換取者，喪失其股東之權利。

19 (D)。 證券業、金融業及保險業申請其股票上市，除應符合本準則有關規定外，應先取得目的事業主管機關之同意函。

20 (B)。 根據證券商管理規則第13條，證券商除有特殊需要經專案核准者或由金融機構兼營者另依有關法令規定辦理外，其對外負債總額不得超過其淨值之六倍；其流動負債總額不得超過其流動資產總額。但經營受託買賣有價證券或自行買賣有價證券業務，除本會另有規定者外，其對外負債總額不得超過其淨值。

21 (D)。 根據證券商負責人與業務人員管理規則第13條，證券商負責人及業務人員有異動者，證券商應於異動後五日內依下列規定，向證券交易所、證券商同業公會或證券櫃檯買賣中心申報登記。

22 (C)。 根據證券商管理規則第3條，證券商有下列情事之一者，應先報經本會核准：
一、變更機構名稱。
二、變更資本額、營運資金或營業所用資金。

三、變更機構或分支機構營業處所。

四、受讓或讓與他人全部或主要部分營業或財產。

五、合併或解散。

六、投資外國證券商。

七、其他經本會規定應先報經核准之事項。

23 (C)。 證券交易法第89條，證券商非加入同業公會，不得開業。

24 (A)。 根據證券交易所管理規則第20條，證券交易所提存前條之賠償準備金，應專戶提存保管，非經本會核准，不得為左列以外之運用：

一、政府債券。

二、銀行存款或郵政儲金。

25 (D)。 受益憑證、存託憑證、轉換公司債皆得為帳簿劃撥。

26 (C)。 發行新股、發行轉換公司債、辦理私募均是企業直接向投資人籌資，屬於直接金融。企業向銀行借款，銀行的資金來源是來自存戶存款，屬於間接金融。

27 (C)。 $(1+10\%) \times (1+10\%) - 1 = 21\%$

28 (C)。 股東會時，股東得1親自出席2出具委託書委託他人代理出席或3電子投票行使表決權。

29 (D)。 根據自辦及代辦公開發行公司股務應行注意事項，代辦股務之機構，其辦理股務業務之設備，應符合下列規定：

(1) 應配置必要之電腦設備及印鑑比對系統。

(2) 應具備防火、防水、防盜功能之金庫，並訂定「金庫管理辦法」確實執行。

自辦股務之單位應設置安全之庫房，並訂定「庫房管理辦法」確實執行，且配置足夠之硬體設備。

30 (D)。 變更董事長、存款不足遭退票、因訴訟對公司財務或業務有重大影響者，均屬重大影響上市公司股票價格之消息。

31 (A)。 上市公司經終止上市，且被列為管理股票者，欲再行申請上市時應重新依上市審查準則所定條件辦理。

32 (A)。 臺灣證券交易所股份有限公司營業細則第34條，證券商有停業者，其經手在本公司市場，於其了結停業前所為有價證券買賣或受託事務範圍內，仍視為尚未停業。

33 (B)。(1)開盤/收盤：集合競價。(2)盤中：逐筆交易。

34 (C)。依《財團法人中華民國證券櫃檯買賣中心證券商營業處所買賣有價證券審查準則》第3條之1，發行公司申請為櫃檯買賣管理股票，應於終止上市或上櫃買賣公告日起一個月內，向櫃買中心提出。

35 (C)。依《財團法人中華民國證券櫃檯買賣中心證券商營業處所買賣有價證券業務規則》第35條之3，證券經紀商接受客戶委託透過本中心等價成交系統買賣櫃檯買賣管理股票時，應預先收足買進之價金或賣出之證券，始得為之。櫃檯買賣管理股票應採分盤方式交易，每四十五分鐘撮合一次。

36 (B)。櫃檯買賣之推薦證券商，至遲於該股票開始在櫃檯買賣5個營業日前，應將其持有被推薦公司之股數、比率及認購價格以書面向證券櫃買中心申報。

37 (A)。向證券金融公司開立帳戶之委託人，擬變更新受託證券商時，由新受託證券商將委託人變更通知核轉證券金融公司。

38 (B)。根據證券商辦理有價證券買賣融資融券業務操作辦法第55條，當信用帳戶的擔保維持率不足，證券商通知補繳差額後2個營業日內未補繳足夠金額，可能將面臨「斷頭」。

39 (D)。根據發行人募集與發行有價證券處理準則第64條，有價證券持有人依第六十一條規定申報公開招募者，經向本會申報生效後，除已上市或上櫃公司之股票應委託證券承銷商為之外，應委託證券承銷商包銷，並應依本法第七十一條第二項規定，於承銷契約中訂明保留承銷股數之百分之五十以上由證券承銷商自行認購。

40 (A)。外國企業來臺以存託憑證方式籌措資金謂之發行：臺灣存託憑證（TDR）。

41 (D)。根據臺灣證券交易所股份有限公司營業細則第50-1條，經核准終止上市之有價證券，證交所應於實施日20日前公告。

42 (D)。臺灣證券交易所股份有限公司交易資訊使用管理辦法第26條，本公司提供之交易資訊及設備有傳輸中斷或發生故障無法正常作業時，資訊用戶不得要求賠償。申請使用者經本公司依本辦法規定終止契約，致無法使用交易資訊者，不得向本公司要求賠償。

43 (C)。根據臺灣證券交易所股份有限公司上市證券鉅額買賣辦法第5條,逐筆交易時間為上午九時至下午五時。上市證券於本公司營業細則第六十三條第二項採無升降幅度限制之交易日,暫停逐筆交易之申報。

44 (C)。根據臺灣證券交易所股份有限公司營業細則第58條之8,買賣申報有效期別分為當日有效、立即成交否則取消、立即全部成交否則取消:

　　一、當日有效係指買賣申報如未能一次全部成交,其餘量未撤銷,當市有效。

　　二、立即成交否則取消係指買賣申報輸入時,如未能於當次撮合全部成交,其餘量取消。

　　三、立即全部成交否則取消係指買賣申報輸入時,如未能於當次撮合全部成交,該筆申報取消。

45 (D)。根據臺灣證券交易所股份有限公司營業細則第80條

　　證券經紀商對電話委託應同步錄音,並將電話錄音紀錄置於營業處所。前項電話錄音紀錄,證券經紀商應至少保存一年。但買賣委託有爭議者,應保存至該爭議消除為止。如證券經紀商發生設備故障或作業疏漏時,應於事實發生之日起二日內將其原因事實及改善情形向本公司申報。

　　依前項所保存之電話錄音紀錄,視為交易憑證之一種,如證券商有規避或拒絕檢查情事者,依違反第二十五條第二項之違規處理規定暨「證券商規避、拒絕檢查之認定標準及處理程序」辦理。

46 (A)。除等價成父系統為10%外,其餘交易系統及證券商營業處所議價交易均無漲跌幅限。

47 (C)。證券櫃買中心應報請主管機關核准終止甲公司有價證券櫃檯買賣。

48 (B)。融資:未滿千元不予計算、融券:未滿百元以百元計。

49 (D)。證券投資人、證券商、證券金融公司均得向證券金融事業辦理融資融券事項。

50 (D)。根證券交易稅條例據第2條,證券交易稅向出賣有價證券人按每次交易成交價格依左列稅率課徵之:

　　一、公司發行之股票及表明股票權利之證書或憑證徵千分之三。

　　二、公司債及其他經政府核准之有價證券徵千分之一。

109年 第3次

( ) **1** 股份有限公司董事之報酬，未經章程訂明者，得以何種方式議定？ (A)自行議定 (B)由常務董事會議定 (C)由監察人決定 (D)由股東會議定。

( ) **2** 轉換公司債持有人請求轉換，公司或其代理人於受理轉換之請求後，應於幾個營業日內發給債券換股權利證書？ (A)二個營業日 (B)五個營業日 (C)次三營業日 (D)次二營業日。

( ) **3** 上市上櫃之公司，應於每會計年度第二季終了後多久內，公告並申報經會計師核閱之季財務報告？ (A)二十日 (B)三十日 (C)四十五日 (D)六十日。

( ) **4** 證券商若未如期提出主管機關命令所需提供之帳簿，可處新臺幣多少元之罰鍰？ (A)十二萬元以上二百四十萬元以下 (B)二十四萬元以上一百二十萬元以下 (C)二十四萬元以上二百四十萬元以下 (D)二十四萬元以上四百八十萬元以下。

( ) **5** 「證券交易法」第一百五十七條之一明定之內線消息，狹義而言是指下列何者？ (A)有重大影響公司股票價格之消息 (B)有重大影響公司經營策略之消息 (C)金融監督管理委員會之重大政策消息 (D)大型研究機構發布經濟數據。

( ) **6** 公司得對內部人為公司股票短線交易之獲利行使歸入權，其「獲利」之計算方式，下列何者正確？
(A)以最高賣價與最低買價相配，再取次高賣價與次低買價相配，依序計算差價
(B)對於差價利益之交易股票所獲配之股息不列入計算
(C)計算差價利益最後一筆交易日起至交付公司時，其法定利息，不列入計算
(D)計算差價利益買賣所支付證券商之手續費及交易稅，自利益中不扣除。

( )　**7** 依公司法規定，持有已發行股份總數達百分之＿＿之股東，須申報至中央主管機關建置或指定之資訊平臺；其有變動，應於變動後 ＿＿＿＿ 日內為之？　(A)十，十五　(B)十，十　(C)十五，十五　(D)十五，十。

( )　**8** 下列何者並非證券商得經營之業務？　(A)提供集中交易之場所及設備　(B)有價證券之承銷　(C)有價證券之自行買賣　(D)有價證券買賣之行紀。

( )　**9** 經營受託買賣或自行買賣有價證券之證券商，其對外負債總額不得超過其淨值之幾倍？　(A)二倍　(B)四倍　(C)六倍　(D)八倍。

( )　**10** 為促進我國普惠金融與金融科技發展，下列何者可依金融科技發展與創新實驗條例申請辦理證券業務創新實驗？　(A)證券商　(B)證券金融事業　(C)科技業　(D)以上皆可進行申請。

( )　**11** 證券投資人及期貨交易人保護基金對每家證券商每一證券投資人一次之償付金額，以新臺幣多少為上限？　(A)一百萬元　(B)三百萬元　(C)一千萬元　(D)依其實際損失而定。

( )　**12** 證券交易所為維護市場之交易秩序，應採取之措施包括下列何者？　(A)建立股市監視制度　(B)設置給付結算基金　(C)提存圈存準備金　(D)設置存款保證。

( )　**13** 「證券集中保管事業管理規則」規定，每一證券集中交易市場，以設立幾家證券集中保管事業為限？　(A)一家　(B)二家　(C)三家　(D)四家。

( )　**14** 應由仲裁機構選定仲裁人，而仲裁機構超過期限尚未選定者，當事人得聲請哪一機構為其選定？　(A)中華民國仲裁協會　(B)證券交易所　(C)金融監督管理委員會　(D)法院。

( )　**15** 下列何者非「公司法」規定股份有限公司章程應載明之事項？　(A)公司組織架構　(B)股份總數及每股金額　(C)董事人數　(D)所營事業。

（　）**16** 發行新股上市買賣之公司，應於新股上市後幾日內，將有關文件送達臺灣證券交易所？　(A)三十日內　(B)二十日內　(C)十日內　(D)五日內。

（　）**17** 股份有限公司公司債規定得轉換為股份者，公司債債權人可執行何種權利？　(A)無效　(B)必須轉換　(C)公司法無特別限制　(D)債權人有轉換之選擇權。

（　）**18** 公開發行公司應將董事會之開會過程全程錄音或錄影存證，並至少保存幾年？　(A)六個月　(B)一年　(C)三年　(D)五年。

（　）**19** 公司財務報告之主要內容有虛偽或隱匿之情事時，下列何者非應為此負賠償責任之人？　(A)公司董事長　(B)曾在財務報告上簽名的公司職員　(C)簽證會計師　(D)公司行銷經理。

（　）**20** 除經主管機關核准者外，公開發行公司董事間應有超過多少比例席次，不得具有配偶之關係？　(A)二分之一　(B)三分之一　(C)三分之二　(D)五分之一。

（　）**21** 股票上市上櫃之公開發行公司，現金增資發行新股，應依下列何者公開募集？　(A)須全部以面額價額，對外公開募集　(B)必須提撥一定比率，對外以時價公開募集　(C)必須於員工、股東認購後之餘額，才能對外公開募集　(D)公司任意決定公開募集事宜。

（　）**22** 證券商違反「證券交易法」或依該法所發布之命令者，主管機關最長得為多久期間以內之停業處分？　(A)一年　(B)六個月　(C)三個月　(D)二個月。

（　）**23** 下列何事業，得接受他人之委託在集中交易市場買賣有價證券？　(A)證券投顧事業　(B)證券經紀商　(C)證券自營商　(D)證券承銷商。

（　）**24** 得與證券交易所訂立使用有價證券集中交易市場契約之證券商為下列何者？　(A)經紀商、承銷商　(B)自營商、經紀商　(C)承銷商、自營商　(D)僅限綜合證券商。

(　　) **25** 證券商相互間所生爭議應採仲裁程序，則下列選定仲裁人之程序何者正確？　(A)當事人事先以書面約定　(B)仲裁人得為二人以上之雙數　(C)法人機構得為仲裁人　(D)仲裁人需具法官身份。

(　　) **26** 下列何者不得參與競價拍賣之投標？　(A)年滿二十歲以上之中華民國國民　(B)外國專業投資機構　(C)行政院開發基金　(D)發行公司直屬總經理之部門主管。

(　　) **27** 發行人於編製公開說明書時，其毛利率較前一年度變動達多少者，應分析造成價量變化之關鍵因素及對毛利率之影響？　(A)10%　(B)15%　(C)20%　(D)25%。

(　　) **28** 證券商得為認購（售）權證發行人資格條件為？　(A)證券自營商　(B)證券承銷商　(C)證券經紀商　(D)經營前三項業務之綜合證券商。

(　　) **29** 股東以電子方式行使表決權，並以委託書委託代理人出席股東會，表決權以何者為準？　(A)親自出席　(B)以書面委託代理人　(C)以電子方式進行投票　(D)選項(A)(B)(C)皆是。

(　　) **30** 下列何者須於送件7個營業日前委託股務代理機構，透過網際網路資訊申報系統向集保公司申請專業股務代理機構證明文件？　(A)上市公司　(B)上櫃公司　(C)興櫃公司　(D)選項(A)(B)(C)皆是。

(　　) **31** 在證券集中交易市場上市之外國股票買賣申報價格以多少為準？　(A)1股　(B)10股　(C)100股　(D)1,000股。

(　　) **32** 證券經紀商接受國內委託人普通交割之買賣委託，應於委辦時，或成交日後第二營業日何時前，向委託人收取買進證券之價金或賣出之證券？　(A)09：00　(B)10：00　(C)13：30　(D)15：00。

(　　) **33** 證券商受僱人對外執行業務及在集中交易市場所為之一切行為，證券商應負何種責任？　(A)部分責任　(B)無須負責　(C)完全責任　(D)可負可不負。

( ) **34** 發行人要將其股票在交易所掛牌買賣，交易所因提供場所，每年依據發行有價證券之總面值，向發行人收取之費用稱為：
(A)掛牌費　(B)上市費　(C)場地費　(D)服務費。

( ) **35** 櫃檯買賣市場上受託買賣之手續費率係：
(A)由證券櫃買中心報請金管會核定之
(B)由證券櫃買中心報請財政部核定之
(C)由證券商業同業公會報請金管會核定之
(D)由證券商業同業公會報請財政部核定之。

( ) **36** 若參加證券櫃買中心債券等殖成交系統，應以哪種方式為之？
(A)自營　(B)經紀　(C)議價　(D)選項(A)(B)(C)皆正確。

( ) **37** 證券商之董事、監察人持股超過10%之股東及其從業人員於初次櫃檯買賣有價證券時，應向何證券商辦理開戶？
(A)主管機關指定之證券商
(B)證券櫃買中心所指定之證券商
(C)本身所投資或服務之證券商
(D)本身所投資或服務以外之證券商。

( ) **38** 證券經紀商代客買賣證券，應於下列何種交易發生時替政府收取證券交易稅？　(A)客戶買及賣股票時　(B)融資買進時　(C)客戶買入股票時　(D)客戶賣出股票時。

( ) **39** 上市上櫃公司現金增資計畫有重大變更時，其資訊應輸入下列哪一個系統？　(A)現金增資或發行公司債重大變更揭示系統　(B)發行人募集與發行有價證券資訊系統　(C)內部稽核作業媒體申報系統　(D)公開資訊觀測站。

( ) **40** 在一般證券市場中所稱之為「發行市場」者，其另一種稱謂為？
(A)次級市場　(B)初級市場　(C)交易市場　(D)流通市場。

( ) **41** 發行人募集與發行有價證券，經證券主管機關撤銷其生效或核准時，已收取有價證券價款者，發行人或持有人應於接獲撤銷或廢止通知之日起幾日內，依法加計利息返還該價款？　(A)10日　(B)20日　(C)30日　(D)50日。

(　) **42** 代辦股務之機構須配置哪種設備？　(A)電腦設備　(B)印鑑比對系統　(C)具防火、防水、防盜功能之金庫　(D)選項(A)(B)(C)皆是。

(　) **43** 客戶與證券經紀商因委託買賣證券所生之爭議，得向何者申請調處？　(A)金管會證期局　(B)證交所　(C)櫃買中心　(D)證券商業同業公會。

(　) **44** 證券經紀商接受客戶委託時，應依據委託書所載委託事項執行，其輸入順序所據為何？　(A)編號順序　(B)委託金額順序　(C)委託之證券代號順序　(D)委託人帳號順序。

(　) **45** 申請以國家經濟建設重大事業上市之發行公司，其上市條件之一為該公司係由何者推動創設？　(A)政府　(B)科學園區　(C)財團法人　(D)加工出口處。

(　) **46** 下列交易行為何者為證券商或其分支機構所禁止？　(A)以全部或部分相同之上市證券之買入委託與賣出委託在場外私相抵算　(B)與他證券商相互在場外為對敲之買賣　(C)未經主管機關許可買賣未上市股票　(D)選項(A)(B)(C)皆是。

(　) **47** 集中交易市場採逐筆交易之時段為？　(A)開盤　(B)盤中　(C)收盤　(D)選項(A)(B)(C)皆是。

(　) **48** 下列哪一行業在有價證券申請上櫃前，必須先取得目的事業主管機關之同意函，櫃買中心始予受理？　(A)保險業　(B)證券業　(C)金融業　(D)選項(A)(B)(C)皆是。

(　) **49** 轉換公司債每一交易單位之面額為多少？　(A)新臺幣一萬元　(B)新臺幣十萬元　(C)新臺幣一百萬元　(D)新臺幣五百萬元。

(　) **50** 關於交易時間，下列何者與其他三者不同？　(A)上櫃股票　(B)興櫃股票　(C)登錄於櫃買中心「開放式基金受益憑證交易平台」之基金　(D)登錄於櫃買中心「黃金現貨交易平台」之黃金。

解答與解析 （答案標示為#者，表官方曾公告更正該題答案。）

1 **(D)**。根據公司法第196條第1項：董事之報酬，未經章程訂明者，應由股東會議定，不得事後追認。

2 **(B)**。根據發行人募集與發行有價證券處理準則第34條，轉換公司債持有人請求轉換者，除本會另有規定外，應填具轉換請求書，並檢同債券或登載債券之存摺，向發行人或其代理機構提出，於送達時生轉換之效力；發行人或其代理機構於受理轉換之請求後，其以已發行股票轉換者，應於次一營業日交付股票，其以發行新股轉換者，除應登載於股東名簿外，並應於五個營業日內發給新股或債券換股權利證書。

3 **(C)**。根據證交法第36條第1項第2款，上市上櫃之公司，應於每會計年度第一季、第二季及第三季終了後四十五日內，公告並申報由董事長、經理人及會計主管簽名或蓋章，並經會計師核閱及提報董事會之財務報告。

4 **(D)**。根據證交法第178條，處新臺幣二十四萬元以上四百八十萬元以下罰鍰，並得命其限期改善；屆期未改善者，得按次處罰。

5 **(A)**。根據證交法第157-1條，內線消息，狹義而言是指有重大影響公司股票價格之消息。

6 **(A)**。根據證券交易法施行細則第11條，本法第一百五十七條第一項所定獲得利益，其計算方式如下：
一、取得及賣出之有價證券，其種類均相同者，以最高賣價與最低買價相配，次取次高賣價與次低買價相配，依序計算所得之差價，虧損部分不予計入。

7 **(A)**。根據公司法第22-1條，持有已發行股份總數達10%之股東，須申報至中央主管機關建置或指定之資訊平臺；其有變動，應於變動後15日內為之。

8 **(A)**。提供集中交易之場所及設備並非證券商得經營之業務。

9 **(C)**。根據證券商管理規則第13條：「證券商除有特殊需要經專案核准者或由金融機構兼營者另依有關法令規定辦理外，其對外負債總額不得超過其淨值之六倍……。」

10 **(D)**。根據證券交易法第44-1條，為促進普惠金融及金融科技發展，不限於證券商及證券金融事業，得依金融科技發展與創新實驗條例申請辦理證券業務創新實驗。

前項之創新實驗，於主管機關核准辦理之期間及範圍內，得不適用本法之規定。

主管機關應參酌第一項創新實驗之辦理情形，檢討本法及相關金融法規之妥適性。

11 (A)。 根據證券投資人及期貨交易人保護基金償付作業辦法第7條，保護基金對每家證券商或期貨商之每一證券投資人或期貨交易人一次之償付金額，以新臺幣壹佰萬元為限。

12 (A)。 為保護證券投資人權益，防範不法炒作及內線交易，以確保證券交割安全，證券交易所訂定「實施股市監視制度辦法」及「公布或通知注意交易資訊暨處置作業要點」，即時對證券市場公布異常交易情形，提醒投資人注意，維護證券市場交易秩序。

13 (A)。 根據證券集中保管事業管理規則第3條，經營證券集中保管事業，應經本會核准。

每一證券集中交易市場，以設立一家證券集中保管事業為限。

14 (D)。 根據仲裁法第12條，受前條第一項之催告，已逾規定期間而不選定仲裁人者，催告人得聲請仲裁機構或法院為之選定。

受前條第二項之催告，已逾規定期間而不選定仲裁人者，催告人得聲請法院為之選定。

15 (A)。 根據公司法第129條，股份有限公司章程應載明之事項包含：

一、公司名稱。

二、所營事業。

三、採行票面金額股者，股份總數及每股金額；採行無票面金額股者，股份總數。

四、本公司所在地。

五、董事及監察人之人數及任期。

六、訂立章程之年、月、日。

16 (C)。 根據證券交易法第139條，依本法發行之有價證券，得由發行人向證券交易所申請上市。

股票已上市之公司，再發行新股者，其新股股票於向股東交付之日起上市買賣。但公司有第一百五十六條第一項各款情事之一時，主管機關得限制其上市買賣。

前項發行新股上市買賣之公司，應於新股上市後十日內，將有關文件送達證券交易所。

17 (D)。 根據公司法第262條，公司債約定得轉換股份者，公司有依其轉換辦法核給股份之義務。但公司債債權人有選擇權。

公司債附認股權者，公司有依其認購辦法核給股份之義務。但認股權憑證持有人有選擇權。

18 (D)。 根據公開發行公司董事會議事辦法第18條，公司應將董事會之開會過程全程錄音或錄影存證，並至少保存五年，其保存得以電子方式為之。

19 (D)。 根據證券交易法第20-1條第1、2、3項：

前條第二項之財務報告及財務業務文件或依第三十六條第一項公告申報之財務報告，其主要內容有虛偽或隱匿之情事，下列各款之人，對於發行人所發行有價證券之善意取得人、出賣人或持有人因而所受之損害，應負賠償責任：

一、發行人及其負責人。

二、發行人之職員，曾在財務報告或財務業務文件上簽名或蓋章者。

前項各款之人，除發行人外，如能證明已盡相當注意，且有正當理由可合理確信其內容無虛偽或隱匿之情事者，免負賠償責任。

會計師辦理第一項財務報告或財務業務文件之簽證，有不正當行為或違反或廢弛其業務上應盡之義務，致第一項之損害發生者，負賠償責任。

20 (A)。 根據證交法第26-3條第3項：公司除經主管機關核准者外，董事間應有超過半數之席次，不得具有下列關係之一：一、配偶。二、二親等以內之親屬。

21 (B)。 發行人募集與發行有價證券處理準則第17條，上市或上櫃公司辦理現金增資發行新股，且未經依本法第一百三十九條第二項規定限制其上市買賣，應提撥發行新股總額之百分之十，以時價對外公開發行，不受公司法第二百六十七條第三項關於原股東儘先分認規定之限制。但股東會另有較高比率之決議者，從其決議。

22 (B)。 證券交易法第66條，證券商違反本法或依本法所發布之命令者，除依本法處罰外，主管機關得視情節之輕重，為下列處分，並得命其限期改善：

一、警告。

二、命令該證券商解除其董事、監察人或經理人職務。

三、對公司或分支機構就其所營業務之全部或一部為六個月以內之停業。

四、對公司或分支機構營業許可之撤銷或廢止。

五、其他必要之處置。

23 (B)。證券經紀商得接受他人之委託在集中交易市場買賣有價證券。

24 (B)。自營商、經紀商得與證券交易所訂立使用有價證券集中交易市場契約。

25 (A)。當事人事先以書面約定選定仲裁人。

26 (D)。發行公司直屬總經理之部門主管具利益衝突關係。

27 (C)。根據公司募集發行有價證券公開說明書應行記載事項準則第19條，公司之經營應記載下列事項：
　　　二、市場及產銷概況：……
　　　　　(四)最近二年度主要產品別或部門別毛利率重大變化之說明：毛利率較前一年度變動達百分之二十者，應分析造成價量變化之關鍵因素及對毛利率之影響。如為建設公司或有營建部門者，應列明申報年度及前一年度營建個案預計認列營業收入及毛利分析，說明個案別毛利率有無異常情事及已完工尚未出售之預計銷售情形。

28 (D)。根據發行人申請發行認購（售）權證處理準則，發行人，係指標的證券發行公司以外之第三者且同時經營有價證券承銷、自行買賣及行紀或居間等三種業務者。

29 (B)。根據公司法第177-2條第3項，股東以書面或電子方式行使表決權，並以委託書委託代理人出席股東會者，以委託代理人出席行使之表決權為準。其立法理由在於「維護代理人可得代理股數計算之安定性」。

30 (D)。上市公司、上櫃公司、興櫃公司均須於送件7個營業日前委託股務代理機構，透過網際網路資訊申報系統向集保公司申請專業股務代理機構證明文件。

31 (A)。在證券集中交易市場上市之外國股票買賣申報價格以1股為準。

32 (B)。根據臺灣證券交易所股份有限公司證券經紀商受託契約準則第12條，證券經紀商接受普通交割之買賣委託，應於委辦時，或成交日後第二營業日上午十時前，向委託人收取買進證券之價金或賣出之證券。

33 (C)。證券商受僱人對外執行業務及在集中交易市場所為之一切行為，證券商應負完全責任。

34 (B)。上市費：發行人要將其股票在交易所掛牌買賣，交易所因提供場所，每年依據發行有價證券之總面值，向發行人收取之費用。

35 (A)。 櫃檯買賣市場上受託買賣之手續費率係由證券櫃買中心報請金管會核定之。

36 (A)。 債券等殖成交系統：公債、公司債、金融債券..等「純債券」以自營為主。

37 (C)。 證券商之董事、監察人持股超過百分之十之股東及其從業人員於初次櫃檯買賣有價證券時，應向本身所投資或服務之證券商辦理開戶。

38 (D)。 根證券交易稅條例據第2條，證券交易稅向出賣有價證券人按每次交易成交價格依左列稅率課徵之：
一、公司發行之股票及表明股票權利之證書或憑證徵千分之三。
二、公司債及其他經政府核准之有價證券徵千分之一。

39 (D)。 上市上櫃公司現金增資計畫有重大變更時，其資訊應輸入公開資訊觀測站。

40 (B)。 初級市場（Primary Market）又稱發行市場。

41 (A)。 根據發行人募集與發行有價證券處理準則第11條，有價證券持有人對非特定人公開招募有價證券，經向本會申報生效後有前項第四款、第六款或第七款之情事者，本會亦得撤銷或廢止其申報生效。發行人自申報生效之日起至有價證券募集完成之日止，對外公開財務預測資訊或發布之資訊與申報（請）書件不符，且對證券價格或股東權益有重大影響時，本會得撤銷或廢止其申報生效。
經撤銷或廢止申報生效時，已收取有價證券價款者，發行人或持有人應於接獲本會撤銷或廢止通知之日起十日內，依法加算利息返還該價款，並負損害賠償責任。

42 (D)。 根據自辦及代辦公開發行公司股務應行注意事項，代辦股務之機構，其辦理股務業務之設備，應符合下列規定：
(1) 應配置必要之電腦設備及印鑑比對系統。
(2) 應具備防火、防水、防盜功能之金庫，並訂定「金庫管理辦法」確實執行。
自辦股務之單位應設置安全之庫房，並訂定「庫房管理辦法」確實執行，且配置足夠之硬體設備。

43 (D)。 根據臺灣證券交易所股份有限公司證券經紀商受託契約準則第21條，委託人與證券經紀商間因委託買賣證券所生之爭議，得依證券交易法

關於仲裁之規定辦理或向同業公會申請調處。前項有關仲裁或調處之
規定，應於委託契約中訂明。

44 (A)。證券經紀商接受客戶委託時，應依據委託書所載委託事項執行，其輸
入順序所據為編號順序。

45 (A)。申請以國家經濟建設重大事業上市之發行公司，其上市條件之一為該
公司係由政府推動創設。

46 (D)。根據臺灣證券交易所股份有限公司營業細則第89條，證券商或其分支
機構不得為下列行為：
一、以全部或一部相同之上市證券之買入委託與賣出委託在場外私相
抵算。
二、與他證券商相互間在場外為對敲買賣。
三、未經主管機關許可買賣非在本公司上市之證券。

47 (B)。開盤和收盤：集合競價。盤中：逐筆交易。

48 (D)。保險業、證券業、金融業在有價證券申請上櫃前，必須先取得目的事
業主管機關之同意函，櫃買中心始予受理。

49 (B)。公債、公司債、金融債：最低成交單位為面額1萬元。
轉換公司債：每一交易單位面額為10萬元。

50 (A)。

上櫃	9：00～13：00
興櫃	9：00～15：00
登錄於櫃買中心「開放式基金受益憑證交易平台」之基金	9：00～15：00
登錄於櫃買中心「黃金現貨交易平台」之黃金	9：00～15：00

109年 第4次

( ) **1** 依「證券交易法」第6條規定，下列何者視為有價證券？ (A)利率交換契約 (B)匯票 (C)支票 (D)新股權利證書。

( ) **2** 依公司法規定，持有已發行股份總數超過百分之 _____ 之股東，須申報至中央主管機關建置或指定之資訊平臺；其有變動，應於變動後 _____ 日內為之？ (A)十，十五 (B)十，十 (C)十五，十五 (D)十五，十。

( ) **3** 下列關於公司負責人之敘述，何者錯誤？
(A)公司之非董事，而實質上執行董事業務，與公司法董事同負民事、刑事及行政罰之責任
(B)在執行職務範圍內，公司之清算人為公司負責人
(C)有限公司、股份有限公司之負責人為董事
(D)重整監督人在執行職務範圍時，不屬於公司負責人。

( ) **4** 已依證交法發行之公司得於一定條件下對特定人招募有價證券，稱之為何種行為？ (A)私募 (B)公開募集 (C)發行 (D)掛牌。

( ) **5** 「證券交易法」所謂之公開說明書，其應記載事項由何單位訂定之？ (A)證券商業同業公會 (B)金融監督管理委員會 (C)臺灣證券交易所 (D)證券承銷商。

( ) **6** 公開發行公司內部稽核單位作成之稽核報告、工作底稿及相關資料應至少保存幾年？ (A)三年 (B)四年 (C)五年 (D)七年。

( ) **7** 上市公司持股超過百分之十之大股東，得於申報之日起幾日後，依主管機關所定持有期間及每一交易日得轉讓數量比例在集中市場轉讓持股？ (A)二日 (B)三日 (C)四日 (D)五日。

( ) **8** 證券商從事具有股權性質之投資，其轉投資總金額不得超過證券商淨值百分之多少？ (A)二十 (B)四十 (C)五十 (D)七十。

(　　) **9** 為促進我國普惠金融與金融科技發展，下列何者可依金融科技發展與創新實驗條例申請辦理證券業務創新實驗？　(A)證券商　(B)證券金融事業　(C)科技業　(D)以上皆可進行申請。

(　　) **10** 依「證券交易法」發行之有價證券，其發行人如欲申請上市，應向何者申請？　(A)金融監督管理委員會　(B)臺灣證券交易所　(C)證券櫃檯買賣中心　(D)證券商業同業公會。

(　　) **11** 證券投資人及期貨交易人保護基金對每家證券商每一證券投資人一次之償付金額，以新臺幣多少為上限？　(A)一百萬元　(B)三百萬元　(C)一千萬元　(D)依其實際損失而定。

(　　) **12** 公司買回股份應自申報日起多久執行完畢？　(A)一個月　(B)二個月　(C)三個月　(D)四個月。

(　　) **13** 依「公司法」規定，董事任期不得超過幾年，但連選得連任？　(A)一年　(B)二年　(C)三年　(D)四年。

(　　) **14** 股東會決議對董事提起訴訟，公司應自決議之日起多久時間內提起？　(A)三十日　(B)六十日　(C)九十日　(D)六個月。

(　　) **15** 已設置審計委員會之公開發行公司，依法應經審計委員會決議之特定事項，應得全體委員多少比例之同意？　(A)四分之三　(B)三分之二　(C)二分之一　(D)全體成員。

(　　) **16** 依現行「證券交易法」之規定，公司設置審計委員會者，其成員為何？
(A)獨立董事三人與常務董事二人
(B)獨立董事一人與常務董事二人
(C)獨立董事二人與常務董事一人
(D)由全體獨立董事組成。

(　　) **17** 發行人交付之公開說明書因內容虛偽、隱匿而致生損害善意相對人者，其民事制度採下列何種責任？　(A)單獨賠償責任　(B)區別賠償責任　(C)連帶賠償責任　(D)懲罰性賠償責任。

( ) **18** 某公開發行公司對於其董事、監察人、經理人及大股東持股之異動申報,並未依「證券交易法」第二十五條第二項之規定,於每月十五日以前,彙總向主管機關申報,則主管機關每次得對該公司處新臺幣多少元之行政罰鍰? (A)新臺幣二萬元以上,新臺幣十萬元以下 (B)新臺幣四萬元以上,新臺幣二十萬元以下 (C)新臺幣六萬元以上,新臺幣三十萬元以下 (D)新臺幣二十四萬元以上,新臺幣四百八十萬元以下。

( ) **19** 證券商業務人員有異動者,應於何時向證券交易所(或證券櫃檯買賣中心)、證券商業同業公會申報登記? (A)次月十日前 (B)異動後十日內 (C)每月五日前 (D)異動後五日內。

( ) **20** 證券商每一分支機構經營期貨交易輔助業務,應繳存營業保證金新臺幣多少元? (A)一百萬元 (B)三百萬元 (C)五百萬元 (D)一千萬元。

( ) **21** 公司制證券交易所之董事、監察人至少有多少名額由主管機關指派非股東之有關專家任之? (A)五分之一 (B)四分之一 (C)三分之一 (D)二分之一。

( ) **22** 依現行法規規定,每一證券交易所以開設幾個有價證券集中交易市場為限? (A)三個 (B)二個 (C)一個 (D)無限制。

( ) **23** 於證券集中保管事業開設帳戶,送存證券並辦理帳簿劃撥之人,稱之為: (A)委託人 (B)參加人 (C)受益人 (D)保管人。

( ) **24** 提起撤銷仲裁判斷之訴,應於判斷書交付或送達之日起多久期間內為之? (A)五日 (B)十日 (C)二十日 (D)三十日。

( ) **25** 證券交易所應向何者繳存營業保證金? (A)臺灣銀行 (B)金融監督管理委員會指定之銀行 (C)國庫 (D)中央銀行。

( ) **26** 完成有價證券募集之申報程序,可否藉以作為證實申報事項或保證證券價值之宣傳? (A)經主管機關核准後才可以 (B)有承銷商評估報告者可以 (C)可以 (D)不可以。

（　）**27** ETF是否可以配息？　(A)僅分配現金股利　(B)可分配現金股利及股票股利　(C)僅分配股票股利　(D)不可參與配息。

（　）**28** 下列何者為被動式操作管理之基金？　(A)指數型基金　(B)指數股票型基金（ETF）　(C)ETF連結基金　(D)以上皆是。

（　）**29** 以電子方式行使表決權而未親自出席股東會的股東，在表決以下何種議案時會被計為棄權？　(A)臨時動議　(B)原議案之修正　(C)對各項議案內容沒有表示贊成或反對時　(D)以上皆是。

（　）**30** 代辦股務之機構須配置哪種設備？　(A)電腦設備　(B)印鑑比對系統　(C)具防火、防水、防盜功能之金庫　(D)以上皆是。

（　）**31** 證券商受僱人對外執行業務及在集中交易市場所為之一切行為，證券商應負何種責任？　(A)部分責任　(B)無須負責　(C)完全責任　(D)可負可不負。

（　）**32** 集中交易市場零股交易每日升降幅度為何？　(A)3%　(B)2%　(C)10%　(D)未限制。

（　）**33** 依「證券交易法」規定，在公司制證券交易所買賣限於何者？
(A)訂有使用有價證券集中交易市場契約之證券自營商或證券經紀商
(B)機構投資人
(C)已開戶之自然人
(D)有行為能力之投資人。

（　）**34** 下列何種人員不得進入集中交易市場？
(A)主管機關派任之監理人員
(B)經向證交所登記准予進入市場之證券商業務人員
(C)證交所之場務執行人員暨場務工作人員
(D)證券商業同業公會派駐人員。

（　）**35** 證交所買賣申報之競價方式為？
(A)集合競價及逐筆交易　　(B)逐筆交易及連續競價
(C)集合競價及連續競價　　(D)協議競價及逐筆交易。

( ) **36** 櫃檯買賣股票於證券商營業處所議價買賣之交易時間為何？
(A)週一至週五每日9：00～12：00
(B)週一至週五每日9：00～13：30
(C)週一至週五每日9：00～15：00
(D)每日13：40～15：00。

( ) **37** 證券商非經何單位許可，並與中華民國證券櫃買中心簽訂證券商經營櫃檯買賣有價證券契約，不得經營櫃檯買賣業務？ (A)財政部 (B)金管會 (C)中央銀行 (D)經濟部。

( ) **38** 若參加證券櫃買中心債券等殖成交系統，應以哪種方式為之？
(A)自營 (B)經紀 (C)議價 (D)選項(A)(B)(C)皆正確。

( ) **39** 依證券交易法之規定，發行人何時需向公眾提出說明文書（公開說明書）？ (A)募集或出賣有價證券 (B)財務預測公告 (C)財務報告公告 (D)重大資產處分公告。

( ) **40** 發行人募集與發行有價證券處理準則所稱「營業日」係指：
(A)人事行政局所公布之上班日 (B)證券市場交易日 (C)國定假日 (D)以上皆非。

( ) **41** 下列上市公司何者於最近一會計年度終了，應依規定編製與申報中文版本之企業社會責任報告書？
(A)食品工業、化學工業及金融保險業
(B)依財務報告，餐飲收入占其全部營業收入之比率達50%以上者
(C)依財務報告，股本達新臺幣五十億元以上者
(D)選項(A)(B)(C)皆是。

( ) **42** 買賣在我國上市之外國股票使用之貨幣，以何者為準？ (A)中央銀行同意之幣別 (B)證期局同意之幣別 (C)財政部同意之幣別 (D)外國發行人向證交所申請上市之幣別。

( ) **43** 證券所有人參加標借，應填寫標單，委託何者辦理？ (A)證券商 (B)證券金融事業 (C)證交所 (D)證券商業同業公會。

( ) **44** 在辦理證券集中交割，證券商對證交所之應付有價證券，應於下列何時辦理交割？
(A)成交日當日
(B)成交日後第一個營業日12：00前
(C)成交日後第一個營業日18：00前
(D)成交日後第二個營業日10：00前。

( ) **45** 櫃檯買賣有價證券最近30個營業日內第一次被列為處置股票者，證券櫃買中心即於次一營業日起幾個營業日，對該有價證券採行人工管制之撮合終端機執行撮合作業？ (A)3個 (B)5個 (C)10個 (D)15個。

( ) **46** 股票申請上櫃者，至少須經幾家以上之證券商以書面推薦之？
(A)二家 (B)三家 (C)四家 (D)五家。

( ) **47** 櫃買中心繼續提列特別給付結算基金之上限為多少？ (A)新臺幣一億元 (B)新臺幣三億元 (C)新臺幣六億元 (D)新臺幣十億元。

( ) **48** 櫃檯買賣證券經紀商因執行受託買賣發生錯誤，須為買回、轉賣者，應如何處理？
(A)於發生錯誤兩日內以錯帳處理專戶為之
(B)於發生錯誤次一營業日以違約處理專戶為之
(C)於發生錯誤當日或次一營業日以任一客戶之買賣帳戶為之
(D)於發生錯誤當日或次一營業日以錯帳處理專戶為之。

( ) **49** 目前證券金融事業得經營下列哪些業務？
(A)對證券商辦理承銷之融資
(B)承銷認股之融資
(C)有價證券買賣之融資融券
(D)選項(A)(B)(C)皆是。

( ) **50** 目前證券商營業處所受託買賣有價證券的交易手續費上限為多少？ (A)千分之零點二八 (B)千分之一點四二五 (C)千分之一 (D)千分之三。

解答與解析 （答案標示為#者，表官方曾公告更正該題答案。）

1 (D)。 根據證券交易法第6條第2項：新股認購權利證書、新股權利證書及前項各種有價證券之價款繳納憑證或表明其權利之證書，視為有價證券。

2 (A)。 根據公司法第22-1條，持有已發行股份總數達10%之股東，須申報至中央主管機關建置或指定之資訊平臺；其有變動，應於變動後15日內為之。

3 (D)。 根據公司法第8條，公司之經理人、清算人或臨時管理人，股份有限公司之發起人、監察人、檢查人、重整人或重整監督人，在執行職務範圍內，亦為公司負責人。

4 (A)。 根據證券交易法第7條本法所稱私募，謂已依本法發行股票之公司依第四十三條之六第一項及第二項規定，對特定人招募有價證券之行為。

5 (B)。 根據證券交易法第30條第2項規定，公開說明書應記載事項由證券主管機關所決定。又依證券交易法第第3條，本法所稱主管機關為金融監督管理委員會。

6 (C)。 根據公開發行公司建立內部控制制度處理準則第13條，公開發行公司內部稽核單位作成之稽核報告、工作底稿及相關資料應至少保存五年。

7 (B)。 根據證券交易法第22-2條，已依本法發行股票公司之董事、監察人、經理人或持有公司股份超過股份總額百分之十之股東，其股票之轉讓，應依左列方式之一為之：

一、經主管機關核准或自申報主管機關生效日後，向非特定人為之。

二、依主管機關所定持有期間及每一交易日得轉讓數量比例，於向主管機關申報之日起三日後，在集中交易市場或證券商營業處所為之。但每一交易日轉讓股數未超過一萬股者，免予申報。

三、於向主管機關申報之日起三日內，向符合主管機關所定條件之特定人為之。

經由前項第三款受讓之股票，受讓人在一年內欲轉讓其股票，仍須依前項各款所列方式之一為之。第一項之人持有之股票，包括其配偶、未成年子女及利用他人名義持有者。

8 (B)。 根據證券商管理規則第18-1條，證券商從事具有股權性質之投資，其轉投資總金額不得超過證券商淨值百分之四十。

9 (D)。根據證券交易法第44-1條，為促進普惠金融及金融科技發展，不限於
證券商及證券金融事業，得依金融科技發展與創新實驗條例申請辦理
證券業務創新實驗。
前項之創新實驗，於主管機關核准辦理之期間及範圍內，得不適用本法
之規定。
主管機關應參酌第一項創新實驗之辦理情形，檢討本法及相關金融法規
之妥適性。

10 (B)。依「證券交易法」發行之有價證券，其發行人如欲申請上市，應向臺
灣證券交易所申請。

11 (A)。根據證券投資人及期貨交易人保護基金償付作業辦法第7條，保護基金
對每家證券商或期貨商之每一證券投資人或期貨交易人一次之償付金
額，以新臺幣壹佰萬元為限。

12 (B)。根據上市上櫃公司買回本公司股份辦法第5條，公司買回股份，應於依
第二條申報之即日起算二個月內執行完畢，並應於上述期間屆滿或執
行完畢後之即日起算五日內向本會申報並公告執行情形；逾期未執行
完畢者，如須再行買回，應重行提經董事會決議。

13 (C)。根據公司法第195條，董事任期不得逾三年。但得連選連任。

14 (A)。根據公司法第212條，股東會決議對於董事提起訴訟時，公司應自決議
之日起三十日內提起之。

15 (C)。根據證券交易法第14-4條，審計委員會之決議，應有審計委員會全體
成員二分之一以上之同意。

16 (D)。根據證券交易法第14-4條，審計委員會應由全體獨立董事組成，其人
數不得少於三人，其中一人為召集人，且至少一人應具備會計或財務
專長。

17 (C)。根據證券交易法第32條，倘公開說明書有虛偽或隱匿情事，發行人對
於善意之相對人，因而所受之損害，應與公司負連帶賠償責任。

18 (D)。根據證券交易法第178條，處新臺幣二十四萬元以上四百八十萬元以下
罰鍰，並得命其限期改善；屆期未改善者，得按次處罰。

19 (D)。根據證券商負責人與業務人員管理規則第13條，證券商負責人及業
務人員有異動者，證券商應於異動後五日內依下列規定，向證券交易
所、證券商同業公會或證券櫃檯買賣中心申報登記。

20 (C)。 根據證券商經營期貨交易輔助業務管理規則第17條，證券商經本會許可經營期貨交易輔助業務，應於辦理業務變更登記後，向本會指定之金融機構開設專戶繳存營業保證金。其分支機構經本會許可經營期貨交易輔助業務，亦同。
前項期貨交易輔助人應繳存之營業保證金為新臺幣一千萬元，每一分支機構為新臺幣五百萬元。

21 (C)。 根據證券交易法第126條，證券商之董事、監察人、股東或受僱人不得為公司制證券交易所之經理人。公司制證券交易所之董事、監察人至少應有三分之一，由主管機關指派非股東之有關專家任之。

22 (C)。 根據證券交易法第95條，證券交易所之設置標準，由主管機關定之。
每一證券交易所，以開設一個有價證券集中交易市場為限。

23 (B)。 於證券集中保管事業開設帳戶，送存證券並辦理帳簿劃撥之人，稱之為：參加人。

24 (D)。 10日內做成仲裁判斷書;30日內提起撤銷。

25 (C)。 根據證券交易法第99條，證券交易所應向國庫繳存營業保證金，其金額由主管機關以命令定之。

26 (D)。 根據發行人募集與發行有價證券處理準則第3條，完成有價證券募集之申報程序，不可藉以作為證實申報事項或保證證券價值之宣傳。

27 (A)。 ETF僅可分配現金股利。

28 (D)。 指數基金即為被動式管理的代表，指數型基金、指數股票型基金（ETF）、ETF連結基金均為被動式操作管理之基金。

29 (D)。 根據公司法第177-1條，公司召開股東會時，採行書面或電子方式行使表決權者，其行使方法應載明於股東會召集通知。但公開發行股票之公司，符合證券主管機關依公司規模、股東人數與結構及其他必要情況所定之條件者，應將電子方式列為表決權行使方式之一。
前項以書面或電子方式行使表決權之股東，視為親自出席股東會。但就該次股東會之臨時動議及原議案之修正，視為棄權。

30 (D)。 根據自辦及代辦公開發行公司股務應行注意事項，代辦股務之機構，其辦理股務業務之設備，應符合下列規定：
(1) 應配置必要之電腦設備及印鑑比對系統。
(2) 應具備防火、防水、防盜功能之金庫，並訂定「金庫管理辦法」確實執行。

自辦股務之單位應設置安全之庫房，並訂定「庫房管理辦法」確實執行，且配置足夠之硬體設備。

31 (C)。證券商受僱人對外執行業務及在集中交易市場所為之一切行為，證券商應負完全責任。

32 (C)。集中交易市場零股交易每日升降幅度為10%。

33 (A)。根據證券交易法第151條，於有價證券集中交易市場為買賣者，在會員制證券交易所限於會員；在公司制證券交易所限於訂有使用有價證券集中交易市場契約之證券自營商或證券經紀商。

34 (D)。根據臺灣證券交易所股份有限公司營業細則第80-1條，證券經紀商之營業櫃檯、交易室，除董事長、總經理、營業部門經理、分公司經理、內部稽核人員、法令遵循人員及前條第一項登記合格之業務人員外，其他人員不得進入。

35 (A)。證交所買賣申報之競價方式為集合競價及逐筆交易。

36 (C)。櫃檯買賣股票於證券商營業處所議價買賣之交易時間為週一至週五每日9：00～15：00。

37 (B)。根據證券商營業處所買賣有價證券管理辦法第3條，證券商經營櫃檯買賣，應依規定申經金融監督管理委員會核准。

38 (A)。若參加證券櫃買中心債券等殖成交系統，應以自營方式為之。

39 (A)。根據證券交易法第30條，公司募集、發行有價證券，於申請審核時，除依公司法所規定記載事項外，應另行加具公開說明書。

40 (B)。發行人募集與發行有價證券處理準則所稱「營業日」係指證券市場交易日。

41 (D)。根據臺灣證券交易所「上市公司編製與申報企業社會責任報告書作業辦法」，食品工業、化學工業及金融保險業；依財務報告，餐飲收入占其全部營業收入之比率達50%以上者；依財務報告，股本達新臺幣五十億元以上者；於最近一會計年度終了，應依規定編製與申報中文版本之企業社會責任報告書。（註：為配合金管會公司治理藍圖3.0之規劃，民國110年12月07日將現行企業社會責任報告書更名為「永續報告書」。）

42 (D)。根據臺灣證券交易所股份有限公司外國股票買賣辦法第5條，買賣外國股票使用之貨幣，以外國發行人向本公司申請上市之幣別為準。

43 (A)。根據臺灣證券交易所股份有限公司有價證券借貸辦法，證券所有人參加標借，應填寫標單，委託證券商辦理。

44 (D)。在辦理證券集中交割，證券商對證交所之應付有價證券，應於成交日後第二個營業日10：00前辦理交割。

45 (C)。櫃檯買賣有價證券最近30個營業日內第一次被列為處置股票者，證券櫃買中心即於次一營業日起10個營業日，對該有價證券採行人工管制之撮合終端機執行撮合作業。

46 (A)。股票申請上櫃者，至少須經2家以上之證券商以書面推薦之。

47 (B)。櫃買中心繼續提列特別給付結算基金之上限為新臺幣三億元。

48 (D)。櫃檯買賣證券經紀商因執行受託買賣發生錯誤，須為買回、轉賣者，應於發生錯誤當日或次一營業日以錯帳處理專戶為之。

49 (D)。根據證券金融事業管理規則第5條，證券金融事業經營下列業務：
一、有價證券買賣之融資融券。
二、對證券商或其他證券金融事業之轉融通。
三、現金增資及承銷認股之融資（以下簡稱認股融資）。
四、對證券商辦理承銷之融資（以下簡稱承銷融資）。
五、有價證券交割款項之融資。
六、有價證券之借貸。
七、其他經主管機關核准之有關業務。

50 (B)。目前證券商營業處所受託買賣有價證券的交易手續費上限為千分之一點四二五。

110年 第1次

( ) **1** 依「公司法」規定，下列何者非股份有限公司的負責人？
(A)公司經理人 (B)公司監察人 (C)公司董事 (D)公司股東。

( ) **2** 股份有限公司業務之執行，由何機關決定之？ (A)股東會
(B)董事會 (C)董事 (D)審計委員會。

( ) **3** 「公司法」所稱之「關係企業」，指獨立存在而相互間具有
何關係之企業？ 甲.有控制與從屬關係之公司；乙.相互投資
之公司；丙.公司與他公司之董事有半數以上相同 (A)僅
甲 (B)僅甲、乙 (C)僅甲、丙 (D)甲、乙、丙皆是。

( ) **4** 有關股東會之決議，對公司已發行股份之總數及表決權數之計
算，下列敘述，何者正確？ 甲、無表決權股東之股份不算入已
發行股份總數；乙、對表決事項有自身利害關係而不得行使表決
權之股份數，不算入已發行股份總數 (A)僅甲正確 (B)僅乙正
確 (C)甲、乙皆正確 (D)甲、乙皆錯誤。

( ) **5** 證券商向證券交易所申請股票上市者，應先取得何機關之同意
函？ (A)上市審議委員會 (B)臺灣證券交易所 (C)證券商業同
業公會 (D)目的事業主管機關。

( ) **6** 「證券交易法」所謂發行，係指發行人於募集後，依法定方式所
為之何種行為？ (A)向主管機關申請登記 (B)交付公開說明書
(C)製作有價證券 (D)製作並交付有價證券。

( ) **7** 依「證券交易法」第一百五十七條之一明定之內線消息，狹義而
言是指下列何者？ (A)有重大影響公司股票價格之消息 (B)有
重大影響公司經營策略之消息 (C)金融監督管理委員會之重大
政策消息 (D)大型研究機構發布經濟數據。

( ) **8** 計算短線交易利益時，得自列入計算之差價利益扣除下列何者？
(A)借款購買股票之利息 (B)買賣股票所獲配之股息 (C)買賣高
價買進低價賣出之虧損部分 (D)買賣所支付之證券商手續費。

( )　9 下列何種有價證券為「證券交易法」所稱「具有股權性質之其他有價證券」？　甲.臺灣存託憑證；乙.認購（售）權證；丙.一般公司債；丁.政府債券　(A)僅甲　(B)甲、乙　(C)僅丙　(D)丙、丁。

( )　10 證券商每設置一家國內分支機構，應於開業前一次繳存交割結算基金新臺幣多少元？　(A)一百萬元　(B)三百萬元　(C)五百萬元　(D)一千萬元。

( )　11 證券經紀商於集中交易市場受託買賣有價證券應繳存交割結算基金於：　(A)臺灣銀行　(B)集中保管結算所　(C)臺灣證券交易所　(D)證券商公會。

( )　12 證券承銷商出售證券時，負有代理發行人交付何種文書之義務？　(A)投資說明書　(B)公開說明書　(C)委託書　(D)風險預告書。

( )　13 得與證券交易所訂立使用有價證券集中交易市場契約之證券商為下列何者？　(A)經紀商、承銷商　(B)自營商、經紀商　(C)承銷商、自營商　(D)僅限綜合證券商。

( )　14 臺灣證券交易所集中交割之有價證券收付作業，委由下列何者辦理？　(A)證券結算事業　(B)證券金融事業　(C)證券集中保管事業　(D)證券暨期貨市場發展基金會。

( )　15 證券交易所為維護市場之交易秩序，應採取之措施包括下列何者？　(A)建立股市監視制度　(B)設置給付結算基金　(C)提存圈存準備金　(D)設置存款保證。

( )　16 私人間直接讓受上市有價證券，其數量不得超過一個成交單位，且前後兩次之讓受行為相隔不少於多少期間？　(A)2個月　(B)3個月　(C)5個月　(D)6個月。

( )　17 公司買回股份應自申報日起多久執行完畢？　(A)1個月　(B)2個月　(C)3個月　(D)4個月。

(　　) **18** 當事人之一方已選定仲裁人之後，得以書面方式催告另一方於多久內選定仲裁人？　(A)10日　(B)12日　(C)7日　(D)14日。

(　　) **19** 欲變更公司章程，應有代表已發行股份總數多少比例以上股東出席之股東會，及出席股東表決權過半數之決議？　(A)二分之一　(B)三分之一　(C)三分之二　(D)四分之三。

(　　) **20** 依公司法規定，除部分特例外，公司投資總額不得超過其實收股本多少比率？　(A)50%　(B)40%　(C)30%　(D)10%。

(　　) **21** 公司非在中央主管機關登記後，不得成立，中央主管機關係指下列何者？　(A)金融監督管理委員會　(B)台北市政府　(C)經濟部　(D)財政部。

(　　) **22** 發起人於公司成立前對非特定人公開招募股份稱之為何種行為？　(A)募集與發行　(B)募集　(C)發行　(D)買賣。

(　　) **23** 上市、上櫃公司每年應編製何種文件於股東常會分送股東？　(A)公開說明書　(B)財產目錄　(C)股東名冊　(D)年報。

(　　) **24** 下列何者為對公開發行公司無義務申報持股變動之人？　(A)董事　(B)監察人　(C)檢查人　(D)經理人。

(　　) **25** 證券經紀商實收資本額與提存營業保證金之金額，分別為新臺幣多少？　(A)二億元與四千萬元　(B)四億元與五千萬元　(C)二億元與五千萬元　(D)二億元與二千萬元。

(　　) **26** 國內證券市場中所稱之三大法人係指下列何者？　甲.壽險公司；乙.證券投資信託公司所經理之證券投資信託基金；丙.外資法人；丁.證券自營商；戊.勞退基金　(A)甲、乙、丙　(B)甲、丙、戊　(C)乙、丙、丁　(D)丙、丁、戊。

(　　) **27** 現行公開申購有價證券制度，投資人應向何者洽辦委託事宜？　(A)證券經紀商　(B)證券自營商　(C)證券承銷商　(D)證券商業同業公會。

( ) **28** 金融控股公司發行普通公司債，並檢具對外公開發行公司債申報書與書件，向金融監督管理委員會提出申報，一般情形，金管會受理發行公司債申報書之日起幾個營業日即可申報生效？ (A)7個 (B)12個 (C)15個 (D)30個。

( ) **29** 有關公開發行公司應定期揭露之事項，以下何者為非？ (A)股東會年報 (B)年度財務報告 (C)財務預測資訊 (D)每月營運資訊。

( ) **30** 有關委託書徵求人之相關規定，以下何者為非？ (A)徵求人應依股東委託出席股東會 (B)委託人應親自填具徵求人姓名 (C)徵求人違反主管機關處分已逾三年者 (D)徵求人於委託書簽章後，即可轉讓他人使用。

( ) **31** 認股人或應募人繳納股款或債款，應將款項連同認股書或應募書向下列何機關繳納之？ (A)代收款項之機構 (B)主管機關 (C)財政機關 (D)登記機關。

( ) **32** 在證券集中交易市場為第一上市之外國股票交易單位為何？ (A)一股 (B)一百股 (C)一千股 (D)外國股票原流通市場之交易單位。

( ) **33** 有關投資人買賣ETN管道之敘述，下列何者為非？ (A)利用現有證券交易帳戶委託下單 (B)透過受託證券經紀商辦理申購 (C)透過受託證券經紀商辦理賣回 (D)授權理財專員代為申購贖回。

( ) **34** 證券集中交易市場實施股市監視制度辦法係依據何項法令訂定？ (A)證券交易所管理規則 (B)公布或通知注意交易資訊暨處置作業要點 (C)證券交易法施行細則 (D)證券商管理規則。

( ) **35** 經證交所停止買賣之上市公司，其所繳付之有價證券上市費： (A)由證交所依其當年度實際上市月數比例核算退還 (B)僅得退還1/12 (C)至多退還1/2 (D)不得請求返還。

(　　) **36** 證券商之董事、監察人、大股東及從業人員買賣上櫃股票應如何辦理？　(A)不能買賣上櫃股票　(B)於其他證券商辦理開戶及買賣　(C)應於本身所投資或服務證券商買賣　(D)選項(A)(B)(C)皆非。

(　　) **37** 股票申請上櫃者，至少須經幾家以上之證券商以書面推薦之？(A)二家　(B)三家　(C)四家　(D)五家。

(　　) **38** 委託人抵繳證券有瑕疵，經受託人公司通知調換送達後，幾個營業日內更換之？　(A)二個　(B)三個　(C)四個　(D)五個。

(　　) **39** 上市有價證券安定操作之買進價格不得：　(A)低於承銷價(B)高於承銷價　(C)低於前一營業日收盤價　(D)高於前一營業日收盤價。

(　　) **40** 發行人為募集設立，其募集與發行有價證券案應採下列那一種方式？　(A)申報生效制　(B)申請核准制　(C)申報核准制　(D)兼採申報生效制及申請核准制。

(　　) **41** 公開發行公司股東常會承認之年度財務報告，若與已經公告並向主管機關申報之年度財務報告不一致時，應如何處理？　(A)於事實發生之日起二日內公告並向主管機關申報　(B)於事實發生之日起三日內公告並向主管機關申報　(C)於事實發生之日起五日內公告並向主管機關申報　(D)不必申報。

(　　) **42** 下列何種情事非屬重大影響上市公司股票價格之消息？　(A)變更董事長　(B)存款不足遭退票　(C)因訴訟、非訟事件對公司財務或業務有重大影響者　(D)防疫期間董事以視訊方式參與董事會。

(　　) **43** 有關委託書取得之限制，以下何者為非？　(A)不得以給付金錢或其他利益為條件　(B)不得利用他人名義為之　(C)可將徵求之委託書作為非屬徵求之委託書出席股東會　(D)股東會紀念品以一種為限。

( ) **44** 證交所買賣申報之競價方式為？ (A)集合競價及逐筆交易 (B)逐筆交易及連續競價 (C)集合競價及連續競價 (D)協議競價 及逐筆交易。

( ) **45** 客戶與證券經紀商因委託買賣證券所生之爭議，得向何者申請調 處？ (A)金管會證期局 (B)證交所 (C)櫃買中心 (D)證券商 業同業公會。

( ) **46** 證券集中交易市場因交易系統故障宣布有價證券停止交易或停市 時，以何者作為當日收盤價格？ (A)故障前最後一筆成交價格 (B)開盤價格 (C)平均價格 (D)前二營業日收盤平均價格。

( ) **47** 逐筆交易制度中，若委託不能全部成交時，則全數取消不予成 交，此委託方式為？ (A)ROD (B)IOC (C)FOK (D)ICO。

( ) **48** 一般企業申請股票在櫃檯買賣，其董事、監察人、大股東提交保 管之股票，應交由下列何機構保管？ (A)臺灣集中保管結算所 (B)臺灣證券交易所（股）公司 (C)財團法人中華民國證券櫃買 中心 (D)金管會證券期貨局。

( ) **49** 櫃檯買賣市場上受託買賣之手續費率係： (A)由證券櫃買中 心報請金管會核定之 (B)由證券櫃買中心報請財政部核定之 (C)由證券商業同業公會報請金管會核定之 (D)由證券商業同業 公會報請財政部核定之。

( ) **50** 投資人向證券金融公司申請開立信用帳戶時，其最近一年內委 託買賣成交累積成交金額應達所申請之融資額度多少比率？ (A)60% (B)30% (C)40% (D)50%。

解答與解析 （答案標示為#者，表官方曾公告更正該題答案。）

1 (D)。 根據公司法第8條，本法所稱公司負責人：在無限公司、兩合公司為執 行業務或代表公司之股東；在有限公司、股份有限公司為董事。 公司之經理人、清算人或臨時管理人，股份有限公司之發起人、監察人、 檢查人、重整人或重整監督人，在執行職務範圍內，亦為公司負責人。 公司之非董事，而實質上執行董事業務或實質控制公司之人事、財務或

業務經營而實質指揮董事執行業務者，與本法董事同負民事、刑事及行政罰之責任。但政府為發展經濟、促進社會安定或其他增進公共利益等情形，對政府指派之董事所為之指揮，不適用之。

2 (B)。 根據公司法第202條，公司業務之執行，除本法或章程規定應由股東會決議之事項外，均應由董事會決議行之。

3 (D)。 根據公司法第369-1條，本法所稱關係企業，指獨立存在而相互間具有下列關係之企業：
一、有控制與從屬關係之公司。
二、相互投資之公司。

4 (A)。 根據公司法第180條，股東會之決議，對無表決權股東之股份數，不算入已發行股份之總數。股東會之決議，對依第一百七十八條規定不得行使表決權之股份數，不算入已出席股東之表決權數。

5 (D)。 證券業、金融業及保險業申請其股票上市，除應符合本準則有關規定外，應先取得目的事業主管機關之同意函。

6 (D)。 根據證券交易法第8條，本法所稱發行，謂發行人於募集後製作並交付，或以帳簿劃撥方式交付有價證券之行為。

7 (A)。 根據證交法第第157-1條，內線消息，狹義而言是指有重大影響公司股票價格之消息。

8 (D)。 根據證券交易法施行細則第11條，本法第一百五十七條第六項及第一百五十七條之一第一項所稱具有股權性質之其他有價證券，指可轉換公司債、附認股權公司債、認股權憑證、認購（售）權證、股款繳納憑證、新股認購權利證書、新股權利證書、債券換股權利證書、臺灣存託憑證及其他具有股權性質之有價證券。
本法第一百五十七條第一項所定獲得利益，其計算方式如下：
一、取得及賣出之有價證券，其種類均相同者，以最高賣價與最低買價相配，次取次高賣價與次低買價相配，依序計算所得之差價，虧損部分不予計入。
二、取得及賣出之有價證券，其種類不同者，除普通股以交易價格及股數核計外，其餘有價證券，以各該證券取得或賣出當日普通股收盤價格為買價或賣價，並以得行使或轉換普通股之股數為計算標準；其配對計算方式，準用前款規定。

三、列入前二款計算差價利益之交易股票所獲配之股息。

四、列入第一款、第二款計算差價利益之最後一筆交易日起或前款獲配現金股利之日起，至交付公司時，應依民法第二百零三條所規定年利率百分之五，計算法定利息。

列入前項第一款、第二款計算差價利益之買賣所支付證券商之手續費及證券交易稅，得自利益中扣除。

9 (B)。根據證券交易法施行細則第11條，本法第一百五十七條第六項及第一百五十七條之一第一項所稱具有股權性質之其他有價券，指可轉換公司債、附認股權公司債、認股權憑證、認購（售）權證、股款繳納憑證、新股認購權利證書、新股權利證書、債券換股權利證書、臺灣存託憑證及其他具有股權性質之有價證券。

10 (B)。根據證券商管理規則第10條，證券商每增設一國內分支機構，應於開業前，向證券交易所一次繳存交割結算基金新臺幣三百萬元，但自開業次一年起，其原繳之金額減為新臺幣五十萬元。

11 (C)。證券經紀商於集中交易市場受託買賣有價證券應繳存交割結算基金於臺灣證券交易所。

12 (B)。根據證券交易法第79條，證券承銷商出售其所承銷之有價證券，應依第三十一條第一項之規定，代理發行人交付公開說明書。

13 (B)。自營商、經紀商得與證券交易所訂立使用有價證券集中交易市場契約。

14 (C)。根據證券集中保管事業管理規則第5條，證券集中保管事業經營下列業務：

一、有價證券之保管。

二、有價證券買賣交割或設質交付之帳簿劃撥。

三、有價證券帳簿劃撥事務之電腦處理。

四、有價證券帳簿劃撥配發作業之處理。

五、有價證券無實體發行之登錄。

六、其他經本會核准之有關業務。

15 (A)。為保護證券投資人權益，防範不法炒作及內線交易，以確保證券交割安全，證券交易所訂定「實施股市監視制度辦法」及「公布或通知注意交易資訊暨處置作業要點」，即時對證券市場公布異常交易情形，提醒投資人注意，維護證券市場交易秩序。

16 (B)。根據證券交易法第150條，上市有價證券之買賣，應於證券交易所開設之有價證券集中交易市場為之。但左列各款不在此限：
一、政府所發行債券之買賣。
二、基於法律規定所生之效力，不能經由有價證券集中交易市場之買賣而取得或喪失證券所有權者。
三、私人間之直接讓受，其數量不超過該證券一個成交單位；前後兩次之讓受行為，相隔不少於三個月者。
四、其他符合主管機關所定事項者。

17 (B)。根據上市上櫃公司買回本公司股份辦法第5條，公司買回股份，應於依第二條申報之即日起算二個月內執行完畢，並應於上述期間屆滿或執行完畢後之即日起算五日內向本會申報並公告執行情形；逾期未執行完畢者，如須再行買回，應重行提經董事會決議。

18 (D)。當事人之一方選定仲裁人後，得以書面催告他方於受催告之日起，十四日內選定仲裁人。

19 (C)。根據公司法第277條，公司非經股東會決議，不得變更章程。又前項股東會之決議，應有代表已發行股份總數三分之二以上之股東出席，以出席股東表決權過半數之同意行之。
公開發行股票之公司，出席股東之股份總數不足前項定額者，得以有代表已發行股份總數過半數股東之出席，出席股東表決權三分之二以上之同意行之。
前二項出席股東股份總數及表決權數，章程有較高之規定者，從其規定。

20 (B)。根據公司法第13條，公開發行股票之公司為他公司有限責任股東時，其所有投資總額，除以投資為專業或公司章程另有規定或經代表已發行股份總數三分之二以上股東出席，以出席股東表決權過半數同意之股東會決議者外，不得超過本公司實收股本百分之四十。

21 (C)。根據公司法第5條，本法所稱主管機關：在中央為經濟部；在直轄市為直轄市政府。

22 (B)。根據證券交易法第7條，本法所稱募集，謂發起人於公司成立前或發行公司於發行前，對非特定人公開招募有價證券之行為。

23 (D)。根據證券交易法第36條，上市、上櫃公司每年應編製年報，於股東常會分送股東。

24 (C)。 根據證券交易法第25條，公開發行股票之公司於登記後，應即將其董事、監察人、經理人及持有股份超過股份總額百分之十之股東，所持有之本公司股票種類及股數，向主管機關申報並公告之。

25 (C)。 根據證券商設置標準第3條，證券商須為股份有限公司；其最低實收資本額如下：
一、證券承銷商：新臺幣四億元。
二、證券自營商：新臺幣四億元，僅經營自行買賣具證券性質之虛擬通貨業務者為新臺幣一億元。
三、證券經紀商：新臺幣二億元，僅經營股權性質群眾募資業務者為新臺幣五千萬元。
前項最低實收資本額，發起人應於發起時一次認足。

26 (C)。 在交易市場上，一般所說的三大法人指：證券投資信託公司所經理之證券投資信託基金、外資法人、證券自營商。

27 (A)。 現行公開申購有價證券制度，投資人應向證券經紀商洽辦委託事宜。

28 (B)。 現行法申報生效期間

(1) 募集設立 (2) 發行新股有特殊事由（發行人申請曾被退件、撤銷或遭處分）	20個營業日生效
(1) 發行新股 (2) 金融相關事業發行公司債 (3) 發行可轉換公司債	12個營業日生效
(1) 金融相關事業以外之興櫃公司具金管會認可之信用評等報告，以辦理發行新股。 (2) 非金融相關事業發行公司債	7個營業日生效

29 (C)。 發行有價證券之公司，應依下列規定公告並向主管機關申報：
(1)於每會計年度終了後三個月內，公告並申報由董事長、經理人及會計主管簽名或蓋章，並經會計師查核簽證、董事會通過及監察人承認之年度財務報告。
(2)於每會計年度第一季、第二季及第三季終了後四十五日內，公告並申報由董事長、經理人及會計主管簽名或蓋章，並經會計師核閱及提報董事會之財務報告。
(3)於每月十日以前，公告並申報上月份營運情形。

30 (D)。徵求書不可轉讓他人使用。

31 (A)。根據證券交易法第33條，認股人或應募人繳納股款或債款，應將款項連同認股書或應募書向代收款項之機構繳納之；代收機構收款後，應向各該繳款人交付經由發行人簽章之股款或債款之繳納憑證。

32 (C)。根據臺灣證券交易所股份有限公司外國股票買賣辦法第6條，第一上市之外國股票交易單位為一千股，且得為無面額或不受每股面額為新臺幣十元之限制。第二上市之外國股票交易單位為外國股票原流通市場之交易單位。

33 (D)。投資人買賣ETN有兩個管道，第一個管道，與買賣股票一樣，投資人可以利用現有的證券交易帳戶，委託證券經紀商下單，並於成交日後次二個營業日辦理交割；第二個管道，投資人可以透過受託證券經紀商向發行證券商提出申請，辦理申購或賣回，就如同投資人申購基金一樣，但申贖有一定數量之限制，投資人請參考各ETN之公開說明書。

34 (A)。證券集中交易市場實施股市監視制度辦法係依據證券交易所管理規則訂定。

35 (D)。根據臺灣證券交易所股份有限公司營業細則第52-1條，上市有價證券經本公司停止買賣者，上市公司對於已繳付之有價證券上市費不得請求返還。經本公司終止上市者，由本公司依其當年度實際上市月數比例加以核算（不足整月者，照整月計算），予以退還。

36 (C)。證券商之董事、監察人、大股東及從業人員買賣上櫃股票，應證券商之董事、監察人、大股東及從業人員買賣上櫃股票應。

37 (A)。股票申請上櫃者，至少須經2家以上之證券商以書面推薦之。

38 (B)。委託人抵繳證券有瑕疵，經受託人公司通知調換送達後，3個營業日內更換之。

39 (B)。上市有價證券安定操作之買進價格不得高於承銷價。

40 (A)。根據證券交易法第22條，有價證券之募集及發行，除政府債券或經主管機關核定之其他有價證券外，非向主管機關申報生效後，不得為之。

41 (A)。根據證券交易法第36條，公司有下列情事之一者，應於事實發生之日起二日內公告並向主管機關申報：

一、股東常會承認之年度財務報告與公告並向主管機關申報之年度財務報告不一致。

二、發生對股東權益或證券價格有重大影響之事項。

42 (D)。防疫期間董事以視訊方式參與董事會非屬重大影響上市公司股票價格之消息。

43 (C)。根據公開發行公司出席股東會使用委託書規則第11條，出席股東會委託書之取得，除本規則另有規定者外，限制如下：
一、不得以給付金錢或其他利益為條件。但代為發放股東會紀念品或徵求人支付予代為處理徵求事務者之合理費用，不在此限。
二、不得利用他人名義為之。
三、不得將徵求之委託書作為非屬徵求之委託書出席股東會。

44 (A)。根據臺灣證券交易所股份有限公司營業細則，交所買賣申報之競價方式為集合競價及逐筆交易。

45 (D)。客戶與證券經紀商因委託買賣證券所生之爭議，得向證券商業同業公會申請調處。

46 (A)。根據臺灣證券交易所股份有限公司交易系統與交易傳輸系統發生故障或中斷之處理措施，證券集中交易市場因交易系統故障宣布有價證券停止交易或停市時，以故障前最後一筆成交價格作為當日收盤價格。

47 (C)。FOK（Fill or Kill）：全部成交或取消。

48 (A)。一般企業申請股票在櫃檯買賣，其董事、監察人、大股東提交保管之股票，應交由臺灣集中保管結算所保管。

49 (A)。櫃檯買賣市場上受託買賣之手續費率係由證券櫃買中心報請金管會核定之。

50 (D)。股票信用交易帳戶申請資格條件：
(1) 申請人年滿20歲的本國自然人。
(2) 具中華民國稅務居民身份。
(3) 證券戶開立滿3個月。
(4) 證券戶最近一年成交筆數滿10筆以上。
(5) 證券戶最近一年累積成交金額，達所申請融資信用額度的50%。
(6) 證券戶最近一年所得與各種財產，達所申請融資信用30%。

110年　第2次

（　）　**1** 公開發行股票或公司債之公司，因財務困難，暫停營業或有停業之虞者，法院得依下列何機關之聲請，裁定准予重整？　(A)持有已發行股份總數百分之五之股東　(B)公司　(C)監察人　(D)金融監督管理委員會。

（　）　**2** 「證券交易法」所稱募集及發行有價證券之公司或募集有價證券之發起人，稱之為：　(A)應募人　(B)發行人　(C)委託人　(D)認股人。

（　）　**3** 下列何者非為證券交易法所稱之有價證券？　(A)政府債券　(B)新股認購權利證書　(C)公司股票　(D)商業本票。

（　）　**4** 下列關於公開發行公司審計委員會召集之敘述，何者正確？　(A)審計委員會應至少每半年召開一次　(B)審計委員會之召集，應載明召集事由，於十日前通知委員會各獨立董事成員　(C)審計委員如不能親自出席，得以視訊參與會議　(D)審計委員會之決議，應有全體成員三分之二以上之同意。

（　）　**5** 證券商向證券交易所申請股票上市者，應先取得何機關之同意函？　(A)上市審議委員會　(B)臺灣證券交易所　(C)證券商業同業公會　(D)目的事業主管機關。

（　）　**6** 公開發行有價證券之公司，應於每會計年度終了後多久內公告並申報年度財務報告？　(A)2個月　(B)3個月　(C)5個月　(D)6個月。

（　）　**7** 會計師辦理財務報告之查核簽證，若發生錯誤或疏漏，主管機關得視情節之輕重，為何種處分？　(A)警告　(B)停止其二年以內辦理「證券交易法」所定之簽證　(C)撤銷簽證之核准　(D)選項(A)(B)(C)均可為之。

（　）　**8** 除經主管機關核准者外，公開發行公司監察人間或監察人與董事間應至少有幾席，不得具有二親等以內之親屬關係？　(A)一席　(B)二席　(C)三席　(D)選項(A)(B)(C)皆非。

( ) 9 下列何種有價證券非「證券交易法」所規範之短線交易歸入權及內線交易所稱「具有股權性質之其他有價證券」？ (A)可轉換公司債 (B)認購（售）權證 (C)臺灣存託憑證 (D)商業本票。

( ) 10 為因應緊急資金週轉，證券商向非金融保險機構借款，應於事實發生之日起幾日內向金融監督管理委員會申報？ (A)5日 (B)4日 (C)3日 (D)2日。

( ) 11 證券商辦理公司登記後，應向金融監督管理委員會指定之銀行提存： (A)交割結算基金 (B)營業保證金 (C)保證金 (D)選項(A)(B)(C)皆是。

( ) 12 若證券自營商僅經營自行買賣具證券性質之虛擬通貨業務者，其最低實收資本額應為新臺幣（沒有分支機構）： (A)1億元 (B)3億元 (C)5億元 (D)10億元。

( ) 13 稱轉融通者，指下列何者向證券金融事業辦理轉融通資金或有價證券？ (A)證券投資人 (B)證券商 (C)證券交易所 (D)金融監督管理委員會證券期貨局。

( ) 14 證券交易所為準備供證券買賣一方不履行交付義務時之代為支付，提存多少金額作為賠償準備金？ (A)新臺幣一千萬元 (B)新臺幣三千萬元 (C)新臺幣五千萬元 (D)新臺幣八千萬元。

( ) 15 有價證券得為融資融券標準係由下列哪一機構訂定發布？ (A)金融監督管理委員會 (B)中央銀行 (C)證券交易所及櫃檯買賣中心 (D)財政部。

( ) 16 公司買回股份應自申報日起多久執行完畢？ (A)1個月 (B)2個月 (C)3個月 (D)4個月。

( ) 17 證券商為確認自然人客戶，至少需取得哪些資訊，以辨識其身分？ (A)國籍 (B)戶籍或居住地址 (C)官方身分證明文件號碼 (D)以上皆需取得。

（　）**18** 股份有限公司董事長對內為：　(A)董事會主席　(B)股東會主席
(C)常務董事會主席　(D)選項(A)(B)(C)皆正確。

（　）**19** 公司非在中央主管機關登記後，不得成立，中央主管機關係指下
列何者？　(A)金融監督管理委員會　(B)台北市政府　(C)經濟部
(D)財政部。

（　）**20** 依「證券交易法」規定，公開收購人進行公開收購後，除有下列
何種情事，不得停止公開收購之進行？
(A)公開收購人破產
(B)被收購有價證券之公開發行公司發生業務狀況之重大變化，
　經公開收購人提出證明者
(C)被收購有價證券之公開發行公司破產
(D)選項(A)(B)(C)皆是。

（　）**21** 發起人於公司成立前對非特定人公開招募股份稱之為何種行為？
(A)募集與發行　(B)募集　(C)發行　(D)買賣。

（　）**22** 內線交易情節重大者，法院得依善意從事相反買賣之人之請求，
將內線交易賠償額提高以茲懲罰，所謂「善意」意指？　(A)在
集中市場下單交易即屬之　(B)公司之股東　(C)委託合法證券商
買賣股票　(D)不知內部重大影響股票價格之消息者。

（　）**23** 下列何種人對公司之上市股票，於取得後六個月內再行賣出，
或於賣出後六個月內再行買進，因而獲得利益者，公司不得請
求將其利益歸於公司？　(A)持股百分之五之股東　(B)公司董事
(C)公司監察人　(D)公司經理人。

（　）**24** 證券承銷商出售有價證券時，負有代理發行人交付何種文書之義
務？　(A)投資說明書　(B)公開說明書　(C)委託書　(D)風險預
告書。

（　）**25** 申請股票上市公司之股權分散要求，其記名股東之人數至少應在
多少人以上？　(A)500人以上　(B)1,000人以上　(C)3,000人以
上　(D)無門檻規定。

( ) **26** 發行人募集與發行有價證券,且屬可縮短申報生效期間之條件,則其申報生效期間為幾個營業日? (A)3個 (B)5個 (C)7個 (D)12個。

( ) **27** 下列何項屬「公開發行公司取得或處分資產處理準則」所定義之事實發生日? 甲、簽約日;乙、委託成交日;丙、過戶日;丁、鑑價日 (A)僅甲、乙 (B)僅甲、乙、丙 (C)僅乙、丙、丁 (D)僅甲、乙、丁。

( ) **28** 證券承銷商包銷有價證券,於承銷契約所訂之承銷期間屆滿後,對於約定包銷之有價證券,未能全數銷售者,其剩餘數額之有價證券,應如何處理? (A)自行認購 (B)再行銷售 (C)退還發行人 (D)洽特定人認購。

( ) **29** 有關委託書取得之限制,以下何者為非? (A)不得以給付金錢或其他利益為條件 (B)不得利用他人名義為之 (C)可將徵求之委託書作為非屬徵求之委託書出席股東會 (D)股東會紀念品以一種為限。

( ) **30** 下列何種事業非為集中保管劃撥作業之參加人? (A)證券交易所 (B)證券商 (C)證券金融事業 (D)投信事業。

( ) **31** 證券商因不可抗力事故借用證交所備用之終端機設備,最多以幾套為限? (A)二套 (B)三套 (C)五套 (D)沒有限制。

( ) **32** 證券經紀商於受託開戶時,應先與委託人訂立何種文件? (A)受託契約 (B)交割免簽章同意書 (C)獲利保證書 (D)推介計畫書。

( ) **33** 證券經紀商依規定應何時編製對帳單分送各委託人? (A)每日 (B)週末 (C)月底 (D)季底。

( ) **34** 證券商連續三個月淨值低於實收資本額1/2者,其每日申報委託或自行買賣上市有價證券之總金額,為其可動用資金淨額之幾倍? (A)二倍 (B)三倍 (C)五倍 (D)十倍。

(　) **35** 逐筆交易制度中，何種委託方式為委託單在當日沒有成交或投資人自行撤銷之前，委託單會留存在委託簿中，直至當日收盤仍未成交，該筆委託單則視為無效單？ (A)ROD (B)IOC (C)FOK (D)ICO。

(　) **36** 發行人有下列哪一情形者，證券櫃買中心得終止其櫃檯買賣管理股票之交易，並報請主管機關備查？
(A)該股票已在臺灣證券交易所上市者
(B)金融機構經目的事業主管機關依法指派接管者
(C)該股票變更為一般之櫃檯買賣者
(D)選項(A)(B)(C)皆是。

(　) **37** 證券商代理證券金融公司辦理融資融券買賣業務，應編製何種報表與證券金融公司辦理對帳？ (A)信用交易買賣報告單 (B)信用交易交割清單 (C)信用交易融資融券匯撥單 (D)證券金融事業融資融券申請表。

(　) **38** 證券商受託於證券集中交易市場買賣有價證券，其向委託人收取手續費之費率由何者向主管機關申報核定之？ (A)證券商 (B)證券商業同業公會 (C)臺灣證券交易所 (D)證券金融事業。

(　) **39** 發行人申報發行股票，有下列何種情事時，證券主管機關得停止其申報發生效力？ (A)申報書件不完備 (B)應記載事項不充分 (C)為保護公益 (D)選項(A)(B)(C)皆是。

(　) **40** 發行人於編製公開說明書時，其毛利率較前一年度變動達多少者，應分析造成價量變化之關鍵因素及對毛利率之影響？ (A)10% (B)15% (C)20% (D)25%。

(　) **41** ETF可否進行零股交易？ (A)可以 (B)不可以 (C)僅國內成分證券指數股票型基金可以 (D)僅加掛外幣之ETF可以。

(　) **42** 何種情況不能以市價進行委託？ (A)初次上市普通股採無升降幅度限制期間 (B)無升降幅度限制之有價證券 (C)被證交所施行延長撮合間隔時間之有價證券 (D)以上皆是。

( ) **43** 證券經紀商接受客戶委託時，應依據委託書所載委託事項執行，其輸入順序所據為何？ (A)編號順序 (B)委託金額順序 (C)委託之證券代號順序 (D)委託人帳號順序。

( ) **44** 證券商有停業者，其於集中交易市場了結停業前所為買賣或受託事務範圍內，如何處理？ (A)視為尚未停業 (B)視為清算程序 (C)視為辦理解散中 (D)視為破產。

( ) **45** 證券商之受僱人違反證交所章則等有關規定，證交所得逕行通知證券商予以警告，或做何種處置？
(A)命令該證券商解除經理人職務
(B)解除其職務
(C)暫停其執行業務二個月至四個月
(D)暫停其執行業務一個月至六個月。

( ) **46** 有關零股交易敘述，以下何者正確？ (A)只可在盤後進行申報 (B)申報時應以市價為之 (C)變更買賣申報時，無須撤銷原買賣申報 (D)應以限價為之，且限當日有效。

( ) **47** 櫃檯買賣證券經紀商接受客戶以電話委託者，應同步錄音，對無爭議之電話錄音應至少保存多久期限？ (A)一個月 (B)三個月 (C)六個月 (D)一年。

( ) **48** 賣出下列何者不需要繳納證券交易稅？ (A)上市股票 (B)上櫃股票 (C)興櫃股票 (D)登錄於櫃買中心「黃金現貨交易平台」之黃金。

( ) **49** 經證券櫃買中心同意在櫃檯買賣之有價證券，其開始買賣期日應訂於自發行人接到證券櫃買中心之通知同意日起，多久期間內？ (A)一個月內 (B)二個月內 (C)三個月內 (D)四個月內。

( ) **50** 證券金融事業辦理承銷、認股融資業務之融資金額有何限制？ (A)無限制 (B)高於所融資有價證券之承銷價格1.5倍 (C)達所融資有價證券之承銷價120% (D)不得超過所融資有價證券之發行價格。

解答與解析　（答案標示為#者，表官方曾公告更正該題答案。）

1 (B)。根據公司法第282條，公開發行股票或公司債之公司，因財務困難，暫停營業或有停業之虞，而有重建更生之可能者，得由公司或利害關係人之一向法院聲請重整。

2 (B)。根據證券交易法第5條：本法所稱發行人，謂募集及發行有價證券之公司，或募集有價證券之發起人。

3 (D)。根據證券交易法第6條：本法所稱有價證券，指政府債券、公司股票、公司債券及經主管機關核定之其他有價證券。

4 (C)。(A)審計委員會應至少每季召開一次。
(B)審計委員會之召集，應載明召集事由，於七日前通知委員會各獨立董事成員。
(D)審計委員會之決議，應有全體成員二分之一以上之同意。

5 (D)。證券商向證券交易所申請股票上市者，應先取得目的事業主管機關之同意函。

6 (B)。根據證券交易法第36條：「已依本法發行有價證券之公司，除情形特殊，經主管機關另予規定者外，應依下列規定公告並向主管機關申報：一、於每會計年度終了後三個月內，公告並申報經會計師查核簽證、董事會通過及監察人承認之年度財務報告。……」

7 (D)。根據證券交易法第37條：會計師辦理第三十六條財務報告之查核簽證，應經主管機關之核准；其準則，由主管機關定之。會計師辦理前項查核簽證，除會計師法及其他法律另有規定者外，應依主管機關所定之查核簽證規則辦理。會計師辦理第一項簽證，發生錯誤或疏漏者，主管機關得視情節之輕重，為下列處分：
一、警告。
二、停止其二年以內辦理本法所定之簽證。
三、撤銷簽證之核准。第三十六條第一項之財務報告，應備置於公司及其分支機構，以供股東及公司債權人之查閱或抄錄。

8 (A)。根據證券交易法第26-3條：
已依本法發行股票之公司董事會，設置董事不得少於五人。
政府或法人為公開發行公司之股東時，除經主管機關核准者外，不得由其代表人同時當選或擔任公司之董事及監察人，不適用公司法第二十七條第二項規定。

公司除經主管機關核准者外，董事間應有超過半數之席次，不得具有下列關係之一：

一、配偶。

二、二親等以內之親屬。

公司除經主管機關核准者外，監察人間或監察人與董事間，應至少一席以上，不得具有前項各款關係之一。

9 (D)。根據證券交易法第6條：本法所稱有價證券，指政府債券、公司股票、公司債券及經主管機關核定之其他有價證券。

10 (D)。證券商向非金融保險機構借款屬於重大事項→2日內申報。

11 (B)。根據證券商管理規則第9條：「證券商應於辦理公司登記後，依下列規定，向本會所指定銀行提存營業保證金……」。

12 (A)。根據證券商設置標準第3條：「證券商須為股份有限公司；其最低實收資本額如下：……二、證券自營商：新臺幣四億元，僅經營自行買賣具證券性質之虛擬通貨業務者為新臺幣一億元。……」。

13 (B)。稱轉融通者，指證券商向證券金融事業辦理轉融通資金或有價證券。

14 (C)。根據證券交易法第154條：本公司得就證券交易經手費提存賠償準備金，備供證券商不履行交付義務時之支付；另依證券交易所管理規則第19條規定，本公司應一次提存新臺幣5000萬元做為賠償準備金，並於每季終了後15日內，按證券交易經手費收入之20% 繼續提存，但提存金額已達資本總額時，不在此限。

15 (A)。有價證券得為融資融券標準係由金融監督管理委員會訂定發布。

16 (B)。根據上市上櫃公司買回本公司股份辦法第5條：「公司買回股份，應於依申報之即日起算二個月內執行完畢……」

17 (D)。客戶為個人時，至少取得下列資訊，以辨識其身分：(1)姓名。(2)出生日期。(3)戶籍或居住地址。(4)官方身分證明文件號碼。(5)國籍。(6)外國人士居留或交易目的（如觀光、工作等）。

18 (D)。根據公司法第208條：董事長對內為股東會、董事會及常務董事會主席，對外代表公司。董事長請假或因故不能行使職權時，由副董事長代理之；無副董事長或副董事長亦請假或因故不能行使職權時，由董事長指定常務董事一人代理之；其未設常務董事者，指定董事一人代理之；董事長未指定代理人者，由常務董事或董事互推一人代理之。

19 (C)。 公司法所稱主管機關：在中央為經濟部；在直轄市為直轄市政府。

20 (D)。 根據證券交易法第43-5條：公開收購人進行公開收購後，除有下列情事之一，並經主管機關核准者外，不得停止公開收購之進行：
一、被收購有價證券之公開發行公司，發生財務、業務狀況之重大變化，經公開收購人提出證明者。
二、公開收購人破產、死亡、受監護或輔助宣告或經裁定重整者。
三、其他經主管機關所定之事項。

21 (B)。 發起人於公司成立前對非特定人公開招募股份稱之為募集。

22 (D)。 法律用語中，善意是指不知情之意思。

23 (A)。 持股10%以上之股東才符合內部人之定義。

24 (B)。 證券承銷商出售有價證券時，負有代理發行人交付公開說明書之義務。

25 (B)。 股權分散：記名股東人數在1000人以上，公司內部人及該等內部人持股逾百分之五十之法人以外之記名股東人數不少於500人，且其所持股份合計占發行股份總額百分之二十以上或滿一千萬股者。

26 (C)。 發行人募集與發行有價證券，且屬可縮短申報生效期間之條件，則其申報生效期間為7個營業日。

27 (B)。 公開發行公司取得或處分資產處理準則第4條第1項第6款規定，「事實發生日」指交易簽約日、付款日、委託成交日、過戶日、董事會決議日；或其他足資確定交易對象及交易金額之日等日期孰前者。

28 (A)。 證券承銷商包銷有價證券，於承銷契約所訂之承銷期間屆滿後，對於約定包銷之有價證券，未能全數銷售者，其剩餘數額之有價證券，應自行認購。

29 (C)。 委託書取得之限制：
一、不得以給付金錢或其他利益為條件。但代為發放股東會紀念品或徵求人支付予代為處理徵求事務者之合理費用，不在此限。
二、不得利用他人名義為之。
三、不得將徵求之委託書作為非屬徵求之委託書出席股東會。

30 (D)。 投信事業非集中保管劃撥作業之參加人。

31 (A)。 依據臺灣證券交易所「營業細則」第20條第3項規定，證券商因資訊傳輸系統發生重大不可抗力事故，致終端機設備故障時，得依下列方式

擇一為之：一、借用其總公司或分支機構之終端機設備。二、借用臺灣證券交易所市場備用之終端機設備，最多以兩套為限。

32 (A)。 證券經紀商於受託開戶時，應先與委託人訂立受託契約。

33 (C)。 根據證券交易法第86條：證券經紀商受託買賣有價證券，應於成交時作成買賣報告書交付委託人，並應於每月底編製對帳單分送各委託人。

34 (A)。 根據臺灣證券交易所股份有限公司營業細則第28-1條：證券商當日輸入委託或自行買賣申請總金額超逾其可動用資金淨額廿倍者，本公司得即停止其輸入買賣申報。
證券商淨值低於實收資本額而高於其二分之一者，前項倍數得調整為十倍，淨值低於實收資本額二分之一者，得調整為五倍，連續三個月低於實收資本額二分之一者，得調整為二倍。

35 (A)。 ROD（Rest of Day）：「當日委託有效單」，送出委託之後，投資人只要不刪單且直到當日收盤前，此張單子都是有效的。

36 (D)。 已在交易所上市、金融機構經目的事業主管機關依法指派接管者、該股票變更為一般之櫃檯買賣者皆屬於櫃檯買賣中心報請終止櫃檯買賣之情事。

37 (D)。 證券商代理證券金融公司辦理融資融券買賣業務，應編製證券金融事業融資融券申請表與證券金融公司辦理對帳。

38 (C)。 經紀商受託於集中市場，買賣有價證券，其向委託人收取手續費之費率，由證交所申報、金管會核定之。

39 (D)。 根據發行人募集與發行有價證券處理準則第15條：發行人申報發行股票，有下列情形之一，本會得停止其申報發生效力：一、申報書件不完備或應記載事項不充分者。二、有第五條規定之情事者。三、本會為保護公益認為有必要者。

40 (C)。 發行人於編製公開說明書時，其毛利率較前一年度變動達10%以上者，應分析造成價量變化之關鍵因素及對毛利率之影響。

41 (A)。 ETF可以進行零股交易。

42 (D)。 初次上市普通股採無升降幅度限制期間、無升降幅度限制之有價證券、被證交所施行延長撮合間隔時間之有價證券，均不能以市價進行委託。

43 (A)。證券經紀商接受客戶委託時,應依據委託書所載委託事項執行,其輸入順序所據為編號順序。

44 (A)。證券商有停業者,其於集中交易市場了結停業前所為買賣或受託事務範圍內,視為尚未停業。

45 (D)。根據臺灣證券交易所股份有限公司營業細則第144條:證券商之受僱人違反本營業細則、「受託契約準則」或其他章則、辦法、公告、通函等有關規定者,本公司得視情節輕重,逕行通知證券商予以警告,或暫停其執行業務一個月至六個月。

46 (D)。零股交易應以限價為之,且限當日有效。

47 (D)。櫃檯買賣證券經紀商接受客戶以電話委託者,應同步錄音,對無爭議之電話錄音應至少保存一年。

48 (D)。登錄於櫃買中心「黃金現貨交易平台」之黃金非屬證券交易法中的「有價證券」,故不用證交稅。

49 (C)。經櫃買中心同意在櫃檯買賣之有價證券,其開始買賣期日應訂於自發行人接到本中心通知同意前條契約日起三個月內。

50 (D)。證券金融事業辦理承銷、認股融資業務之融資金額不得超過所融資有價證券之發行價格。

110年 第3次

( ) **1** 公司清算完結時,清算人應於幾日內,造具清算期內收支表、損益表、連同各項簿冊,送監察人審查並提請股東會承認? (A)5日 (B)15日 (C)20日 (D)30日。

( ) **2** 依公司法規定,股份有限公司之股東得自行召集股東臨時會之條件為何? (A)繼續持有一個月以上,持有已發行股數總數過50% (B)繼續持有六個月以上,持有已發行股數總數過30% (C)繼續持有三個月以上,持有已發行股數總數過40% (D)繼續持有三個月以上,持有已發行股數總數過50%。

( ) **3** 下列何者非為證券交易法所稱之有價證券? (A)政府債券 (B)新股認購權利證書 (C)公司股票 (D)商業本票。

( ) **4** 上市、上櫃公司每年應編製何種文件於股東常會分送股東? (A)公開說明書 (B)財產目錄 (C)股東名冊 (D)年報。

( ) **5** 公開發行公司獨立董事兼任其他公開發行公司獨立董事不得逾多少家? (A)1家 (B)3家 (C)5家 (D)10家。

( ) **6** 對公開說明書之重要內容記載,能證明已經合理調查,並有正當理由確認其簽證或意見為真實者,而不負賠償責任者,係下列何人? (A)發行人 (B)職員 (C)證券承銷商 (D)專門職業或技術人員。

( ) **7** 依「證券交易法」規定,下列有關私募有價證券之敘述,何者正確? (A)私募普通公司債,其發行總額,除經主管機關徵詢目的事業中央主管機關同意者外,不得逾全部資產減去全部負債餘額之百分之二百 (B)私募對象有條件限制,且其人數不得超過30人 (C)有價證券私募之應募人2年內原則上不得再行賣出 (D)有價證券之私募及再行賣出,不得為一般性廣告或公開勸誘之行為。

( )　**8** 試問下列何種方式符合「證券交易法」第一百五十七條之一第六項有重大影響公司支付本息能力之消息的公開方式？　(A)兩家以上的地方性報紙　(B)一家以上全國性電視新聞　(C)公司輸入公開資訊觀測站　(D)揭示於公司網頁。

( )　**9** 下列何種人對公司之上市股票，於取得後六個月內再行賣出，或於賣出後六個月內再行買進，因而獲得利益者，公司不得請求將其利益歸於公司？　(A)持股百分之五之股東　(B)公司董事　(C)公司監察人　(D)公司經理人。

( )　**10** 證券商每設置一家國內分支機構，應於開業前一次繳存交割結算基金新臺幣多少元？　(A)一百萬元　(B)三百萬元　(C)五百萬元　(D)一千萬元。

( )　**11** 某證券商（非由金融機構兼營）之稅後盈餘為二十億元，依規定須提列多少特別盈餘公積？　(A)2億元　(B)4億元　(C)6億元　(D)8億元。

( )　**12** 專業證券商（非由金融機構兼營證券業務者）之股東，不得擔任公司制臺灣證券交易所之下列何種職務？　(A)董事　(B)監察人　(C)經理人　(D)選項　(A)(B)(C)職務皆不得擔任。

( )　**13** 若證券自營商僅經營自行買賣具證券性質之虛擬通貨業務者，其最低實收資本額應為新臺幣（沒有分支機構）：　(A)1億元　(B)3億元　(C)5億元　(D)10億元。

( )　**14** 現行集中市場有價證券買賣交割之方式為何？　(A)交付　(B)登記　(C)集保帳簿劃撥　(D)背書後交付。

( )　**15** 下列證券商辦理有價證券融資融券業務之敘述，何者有誤？　(A)證券商應與客戶簽訂融資融券契約，並開立信用帳戶　(B)客戶開立信用帳戶以一客戶開立一信用帳戶為限　(C)證券商受理客戶開立信用帳戶，可不辦理徵信　(D)證券商與客戶訂立之委託買賣契約終止時，應註銷其信用帳戶。

( ) **16** 證券商相互間所生爭議應採仲裁程序,則下列選定仲裁人之程序何者正確? (A)當事人事先以書面約定 (B)仲裁人得為二人以上之雙數 (C)法人機構得為仲裁人 (D)仲裁人需具法官身份。

( ) **17** 有關公開發行公司股東常會及臨時股東會之召集,下列敘述何者錯誤? (A)股東常會,每年至少召集一次 (B)股東臨時會,於必要時召集之 (C)股東常會之召集,應於二十日前通知各股東 (D)臨時股東會之召集,應於十五日前通知各股東。

( ) **18** 有關「公司法」之公司,下列敘述何者正確? (A)外國公司在中華民國境內營業無須經我國政府許可 (B)公司以其本公司所在地為住所 (C)受本公司管轄之分支機構稱為子公司 (D)是否為外國公司,依負責人國籍定之。

( ) **19** 依公開發行公司審計委員會行使職權辦法,審計委員會應至少_____召開一次? (A)每月 (B)每季 (C)每半年 (D)每年。

( ) **20** 下列關於公開發行公司審計委員會召集之敘述,何者正確? (A)審計委員會應至少每半年召開一次 (B)審計委員會之召集,應載明召集事由,於十日前通知委員會各獨立董事成員 (C)審計委員如不能親自出席,得以視訊參與會議 (D)審計委員會之決議,應有全體成員三分之二以上之同意。

( ) **21** 依「證券交易法」之規定,得請求懲罰性民事賠償的是: (A)短線交易行為 (B)內線交易行為 (C)人為炒作股票行為 (D)不實公開說明書。

( ) **22** 證券商流動負債總額,不得超過其流動資產總額之多少? (A)百分之五十 (B)百分之百 (C)百分之一百五十 (D)百分之二百。

( ) **23** 依現行「證券交易法」規定,公開發行公司設置審計委員會者,未經審計委員會通過之事項,何者不得由全體董事以三分之二以上同意取而代之? (A)重大資產或衍生性商品交易 (B)涉及董事自身利害關係之事項 (C)內部控制制度有效性之考核 (D)年度財務報告及須經會計師查核簽證之第二季財務報告。

( ) **24** 公司制證交所之董事、監察人至少應有多少是由主管機關指派非股東之有關專家任之？ (A)三分之一 (B)二分之一 (C)三人 (D)五人。

( ) **25** 臺灣證券交易所之組織型態為何？ (A)股份有限公司 (B)財團法人 (C)有限公司 (D)人民團體。

( ) **26** 發行人募集與發行有價證券，自申報生效通知到達之日起，逾一定時日尚未募足並收足現金款項者，金融監督管理委員會得撤銷或廢止其申報生效。其一定時日是指： (A)一個月 (B)二個月 (C)三個月 (D)半年。

( ) **27** 承銷制度中公開抽籤配售最大優點是： (A)公平 (B)承銷價格最接近市價 (C)時效快 (D)社會成本最低。

( ) **28** 公開發行公司辦理現金增資者，其在現金增資運用計畫完成前，應於年報中揭露何種資訊？ (A)現金增資專戶存儲動支情形 (B)現金增資運用計畫金額及其計畫內容 (C)現金增資金額 (D)現金增資計畫執行進度。

( ) **29** 上市或上櫃公司股票發行人依規定申請現金發行新股時，原則上係於金融監督管理委員會受理申報書之口起屆滿多少營業日始生效力？ (A)15個 (B)12個 (C)10個 (D)7個。

( ) **30** 下列有關指數投資證券（ETN）之敘述，何者為非？ (A)在證券市場交易 (B)無到期日 (C)由證券商支付與追蹤標的指數連結之報酬 (D)申購/賣回均採現金交付。

( ) **31** 下列何者非槓桿型及反向型ETF之特性？ (A)具備每日調整機制 (B)追求單日達成正向／反向倍數之投資目標 (C)長期報酬率相對穩定不受複利效果影響 (D)複利效果將導致長期報酬率大幅偏離標的指數報酬率。

( ) **32** 金融機構之股東，委託信託事業或股務代理機構擔任徵求人時，委任股東資格條件之限制，以下何者為非？ (A)繼續一年以上持有 (B)持有已發行股份總數8%以上 (C)持有已發行股份總數

10%以上　(D)符合金融控股公司公司法、銀行法、保險法所定大股東適格性規定。

( )　**33** 下列何種事業非為集中保管劃撥作業之參加人？　(A)證券交易所　(B)證券商　(C)證券金融事業　(D)投信事業。

( )　**34** 代辦股務機構，其辦理股務之業務人員中，應有1/3以上具備一定資格條件之一，且不得少於五人，一定資格條件為：　(A)證券商高級業務員或業務員　(B)股務作業實務經驗三年以上　(C)股務作業測驗合格　(D)選項(A)(B)(C)皆可。

( )　**35** 證交所買賣申報之競價方式為？　(A)集合競價及逐筆交易　(B)逐筆交易及連續競價　(C)集合競價及連續競價　(D)協議競價及逐筆交易。

( )　**36** 投資人開立買賣上市有價證券帳戶時，證券經紀商應依何種順序編列開戶帳號？　(A)開戶順序　(B)財力大小　(C)身分證編號順序　(D)由投資人選擇。

( )　**37** 經核准終止上市之有價證券，證交所應於實施日幾日前公告？　(A)7日　(B)12日　(C)15日　(D)20日。

( )　**38** 申請上市公司之設立年限，應依公司法設立登記至少：　(A)已逾五個完整會計年度　(B)已逾四個完整會計年度　(C)已滿五年以上　(D)已滿三年以上。

( )　**39** 股票申請上櫃者，至少須經幾家以上之證券商以書面推薦之？　(A)二家　(B)三家　(C)四家　(D)五家。

( )　**40** 經證交所列為處置證券，並以人工管制之撮合終端機執行撮合作業者，該撮合作業約幾分鐘撮合一次？　(A)1分鐘　(B)3分鐘　(C)5分鐘　(D)10分鐘。

( )　**41** 具備下列何項資格可為推薦股票上櫃之證券商？　(A)具承銷商和櫃檯買賣經紀商資格　(B)具自營商和櫃檯買賣經紀商資格　(C)具經紀商和櫃檯買賣經紀商資格　(D)具證券承銷商及櫃檯買賣自營商資格。

( ) **42** 逐筆交易制度中,若委託不能全部成交時,則全數取消不予成交,此委託方式為？ (A)ROD (B)IOC (C)FOK (D)ICO。

( ) **43** 現行櫃檯證券經紀商受託買賣股票,一般向委託人收付款券採下列何者方式？ (A)客戶與客戶自行支付 (B)由買方證券商向賣方證券商辦理 (C)由賣方證券商向買方證券商辦理 (D)帳簿劃撥。

( ) **44** 一般企業申請股票在櫃檯買賣,其最低實收資本額為新臺幣: (A)五千萬元 (B)一億元 (C)二億元 (D)五億元。

( ) **45** 委託人申請以現券償還融券者,證券商應將其融券賣出價款及融券保證金在次幾個營業日前交付委託人？ (A)一個營業日 (B)二個營業日 (C)三個營業日 (D)四個營業日。

( ) **46** 有關上櫃公司編製及申報企業社會責任書,下列敘述何者錯誤？ (A)股本達新臺幣五十億元以上者應編製 (B)食品工業、化學工業或金融業者,即使股本未達新臺幣五十億元也應編製 (C)股本未達新臺幣五十億元的餐飲業則不一定需要編製 (D)無論為何種行業,編製的企業社會責任書均需揭露非擔任主管職務之全時員工薪資平均數及中位數。

( ) **47** 下列何者可用來抵繳融資融券差額？ (A)美元計價ETF之受益憑證 (C)全額交割之上市股票 (B)上櫃中央登錄公債 (D)選項(A)(B)(C)皆可。

( ) **48** 證券商應多久計算每一信用帳戶之整戶及各筆融資融券擔保維持率？ (A)每日 (B)每週 (C)每月 (D)每季。

( ) **49** 辦理融資融券信用交易業務證券商,必須有經營哪一種證券業務？ (A)經紀 (B)公債 (C)自營 (D)承銷。

( ) **50** 目前證券商營業處所受託買賣有價證券的交易手續費上限為多少？ (A)千分之零點二八 (B)千分之一點四二五 (C)千分之一 (D)千分之三。

解答與解析 （答案標示為#者，表官方曾公告更正該題答案。）

1 (B)。 根據公司法第331條：「清算完結時，清算人應於十五日內，造具清算期內收支表、損益表、連同各項簿冊，送經監察人審查，並提請股東會承認。」

2 (D)。 根據公司法第173條：「繼續一年以上，持有已發行股份總數百分之三以上股份之股東，得以書面記明提議事項及理由，請求董事會召集股東臨時會。」
根據公司法第173-1條：「繼續三個月以上持有已發行股份總數過半數股份之股東，得自行召集股東臨時會。」

3 (D)。 根據證券交易法第6條：「本法所稱有價證券，指政府債券、公司股票、公司債券及經主管機關核定之其他有價證券。新股認購權利證書、新股權利證書及前項各種有價證券之價款繳納憑證或表明其權利之證書，視為有價證券。前二項規定之有價證券，未印製表示其權利之實體有價證券者，亦視為有價證券。」

4 (D)。 根據證券交易法第36條：「已依本法發行有價證券之公司，除情形特殊，經主管機關另予規定者外，應依下列規定公告並向主管機關申報：……。第一項之公司，應編製年報，於股東常會分送股東；其應記載事項、編製原則及其他應遵行事項之準則，由主管機關定之。」

5 (B)。 根據公開發行公司獨立董事設置及應遵循事項辦法第4條第1項：「公開發行公司之獨立董事兼任其他公開發行公司獨立董事不得逾三家。」

6 (D)。 根據證券交易法法第32條：「前條之公開說明書，其應記載之主要內容有虛偽或隱匿之情事者，左列各款之人，對於善意之相對人，因而所受之損害，應就其所應負責部分與公司負連帶賠償責任：一、發行人及其負責人。二、發行人之職員，曾在公開說明書上簽章，以證實其所載內容之全部或一部者。三、該有價證券之證券承銷商。四、會計師、律師、工程師或其他專門職業或技術人員，曾在公開說明書上簽章，以證實其所載內容之全部或一部，或陳述意見者。
前項第一款至第三款之人，除發行人外，對於未經前項第四款之人簽證部分，如能證明已盡相當之注意，並有正當理由確信其主要內容無虛偽、隱匿情事或對於簽證之意見有正當理由確信其為真實者，免負賠償責任；前項第四款之人，如能證明已經合理調查，並有正當理由確信其簽證或意見為真實者，亦同。」

7 (D)。 (A)根據證券交易法第 43-6 條，普通公司債之私募，其發行總額，除經主管機關徵詢目的事業中央主管機關同意者外，不得逾全部資產減去全部負債餘額之百分之四百。

(B)根據證券交易法第43-6條，應募人總數，不得超過三十五人。

(C)根據證券交易法第43-8條，有價證券私募之應募人3年內原則上不得再行賣出。

(D)根據證券交易法第43-7條，有價證券之私募及再行賣出，不得為一般性廣告或公開勸誘之行為。

8 (C)。 根據證券交易法第一百五十七條之一第五項及第六項重大消息範圍及其公開方式管理辦法第6條第1項：「第二條及第四條消息之公開方式，係指經公司輸入公開資訊觀測站。」

9 (A)。 根據證券交易法第157條第1項：「發行股票公司董事、監察人、經理人或持有公司股份超過百分之十之股東，對公司之上市股票，於取得後六個月內再行賣出，或於賣出後六個月內再行買進，因而獲得利益者，公司應請求將其利益歸於公司。」

10 (B)。 根據證券商管理規則第10條第4項：「證券商每增設一國內分支機構，應於開業前，向證券交易所一次繳存交割結算基金新臺幣三百萬元，但自開業次一年起，其原繳之金額減為新臺幣五十萬元。」

11 (B)。 根據證券商管理規則第14條第1項：「證券商除由金融機構兼營者另依有關法令規定外，已依本法發行有價證券者，應依本法第四十一條規定，於每年稅後盈餘項下，提存百分之二十特別盈餘公積。但金額累積已達實收資本額者，得免繼續提存。」

12 (C)。 根據公司法第32條：「經理人不得兼任其他營利事業之經理人，並不得自營或為他人經營同類之業務。但經依第二十九條第一項規定之方式同意者，不在此限。」

13 (A)。 根據證券商設置標準第3條：「證券商須為股份有限公司；其最低實收資本額如下：……二、證券自營商：新臺幣四億元，僅經營自行買賣具證券性質之虛擬通貨業務者為新臺幣一億元。……」

14 (C)。 根據證券交易法第43條第2項：「證券集中保管事業保管之有價證券，其買賣之交割，得以帳簿劃撥方式為之；其作業辦法，由主管機關定之。」

15 (C)。 根據證券金融事業管理規則第8條第2項：「證券金融事業受理委託人開立信用帳戶，應依規定開戶條件辦理徵信。」

16 (A)。 (A)根據仲裁法第1條，仲裁協議，應以書面為之。
(B)根據仲裁法第9條，仲裁協議，未約定仲裁人及其選定方法者，應由雙方當事人各選一仲裁人，再由雙方選定之仲裁人共推第三仲裁人為主任仲裁人，並由仲裁庭以書面通知當事人。→仲裁人數應為奇數
(C)根據仲裁法第5條，仲裁人應為自然人。當事人於仲裁協議約定仲裁機構以外之法人或團體為仲裁人者，視為未約定仲裁人。
(D)根據仲裁法第6條，具有法律或其他各業專門知識或經驗，信望素孚之公正人士，具備下列資格之一者，得為仲裁人：一、曾任實任推事、法官或檢察官者。二、曾執行律師、會計師、建築師、技師或其他與商務有關之專門職業人員業務五年以上者。三、曾任國內、外仲裁機構仲裁事件之仲裁人者。四、曾任教育部認可之國內、外大專院校助理教授以上職務五年以上者。五、具有特殊領域之專門知識或技術，並在該特殊領域服務五年以上者。

17 (C)。 根據公司法第172條第3項：「公開發行股票之公司股東常會之召集，應於三十日前通知各股東；股東臨時會之召集，應於十五日前通知各股東。」

18 (B)。 (A)根據公司法第371條，外國公司非經辦理分公司登記，不得以外國公司名義在中華民國境內經營業務。
(B)根據公司法第3條，公司以其本公司所在地為住所。
(C)根據公司法第3條本法所稱本公司，為公司依法首先設立，以管轄全部組織之總機構；所稱分公司，為受本公司管轄之分支機構。
(D)根據公司法第4條，外國公司，謂以營利為目的，依照外國法律組織登記之公司。

19 (B)。 根據公開發行公司審計委員會行使職權辦法第7條第1項：「審計委員會應至少每季召開一次，並於審計委員會組織規程中明定之。」

20 (C)。 根據公開發行公司審計委員會行使職權辦法
(A)第7條，審計委員會應至少每季召開一次。
(B)第7條，審計委員會之召集，應載明召集事由，於十日前通知委員會各獨立董事成員。
(C)第8條第2項，審計委員如不能親自出席，得以視訊參與會議。

(D)第8條第4項，審計委員會之決議，應有全體成員二分之一以上之同意。

21 (B)。 根據證券交易法第157-1條：「下列各款之人，實際知悉發行股票公司有重大影響其股票價格之消息時，在該消息明確後，未公開前或公開後十八小時內，不得對該公司之上市或在證券商營業處所買賣之股票或其他具有股權性質之有價證券，自行或以他人名義買入或賣出：……。

違反第一項或前項規定者，對於當日善意從事相反買賣之人買入或賣出該證券之價格，與消息公開後十個營業日收盤平均價格之差額，負損害賠償責任；其情節重大者，法院得依善意從事相反買賣之人之請求，將賠償額提高至三倍；其情節輕微者，法院得減輕賠償金額。」

22 (B)。 根據證券商管理規則第13條：「證券商除有特殊需要經專案核准者或由金融機構兼營者另依有關法令規定辦理外，其對外負債總額不得超過其淨值之六倍；其流動負債總額不得超過其流動資產總額。」

23 (D)。 根據證券交易法第14-5條：「已依本法發行股票之公司設置審計委員會者，下列事項應經審計委員會全體成員二分之一以上同意，並提董事會決議，不適用第十四條之三規定：……十、由董事長、經理人及會計主管簽名或蓋章之年度財務報告及須經會計師查核簽證之第二季財務報告。……。

前項各款事項除第十款外，如未經審計委員會全體成員二分之一以上同意者，得由全體董事三分之二以上同意行之，不受前項規定之限制，並應於董事會議事錄載明審計委員會之決議。」

24 (A)。 根據證券交易法第126條第2項：「公司制證券交易所之董事、監察人至少應有三分之一，由主管機關指派非股東之有關專家任之；不適用公司法第一百九十二條第一項及第二百十六條第一項之規定。」

25 (A)。 臺灣證券交易所為一民營的公司組織，有董事十五人、監察人三人，其中各至少三分之一為主管機關指派之官派代表。

26 (C)。 發行人募集與發行有價證券處理準則第11條：「發行人募集與發行有價證券，經發現有下列情形之一，本會得撤銷或廢止其申報生效或核准：

一、發行人申報發行普通公司債案件之募集期間，逾櫃買中心審查準則及櫃買中心國際債券管理規則所定期限者。

二、前款以外之案件，自申報生效通知到達之日起，逾三個月尚未募足並收足現金款項者。但其有正當理由申請延期，經本會核准者，得再延長三個月，並以一次為限。」

27 (A)。 公開抽籤配售會使每個投資人的機會均等，不論一個人開立幾個台股證券帳戶，都只能抽一次籤，符合公平性。

28 (D)。 根據發行人募集與發行有價證券處理準則第9條第1項第5款前段：「辦理現金增資或發行公司債者，在其現金增資或發行公司債運用計畫完成前，應於年報中揭露計畫執行進度。」

29 (B)。 根據發行人募集與發行有價證券處理準則 第13條第2項：「發行人除依前項規定提出申報者外，於本會及本會指定之機構收到發行新股申報書即日起屆滿十二個營業日生效。」

30 (B)。 ETN為一種具有到期日之有價證券，以追蹤標的指數表現，並在集中交易市場交易。

31 (C)。 槓桿反向型ETF因具備槓桿的特質，當基金持有期間超過一個交易日後，基金報酬將會受到複利效果影響，可能偏離標的指數。為使基金報酬於每日達到標的指數的倍數表現，基金須每日維持部位曝險為基金淨資產價值的倍數，故市場指數波動時，基金經理人須每日調整基金投資部位，若市場波動愈大，調整幅度就愈大，所產生的成本也愈高。

32 (B)。 根據公開發行公司出席股東會使用委託書規則第6條第1項：「繼續一年以上持有公司已發行股份符合下列條件之一者，得委託信託事業或股務代理機構擔任徵求人，其代理股數不受第二十條之限制：一、金融控股公司、銀行法所規範之銀行及保險法所規範之保險公司召開股東會，股東及其關係人應持有公司已發行股份總數百分之十以上，並符合下列條件之一……」

33 (D)。 有價證券集中保管帳簿劃撥作業辦法第3條第2項：「為辦理前項帳簿劃撥，證券交易所、櫃檯中心、證券商及證券金融事業應於保管事業開設保管劃撥帳戶，成為參加人。」

34 (D)。 根據公開發行股票公司股務處理準則第4條第1項：「股票已在證券交易所上市或在證券商營業處所買賣之公司自辦股務者與代辦股務機構辦理股務事務時，應配置足夠人員，給予適當之訓練及管理，並具備下列條件：
一、代辦股務機構之主管至少一人須有五年以上之股務作業實務經驗；其辦理股務之業務人員中應有三分之一以上具備下列資格之一，且不得少於五人。但辦理股務之業務人員符合資格已達二十人者，不受前揭比例之限制：(一)股務作業實務經驗三年以上。(二)證券商高級業務員或業務員。(三)本會指定機構舉辦之股務作業測驗合格。」

35 (A)。臺灣證券交易所股份有限公司營業細則第58-3條第1項：「買賣申報之競價方式，分為集合競價及逐筆交易。當市第一次撮合採集合競價，其後至收市前一段時間採逐筆交易，收市彙集一段時間所有買賣申報採集合競價。」

36 (A)。根據證券經紀商受託買賣有價證券辦法第13條：「受託契約應依序編列帳號，並記入『客戶登記簿』，留存備查。」

37 (D)。證交所上市公司申請有價證券終止上市處理程序第6條：「上市公司申請有價證券終止上市案經本公司董事會核議通過後，由本公司於實施日二十日前公告之，並即通知該上市公司。但如係本處理程序第二條後段規定之已上市之可轉換公司債轉上櫃買賣案件，本公司得於實施日五日前公告。」

38 (D)。根據臺灣證券交易所股份有限公司有價證券上市審查準則第4條，申請上市公司之設立年限，應依公司法設立登記至少已滿三年以上。

39 (A)。根據櫃檯買賣中心證券商營業處所買賣有價證券審查準則第3條，股票申請上櫃者，至少須經二家以上之證券商以書面推薦之。

40 (C)。根據證交所公布或通知注意交易資訊暨處置作業要點第6條，有價證券以人工管制之撮合終端機執行撮合作業，約每五分鐘撮合一次。

41 (D)。根據櫃檯買賣中心證券商營業處所買賣有價證券審查準則第9條本文：「依第三條第一項第五款推薦股票為櫃檯買賣之證券商，應具備證券承銷商及櫃檯買賣自營商之資格。」

42 (C)。(A)ROD(Rest of Day)，當天有效。
(B)IOC(Immediate-or-Cancel)，部分或全部成交，其餘取消。
(C)FOK(Fill-or-Kill)，若委託不能全部成交時，則全數取消不予成交。
(D)ICO(Initial Coin Offering)首次貨幣發行，與委託制度無關。

43 (D)。根據櫃檯買賣中心證券商營業處所買賣有價證券業務規則第9條第4項：「證券經紀商受託買賣向委託人收付款券，應透過委託人開立之款券劃撥及保管帳戶，以帳簿劃撥方式為之。」

44 (A)。根據櫃檯買賣中心證券商營業處所買賣有價證券業務規則第3條：「申請股票在櫃檯買賣之公開發行公司應符合下列條件：一、實收資本額達新臺幣五千萬元以上，且募集發行普通股股數達五百萬股以上者……。」

45 **(B)**。 根據證券商辦理有價證券買賣融資融券業務操作辦法第63條：「委託人申請以現款現券償還融資融券者，應於當日上午十二時前交付款券，並填具「融資現金償還申請書」或「融券現券償還申請書」向證券商提出申請。經證券商核符後，其融券賣出價款及融券保證金應在次二營業日前交付委託人⋯⋯。」

46 **(C)**。 根據上櫃公司編製與申報永續報告書作業辦法第2條：「上櫃公司符合下列情事之一者，應依本作業辦法之規定編製與申報中文版 本之永續報告書：一、最近一會計年度終了，依據本中心「上櫃公司產業類別劃分暨調整要點」規定屬食品工業、化學工業及金融業者。⋯⋯」

47 **(B)**。 根據證券商辦理有價證券買賣融資融券業務操作辦法第54條第3項：前項融資自備款差額計算公式所揭前條第三項所列股票與第五十七條抵繳有價證券或其他商品，屬中央登錄公債、地方政府債券、公司債、金融債、登錄為櫃檯買賣之黃金現貨、開放式證券投資信託基金受益憑證或期貨信託基金受益憑證，其融資比率依主管機關公布之上市（櫃）最高融資比率計算；其餘有未依有價證券得為融資融券標準第二條、第三條規定取得融資融券交易資格者或經同標準第四條、第五條規定暫停融資融券交易資格者，其融資比率為零。」

48 **(A)**。 根據證券商辦理有價證券買賣融資融券業務操作辦法第23條：「證券商應逐日依下列公式計算每一信用帳戶之整戶及各筆融資融券擔保維持率：⋯⋯」

49 **(A)**。 根據證券商辦理有價證券買賣融資融券管理辦法第3條，證券商申請辦理有價證券買賣融資融券，應經營證券經紀業務屆滿一年以上。

50 **(B)**。 根據證券經紀商受託買賣有價證券辦法第6條：「受託買賣有價證券手續費，依主管機關核定之費率收取之；自八十九年七月一日起，得於不超過客戶成交金額千分之一・四二五之上限自行訂定，並於實施前及日後調整前應向臺灣證券交易所及中華民國證券櫃檯中心書面申報。」

證券商高級業務員

109年 第2次

( ) **1** 股東會之決議,除「公司法」另有規定外,應有代表已發行股份總數多少股東之出席,以出席股東表決權多少之同意行之?(A)半數以上之出席;半數以上之同意 (B)過半數之出席;過半數之同意 (C)三分之二以上之出席;半數以上之同意 (D)三分之二以上之出席;過半數之同意。

( ) **2** 對證券商從事有關外國衍生性金融商品交易規範,下列敘述何者正確? (A)得擇定任何外國金融機構辦理 (B)結匯事宜應向銀行局申報 (C)應向中央銀行許可或指定之國內外金融機構辦理交易 (D)應向投審會申報交易月報表。

( ) **3** 下列何者不包括於「證券交易法」第一百五十七條之「取得」範圍? (A)買入 (B)受贈 (C)繼承 (D)選項(A)、(B)、(C)均包括在「取得」之意義。

( ) **4** 私募普通公司債,其發行總額,除經主管機關徵詢目的事業中央主管機關同意者外,不得逾全部資產減去全部負債餘額之多少? (A)百分之百 (B)百分之二百 (C)百分之三百 (D)百分之四百。

( ) **5** 某上櫃公司之監察人,連續兩次未依「證券交易法」第二十二條之二所定程序轉讓其持股,主管機關每次得處新臺幣多少元之行政罰鍰: (A)新臺幣十萬元以上,五十萬元以下 (B)新臺幣二十四萬元以上,四百八十萬元以下 (C)新臺幣十三萬元以上,二百萬元以下 (D)新臺幣十四萬元以上,二十萬元以下。

( ) **6** 如公開發行股票公司於股東會召開時,代表公司之董事拒絕提供股東名簿者,證券主管機關可處新臺幣多少罰鍰? (A)二十四萬元以上二百四十萬元以下 (B)十二萬元以上二百四十萬元以下 (C)二十四萬元以上四百八十萬元以下 (D)四十八萬元以上四百八十萬元以下。

( ) **7** 公司對員工新股優先認購權所認股份，得限制在一定期間不得轉讓，期間最長不得超過多久？ (A)一年 (B)二年 (C)三年 (D)五年。

( ) **8** 下列證券交易所之業務敘述何者錯誤？ (A)開設有價證券之集中交易市場 (B)以供給有價證券集中交易市場為目的 (C)集中市場以競價為買賣之主要方式 (D)集中市場以議價為買賣主要方式。

( ) **9** 自辦融資融券之證券經紀商對客戶融資或融券之總金額，分別不得超過其淨值之幾倍？ (A)一倍 (B)二倍 (C)二點五倍 (D)十倍。

( ) **10** 下列針對股份有限公司分配員工酬勞之敘述，何者正確？
(A)公司應於章程訂明以當年度獲利狀況之定額或比率，分派員工酬勞。其不受公司該年度虧損狀況影響
(B)章程訂定之分派員工酬勞，僅能以現金為限
(C)員工酬勞分派需於董事會經董事半數以上出席，三分之二以上同意之決議
(D)可於章程中訂明符合條件之控制公司員工可分派員工酬勞。

( ) **11** 上櫃公司應於第二季終了後多久公告並申報經會計師核閱之季財務報告？ (A)二十日內 (B)一個月內 (C)四十五日內 (D)三個月內。

( ) **12** 公開發行公司取得或處分非上市櫃公司有價證券之交易金額達多少以上者，應洽請會計師就交易價格之合理性表示意見？ (A)實收資本額百分之十 (B)新臺幣二億元以上 (C)實收資本額百分之二十或新臺幣三億元以上者 (D)實收資本額百分之三十或新臺幣一億元以上者。

( ) **13** 公開發行公司之審計委員會組織規程訂定應由何者決議通過？ (A)董事會 (B)股東會普通決議 (C)股東會特別決議 (D)主管機關。

( ) **14** 下列關於證券商依法令處理客戶專戶之敘述，何者錯誤？
(A)證券商依法令開設存放客戶款項之專戶，及因業務接受客戶委託所取得之資產，與其自有財產，應分別獨立
(B)證券商就其自有財產所負債務，其債權人不得對客戶之專戶款項及因業務接受客戶委託所取得之資產請求扣押或行使其他權利
(C)證券商除為其客戶辦理應支付款項或運用資產者外，不得動用客戶款項或資產
(D)證券商如違反動用設存放客戶款項之專戶，及因業務接受客戶委託所取得之資產，其為行為之負責人處五年以下有期徒刑、拘役或科或併科新臺幣一億元以下罰金。

( ) **15** 下列何者應編列財務報告且依法公告並申報？ (A)發行人 (B)證券商 (C)證券交易所 (D)選項(A)、(B)、(C)皆是。

( ) **16** 公開發行公司之內部人（如董監、經理人等）喪失其身分後，未滿多久前仍受「證券交易法」第一百五十七條之一（內線交易）的規範？ (A)三個月 (B)六個月 (C)九個月 (D)十二個月。

( ) **17** 證券投資信託之董事意圖為自己牟取不法利益達五千萬元，致使損害證券投資信託基金資產及委託投資資產之利益者，其罰則應為： (A)三年以上十年以下有期徒刑 (B)三年以上七年以下有期徒刑 (C)五年以上十年以下有期徒刑 (D)二年以上五年以下有期徒刑。

( ) **18** 有關證券商最低實收資本額之充實，下列何者正確？ (A)發起人應於發起時一次認足 (B)發起人應於發起時至少認足四分之一，其餘向外公開募足 (C)發起人應於發起時至少認足三分之一，其餘向外公開募足 (D)發起人應於發起時至少認足二分之一，其餘向外公開募足。

( ) **19** 依「公開發行公司建立內部控制制度處理準則」規定，公開發行公司內部稽核人員發現重大違規情事或公司有受重大損害之虞時，應立即作成報告陳核，並通知： (A)主管機關 (B)董事長 (C)各監察人 (D)總經理。

( ) **20** 公司已發行特別股者,其章程變更如有損害特別股股東權利時,除股東會特別決議外,應另經何種程序? (A)特別股股東會之決議 (B)特別股股東經個別詢問無異議 (C)特別股股東半數以上以書面表同意 (D)無須另經任何程序。

( ) **21** 下列何者不符合證券投資信託事業之專業發起人資格? (A)基金管理機構 (B)銀行 (C)保險公司 (D)證券交易所。

( ) **22** 欲從事證券業務創新實驗之業者,下列敘述何者錯誤? (A)必須取得證券商資格 (B)從事證券業務創新實驗前,必須向主管機關申請取得核准 (C)在主管機關核准的期間與範圍內,創新實驗不適用證券交易法規定 (D)實驗申請之主要法源為金融科技發展與創新實驗條例。

( ) **23** 對有價證券之行情等重要事項有虛偽之記載並且散布於眾者,得併科新臺幣多少萬元以下罰金? (A)一百萬 (B)五百萬 (C)一千萬 (D)二千萬。

( ) **24** 下列關於公司負責人之敘述,何者錯誤? (A)公司之非董事,而實質上執行董事業務,與公司法董事同負民事、刑事及行政罰之責任 (B)在執行職務範圍內,公司之清算人為公司負責人 (C)有限公司、股份有限公司之負責人為董事 (D)重整監督人在執行職務範圍時,不屬於公司負責人。

( ) **25** 公司採用「總括申報制」發行公司債,應於預定期間發行完成,其預定期間得為多長? (A)申報生效日起不得超過一年 (B)申報生效日起不得超過二年 (C)自申報日起三年 (D)自申報日起五年。

( ) **26** 企業向投資大眾籌措資金之處所為: (A)交易市場 (B)銀行 (C)發行市場 (D)臺灣證券交易所。

( ) **27** 員工認股權憑證之存續期間不得超過幾年? (A)二年 (B)五年 (C)十年 (D)十五年。

( ) **28** 「公開發行公司取得或處分資產處理準則」規定，公開發行公司取得或處分資產交易金額達應公告申報者，應於事實發生日起幾日內辦理公告？ (A)二日內 (B)三日內 (C)五日內 (D)十日內。

( ) **29** 發行人募集與發行海外有價證券，依規定向主管機關提出申報，屆滿幾個營業日生效？ (A)七個 (B)五個 (C)十個 (D)十二個。

( ) **30** 採洽商銷售承銷之附認股權公司債案件，每一認購人所認購數量不得超過該次承銷總數之： (A)5% (B)10% (C)20% (D)50%。

( ) **31** ETF是否可以配息？ (A)僅分配現金股利 (B)可分配現金股利及股票股利 (C)僅分配股票股利 (D)不可參與配息。

( ) **32** 依「證交所股份有限公司受託辦理上市證券拍賣辦法」規定，申請拍賣之證券，其拍賣數量不得少於： (A)一萬股 (B)五十萬股 (C)一百萬股 (D)二百萬股。

( ) **33** 假設福爾摩沙塑膠股份有限公司初次申請上市，其記名股東人數須在多少人以上？ (A)300人 (B)500人 (C)1,000人 (D)5,000人。

( ) **34** 金融保險業依規定應編製及申報企業社會責任書，下列何者為應加強揭露之事項？
(A)永續金融重大主題之管理方針、揭露項目及其報導要求
(B)報導要求至少應包含各經營業務為創造社會效益或環境效益所設計之產品與服務
(C)企業非擔任主管職務之全時員工人數、非擔任主管職務之全時員工薪資平均數及中位數，及前三者與前一年度之差異
(D)選項(A)、(B)、(C)皆正確。

( ) **35** 下列何者不得融資融券？ (A)零股交易 (B)鉅額交易 (C)全額交割股票 (D)選項(A)、(B)、(C)皆是。

( ) **36** 下列哪項可能為多重資產型之資產配置比例？ (A)股票：
90%、債券：10% (B)股票：80%、債券：10%、REITs：10%
(C)股票：10%、債券：80%、REITs：10% (D)股票：70%、
REITs：30%。

( ) **37** 依規定完整式財務預測之公告申報日期距編製日期達幾個月以
上，應重編財務預測？ (A)一個月 (B)二個月 (C)三個月
(D)選項(A)、(B)、(C)皆非。

( ) **38** 證券承銷商辦理有價證券之承銷（簡稱對外公開銷售），其配售
方式有：競價拍賣、詢價圈購、公開申購配售、洽商銷售四種，
其中募集普通公司債、未涉及股權之金融債券、不動產資產信託
受益憑證等承銷案件得全數或部分採行何種方式銷售？ (A)競
價拍賣 (B)詢價圈購 (C)洽商銷售 (D)公開配售申購。

( ) **39** 以下何者非證券商辦理有價證券承銷時決定承銷價格之方式？
(A)競價拍賣 (B)詢價圈購 (C)與發行機構議定 (D)按消息發
布日前五日之平均收盤價。

( ) **40** 外國政府發行之政府公債及國際組織發行之債券，其上市之程序
為： (A)由中央銀行函令證交所後，公告其上市 (B)由行政院
函令證交所後，公告其上市 (C)由金管會函令證交所後，公告
其上市 (D)由證交所逕行公告上市。

( ) **41** 假設履約價格為八十元，標的股票價格為九十元，則該認購
權證處於： (A)價平（At-the-money） (B)價外（Out-of-
the-money） (C)價內（In-the-money） (D)選項(A)、(B)、
(C)皆非。

( ) **42** 關於公開發行公司出席股東會所使用之委託書，下列何種情形
會構成代理之表決權不予計算的原因？ (A)出具之聲明書有虛
偽情事 (B)徵求人之投票行為與委託人之委託內容不符 (C)徵
求人或受託代理人代理股數超過法令規定之數 (D)選項(A)、
(B)、(C)皆是。

( ) **43** 集中交易市場存託憑證每日之升降幅度為： (A)7% (B)10% (C)15% (D)不予限制。

( ) **44** 在買賣登錄於櫃買中心「開放式基金受益憑證交易平台」之基金時，假設T為交易日，則交割日為何時？ (A)T+1日 (B)T+2日 (C)T+5日 (D)T+3日。

( ) **45** 一般散戶自然人若欲於次級市場買進寶島債券，可於下列哪個時點透過哪個管道為之？
(A)9：00透過國際債券交易系統
(B)12：00透過國際債券交易系統
(C)14：00透過證券商營業處所議價
(D)16：00透過證券商營業處所議價。

( ) **46** 下列有關僅銷售予專業投資人之外幣計價伊斯蘭固定收益證券之敘述，何者不正確？
(A)得豁免申報生效規定 (B)可用新臺幣或外幣募集
(C)需符合伊斯蘭律法 (D)選項(A)、(B)、(C)皆是。

( ) **47** 有關資券相抵沖銷交易之敘述何者錯誤？ (A)應事先與證券商簽訂概括授權之同意書 (B)於成交日之次日以現券償還融券 (C)於成交當日以現金償還融資 (D)僅須結計淨收、淨付的款項差額。

( ) **48** 一組合型基金至少會有個子基金，且每個子基金最高投資上限不得超過淨資產價值之。空格中的數字分別為？ (A)3與30% (B)3與50% (C)5與30% (D)5與50%。

( ) **49** 買賣公司債及金融債券，其證券交易稅稅率為： (A)免稅 (B)千分之一 (C)千分之二 (D)千分之三。

( ) **50** 證券經紀商就融資融券結算資料應編製彙總表輸入臺灣證券交易所電腦主機，最遲應在何時前完成？ (A)下午九時 (B)下午四時 (C)下午五時 (D)下午三時。

解答與解析 （答案標示為#者，表官方曾公告更正該題答案。）

1 (B)。 根據公司法第174條，股東會之決議，除本法另有規定外，應有代表已發行股份總數過半數股東之出席，以出席股東表決權過半數之同意行之。

2 (C)。 根據證券商管理規則第19-2條，證券商得以客戶身分向經中央銀行許可辦理衍生性外匯商品業務之指定銀行或國外金融機構辦理避險交易。

3 (C)。 根據金管證三字第0960048145號，繼承非屬證券交易法第一百五十七條第一項所定之「取得」。

4 (D)。 根據證券交易法第43條之6第3項規定：「普通公司債之私募，其發行總額，除經主管機關徵詢目的事業中央主管機關同意者外，不得逾全部資產減去全部負債餘額之400%，不受公司法第247條規定之限制」。

5 (B)。 證券交易法第178條「有下列情事之一者，處新臺幣二十四萬元以上四百八十萬元以下罰鍰，並得命其限期改善；屆期未改善者，得按次處罰：一、違反第二十二條之二第一項、第二項、第二十六條之一，或第一百六十五條之一準用第二十二條之二第一項、第二項規定。……」

6 (A)。 根據公司法第210-1條，董事會或其他召集權人召集股東會者，得請求公司或股務代理機構提供股東名簿。代表公司之董事拒絕提供股東名簿者，處新臺幣一萬元以上五萬元以下罰鍰。但公開發行股票之公司，由證券主管機關處代表公司之董事新臺幣二十四萬元以上二百四十萬元以下罰鍰。股務代理機構拒絕提供股東名簿者，由證券主管機關處新臺幣二十四萬元以上二百四十萬元以下罰鍰。前二項情形，主管機關或證券主管機關並應令其限期改正；屆期未改正者，繼續令其限期改正，並按次處罰至改正為止。

7 (B)。 公司法第267條，公司發行新股時，除經目的事業中央主管機關專案核定者外，應保留發行新股總數百分之十至十五之股份由公司員工承購。公營事業經該公營事業之主管機關專案核定者，得保留發行新股由員工承購；其保留股份，不得超過發行新股總數百分之十。公司對員工依第一項、第二項承購之股份，得限制在一定期間內不得轉讓。但其期間最長不得超過二年。

8 (D)。集中市場以競價為買賣之主要方式。

9 (C)。根據證券商辦理有價證券買賣融資融券管理辦法第14條，證券商辦理有價證券買賣融資融券，對客戶融資總金額或融券加計辦理第二十二條第一項第五款至第七款之出借有價證券總金額，分別不得超過其淨值百分之二百五十。

10 (D)。根據公司法第235-1條。
  (A)公司應於章程訂明以當年度獲利狀況之定額或比率，分派員工酬勞。但公司尚有累積虧損時，應予彌補。
  (B)前項員工酬勞以股票或現金為之，應由董事會以董事三分之二以上之出席及出席董事過半數同意之決議行之，並報告股東會。
  (C)公司經前項董事會決議以股票之方式發給員工酬勞者，得同次決議以發行新股或收買自己之股份為之。
  (D)章程得訂明發給股票或現金之對象包括符合一定條件之控制或從屬公司員工。

11 (C)。根據證券交易法第36條第1項：已依本法發行有價證券之公司，除情形特殊，經主管機關另予規定者外，應依下列規定公告並向主管機關申報：
  一、於每會計年度終了後三個月內，公告並申報由董事長、經理人及會計主管簽名或蓋章，並經會計師查核簽證、董事會通過及監察人承認之年度財務報告。
  二、於每會計年度第一季、第二季及第三季終了後四十五日內，公告並申報由董事長、經理人及會計主管簽名或蓋章，並經會計師核閱及提報董事會之財務報告。
  三、於每月十日以前，公告並申報上月份營運情形。

12 (C)。根據公開發行公司取得或處分資產處理準則第10條，公開發行公司取得或處分有價證券，應於事實發生日前取具標的公司最近期經會計師查核簽證或核閱之財務報表作為評估交易價格之參考，另交易金額達公司實收資本額百分之二十或新臺幣三億元以上者，應於事實發生日前洽請會計師就交易價格之合理性表示意見，會計師若需採用專家報告者，應依會計研究發展基金會所發布之審計準則公報第二十號規定辦理。但該有價證券具活絡市場之公開報價或金融監督管理委員會（以下簡稱本會）另有規定者，不在此限。

13 (A)。 根據公開發行公司審計委員會行使職權辦法第3條，公開發行公司依本法設置審計委員會者，應訂定審計委員會組織規程，其內容應至少記載下列事項：

一、審計委員會之人數、任期。

二、審計委員會之職權事項。

三、審計委員會之議事規則。

四、審計委員會行使職權時公司應提供之資源。

前項組織規程之訂定應經董事會決議通過，修正時亦同。

14 (D)。 根據證券投資人及期貨交易人保護法第37條，證券商依法令開設存放客戶款項之專戶，及因業務接受客戶委託所取得之資產，與其自有財產，應分別獨立。證券商除為其客戶辦理應支付款項或運用資產者外，不得動用前項款項或資產。證券商就其自有財產所負債務，其債權人不得對第一項專戶款項及因業務接受客戶委託所取得之資產請求扣押或行使其他權利。

根據證券投資人及期貨交易人保護法第38條，證券商違反前條第二項之規定者，其為行為之負責人處三年以下有期徒刑、拘役或科或併科新臺幣一億元以下罰金。

15 (D)。 根據證券交易法第14條，本法所稱財務報告，指發行人及證券商、證券交易所依法令規定，應定期編送主管機關之財務報告。

16 (B)。 根據證券交易法第157-1下列各款之人，實際知悉發行股票公司有重大影響其股票價格之消息時，在該消息明確後，未公開前或公開後十八小時內，不得對該公司之上市或在證券商營業處所買賣之股票或其他具有股權性質之有價證券，自行或以他人名義買入或賣出：

一、該公司之董事、監察人、經理人及依公司法第二十七條第一項規定受指定代表行使職務之自然人。

二、持有該公司之股份超過百分之十之股東。

三、基於職業或控制關係獲悉消息之人。

四、喪失前三款身分後，未滿六個月者。

17 (A)。 根據證券投資信託及顧問法第105-1條，證券投資信託事業、證券投資顧問事業之董事、監察人、經理人或受僱人，意圖為自己或第三人不法之利益，或損害證券投資信託基金資產、委託投資資產之利益，而為違背其職務之行為，致生損害於證券投資信託基金資產、委託投資資產或其他利益者，處三年以上十年以下有期徒刑，得併科新臺幣

一千萬元以上二億元以下罰金。其因犯罪獲取之財物或財產上利益金額達新臺幣一億元以上者，處七年以上有期徒刑，得併科新臺幣二千五百萬元以上五億元以下罰金。

18 (A)。根據證券商設置標準第3條第2項，證券商最低實收資本額，發起人應於發起時一次認足。

19 (C)。根據公開發行公司建立內部控制制度處理準則第15條第2項，公開發行公司內部稽核人員如發現重大違規情事或公司有受重大損害之虞時，應立即作成報告陳核，並通知各監察人。

20 (A)。根據公司法第159條，公司已發行特別股者，其章程之變更如有損害特別股股東之權利時，除應有代表已發行股份總數三分之二以上股東出席之股東會，以出席股東表決權過半數之決議為之外，並應經特別股股東會之決議。

21 (D)。根據證券投資信託事業設置標準第8條，基金管理機構、銀行、保險公司、證券符合證券投資信託事業之專業發起人資格。

22 (A)。根據證券交易法第44-1條，為促進普惠金融及金融科技發展，不限於證券商及證券金融事業，得依金融科技發展與創新實驗條例申請辦理證券業務創新實驗。前項之創新實驗，於主管機關核准辦理之期間及範圍內，得不適用本法之規定。主管機關應參酌第一項創新實驗之辦理情形，檢討本法及相關金融法規之妥適性。

23 (D)。根據證券交易法證券交易法第174條，有下列情事之一者，處一年以上七年以下有期徒刑，得併科新臺幣二千萬元以下罰金：二、對有價證券之行情或認募核准之重要事項為虛偽之記載而散布於眾。

24 (D)。根據公司法第8條，公司之經理人、清算人或臨時管理人，股份有限公司之發起人、監察人、檢查人、重整人或重整監督人，在執行職務範圍內，亦為公司負責人。

25 (B)。根據發行人募集與發行有價證券處理準則第22條，發行人同時符合下列各款條件，得檢具發行公司債總括申報書，載明其應記載事項，連同應檢附書件，向本會申報生效，並應於預定發行期間內發行完成：第一項所稱預定發行期間，自申報生效日起不得超過二年，發行人並應於向本會申報時訂定之。

26 (C)。企業向投資大眾籌措資金之處所為發行市場。

27 (C)。 根據發行人募集與發行有價證券處理準則第54條，員工認股權憑證自發行日起屆滿二年後，持有人除依法暫停過戶期間外，得依發行人所定之認股辦法請求履約。員工認股權憑證之存續期間不得超過十年。

28 (A)。 根據公開發行公司取得或處分資產處理準則第31條，公開發行公司取得或處分資產達應公告申報者，應於事實發生之即日起算二日內將相關資訊於本會指定網站辦理公告申報。

29 (D)。 根據發行人募集與發行海外有價證券處理準則第7條，發行人募集與發行海外有價證券，依規定檢齊相關書件提出申報，於本會及本會指定之機構收到申報書即日起屆滿十二個營業日生效。

30 (B)。 根據中華民國證券商業同業公會證券商承銷或再行銷售有價證券處理辦法第32條，採洽商銷售之承銷案件，除經證券主管機關核准者外，每一認購人認購數量規定如下：……四、認購（售）權證、指數投資證券、附認股權公司債案件每一認購人認購數量不得超過該次承銷總數之百分之十。

31 (A)。 ETF通常採年配息，且通常是發放現金股利。

32 (D)。 臺灣證券交易所股份有限公司受託辦理上市證券拍賣辦法第6條，依本辦法申請拍賣之證券，其拍賣數量不得少於二百萬股（單位）。但政府以其持有之證券申請拍賣者，不在此限。

33 (C)。 記名股東人數在一千人以上，公司內部人及該等內部人持股逾百分之五十之法人以外之記名股東人數不少於五百人，且其所持股份合計占發行股份總額百分之二十以上或滿一千萬股者。

34 (D)。 根據臺灣證券交易所「上市公司編製與申報企業社會責任報告書作業辦法」第4條，上述選項均正確。（註：為配合金管會公司治理藍圖3.0之規劃，民國110年12月07日將現行企業社會責任報告書更名為「永續報告書」。）

35 (D)。 零股交易、鉅額交易、全額交割股票皆不得融資融券。

36 (D)。 多重資產型基金指得同時投資於股票、債券、基金受益憑證等種類，且投資於前開任一資產種類之總金額不得超過本基金淨資產價值之70%。

37 (A)。 根據公開發行公司公開財務預測資訊處理準則第19條，已公開財務預測之公司如有下列情事之一者，應重編財務預測，如重編前財務預測已經會計師核閱者，並應洽會計師核閱後公告申報：

一、財務預測之公告申報日期距編製日期達一個月以上者。

二、變更簽證會計師者。但因會計師事務所內部調整者，不在此限。

38 (C)。中華民國證券商業同業公會證券商承銷或再行銷售有價證券處理辦法第31條，募集普通公司債、未涉及股權之金融債券、分離型附認股權公司債其分離後之公司債、不動產資產信託受益證券、受託機構公開招募受益證券或特殊目的公司公開招募資產基礎證券之承銷案件得全數或部分採洽商銷售方式辦理，並依第三十條規定訂定承銷價格。

39 (D)。中華民國證券商業同業公會證券商承銷或再行銷售有價證券處理辦法第4條，證券承銷商辦理有價證券之承銷，其承銷價格以左列方式之一為之：一、競價拍賣。二、詢價圈購。三、與發行公司、發行機構或有價證券持有人議定。

40 (C)。臺灣證券交易所股份有限公司有價證券上市審查準則第25條，外國政府發行之政府公債及國際組織發行之債券，由主管機關函令本公司公告其上市。

41 (C)。價內：認購權證履約價<股票標的物的股價
價平：認購權證履約價=股票標的物的股價
價外：認購權證履約價>股票標的物的股價

42 (D)。出具之聲明書有虛偽情事、徵求人之投票行為與委託人之委託內容不符、徵求人或受託代理人代理股數超過法令規定之數，均構成代理之表決權不予計算的原因。

43 (B)。集中交易市場存託憑證每日之升降幅度為10%。

44 (B)。T為交易日，則交割日為T+2日。

45 (C)。外發行人於台灣募集發行並向櫃買中心申請上櫃之外幣計價債券稱為國際債券（International Bond），如果採人民幣計價發行時，另稱為寶島債券（Formosa Bond）。

交易管道	國際債券交易系統	證券商營業處所議價
交易對象	國際債券自營商	國際債券自營商、法人及自然人
交易時間	買賣斷：9：00~13：30 附條件：9：00~13：30、 14：00~15：00	買賣斷：9：00~15：00 附條件：9：00~15：00

交易管道	國際債券交易系統	證券商營業處所議價
最小交易單位	(1) 美元、歐元、新加坡幣、澳幣、紐西蘭幣、英鎊、瑞士法郎、加拿大幣：10 萬元。 (2) 日圓：1,000 萬元。 (3) 人民幣、南非幣、港幣：100 萬元。	(1) 專業板債券同交易系統 (2) 一般板債券為專業板債券之 1/100
交割週期	T+3個營業日	T+3個營業日內

46 (B)。不得用新臺幣募集。

47 (C)。「融資買進」→故投資人無須「當日」償還。

48 (C)。證券投資信託基金管理辦法第43條，每一組合型基金至少應投資5個以上子基金，且每個子基金最高投資上限不得超過組合型基金淨資產價值之30%。

49 (A)。證券投資信託基金管理辦法第2-1條，為活絡債券市場，協助企業籌資及促進資本市場之發展，自中華民國九十九年一月一日起至一百十五年十二月三十一日止暫停徵公司債及金融債券之證券交易稅。

50 (A)。臺灣證券交易所股份有限公司營業細則第103條，證券經紀商就融資融券結算資料應編製彙總表輸入臺灣證券交易所電腦主機，最遲應在下午九時前完成。

109年　第3次

(　) **1** 符合公司法規定資格之股份有限公司少數股東，得以書面記明提議事項及理由，請求董事會召集股東臨時會，如董事會在請求提出後幾日內不為召集之通知時，股東得報請經主管機關許可，自行召集？　(A)五日　(B)七日　(C)十日　(D)十五日。

(　) **2** 證券商經營證券業務，下列何項行為非法令所禁止者？　(A)接受顧客全權委託買賣　(B)提供客戶上市公司年報　(C)於本公司或分支機構之營業所外，辦理有價證券買賣之交割事宜　(D)提供特定利益負擔損失，以勸誘顧客買賣。

(　) **3** 公司買回其股份時，哪些關係人不得在買回期間內賣出？　甲.董事；乙.經理人；丙.關係企業經理人之未成年子女；丁.監察人之配偶　(A)甲、乙、丙、丁　(B)甲、乙、丙　(C)乙、丙、丁　(D)甲、乙、丁。

(　) **4** 下列何者依現行法令屬豁免證券？　(A)新股認購權利證書　(B)公開募集發行之股票　(C)公司債券　(D)政府債券。

(　) **5** 證券商何種人員異動時，須事先申請相關單位核備後始得異動之？　(A)證券商之負責人　(B)營業部經理　(C)內部稽核業務人員　(D)主辦會計人員。

(　) **6** 股東會之召集程序或其決議方法，違反法令或章程時，股東得自決議之日起多久內，訴請法院撤銷其決議？　(A)三個月內　(B)六個月內　(C)三十日內　(D)二個月內。

(　) **7** 關於董事出席董事會，下列敘述何者錯誤？　(A)原則上應由董事親自出席　(B)董事委託其他董事出席董事會時，應出具委託書，列舉召集事由之授權範圍　(C)董事以視訊會議參與開會，視為親自出席　(D)代理其他董事出席之董事，得受二人以上之委託。

(　) 　**8** 違反內線交易規定，損害賠償額度之計算標準，就消息未公開前或公開後多少小時內，其買入或賣出該股票之價格與消息公開後十個營業日收盤平均價格的差額？　(A)十二　(B)二十四　(C)十八　(D)十三。

(　) 　**9** 存託機構受外國發行人委託發放臺灣存託憑證所表彰之有價證券之股息、紅利、利息或其他收益，以何種幣別給付？　(A)美元　(B)日圓　(C)新臺幣　(D)外國發行人所屬國家之幣別。

(　) **10** 公開發行股票公司之董事會，設置董事不得少於幾人？　(A)三人　(B)五人　(C)七人　(D)九人。

(　) **11** 證券商發行指數投資證券總額，不得超過最近期經會計師查核簽證之財務報告淨值之百分之 _____ 。　(A)二十　(B)三十　(C)五十　(D)七十。

(　) **12** 公開發行公司所編製之公開說明書涉有虛偽、隱匿之情事時，何者應負絕對之責任？　(A)發行人　(B)發行人之職員　(C)承銷商　(D)會計師。

(　) **13** 依「證券交易法」規定，私募對象有條件限制，且其人數不得超過幾人？　(A)二十人　(B)三十五人　(C)五十人　(D)一百人

(　) **14** 下列各選項中何者不屬於短線交易歸入權之主要行使對象？　(A)董事長夫人　(B)總經理　(C)持有公司股份百分之五之股東　(D)監察人。

(　) **15** 公開發行公司辦理有價證券之私募須先經下列何者之同意？　(A)股東會　(B)董事會　(C)主管機關　(D)證券交易所。

(　) **16** 「證券集中保管事業管理規則」中所稱之參加人，以下列何者為限？　甲.一般投資人；乙.證券交易所；丙.證券商；丁.證券金融事業　(A)甲、乙、丙、丁　(B)甲、乙、丙　(C)甲、乙、丁　(D)乙、丙、丁。

（　　）**17** 證券經紀商與證券交易所因使用市場契約產生爭議，應以下列何種方式處理？　(A)強制當事人調解　(B)應進行強制仲裁　(C)應以訴訟解決　(D)申請主管機關調處。

（　　）**18** 為提升董事績效與執行業務能力，依公司法規定，股份有限公司得於董事任期內就其執行業務範圍依法應負之賠償責任投保責任保險。關於責任保險之重要內容如：投保金額、承保範圍及保險費率等，公司需向誰進行報告？　(A)董事會　(B)股東會　(C)主管機關　(D)公司債權人。

（　　）**19** 違反「證券交易法」第155條之操縱股價行為，其刑事責任為何？　(A)處三年以上十年以下有期徒刑，得併科新臺幣一千萬元以上二億元以下罰金　(B)五年以下有期徒刑、拘役或科或併科新臺幣二十五萬元以下罰金　(C)二年以下有期徒刑、拘役或科或併科新臺幣二十五萬元以下罰金　(D)一年以下有期徒刑、拘役或科或併科新臺幣二十五萬元以下罰金。

（　　）**20** 為促進我國普惠金融與金融科技發展，下列何者可依金融科技發展與創新實驗條例申請辦理證券業務創新實驗？　(A)證券商　(B)證券金融事業　(C)科技業　(D)以上皆可進行申請。

（　　）**21** 依「境外資金匯回管理運用及課稅條例」之個人匯回之資金，其信託專戶或證券全權委託專戶從事金融投資之範圍為何？　(A)國內有價證券　(B)在我國期貨交易所進行之證券相關期貨、選擇權交易　(C)國內保險商品　(D)選項(A)(B)(C)皆是。

（　　）**22** 證券投資信託事業，應於何時公告基金每受益憑證單位之淨資產價值？　(A)依與投資人之契約約定　(B)每二營業日　(C)交易日後第二營業日　(D)每一營業日。

（　　）**23** 證券商辦理有價證券推介買賣服務，係由何種業務人員負責執行？　(A)開戶人員　(B)受託買賣業務人員　(C)投資分析人員　(D)承銷人員。

（　）**24** 客戶與投顧事業訂定書面證券投資顧問契約，客戶得自收受書面契約之日起幾日內終止契約？　(A)三日　(B)五日　(C)七日　(D)十日。

（　）**25** 受益人之收益分配請求權，自收益發放日起多久內不行使而消滅？　(A)一年　(B)二年　(C)三年　(D)五年。

（　）**26** 經濟主體以發行股票、債券等有價證券，透過證券市場直接向社會大眾籌措資金的融資方式，係為：　(A)直接金融　(B)消費金融　(C)間接金融　(D)內部金融。

（　）**27** 發行人募集與發行有價證券案件，自主管機關停止申報生效通知到達日起，如屆滿幾個營業日未申請解除，主管機關將退回其案件？　(A)7個　(B)12個　(C)15個　(D)選項(A)(B)(C)皆非。

（　）**28** 發行人為有價證券之募集或出賣，依證券交易法之規定，向公眾提出之說明文書，稱為：　(A)募集說明書　(B)風險預告書　(C)買賣報告書　(D)公開說明書。

（　）**29** 現行公開申購配售制度，於何時進行電腦抽籤？　(A)申購截止日次一營業日　(B)申購截止日次二營業日　(C)申購截止日次三營業日　(D)申購截止日次四營業日。

（　）**30** 證券經紀商辦理公開申購配售所收之每件處理費為新臺幣多少元？　(A)50元　(B)20元　(C)100元　(D)200元。

（　）**31** 臺灣積體電路公司（台積電）在美國市場上市所發行之存託憑證稱之為何？
(A)臺灣存託憑證（TDR）　　(B)美國存託憑證（ADR）
(C)全球存託憑證（GDR）　　(D)選項(A)(B)(C)皆非。

（　）**32** 上市之臺灣存託憑證一交易單位為：　(A)一百單位　(B)一千單位　(C)一萬單位　(D)依其申請單位而定。

（　）**33** 下列何者非認購（售）權證得連結之標的？　(A)股票　(B)指數　(C)期貨　(D)以上皆得為連結標的。

( ) **34** 目前我國認購權證其發行人為：甲.標的證券發行公司；乙.標的證券發行公司以外之第三者。何者正確？ (A)甲 (B)乙 (C)甲、乙皆是 (D)甲、乙皆非。

( ) **35** 何謂非屬徵求委託書？
(A)係信託事業之公告委託取得委託書，代理出席股東會之行為
(B)係受股東之主動委託取得委託書，代理出席股東會之行為
(C)係向股東收購取得委託書，代理出席股東會之行為
(D)係指以公告、廣告、牌示、廣播、電傳視訊等方式取得委託書，藉以出席股東會之行為。

( ) **36** 下列何者非公開收購之停止事由？ (A)被收購有價證券之公開發行公司發生財務、業務重大變化，經公開收購人提出證明者 (B)公開收購人經裁定重整 (C)公開收購人破產 (D)被收購有價證券之公開發行公司股價於收購期間波動超過50%。

( ) **37** 下列何者須於送件7個營業日前委託股務代理機構，透過網際網路資訊申報系統向集保公司申請專業股務代理機構證明文件？ (A)上市公司 (B)上櫃公司 (C)興櫃公司 (D)選項(A)(B)(C)皆是。

( ) **38** 「證交所股份有限公司營業細則」對於電腦自動交易之買賣申報，有何限制規定？ (A)電腦自動交易之買賣申報，限翌日有效 (B)電腦自動交易之買賣申報，限翌二日有效 (C)電腦自動交易之買賣申報，限當市有效 (D)電腦自動交易之買賣申報，永遠有效。

( ) **39** 於集中交易市場買賣外國股票使用之貨幣，以下列何者為準？ (A)新臺幣 (B)無特別限制 (C)外國發行人申請上市之幣別 (D)選項(A)(B)(C)皆非。

( ) **40** 證交所於每日收盤後，即分析有價證券之交易，發現有異常情形，即公告其下列何種交易資訊？ (A)漲跌幅度、本益比 (B)成交量、集中度 (C)週轉率、溢折價百分比 (D)選項(A)(B)(C)皆是。

( ) **41** 有關證交所終止上市公司上市之情形，不包括下列何者？
(A)經法院裁定准予重整確定　(B)依「證券交易法」第36條規定
公告並申報之最近期財務報告淨值為負數者　(C)重大違反上市
契約規定者　(D)公司營業範圍有變更。

( ) **42** 金融保險業依規定應編製及申報企業社會責任報告書，下列何者
為應加強揭露之事項？　(A)永續金融重大主題之管理方針、揭露
項目及其報導要求　(B)報導要求至少應包含各經營業務為創造社
會效益或環境效益所設計之產品與服務　(C)企業非擔任主管職務
之全時員工人數、非擔任主管職務之全時員工薪資平均數及中位
數，及前三者與前一年度之差異　(D)選項(A)(B)(C)皆是。

( ) **43** 管理股票上櫃公司依「證券交易法」第36條公告並申報之最近
期財務報告，顯示淨值已為財務報告所列示股本之多少倍時，
證券櫃檯買賣中心得終止其櫃檯買賣？　(A)負一倍　(B)負二倍
(C)負二點五倍　(D)負三倍。

( ) **44** 甲公司之股票雖在證券櫃檯買賣中心掛牌，但是嗣後經營發生
困難，並經法院裁定宣告破產確定，證券櫃檯買賣中心應如何
處理？　(A)通知甲公司停止該公司有價證券之櫃檯買賣交易
(B)報請主管機關撤銷甲公司之有價證券櫃檯買賣契約　(C)逕行
終止甲公司有價證券櫃檯買賣　(D)證券櫃檯買賣中心得終止甲
公司有價證券櫃檯買賣，並報請主管機關備查。

( ) **45** 受託機構申請依「不動產證券化條例」所發行之不動產資產信
託受益證券為櫃檯買賣者，下列條件何者有誤？　(A)發行總
金額在新臺幣五億元以上　(B)具有明確之還本金額及存續期間
(C)該受益證券應經目的事業主管機關認可之信用評等機構進行
評等　(D)自櫃檯買賣日起算，其到期日須半年以上。

( ) **46** 上櫃公司幾年內降低重要子公司之持股比例累積達多少比例以
上，應事先委請獨立專家出具意見書？　(A)3年累積5%以上
(B)3年累積10%以上　(C)5年累積10%以上　(D)5年累積20%
以上。

( ) **47** 自辦信用交易證券商受理委託人開立信用帳戶之開戶數：
(A)每人限開一戶　(B)每人可在每一證券商總、分公司各開一戶
(C)每人限開二戶　(D)無限制。

( ) **48** 下列關於開立信用帳戶之敘述，何者錯誤？　(A)須年滿二十歲
(B)委託買賣累積成交金額達所申請融資額度之50%　(C)須最近
一年內委託買賣成交十筆以上　(D)可與委託買賣有價證券開戶
時，一併申請開立。

( ) **49** 下列何者不可能為貨幣市場基金的主要投資標的？　(A)可轉讓
定期存單　(B)國庫券　(C)60天期附買回票券　(D)2年期公債。

( ) **50** 現行法令允許本國人可赴海外發行有價證券之種類，包括下列何
者？　甲.海外公司債；乙.海外存託憑證；丙.海外票券；丁.海
外股票　(A)甲、乙、丙、丁　(B)甲、乙、丙　(C)乙、丙、丁
(D)甲、乙、丁。

解答與解析　（答案標示為#者，表官方曾公告更正該題答案。）

1 (D)。 根據公司法第173條，繼續一年以上，持有已發行股份總數百分之三以
上股份之股東，得以書面記明提議事項及理由，請求董事會召集股東
臨時會。前項請求提出後十五日內，董事會不為召集之通知時，股東
得報經主管機關許可，自行召集。

2 (B)。 證券商管理規則第37條，證券商經營證券業務，除法令另有規定外，
不得有下列行為：
一、提供某種有價證券將上漲或下跌的判斷，以勸誘客戶買賣。
二、約定或提供特定利益或負擔損失，以勸誘客戶買賣。
三、提供帳戶供客戶申購、買賣有價證券。
四、對客戶提供有價證券之資訊，有虛偽、詐騙或其他足致他人誤信之
行為。
五、接受客戶對買賣有價證券之種類、數量、價格及買進或賣出之全權
委託。
六、接受客戶以同一帳戶為同種有價證券買進與賣出或賣出與買進相抵
之交割。但符合第三十七條之一規定者，不在此限。

七、接受客戶以不同帳戶為同一種有價證券買進與賣出或賣出與買進相抵之交割。

八、於其本公司或分支機構之營業場所外，直接或間接設置固定場所為接受有價證券買賣之委託。

九、於其本公司或分支機構之營業場所外，直接或間接設置固定場所，從事與客戶簽訂受託契約或辦理有價證券買賣之交割。但本會另有規定者，不在此限。

3 (A)。 證券交易法第28-2條，公司於有價證券集中交易市場或證券商營業處所買回其股份者，該公司依公司法第三百六十九條之一規定之關係企業或董事、監察人、經理人、持有該公司股份超過股份總額百分之十之股東所持有之股份，於該公司買回之期間內不得賣出。

第一項董事會之決議及執行情形，應於最近一次之股東會報告；其因故未買回股份者，亦同。

第六項所定不得賣出之人所持有之股份，包括其配偶、未成年子女及利用他人名義持有者。

4 (D)。 根據證券交易法第149條，政府發行之債券，其上市由主管機關以命令行之，不適用證券交易法有關上市之規定。故政府債券又稱豁免證券。

5 (C)。 證券商負責人與業務人員管理規則第13條，第一項證券商內部稽核業務人員之異動，所屬證券商應於異動前，先申請證券交易所、證券商同業公會或證券櫃檯買賣中心核備後，始得異動之。

6 (C)。 根據公司法第189條，股東會之召集程序或其決議方法，違反法令或章程時，股東得自決議之日起三十日內，訴請法院撤銷其決議。

7 (D)。 根據公司法第205條，代理其他董事出席之董事，以受一人之委託為限。

8 (C)。 證券交易法第157-1條，下列各款之人，實際知悉發行股票公司有重大影響其股票價格之消息時，在該消息明確後，未公開前或公開後十八小時內，不得對該公司之上市或在證券商營業處所買賣之股票或其他具有股權性質之有價證券，自行或以他人名義買入或賣出。

9 (C)。 外國發行人募集與發行有價證券處理準則第37條，臺灣存託憑證持有人請求存託機構兌回臺灣存託憑證所表彰之有價證券時，得請求存託機構將臺灣存託憑證所表彰之有價證券交付與請求人；或得請求存託機構出售臺灣存託憑證所表彰之有價證券，並將所得價款扣除稅捐及相關費用後給付請求人。

　　　　　　　存託機構給付前項所得價款或受第二上市（櫃）公司委託發放之股息、紅利、利息或其他收益，應均以新臺幣給付。

10 (B)。證券交易法第26-3條，已依本法發行股票之公司董事會，設置董事不得少於五人。

11 (C)。證券商發行指數投資證券處理準則第5條，證券商發行指數投資證券總額，不得超過最近期經會計師查核簽證之財務報告淨值之50%。但證券商為辦理增額發行，且已增提履約保證金者，不在此限。

12 (A)。根據證券交易法第32條，公開發行公司所編製之公開說明書涉有虛偽、隱匿之情事時，發行人應負絕對之責任。

13 (B)。證券交易法第43-6條，私募對象不得超過三十五人。

14 (C)。應改成持有公司股份超過10%之股東。

15 (A)。公開發行公司辦理有價證券之私募須先經股東會同意。

16 (D)。證券集中保管事業管理規則第11條，證券集中保管事業之參加人，以下列為限：
一、財政部。二、證券交易所。三、證券櫃檯買賣中心。四、證券商。五、證券金融事業。六、受託保管證券投資信託基金、全權委託投資資金、境外華僑及外國人款券或外國專業投資機構款券之保管機構。七、中央公債交易商。八、金融機構。九、保險業。十、以帳簿劃撥方式交付無實體有價證券之發行人。十一、其他經本會核定者。

17 (B)。(1)強制仲裁：證券商與證券交易所/證券商之間的爭議。
(2)約定仲裁：證券商與投資人之間的爭議。

18 (A)。根據公司法第193-1條，公司得於董事任期內就其執行業務範圍依法應負之賠償責任投保責任保險。公司為董事投保責任保險或續保後，應將其責任保險之投保金額、承保範圍及保險費率等重要內容，提最近一次董事會報告。

19 (A)。證券交易法第171條，有下列情事之一者，處三年以上十年以下有期徒刑，得併科新臺幣一千萬元以上二億元以下罰金：一、違反第二十條第一項、第二項、第一百五十五條第一項、第二項、第一百五十七條之一第一項或第二項規定。

20 (D)。證券交易法第44-1條，為促進普惠金融及金融科技發展，不限於證券商及證券金融事業，得依金融科技發展與創新實驗條例申請辦理證券業務創新實驗。

前項之創新實驗，於主管機關核准辦理之期間及範圍內，得不適用本法之規定。

主管機關應參酌第一項創新實驗之辦理情形，檢討本法及相關金融法規之妥適性。

21 (D)。境外資金匯回金融投資管理運用辦法第3條，信託專戶或證券全權委託專戶從事金融投資之範圍，以下列為限：一、國內有價證券。二、在我國期貨交易所進行之證券相關期貨、選擇權交易。三、國內保險商品。

22 (D)。證券投資信託事業，每一營業日均應公告基金每受益憑證單位之淨資產價值。

23 (B)。臺灣證券交易所股份有限公司證券商推介客戶買賣有價證券管理辦法第7條，證券商於向客戶推介買賣有價證券，應將研究報告簽經證券商負責人或權責部門主管核准後，交由辦理受託買賣有價證券業務之業務員推介之。

24 (C)。證券投資信託及顧問法第83條，證券投資顧問事業接受客戶委任，對證券投資或交易有關事項提供分析意見或推介建議時，應訂定書面證券投資顧問契約，載明雙方權利義務。於前項情形，客戶得自收受書面契約之日起七日內，以書面終止契約。

25 (D)。證券投資信託及顧問法第37條，受益人之收益分配請求權，自收益發放日起五年間不行使而消滅，因時效消滅之收益併入該證券投資信託基金。

26 (A)。經濟主體以發行股票、債券等有價證券，透過證券市場直接向社會大眾籌措資金的融資方式，係直接金融。

27 (B)。發行人募集與發行有價證券處理準則第16條，發行人募集與發行有價證券案件，自主管機關停止申報生效通知到達日起，如屆滿12個營業日未申請解除，主管機關將退回其案件。

28 (D)。根據證券交易法第13條，本法所稱公開說明書，謂發行人為有價證券之募集或出賣，依本法之規定，向公眾提出之說明文書。

29 (B)。現行公開申購配售制度，於申購截止日次二營業日時進行電腦抽籤。

30 (B)。中華民國證券商業同業公會證券商承銷或再行銷售有價證券處理辦法第56條，申購人就每一種有價證券之公開申購僅能選擇一家經紀商辦理申購，不得重複申購，且每一申購人限申購一銷售單位。每件處理費新台幣二十元，處理費由接受申購之經紀商通知往來銀行依第四十二條之一或第五十三條所訂日期，自申購人銀行帳戶扣繳。

31 (B)。ADR（American Depositary Receipts）是海外存托憑證（DR）的一種，指台灣公司在美國上市的股票，例如台積電ADR的代號是TSM。

32 (B)。上市之臺灣存託憑證一交易單位為一千單位。

33 (D)。股票、指數、期貨均為認購（售）權證得連結之標的。

34 (B)。發行人發行認購（售）權證處理準則第3條，本準則所稱發行人，係指標的證券發行公司以外之第三者且同時經營有價證券承銷、自行買賣及行紀或居間等三種業務者。

35 (B)。公開發行公司出席股東會使用委託書規則第3條，本規則所稱徵求，指以公告、廣告、牌示、廣播、電傳視訊、信函、電話、發表會、說明會、拜訪、詢問等方式取得委託書藉以出席股東會之行為。本規則所稱非屬徵求，指非以前項之方式而係受股東之主動委託取得委託書，代理出席股東會之行為。委託書之徵求與非屬徵求，非依本規則規定，不得為之。

36 (D)。證券交易法第43-5條，公開收購人進行公開收購後，除有下列情事之一，並經主管機關核准者外，不得停止公開收購之進行：
一、被收購有價證券之公開發行公司，發生財務、業務狀況之重大變化，經公開收購人提出證明者。
二、公開收購人破產、死亡、受監護或輔助宣告或經裁定重整者。
三、其他經主管機關所定之事項。

37 (D)。臺灣集中保管結算所股份有限公司辦理申請上市（櫃）、興櫃公司之專業股務代理機構證明文件作業要點第3條，申請上市（櫃）、興櫃公司，應委託其股務代理機構至本公司指定之網際網路資訊申報系統，向本公司申請證明文件。
第4條，前條之申請，應於向臺灣證券交易所股份有限公司或財團法人中華民國證券櫃檯買賣中心送件申請上市（櫃）、興櫃之七個營業日前為之。

38 (C)。臺灣證券交易所股份有限公司營業細則第58條，電腦自動交易之買賣申報，限當市有效。

39 (C)。臺灣證券交易所股份有限公司外國股票買賣辦法第5條，買賣外國股票使用之貨幣，以外國發行人向本公司申請上市之幣別為準。

40 (D)。臺灣證券交易所股份有限公司公布或通知注意交易資訊暨處置作業要點第4條，本公司於每日收盤後，即分析上市有價證券（不含外國債券、政府債券、普通公司債）之交易，發現有下列（異常）情形之一時，公告其交易資訊（漲跌幅度、成交量、週轉率、集中度、本益比、股價淨值比、券資比、溢折價百分比、借券賣出數量等）。

41 (D)。(A)(B)(C)選項分別符合臺灣證券交易所股份有限公司營業細則第五十條之一，上市公司有下列情事之一者，本公司對其上市之有價證券，應依證券交易法第一百四十四條規定終止其上市，並報請主管機關備查：……
四、經法院裁定准予重整確定或依公司法第二百八十五條之一第三項第二款規定駁回重整之聲請確定者。……
九、依證券交易法第三十六條規定公告並申報之最近期財務報告顯示其淨值為負數者。補行公告並申報之財務報告顯示其淨值為負數者亦同。……
十三、重大違反上市契約規定者。

42 (D)。臺灣證券交易所「上市公司編製與申報企業社會責任報告書作業辦法」第4條，上市公司所編製之企業社會責任報告書除前條所述內容外，應加強揭露下列事項：
三、金融保險業應揭露企業在永續金融重大主題之管理方針、揭露項目及其報導要求。其報導要求至少應包含各經營業務為創造社會效益或環境效益所設計之產品與服務。
四、第二條規定之上市公司應揭露：
(一)企業非擔任主管職務之全時員工人數、非擔任主管職務之全時員工薪資平均數及中位數，及前三者與前一年度之差異。
(二)企業對氣候相關風險與機會之治理情況、實際及潛在與氣候相關之衝擊、如何鑑別、評估與管理氣候相關風險及用於評估與管理氣候相關議題之指標與目標。

43 (B)。淨值已為財務報告所列示股本之負二倍時，證券櫃檯買賣中心得終止其櫃檯買賣。

44 (D)。 甲公司之股票雖在證券櫃檯買賣中心掛牌，但是嗣後經營發生困難，並經法院裁定宣告破產確定，證券櫃檯買賣中心得終止甲公司有價證券櫃檯買賣，並報請主管機關備查。

45 (D)。 財團法人中華民國證券櫃檯買賣中心證券商營業處所買賣有價證券審查準則第7條之2，受託機構向本中心申請其依「不動產證券化條例」所發行之不動產資產信託受益證券為櫃檯買賣者，應符合下列各款條件：

一、發行總金額在新台幣五億元以上者。

二、自櫃檯買賣日起算，其到期日須一年以上。

三、具有明確還本金額、存續期間、及孳息計付方式之定義與計算標準。

四、受益人人數達五人以上，且任五受益人持有第一受償順位受益證券之總金額未超過該受益證券發行總金額百分之五十。但持有人為獨立專業投資者，不受百分之五十持有比例之限制。

五、該受益證券應經目的事業主管機關認可之信用評等機構進行評等。

46 (B)。 櫃檯買賣中心證券商營業處所買賣有價證券業務規則第8-1條，上櫃公司降低對重要子公司直接或間接持股（或出資額）比例3年內累積達10%以上或喪失控制力者，應事先委請獨立專家就歷次價格合理性及對上市公司股東權益之影響出具意見書。

47 (A)。 證券商辦理有價證券買賣融資融券管理辦法第11條，證券商受理客戶開立信用帳戶，以一客戶開立一信用帳戶為限；其開戶條件由證券交易所會同證券櫃檯買賣中心擬訂，報請主管機關核定。

48 (D)。 需開立受託買賣帳戶滿三個月，方可開立信用帳戶。

49 (D)。 貨幣市場基金所投資的標的須在一年以內。

50 (B)。 發行人募集與發行海外有價證券處理準則第3條，有價證券已在證券交易所上市或依財團法人中華民國證券櫃檯買賣中心證券商營業處所買賣有價證券審查準則第三條規定在證券商營業處所買賣之公開發行公司，得申報募集與發行海外公司債、海外股票、參與發行海外存託憑證及申報其已發行之股票於國外證券市場交易。

109年 第4次

( ) **1** 股東具有下列何種資格者得以書面記明提議事項及理由請求董事會召集股東臨時會？
(A)繼續一年以上持有已發行股份總數百分之三以上股份
(B)繼續一年以上持有已發行股份總數百分之一以上股份
(C)繼續二年以上持有已發行股份總數百分之三以上股份
(D)持有已發行股份總數百分之五以上股份即可。

( ) **2** 位於中華民國境內，經有關主管機關許可得辦理臺灣存託憑證業務之金融機構為： (A)保管機構 (B)存託機構 (C)投資銀行 (D)證券承銷商。

( ) **3** 股份有限公司於章程訂明以當年度獲利狀況之定額或比率，分派員工酬勞，應有多少比例之董事出席，並在董事會過半數同意後決議行之？ (A)三分之一 (B)二分之一 (C)三分之二 (D)全數。

( ) **4** 證券投資顧問事業於開始經營業務後，其經會計師查核簽證之財務報告，每股淨值低於面額者，於多久期間內未改善者，金融監督管理委員會得限制其於傳播媒體從事證券投資分析活動？
(A)四年 (B)三年 (C)二年 (D)一年。

( ) **5** 股票首次經臺灣證券交易所股份有限公司同意上市之外國發行人稱之為： (A)第一上市公司 (B)第二上市公司 (C)第一上櫃公司 (D)第二上櫃公司。

( ) **6** 金融業公開說明書應記載之主要股東為持股達何比例以上者？
(A)百分之一 (B)百分之三 (C)百分之五 (D)百分之十。

( ) **7** 上市公司與上櫃公司每月應公告並申報上月份營運情形，請問應於每月幾日以前公告並申報？ (A)五日 (B)十日 (C)十五日 (D)二十日。

（　）　**8** 下列何種有價證券之上市，不適用「證券交易法」有關上市審查之規定？　(A)公開發行公司股票　(B)認購權證　(C)公司債　(D)政府公債。

（　）　**9** 依「公司法」規定，公司募集公司債應經何項程序？　(A)股東會普通決議　(B)股東會特別決議　(C)董事會過半數通過後報告股東會　(D)董事會特別決議後報告股東會。

（　）　**10** 基金受益人自行召開受益人會議時，應由繼續持有受益憑證幾年以上？且其所表彰受益權單位數占基金已發行受益權單位總額多少百分比之受益人，以書面申請主管機關核准後自行召開之？　(A)1年，3%　(B)2年，3%　(C)2年，5%　(D)3年，5%。

（　）　**11** 證券投資信託事業對符合主管機關所定條件之自然人、法人或基金以受益憑證進行私募時，其人數限制為何？　(A)不得超過20人　(B)不得超過35人　(C)不得超過50人　(D)不得超過99人。

（　）　**12** 持有已發行股份總數多少之股東得以書面向公司提出董事候選人名單？　(A)百分之一　(B)百分之二　(C)百分之三　(D)百分之五。

（　）　**13** 下列何者非證券投資信託事業之資金運用方式？　(A)銀行存款　(B)購買政府債券或金融債券　(C)購買國內國庫券，可轉讓定期存單或商業票據　(D)購買公司債及可轉換公司債。

（　）　**14** 證券商除由金融機構兼營者另依銀行法規定外，非經金融監督管理委員會核准，不得為：　(A)保證人　(B)票據轉讓之背書　(C)提供財產供他人設定擔保　(D)選項(A)(B)(C)皆正確。

（　）　**15** 依公開發行公司審計委員會行使職權辦法，審計委員會應至少＿＿＿＿召開一次？　(A)每月　(B)每季　(C)每半年　(D)每年。

（　）　**16** 有價證券買賣融資融券額度、期限及融資比率、融券保證金成數，由主管機關商經何機關同意後定之？　(A)金融監督管理委員會　(B)中央銀行　(C)經濟部商業司　(D)財政部。

(　) **17** 對公開說明書之重要內容記載，能證明已經合理調查，並有正當理由確認其簽證或意見為真實者，而不負賠償責任，係：(A)發行人　(B)職員　(C)證券承銷商　(D)專門職業或技術人。

(　) **18** 依「證券交易法」之規定，僅提供內部消息而未從事內線交易者，應負下列何項之責任？　(A)可處二年以下有期徒刑　(B)與消息受領者從事內線交易者負民事連帶賠償責任　(C)選項(A)、(B)之刑事、民事責任皆有　(D)無任何法律責任。

(　) **19** 為促進我國普惠金融與金融科技發展，下列何者可依金融科技發展與創新實驗條例申請辦理證券業務創新實驗？　(A)證券商　(B)證券金融事業　(C)科技業　(D)以上皆可進行申請。

(　) **20** 證券投資人如遭遇投資民事糾紛，可向證券投資人與期貨交易人保護中心所設立之調處委員會申請調處，委員會應於受理申請幾日內進行調處？　(A)五日　(B)七日　(C)十日　(D)十五日。

(　) **21** 下列關於指數投資證券發行之敘述，何者錯誤？　(A)如涉及追蹤外國標的指數表現之指數投資證券，應於發行前就資金之匯出、入事項，經中央銀行許可，並依中央銀行規定辦理　(B)為增進投資人之投資意願及強化商品價值，得於指數投資證券之名稱加註保證本金之安全　(C)指數投資證券之存續期間須依公開說明書之記載　(D)證券商應於每個營業日公告前一營業日指數投資證券之單位指標價值。

(　) **22** 關於發行轉換公司債相關規定，下列何者為非？　(A)未上市之公司不得發行轉換公司債　(B)發行轉換公司債應依法訂定發行及轉換辦法　(C)發行轉換公司債應檢具發行轉換公司債申報書向主管機關申報　(D)發行以外幣計價之轉換公司債，應申請登錄為櫃檯買賣。

(　) **23** 發行人於募集發行有價證券交付公開說明書之義務，於承銷期間得由何人代理交付之？　(A)證券承銷商　(B)證券自營商　(C)證券經紀商　(D)證券商業同業公會。

(　) **24** 公開發行公司應將審計委員會之開會過程全程錄音或錄影存證，並至少保存＿年？　(A)二　(B)三　(C)五　(D)七。

(　) **25** 違反內線交易者，其損害賠償額度之計算，為對於當日善意從事相反買賣之人買入或賣出該證券之價格，與消息公開後多少個營業日收盤平均價格的差額？　(A)五個　(B)七個　(C)十個　(D)二十個。

(　) **26** 企業向投資大眾籌措資金之處所為：　(A)交易市場　(B)銀行　(C)發行市場　(D)臺灣證券交易所。

(　) **27** 甲公司為在紐約證券交易所上市之公司，欲申請來臺參與募集、發行臺灣存託憑證，請問主管機關應依據何項法規審核？
(A)發行人募集與發行有價證券處理準則
(B)發行人募集與發行海外有價證券處理要點
(C)外國發行人募集與發行臺灣存託憑證處理要點
(D)外國發行人募集與發行有價證券處理準則。

(　) **28** 已公開完整式財務預測之公司，經發現財務預測有錯誤，應於發現之日起幾日內公告申報更正後財務預測？　(A)二日　(B)五日　(C)七日　(D)十日。

(　) **29** 採洽商銷售之承銷案件，除經主管機關核准者外，認購（售）權證案件每一認購人認購數量不得超過該項承銷總數之百分之幾？　(A)5%　(B)10%　(C)15%　(D)20%。

(　) **30** 詢價圈購如何決定誰得標？　(A)最高價得標　(B)數量最多者　(C)圈購送交承銷商時間較快者　(D)依實際承銷價格及認購數量為承諾者。

(　) **31** 發行人募集與發行海外有價證券，應依規定檢齊相關書件，並取具外匯主管機關同意函後，向金融監督管理委員會申報生效。其中所指之外匯主管機關係指：　(A)金管會　(B)財政部　(C)經濟部　(D)中央銀行。

( ) **32** 有關認購（售）權證之敘述，下列何者為是？ (A)認購（售）權證為一種衍生性金融商品 (B)認購（售）權證為證券交易法有價證券之一種 (C)投資認購（售）權證可能最大損失，即為當初所繳交之權利金 (D)選項(A)(B)(C)皆是。

( ) **33** 櫃檯買賣市場轉換公司債買賣斷交易之升降單位為： (A)未滿150元者為5分 (B)150元至未滿1,000元者為1元 (C)1,000元以上者為5元 (D)選項(A)(B)(C)皆是。

( ) **34** 首次買賣槓桿反向指數股票型證券投資信託基金受益憑證，應具備下列何項條件？甲、最近一年委託買賣認購（售）權證成交達十筆以上；乙、最近一年內委託買賣臺灣期貨交易所上市之期貨交易契約成交達十筆以上；丙、最近一年內委託買賣證交所上市之股票成交達十筆以上 (A)甲、乙 (B)乙、丙 (C)甲、丙 (D)甲、乙、丙。

( ) **35** 股票已上市上櫃之公司，為維護公司信用得經何機關之同意買回公司股份，不受「公司法」§167第1項規定之限制？ (A)股東會普通決議 (B)股東會特別決議 (C)假決議 (D)董事會特別決議。

( ) **36** 金融控股公司之股東委託信託事業擔任股東委託書之徵求人，必須滿足下列哪項要件？ (A)繼續六個月以上，持有已發行股份總數5%以上之股東 (B)繼續六個月以上，持有已發行股份總數10%以上之股東 (C)繼續一年以上，持有已發行股份總數5%以上之股東 (D)繼續一年以上，持有已發行股份總數10%以上之股東。

( ) **37** 下列何者須於送件7個營業日前委託股務代理機構，透過網際網路資訊申報系統向集保公司申請專業股務代理機構證明文件？ (A)上市公司 (B)上櫃公司 (C)興櫃公司 (D)以上皆是。

( ) **38** 證券經紀商不得受理下列何款之有價證券委託買賣？ (A)全權決定證券種類之委託買賣 (B)全權決定買賣數量之委託買賣 (C)全權決定買賣價格之委託買賣 (D)選項(A)(B)(C)皆是。

( ) **39** 科技事業申請上市，其申請上市最近期及其最近一個會計年度財務報告之淨值，不得低於財務報告所列示股本多少？ (A)2/5 (B)3/4 (C)2/3 (D)1/2。

( ) **40** 以下有關買賣委託之敘述，何者錯誤？
(A)買賣申報價格分為限價與市價
(B)市價係指委託人未限定價格
(C)限價賣出時，不得在限價以下成交
(D)限價買進時，不得在限價以下成交。

( ) **41** 上市股票鉅額買賣之交易方式為： (A)採集合競價方式 (B)一律以開盤價為計價標準 (C)採個別議價方式 (D)以逐筆交易或配對交易為限。

( ) **42** 集中交易市場採逐筆交易之時段為： (A)開盤 (B)盤中 (C)收盤 (D)以上皆是。

( ) **43** 採集合競價期間，可用何種方式下單？ (A)限價且當日有效 (B)市價且當日有效 (C)限價立即成交否則取消 (D)市價立即全部成交否則取消。

( ) **44** 下列何者非證券自營商於營業處所議價買賣股票之範圍？
(A)與其他證券自營商之買賣
(B)與客戶為一次交易在一百單位以上買賣
(C)證券經紀商因錯帳或違約而須與其他自營商議價補券之買賣
(D)零股買賣。

( ) **45** 櫃檯買賣等殖成交系統，電腦議價系統買賣斷交易之交易時間為星期一~五何時？ (A)9：00~15：00 (B)9：00~12：00 (C)9：00~16：00 (D)9：00~13：30。

( ) **46** 下列有關伊斯蘭固定收益證券之敘述，何者不正確？ (A)應符合註冊地國法令規定 (B)得以固定利率方式計算收益分配 (C)得以浮動利率方式計算收益分配 (D)可將所募集之外幣資金兌換為新臺幣使用。

( ) **47** 下列何者非提供借券管道對證券市場之良性功能？ (A)市場流動性 (B)衍生性交易的進行 (C)軋空機會 (D)避險機會。

( ) **48** 下列何者不得融資融券？ (A)零股交易 (B)鉅額交易 (C)全額交割股票 (D)選項(A)(B)(C)皆是。

( ) **49** 下列何者不可能為貨幣市場基金的主要投資標的？ (A)可轉讓定期存單 (B)國庫券 (C)60天期附買回票券 (D)2年期公債。

( ) **50** 發行人要將其股票在交易所掛牌買賣，交易所因提供場所，每年依據發行有價證券之總面值，向發行人收取之費用稱為：(A)掛牌費 (B)上市費 (C)場地費 (D)服務費。

解答與解析 （答案標示為#者，表官方曾公告更正該題答案。）

1 (A)。根據公司法第173條，繼續一年以上，持有已發行股份總數百分之三以上股份之股東，得以書面記明提議事項及理由，請求董事會召集股東臨時會。

2 (B)。存託機構：指在國內經有關主管機關許可得辦理臺灣存託憑證業務之金融機構；或指在海外依發行地國之證券有關法令發行海外存託憑證之機構。

3 (C)。根據公司法第235-1條，公司應於章程訂明以當年度獲利狀況之定額或比率，分派員工酬勞。前項員工酬勞以股票或現金為之，應由董事會以董事三分之二以上之出席及出席董事過半數同意之決議行之，並報告股東會。

4 (D)。證券投資顧問事業管理規則第8條，證券投資顧問事業於開始經營業務後，依前項規定應申報經會計師查核簽證之財務報告，每股淨值低於面額者，應於一年內改善。屆期未改善者，本會得限制其於傳播媒體從事證券投資分析活動。但證券投資顧問事業取得營業執照未滿一個完整會計年度者，不在此限。

5 (A)。股票首次經臺灣證券交易所股份有限公司同意上市之外國發行人稱之為第一上市公司。

6 (A)。金融業募集發行有價證券公開說明書應行記載事項準則第11條,主要股東名單:列明持股比例達百分之一以上之股東,如不足十名,應揭露至持股比例占前十名之股東名稱、持股數額及比例。

7 (B)。根據證券交易法第36條,上市公司與上櫃公司應於每月十日以前,公告並申報上月份營運情形。

8 (D)。根據證券交易法第149條,政府發行之債券,其上市由主管機關以命令行之,不適用證券交易法有關上市之規定。故政府債券又稱豁免債券。

9 (D)。根據公司法第246條,公司經董事會決議後,得募集公司債。但須將募集公司債之原因及有關事項報告股東會。前項決議,應由三分之二以上董事之出席,及出席董事過半數之同意行之。

10 (A)。基金受益人自行召開受益人會議時,應由繼續持有受益憑證3年以上,且其所表彰受益權單位數占基金已發行受益權單位總額3%之受益人,以書面申請主管機關核准後自行召開之。

11 (D)。證券投資信託及顧問法第11條,證券投資信託事業得對下列對象進行受益憑證之私募:
一、銀行業、票券業、信託業、保險業、證券業或其他經主管機關核准之法人或機構。
二、符合主管機關所定條件之自然人、法人或基金。
前項第二款之應募人總數,不得超過九十九人。

12 (A)。根據公司法第192-1條,持有已發行股份總數百分之一以上股份之股東,得以書面向公司提出董事候選人名單,提名人數不得超過董事應選名額。

13 (D)。證券投資信託事業之資金,不得貸與他人、購置非營業用之不動產或移作他項用途。非屬經營業務所需者,其資金運用以下列為限:
一、國內之銀行存款。
二、購買國內政府債券或金融債券。
三、購買國內之國庫券、可轉讓之銀行定期存單或商業票據。
四、購買符合本會規定條件及一定比率之證券投資信託基金受益憑證。
五、其他經本會核准之用途。

14 (D)。證券商管理規則第15條,證券商除由金融機構兼營者另依有關法令規定外,非經本會核准,不得為任何保證人、票據轉讓之背書或提供財產供他人設定擔保。

15 (B)。 根據公開發行公司審計委員會行使職權辦法第7條，審計委員會應至少每季召開一次，並於審計委員會組織規程中明定之。

16 (B)。 有價證券買賣融資融券額度、期限及融資比率、融券保證金成數，由主管機關商經中央銀行同意後定之。

17 (D)。 根據證券交易法第32條，前條之公開說明書，其應記載之主要內容有虛偽或隱匿之情事者，左列各款之人，對於善意之相對人，因而所受之損害，應就其所應負責部分與公司負連帶賠償責任：
一、發行人及其負責人。
二、發行人之職員，曾在公開說明書上簽章，以證實其所載內容之全部或一部者。
三、該有價證券之證券承銷商。
四、會計師、律師、工程師或其他專門職業或技術人員，曾在公開說明書上簽章，以證實其所載內容之全部或一部，或陳述意見者。
前項第一款至第三款之人，除發行人外，對於未經前項第四款之人簽證部分，如能證明已盡相當之注意，並有正當理由確信其主要內容無虛偽、隱匿情事或對於簽證之意見有正當理由確信其為真實者，免負賠償責任；前項第四款之人，如能證明已經合理調查，並有正當理由確信其簽證或意見為真實者，亦同。

18 (B)。 僅提供內部消息而未從事內線交易者，應與消息受領者從事內線交易者負民事連帶賠償責任。

19 (D)。 證券交易法第44-1條，為促進普惠金融及金融科技發展，不限於證券商及證券金融事業，得依金融科技發展與創新實驗條例申請辦理證券業務創新實驗。

20 (D)。 證券投資人及期貨交易人保護法第23條，申請調處有下列情形之一者，不予受理：
一、非屬前條第一項民事爭議者。
二、非證券投資人、期貨交易人提起者。
三、無具體相對人者。
四、已在第一審法院言詞辯論終結者。
五、調處內容為確定判決之效力所及者。
六、同一事件已依本法規定申請調處者。
調處委員會除前項情形或應補正事項外，應於受理申請後十五日內進行調處。

21 (B)。指數投資證券之名稱不得加註保證本金之安全。

22 (A)。未上市之公司亦得發行轉換公司債。

23 (A)。根據證券交易法第79條,證券承銷商出售其所承銷之有價證券,應依第三十一條第一項之規定,代理發行人交付公開説明書。

24 (C)。根據公開發行公司審計委員會行使職權辦法第10-1條,公司應將審計委員會之開會過程全程錄音或錄影存證,並至少保存五年,其保存得以電子方式為之。

25 (C)。違反內線交易者,其損害賠償額度之計算,為對於當日善意從事相反買賣之人買入或賣出該證券之價格,與消息公開後10個營業日收盤平均價格的差額。

26 (C)。企業向投資大眾籌措資金之處所為發行市場。

27 (D)。外國發行人在中華民國境內募集與發行有價證券,應依外國發行人募集與發行有價證券處理準則規定辦理。

28 (D)。已公開財務預測之公司經發現財務預測應重編、或須更新時,應於發現之即日起算二日內公告申報説明原財務預測編製完成日期、如有會計師核閱者其核閱日期,所發現基本假設重大變動或發生錯誤致原發布資訊已不適合使用之情事,及其對預計綜合損益表各重要科目之影響金額,並於發現之即日起算十日內公告申報重編或更新(正)後財務預測。

29 (B)。採洽商銷售之承銷案件,除經主管機關核准者外,認購(售)權證案件每一認購人認購數量不得超過該項承銷總數之10%。

30 (D)。詢價圈購:依實際承銷價格及認購數量為承諾者決定得標。

31 (D)。外匯主管機關係指中央銀行。

32 (D)。上述選項均正確。

33 (D)。轉換公司債及交換公司債買賣斷交易之申報價格以百元價格為之,其升降單位應依下列規定:
一、未滿一百五十元者為五分。
二、一百五十元至未滿一千元者為一元。
三、一千元以上者為五元。
轉換公司債及交換公司債買賣斷交易每營業日成交價格之升降幅度,以漲或跌至當日參考價格百分之十為限。

34 **(A)**。 委託人首次買賣槓桿反向指數股票型證券投資信託基金受益憑證及槓桿反向指數股票型期貨信託基金受益憑證時，應具備下列條件之一：一、已開立信用交易帳戶。二、最近一年內委託買賣認購（售）權證成交達十筆（含）以上。三、最近一年內委託買賣臺灣期貨交易所上市之期貨交易契約成交達十筆（含）以上。四、有槓桿反向指數股票型證券投資信託基金受益憑證或槓桿反向指數股票型期貨信託基金受益憑證買進成交紀錄。

35 **(D)**。 股票已上市上櫃之公司，為維護公司信用得董事會特別決議之同意買回公司股份，不受公司法第167條第1項之限制。

36 **(D)**。 金融控股公司之股東委託信託事業擔任股東委託書之徵求人，必須為繼續一年以上，持有已發行股份總數10%以上之股東。

37 **(D)**。 臺灣集中保管結算所股份有限公司辦理申請上市（櫃）、興櫃公司之專業股務代理機構證明文件作業要點第3條，申請上市（櫃）、興櫃公司，應委託其股務代理機構至本公司指定之網際網路資訊申報系統，向本公司申請證明文件。
第4條，前條之申請，應於向臺灣證券交易所股份有限公司或財團法人中華民國證券櫃檯買賣中心送件申請上市（櫃）、興櫃之七個營業日前為之。

38 **(D)**。 委託買賣證券有下列各款情事之一者，受託證券經紀商不得受理：
一、全權選擇證券種類之委託買賣。
二、全權決定買賣數量之委託買賣。
三、全權決定買賣價格之委託買賣。
四、全權決定賣出或買入之委託買賣。
五、未經核准上市或暫停交易之證券買賣。
六、已停止上市之證券買賣。
七、分期付款方式之證券買賣。
八、對委託人作贏利之保證或分享利益之證券買賣。
九、證券自營商之委託買賣未經主管機關之許可者。

39 **(C)**。 科技事業申請上市，其申請上市最近期及其最近一個會計年度財務報告之淨值，不得低於財務報告所列示股本2/3。

40 **(D)**。 限價單：買低賣高。因此可以低於限價買進，高於限價賣出。

41 (D)。上市股票鉅額買賣之交易方式為以逐筆交易或配對交易為限。

42 (B)。集中交易市場採逐筆交易之時段為：盤中。

43 (A)。採集合競價期間，可用限價且當日有效下單。

44 (D)。零股買賣非證券自營商於營業處所議價買賣股票之範圍。

45 (D)。櫃檯買賣等殖成交系統，電腦議價系統買賣斷交易之交易時間為星期一~五9：00~13：30。

46 (D)。不得兌換為新臺幣使用。

47 (C)。軋空非提供借券管道對證券市場之良性功能。

48 (D)。零股交易、鉅額交易、全額交割股票皆不得融資融券。

49 (D)。貨幣市場基金所投資的標的須在一年以內。

50 (B)。發行人要將其股票在交易所掛牌買賣，交易所因提供場所，每年依據發行有價證券之總面值，向發行人收取之費用稱為上市費。

110年　第1次

( ) **1** 股份有限公司與監察人間之關係，從民法關於何法律關係之規定？
(A)僱傭　　　　　　　　　(B)承攬
(C)委任　　　　　　　　　(D)居間。

( ) **2** 我國現行交割結算基金係採何種制度？
(A)個別責任制
(B)共同責任制
(C)折衷制
(D)兼採個別責任與共同責任制。

( ) **3** 發行人對於前已發行之公司債或其他債務，曾有違約或遲延支付本息之事實已了結者，自了結之日起三年內不得發行下列何種有價證券？
(A)特別股　　　　　　　　(B)新股認購權利證書
(C)無擔保公司債　　　　　(D)公司債。

( ) **4** 公司對於未依「證券交易法」發行之股票，擬在證券交易所上市者，應先向哪個單位申請補辦公開發行程序？
(A)經濟部　　　　　　　　(B)金融監督管理委員會
(C)臺灣證券交易所　　　　(D)證券櫃檯買賣中心。

( ) **5** 證券經紀商在證券交易所買賣證券，買賣一方不履行交付義務時，應如何處理？
(A)證券交易所應先代為交付
(B)證券交易所應指定其他證券經紀商或證券自營商代為交付
(C)證券商業同業公會應先代為交付
(D)證券商業同業公會應指定其他證券經紀商代為交付。

( ) **6** 二人以上股東或政府、法人股東一人所組織，全部資本分為股份；股東就其所認股份，對公司負其責任之公司，上述公司為公司法所規定之何種公司？

(A)股份有限公司 　　　　　(B)無限公司
(C)有限公司 　　　　　　　(D)兩合公司。

(　) **7** 依現行法令規定，公開發行公司董事會應至少多久召開一次？
(A)每一季 　　　　　　　　(B)每四個月
(C)每半年 　　　　　　　　(D)每年。

(　) **8** 依「發行人募集與發行有價證券處理準則」規定，轉換公司債自發行日後屆滿一定期間至到期日前幾日止，除依法暫停過戶期間外，其持有人得依發行公司所定之轉換辦法隨時請求轉換？
(A)5日 　　　　　　　　　 (B)10日
(C)15日 　　　　　　　　　(D)30日。

(　) **9** 證券商受託買賣外國有價證券管理規則所稱之高資產客戶，下列何者非為須符合的條件？
(A)提供可投資資產淨值及保險商品價值達等值新臺幣一億元以上之財力證明，並提供持有等值新臺幣一億元以上可投資資產淨值及保險商品價值之財力聲明書
(B)經證券商確認該自然人具備充分之金融商品專業知識、交易經驗，並確認該自然人具備充分之風險承擔能力
(C)客戶充分了解證券商提供金融商品或服務予高資產客戶與相關法令有關專業投資人之自然人或法人或專業客戶之自然人或法人得免除之責任後，同意簽署為高資產客戶
(D)未經法人授權辦理交易之人具備充分之金融商品專業知識、交易經驗，惟確認其具備充分之風險承擔能力。

(　) **10** 證券投資信託事業違反「證券投資信託及顧問法」或依該法所發布之命令者，除依證券投資信託及顧問法處罰外，金融監督管理委員會並得視情節輕重，為何處分？甲.警告；乙.命令該證券投資信託事業解除其董、監或經理人職務；丙.六個月以下停業
(A)僅甲、乙 　　　　　　　(B)僅乙、丙
(C)僅甲、丙 　　　　　　　(D)甲、乙、丙皆是。

(　) **11** 下列何一事項，得適用假決議規定？
(A)變更章程
(B)公司資產負債表等會計表冊之承認
(C)董事競業行為之許可
(D)選項(A)(B)(C)皆可適用。

(　) **12** 證券商業務人員辦理下列何種事項之人員，不得辦理登記範圍以
外之業務或由其他業務人員兼辦？
(A)辦理結算交割人員　　　　(B)內部稽核人員
(C)集保業務人員　　　　　　(D)代理股務作業之人。

(　) **13** 依「公司法」規定，股份有限公司發生下列何種情事，應予解散？
(A)董事長決定之任何原因　　(B)監察人決定之任何原因
(C)股東會為解散之決議　　　(D)法律無限制。

(　) **14** 依證券投資信託基金管理辦法之規定，下列何者為我國核准發行
之基金類型？　甲.保本型基金；乙.指數型基金；丙.貨幣市場基
金；丁.指數股票型基金
(A)僅甲、乙　　　　　　　　(B)僅甲、丙
(C)僅乙、丙、丁　　　　　　(D)甲、乙、丙、丁。

(　) **15** 下列何者非為證券交易法所稱之有價證券？
(A)政府債券　　　　　　　　(B)新股認購權利證書
(C)公司股票　　　　　　　　(D)商業本票。

(　) **16** 股份有限公司發行新股時，應由董事多少比例以上出席，及出席
董事過半數之同意為之？
(A)過半數　　　　　　　　　(B)三分之一
(C)三分之二　　　　　　　　(D)四分之三。

(　) **17** 股票已在證券交易所上市或於證券櫃檯買賣中心上櫃買賣之公
司，編製年度財務報告時，應依主管機關規定揭露下列何者資
訊？　甲.公司薪資報酬政策；乙.全體員工平均薪資；丙.董事及
監察人之酬金
(A)僅甲　　　　　　　　　　(B)僅甲、丙
(C)僅甲、乙　　　　　　　　(D)甲、乙、丙。

( ) **18** 下列敘述何者正確？
(A)依「證券交易法」規定，買回股份均應於六個月內辦理變更登記
(B)買回股份除可供質押外，不得享有股東權利
(C)上市櫃公司除依「證券交易法」第二十八條之二規定於集中交易市場或店頭市場買回外，尚可依公開收購辦法於集中交易市場或店頭市場外收購
(D)公司買回股份，未於二個月內執行完畢者，得申報延長一個月為之。

( ) **19** 證券商受託契約經解除或終止後，至少需保存多久？
(A)3年 (B)5年
(C)10年 (D)永久保存。

( ) **20** 投信或投顧經營全權委託業務，須增提營業保證金，實收資本額新臺幣二億元以上，而未達新臺幣三億元者，應增提多少金額？
(A)一千萬元 (B)二千萬元
(C)三千萬元 (D)五千萬元。

( ) **21** 集中交易市場受益憑證申報買賣之數量，以多少受益權單位為一交易單位？
(A)五百 (B)一千
(C)一萬 (D)十萬。

( ) **22** 證券商若未如期提出主管機關命令所需提供之帳簿，可處多少元之罰鍰？
(A)12萬元以上240萬元以下 (B)24萬元以上120萬元以下
(C)24萬元以上240萬元以下 (D)24萬元以上480萬元以下。

( ) **23** 根據證券發行人財務報告編製準則所定義之流動資產項目，可包括為交易目的而持有，或預期於多久期間內實現之資產？
(A)於資產負債表日後十二個月內
(B)於資產負債表日後九個月內
(C)營業期間六個月內
(D)於資產負債表日後六個月內。

( ) **24** 上市公司甲董事對公司發行之上市債券換股權利證書為短線買賣，公司得否向甲請求將短線利益歸於公司？
(A)公司無請求權
(B)甲應返還短線利益於公司
(C)須甲請求換股部分適用
(D)返還利益之計算以實際損益為準。

( ) **25** 何種重大消息係指「證券交易法」第一百五十七條之一第五項及第六項所稱涉及該證券之市場供求，對其股價有重大影響之消息？
(A)公司買回庫藏股
(B)公司取得或處分重大資產
(C)公司股票有被進行公開收購者
(D)公司辦理重整。

( ) **26** 經濟主體以發行股票、債券等有價證券，透過證券市場直接向社會大眾籌措資金的融資方式，係為：
(A)直接金融　　　　　　　(B)消費金融
(C)間接金融　　　　　　　(D)內部金融。

( ) **27** 發行人申報發行股票，有下列何種情事時，證券主管機關得停止其申報發生效力？　甲.申報書件不完備；乙.應記載事項不充分；丙.為保護公益
(A)僅甲、乙　　　　　　　(B)僅乙、丙
(C)僅甲、丙　　　　　　　(D)甲、乙、丙皆是。

( ) **28** 發生下列何事項，上市公司無須發布重大訊息？
(A)上市公司負責人發生存款不足之退票
(B)董事及監察人之持股變動情形
(C)上市公司進行重整或破產之程序
(D)上市公司非屬簽證會計師事務所內部調整之變動簽證會計師者。

( ) **29** 採洽商銷售之承銷案件,除經主管機關核准者外,普通公司債案件每一認購人認購數量不得超過該次承銷總數之百分之幾?
(A)10% (B)20%
(C)30% (D)50%。

( ) **30** 引進詢價圈購及競價拍賣之配售方式,其功能為何? 甲.提高法人參與初級市場比重;乙.發揮承銷商配售功能;丙.使資金募集更具效益
(A)僅甲、乙 (B)僅乙、丙
(C)僅甲、丁 (D)甲、乙、丙皆是。

( ) **31** 在美國紐約證券交易所上市交易之存託憑證為?
(A)全球存託憑證 (B)臺灣存託憑證
(C)新加坡存託憑證 (D)美國存託憑證。

( ) **32** 認購權證中如果履約價格小於標的股票之市場價格,例如:履約價格為50元,標的股票價格市價為65元,則該認購權證是處於:
(A)價外 (B)價平
(C)價內 (D)選項(A)(B)(C)皆非。

( ) **33** 以下何者為目前我國認購權證之發行人? 甲.標的證券發行公司;乙.標的證券發行公司以外之第三者
(A)僅甲 (B)僅乙
(C)甲、乙皆是 (D)甲、乙皆非。

( ) **34** 有關ETN申購機制之敘述,以下何者為非?
(A)可申購期間為上市後至到期前最後交易日
(B)申購價格為申請前一日收盤指標價值
(C)投資人於ETN到期前得委託證券商向發行證券商申請申購
(D)發行證券商得於公開說明書載明拒絕條件。

( ) **35** 出席股東會使用委託書區分成下列幾種類型?
(A)僅徵求委託書一種
(B)僅非屬徵求委託書一種

(C)僅徵求委託書及非屬徵求委託書兩種

(D)以徵求委託書及非屬徵求委託書兩種以上。

( ) **36** 有關委託書徵求人之相關規定，以下何者為非？

(A)徵求人應依股東委託出席股東會

(B)委託人應親自填具徵求人姓名

(C)違反主管機關處分已逾三年者得擔任徵求人

(D)徵求人於委託書簽章後，即可轉讓他人使用。

( ) **37** 公開發行股票公司召開股東臨時會，應於開會前幾日內辦理停止股票過戶？

(A)10日 　　　　　　　　　(B)20日

(C)30日 　　　　　　　　　(D)60日。

( ) **38** 集中交易市場存託憑證買賣之一個交易單位為何？

(A)五百單位 　　　　　　　(B)一千單位

(C)五千單位 　　　　　　　(D)一萬單位。

( ) **39** 策略性交易需求之借券交易，其出借數量應為幾個交易單位以上？

(A)1個 　　　　　　　　　　(B)5個

(C)10個 　　　　　　　　　(D)50個。

( ) **40** 上市特別股發行總額低於多少或發行股數低於一定股數，證交所應報經主管機關終止其上市？

(A)2億元 　　　　　　　　　(B)4億元

(C)6億元 　　　　　　　　　(D)10億元。

( ) **41** 所謂除權參考價，即以：

(A)除權當日開盤價減權值 　(B)除權前一日收盤價加權值

(C)除權當日收盤價減權值 　(D)除權前一日收盤價減權值。

( ) **42** 盤中某上市股票零股買賣之交易應採何種方式進行？

(A)連續競價 　　　　　　　(B)一律以申報當日收盤價為準

(C)採議價方式 　　　　　　(D)集合競價。

（　　）**43** 逐筆交易制度中，若委託不能全部成交時，則全數取消不予成
交，此委託方式為？
(A)ROD　　　　　　　　　　(B)IOC
(C)FOK　　　　　　　　　　(D)ICO。

（　　）**44** 依證券櫃檯買賣中心審查有價證券上櫃作業程序初次申請上櫃案
件之審查，於簽訂輔導契約後，未有相當期間進行輔導評估，即
送件申請上櫃者，應加強審查那些項目？　甲.推薦證券商評估報
告；乙.內部控制制度及其聲明書與會計師內部控制制度專案審查
報告；丙.會計師查核報告
(A)僅甲、乙　　　　　　　　(B)僅乙、丙
(C)僅甲、丙　　　　　　　　(D)甲、乙、丙皆是。

（　　）**45** 證券櫃檯買賣交易市場之給付結算基金，為下列何種制度？
(A)共同責任制　　　　　　　(B)分別責任制
(C)比率責任制　　　　　　　(D)選項(A)(B)(C)皆非。

（　　）**46** 股票初次申請上櫃案件，於收文次週起多久之內櫃買中心原則上
將提報上櫃審議委員會審議之？
(A)兩週內　　　　　　　　　(B)四週內
(C)六週內　　　　　　　　　(D)八週內。

（　　）**47** 所謂「融券」之意義下列何者為非？
(A)須準備一定之保證金
(B)向證券金融公司借得股票賣出
(C)須開立信用帳戶
(D)向證券商借得資金。

（　　）**48** 信用帳戶在連續多少期間以上無融資融券交易紀錄，即被證券公
司取消帳戶？
(A)一年　　　　　　　　　　(B)五年
(C)二年　　　　　　　　　　(D)三年。

( ) **49** 證券投資信託事業,就每一證券投資信託基金之資產,應依主管機關規定之比率,以何種方式保持?甲.現金;乙.存放於銀行;丙.向票券交易商買入短期票券
(A)僅甲、乙 (B)僅乙、丙
(C)僅甲、丙 (D)甲、乙、丙皆可。

( ) **50** 有關賣出股票所需繳交之證券交易稅敘述,以下何者正確?
(A)證券交易稅為證券商收取
(B)賣出時以買價計算
(C)買進與賣出時各計算一次
(D)賣出時以賣價計算。

解答與解析 (答案標示為#者,表官方曾公告更正該題答案。)

1 (C)。 根據公司法第216條,公司與監察人間之關係,從民法關於委任之規定。

2 (B)。 我國現行交割結算基金係採共同責任制。

3 (C)。 根據公司法第249條,公司有下列情形之一者,不得發行無擔保公司債:
一、對於前已發行之公司債或其他債務,曾有違約或遲延支付本息之事實已了結,自了結之日起三年內。
二、最近三年或開業不及三年之開業年度課稅後之平均淨利,未達原定發行之公司債,應負擔年息總額之百分之一百五十。

4 (B)。 公司對於未依「證券交易法」發行之股票,擬在證券交易所上市者,應先向金融監督管理委員會申請補辦公開發行程序。

5 (B)。 證券經紀商在證券交易所買賣證券,買賣一方不履行交付義務時,證券交易所應指定其他證券經紀商或證券自營商代為交付。

6 (A)。 根據公司法第2條,股份有限公司:指二人以上股東或政府、法人股東一人所組織,全部資本分為股份;股東就其所認股份,對公司負其責任之公司。

7 (A)。 根據公開發行公司董事會議事辦法第3條,董事會應至少每季召開一次,並於議事規範明定之。

8 (B)。 公司債自發行日後屆滿一定期間至到期日前10日止,除依法暫停過戶期間外,其持有人得依發行公司所定之轉換辦法隨時請求轉換。

9 (D)。 證券商受託買賣外國有價證券管理規則第3-1條，本規則所稱高資產客戶，係指同時符合下列條件，並以書面向證券商申請為高資產客戶之法人或自然人：
一、提供可投資資產淨值及保險商品價值達等值新臺幣一億元以上之財力證明或於該證券商之可投資資產淨值達等值新臺幣三千萬元以上，並提供持有等值新臺幣一億元以上可投資資產淨值及保險商品價值之財力聲明書。
二、經證券商確認該自然人或經法人授權辦理交易之人具備充分之金融商品專業知識、交易經驗，並確認該自然人或法人具備充分之風險承擔能力。
三、客戶充分了解證券商提供金融商品或服務予高資產客戶與相關法令有關專業投資人之自然人或法人或專業客戶之自然人或法人得免除之責任後，同意簽署為高資產客戶。

10 (D)。 甲乙丙均為金管會得為之處分。

11 (B)。 只有普通決議事項才有假決議之適用；特別決議事項則無。
選項中變更章程與董事競業行為之許可均為特別決議事項，僅公司資產負債表等會計表冊之承認為普通決議事項。

12 (B)。 證券商負責人與業務人員管理規則第4條，證券商之下列業務人員不得辦理登記範圍以外之業務或由其他業務人員兼辦，但其他法令另有規定者，從其規定：
一、辦理有價證券自行買賣業務之人員。
二、內部稽核人員。
三、風險管理人員。

13 (C)。 根據公司法第315條，股份有限公司，有左列情事之一者，應予解散：
一、章程所定解散事由。
二、公司所營事業已成就或不能成就。
三、股東會為解散之決議。
四、有記名股票之股東不滿二人。但政府或法人股東一人者，不在此限。
五、與他公司合併。
六、分割。
七、破產。
八、解散之命令或裁判。
前項第一款得經股東會議變更章程後，繼續經營；第四款本文得增加有記名股東繼續經營。

14 (D)。 保本型基金、指數型基金、貨幣市場基金、指數股票型基金均為我國核准發行之基金類型。

15 (D)。 根據證券交易法第6條第2項：新股認購權利證書、新股權利證書及前項各種有價證券之價款繳納憑證或表明其權利之證書，視為有價證券。

16 (C)。 根據公司法第266條，公司發行新股時，應由董事會以董事三分之二以上之出席，及出席董事過半數同意之決議行之。

17 (D)。 股票已在證券交易所上市或於證券櫃檯買賣中心上櫃買賣之公司，編製年度財務報告時，應依揭露公司薪資報酬政策、全體員工平均薪資、董事及監察人之酬金。

18 (C)。 (A)公司依證券交易法第28-2條第1項規定買回之股份，除第三款部分應於買回之日起六個月內辦理變更登記外，應於買回之日起五年內將其轉讓；逾期未轉讓者，視為公司未發行股份，並應辦理變更登記。
(B)公司依證券交易法第28-2條第1項規定買回之股份，不得質押；於未轉讓前，不得享有股東權利。
(D)公司買回股份，應於依第二條申報之即日起算二個月內執行完畢，並應於上述期間屆滿或執行完畢後之即日起算五日內向本會申報並公告執行情形；逾期未執行完畢者，如須再行買回，應重行提經董事會決議。

19 (B)。 證券商受託契約經解除或終止後，至少需保存5年。

20 (B)。 投信或投顧經營全權委託業務，須增提營業保證金，實收資本額新臺幣二億元以上，而未達新臺幣三億元者，應增提二千萬元。

21 (B)。 集中交易市場受益憑證申報買賣之數量，以一千受益權單位為一交易單位。

22 (D)。 證券商若未如期提出主管機關命令所需提供之帳簿，可處24萬元以上480萬元以下之罰鍰。

23 (A)。 流動資產是指預計在一個正常營業周期內或一個會計年度內變現、出售或耗用的資產和現金及現金等價物。

24 (B)。 上市公司甲董事對公司發行之上市債券換股權利證書為短線買賣，公司得否向甲請求返還短線利益於公司。

25 (C)。根據證券交易法第一百五十七條之一第五項及第六項重大消息範圍及其公開方式管理辦法，公司股票有被進行公開收購者屬之。

26 (A)。資金需求者不透過中間機構，直接與資金提供者籌資的型態屬於直接金融。

27 (D)。證券商發行指數投資證券處理準則第9條，證券商申報發行或增額發行指數投資證券，有下列情形之一者，主管機關得停止其申報發生效力：
一、申報書件不完備或應記載事項不充分。
二、有第七條第二項規定之情事。
三、主管機關為保護公益認有必要。

28 (B)。根據臺灣證券交易所股份有限公司對有價證券上市公司重大訊息之查證暨公開處理程序第4條，董事及監察人之持股變動情形上市公司無須發布重大訊息。

29 (D)。採洽商銷售之承銷案件，除經證券主管機關核准者外，每一認購人認購數量規定如下：普通公司債、未涉及股權之金融債券每一認購人認購數量不得超過該次承銷總數之50%，惟認購人為保險公司且認購做為投資型保險商品所連結投資標的者不在此限。

30 (D)。引進詢價圈購及競價拍賣之配售方式，可以提高法人參與初級市場比重、發揮承銷商配售功能、使資金募集更具效益。

31 (D)。在美國紐約證券交易所上市交易之存託憑證為美國存託憑證。

32 (C)。認購權證中履約價格小於標的股票之市場價格，處於價內。

33 (B)。認購權證之發行人，係指標的證券發行公司以外之第三者且同時經營有價證券承銷、自行買賣及行紀或居間等三種業務者。

34 (B)。申購價格：申請當日收盤指標價值。

35 (C)。出席股東會使用委託書，分成徵求委託書及非屬徵求委託書兩種。

36 (D)。徵求人委託書不可轉讓他人使用。

37 (C)。公開發行股票公司召開股東臨時會，應於開會前30日內辦理停止股票過戶。

38 (B)。集中交易市場存託憑證買賣之一個交易單位為一千單位。

39 (A)。策略性交易需求之借券交易，其出借數量應為1交易單位以上。

40 (A)。上市特別股發行總額低於新台幣二億元或發行股數低於二千萬股者，臺灣證券交易所對其上市之有價證券，應依證券交易法第一百四十四條規定終止其上市，並報請主管機關備查。

41 (D)。除權參考價：除權前一日收盤價減權值。

42 (D)。盤中上市股票零股買賣之交易方式一律以申報當日收盤價為準。

43 (C)。FOK（Fill-or-Kill）：指「立即全部成交否則取消」，當投資人掛單的當下，只要全部的單子成交，沒有全部成交時則全部都取消。

44 (D)。於簽訂輔導契約後，未有相當期間進行輔導評估，即送件申請上櫃者，應加強審查推薦證券商評估報告、內部控制制度及其聲明書與會計師內部控制制度專案審查報告、會計師查核報告。

45 (A)。證券櫃檯買賣交易市場之給付結算基金，為共同責任制。

46 (C)。股票初次申請上櫃案件，於收文次週起六週內櫃買中心原則上將提報上櫃審議委員會審議之。

47 (D)。融券指向證券金融公司借得股票賣出；融資指向證券商借得資金。

48 (D)。信用帳戶連續三年以上無融資融券交易紀錄，即被證券公司取消帳戶。

49 (D)。證券投資信託事業就每一證券投資信託基金之資產，應依主管機關所定之比率，以下列方式保持之：
一、現金。
二、存放於銀行。
三、向票券商買入短期票券。
四、其他經主管機關規定之方式。

50 (D)。證券交易稅係由出賣有價證券的人負擔，由自營商本身負責繳納及代徵人負責代徵繳納。僅需在賣出股票時繳納，且以賣價計算。

110年 第2次

( )　**1** 公司為合併之決議後，應指定多久以上期限，聲明債權人得於期限內提出異議？
(A)十日　　　　　　　　　　　(B)十五日
(C)三十日　　　　　　　　　　(D)六十日。

( )　**2** 證券商辦理下列何項業務之人員得兼辦其他登記範圍外之業務？
(A)風險管理人員　　　　　　　(B)辦理自行買賣業務之人員
(C)內部稽核人員　　　　　　　(D)辦理交割業務之人員。

( )　**3** 依現行法令規定，公開發行公司獨立董事之提名方式為何？
(A)依章程任意規定
(B)依章程載明之候選人提名制度
(C)依董事會推薦名單
(D)並無規定。

( )　**4** 依「證券交易法」之規定，未經審計委員會全體成員二分之一以上同意之事項，得由全體董事多少比例以上同意行之？
(A)二分之一　　　　　　　　　(B)三分之二
(C)四分之三　　　　　　　　　(D)五分之四。

( )　**5** 下列哪一種公司債，除不印製實體外，須為記名式？
(A)有擔保公司債　　　　　　　(B)無擔保公司債
(C)普通公司債　　　　　　　　(D)轉換公司債。

( )　**6** 依「證券交易法」規定，下列何種企業應設置獨立董事？
(A)已公開發行之金融控股公司　(B)上市（櫃）電子公司
(C)已上市（櫃）之期貨商　　　(D)選項(A)(B)(C)均應設置。

( )　**7** 關於「證券交易法」第一百五十七條之一所定內線交易禁止規定，下列敘述何者正確？
(A)適用對象為具有股權性質之有價證券
(B)規範對象以他人之名義買入或賣出，亦構成內線交易

(C)該重大影響股價之消息，若已公開超過十八小時，即非屬內線交易

(D)選項(A)(B)(C)皆正確。

( ) **8** 依證券投資信託基金管理辦法之規定，下列何者為我國核准發行之基金類型？　(甲)保本型基金；(乙)指數型基金；(丙)貨幣市場基金；(丁)指數股票型基金

(A)僅甲、乙　　　　　　　　(B)僅甲、丙

(C)僅乙、丙、丁　　　　　　(D)甲、乙、丙、丁。

( ) **9** 證券商經核准可經營之業務不包括下列何者？

(A)有價證券之融資或融券

(B)有價證券買賣融資融券之代理

(C)有價證券之保管

(D)因證券業務受客戶委託保管及運用其款項。

( ) **10** 公開發行公司股東名簿變更記載，應注意於股東臨時會開會前幾日內，不得為之？

(A)十日　　　　　　　　　　(B)二十日

(C)三十日　　　　　　　　　(D)六十日。

( ) **11** 自辦融資融券之證券經紀商對客戶融資或融券之總金額，分別不得超過其淨值之幾倍？

(A)1倍　　　　　　　　　　(B)2倍

(C)2.5倍　　　　　　　　　(D)10倍。

( ) **12** 公開發行公司受讓他人全部營業或財產，對公司營運有重大影響者，得以有代表已發行股份總數多少股東出席股東會，以出席股東表決權三分之二以上之同意行之？

(A)五分之四　　　　　　　　(B)四分之三

(C)三分之二　　　　　　　　(D)過半數。

( ) **13** 上櫃股票公司若欲符合得為融資融券之資格，其公司設立登記應滿幾年？

(A)5年　　　　　　　　　　(B)4年

(C)3年　　　　　　　　　　(D)2年。

(　) **14** 信託業可申請兼營下列哪些業務？
(A)以委任方式辦理全權委託投資業務
(B)以信託方式辦理全權委託投資業務
(C)證券投資顧問業務
(D)選項(A)(B)(C)皆可。

(　) **15** 下列關於具證券性質之虛擬通貨，下列敘述何者正確？（甲）運用密碼學及分散式帳本技術或其他類似技術，表彰得以數位方式儲存、交換或移轉之價值；（乙）出資於一共同事業或計畫；（丙）利潤主要來自於投資人之努力；（丁）出資人有獲取利益之期待
(A)甲、乙、丙　　　　　　　(B)甲、乙、丁
(C)甲、丙、丁　　　　　　　(D)乙、丙、丁。

(　) **16** 某甲投顧在電視節目中表示：「我們介紹的股票，不管是上漲或下跌，其價格之預測皆百分之百正確」，問此舉是否違反法令規定？
(A)不違法，因其係主觀之表示　(B)違反「不得有虛偽、欺罔或其他足使人誤信之宣傳」
(C)違反「不得代理委任人從事證券投資之行為」　　(D)違反「不得與委任人為投資證券收益共享或損失分擔之約定」。

(　) **17** 公開發行股票公司董事之股票經設定質權者，出質人應於何時通知公司？
(A)立即通知　　　　　　　　(B)應於5日內通知
(C)應於10日內通知　　　　　(D)應於20日內通知。

(　) **18** 證券商受託買賣外國有價證券管理規則所稱之高資產客戶，下列何者非為須符合的條件？
(A)提供可投資資產淨值及保險商品價值達等值新臺幣一億元以上之財力證明，並提供持有等值新臺幣一億元以上可投資資產淨值及保險商品價值之財力聲明書
(B)經證券商確認該自然人具備充分之金融商品專業知識、交易經驗，並確認該自然人具備充分之風險承擔能力

　　(C)客戶充分了解證券商提供金融商品或服務予高資產客戶與相關法令有關專業投資人之自然人或法人或專業客戶之自然人或法人得免除之責任後，同意簽署為高資產客戶

　　(D)未經法人授權辦理交易之人具備充分之金融商品專業知識、交易經驗，惟確認其具備充分之風險承擔能力。

（　）**19** 依「證券交易法」第二十八條之一提撥一定比率現金發行新股向外公開發行時，同次發行由公司員工承購或原有股東認購之價格，應與向外公開發行之價格：
　　(A)不同　　　　　　　　　　(B)相同
　　(C)高於百分之五　　　　　　(D)低於百分之五。

（　）**20** 股份有限公司公司債之總額，依「公司法」有何限制？
　　(A)得逾公司現有全部資產減去全部負債之餘額　(B)不得逾公司現有全部負債
　　(C)不得逾公司現有全部資產　　(D)不得逾公司現有全部資產減去全部負債之餘額。

（　）**21** 請問下列敘述何者正確？(甲)上市公司應於每月十日以前，公告並申報上月份營運情形；(乙)上市公司應於第二季終了後30日內公告並申報經會計師核閱之季財務報告；(丙)上市公司應於每會計年度終了後2個月內公告並申報經會計師核閱之年度財務報告
　　(A)僅甲　　　　　　　　　　(B)僅甲、乙
　　(C)僅乙、丙　　　　　　　　(D)僅丙。

（　）**22** 關於證券商申報發行或增額發行指數投資證券，應具備哪些條件？
　　(A)須為同時經營證券經紀、承銷及自營業務之證券商
　　(B)最近期經會計師查核簽證之財務報告淨值達新臺幣一百億元以上
　　(C)最近六個月每月申報之自有資本適足比率達百分之二百五十以上
　　(D)以上皆是。

( ) **23** 證券經紀商與證券交易所因使用市場契約產生爭議，應以下列何種方式處理？
(A)強制當事人調解 　　　　(B)應進行強制仲裁
(C)應以訴訟解決 　　　　　(D)申請主管機關調處。

( ) **24** 證券商受託契約經解除或終止後，至少需保存多久？
(A)3年 　　　　　　　　　　(B)5年
(C)10年 　　　　　　　　　 (D)永久保存。

( ) **25** 「證券交易法」所稱「集中交易市場」，係指供有價證券為何種買賣所開設之市場？
(A)公開喊價 　　　　　　　(B)議價
(C)拍賣 　　　　　　　　　(D)競價。

( ) **26** 投資ETN時，需留意的風險為何？
(A)發行證券商之信用風險　 (B)折溢價風險
(C)終止上市風險 　　　　　(D)以上皆是。

( ) **27** 公開發行公司各期間財務報告之規範，以下何者正確？
(A)年度財務報告須於會計年度終了後1個月內公告
(B)各季財務報告僅須會計師核閱即可公告
(C)各季財務報告應於每季終了後30日公告
(D)第1、第2及第3季財務報告應於每季終了後45日公告。

( ) **28** 外國債券之買賣申報價格以何種單位為準？
(A)面額壹佰貨幣單位 　　　(B)面額一千貨幣單位
(C)面額一萬貨幣單位 　　　(D)面額十萬貨幣單位。

( ) **29** 公司之股東名簿，自然人應使用國民身分證記載之姓名為戶名，對於同一股東之戶號：
(A)僅能開列一個戶號
(B)得開列兩個以上戶號
(C)於重新成為股東後給予新戶號
(D)選項(A)(B)(C)皆非。

( ) **30** 現行公開申購有價證券制度，投資人應向何者洽辦委託事宜？
(A)證券經紀商　　　　　　　(B)證券自營商
(C)證券承銷商　　　　　　　(D)證券商業同業公會。

( ) **31** 主管機關審核募集與發行有價證券之申報案件時，發現會計師查核報告有哪些情形得退回該案件？
(A)出具無法表示意見　　　　(B)出具否定意見
(C)影響財報允當表達之保留意見(D)選項(A)(B)(C)皆是。

( ) **32** 上市櫃公司申請終止有價證券買賣，以下程序何者錯誤？
(A)須設置特別委員會進行審議
(B)須經董事會決議通過
(C)須提請股東會決議且經公司已發行股份總數1/2以上股東之同意
(D)以上皆正確。

( ) **33** 公開發行公司發放股東會紀念品，以幾種為限？
(A)一種　　　　　　　　　　(B)三種
(C)五種　　　　　　　　　　(D)法令並無限制。

( ) **34** 證券承銷商以競價拍賣配售辦理承銷，第幾天為開標日？
(A)第二天　　　　　　　　　(B)第三天
(C)第四天　　　　　　　　　(D)第五天。

( ) **35** 開立受託買賣帳戶滿幾個月才可申請開立信用帳戶？
(A)一個月　　　　　　　　　(B)二個月
(C)三個月　　　　　　　　　(D)六個月。

( ) **36** 下列有關證券零股交易買賣之敘述何者錯誤？
(A)委託人需開立集保帳戶始得買賣
(B)申報時間僅可為13：40~14：30
(C)以集合競價撮合成交
(D)申報截止前會揭示未成交最高買進及最低賣出之價格。

( ) **37** 下列何者非融券遭到強制回補的可能原因？
(A)公司股票即將除權　　　　(B)該公司將舉行年度股東會
(C)該公司將舉行臨時股東會　(D)以上皆非。

(　) **38** 零股交易盤中申報撮合成交，其買賣成交之順序何者最先成交？
(A)一般投資者申報者優先
(B)證券經紀商申報者優先
(C)採時間優先原則
(D)採價格優先原則，同價位者依時間優先原則決定。

(　) **39** 有關證券經紀商手續費敘述，以下何者正確？
(A)只對賣出收取　　　　　　(B)收取上限為千分之三
(C)買進與賣出時各計算一次　(D)為固定費率，無折扣空間。

(　) **40** 外國發行人暨其存託機構擬將其發行之臺灣存託憑證申請上市，
則依據註冊地國法律發行之股票或表彰其股票之有價證券，依法
需符合何種條件？
(A)需於外國證券市場上市滿三年　　　(B)不需任何條件，即可
於證交所上市
(C)不得申請於我國證券市場上市(D)已在金管會核定之外國證券
市場主板上市者。

(　) **41** 依公司法規定，發行人募集發行有價證券，有下列情事者不得公
開發行新股（包括具有優先權利之特別股）？　(甲)公司連2年虧
損；(乙)資產不足抵償債務者；(丙)最近三年稅後淨利不足以支
付已發行特別股股息
(A)僅甲、乙　　　　　　　　(B)僅甲、丙
(C)僅乙、丙　　　　　　　　(D)甲、乙、丙皆是。

(　) **42** 在國外交易所上市掛牌之公司來臺灣申請發行臺灣存託憑證
（TDR）上市，其最少必須發行之單位數為多少？
(A)一千萬個單位以上　　　　(B)二千萬個單位以上
(C)三千萬個單位以上　　　　(D)五千萬個單位以上。

(　) **43** 有關委託書徵求人之相關規定，以下何者為非？
(A)徵求人應依股東委託出席股東會
(B)委託人應親自填具徵求人姓名
(C)違反主管機關處分已逾三年者得擔任徵求人
(D)徵求人於委託書簽章後，即可轉讓他人使用。

( ) 44 下列導致ETN終止上市之原因，以下何者為非？
(A)存續期間屆滿
(B)標的指數停止編製或授權
(C)ETN指標價值上漲未達某個程度時證券商執行強制贖回
(D)發行證券商有金融機構拒絕往來紀錄。

( ) 45 下列有關證券商受託買賣外國有價證券應提供投資人資料之敘述，何者錯誤？
(A)提供之資料除專業投資人書面同意外，應摘譯為中文
(B)提供投資人之資料應以本公司或經授權證券商使用者為限
(C)證券商得以資料或研究報告非本公司所核准發行為由，主張免除其責任
(D)提供之資料或研究報告，不得有虛偽、隱匿等情事。

( ) 46 逐筆交易制度中，何種委託方式為委託單在當日沒有成交或投資人自行撤銷之前，委託單會留存在委託簿中，直至當日收盤仍未成交，該筆委託單則視為無效單？
(A)ROD (B)IOC
(C)FOK (D)ICO。

( ) 47 一般而言，投資信託基金之存續期間為何？
(A)由受益人會議決定 (B)依證券投資信託契約約定
(C)由投信投顧公會擬訂 (D)由主管機關指定。

( ) 48 已於國內上櫃之金融控股公司，其持股逾多少比率之子公司不得在國內申請股票上櫃？
(A)20% (B)50%
(C)60% (D)70%。

( ) 49 下列哪家公司有可能上櫃？
(A)甲公司：設立滿3年、淨值33億，最近一會計年度淨值/股本=1.1、營收25億（年增5%）、稅前淨利占股本2%（前二年度均為3%），營業活動現金正流入
(B)乙公司：設立滿3年，淨值12億，最近一會計年度淨值/股本=0.8、營收20億（年增10%）、雖虧損但營業活動現金正流入

(C)2家公司均可能上櫃

(D)2家公司均不可能上櫃。

(　) **50** 在證券交易之競價制度中，允許市場在累積一段時間之買賣單後再進行撮合，每一次撮合多筆買賣單，且所有成交的委託全部以同一價格撮合。此種競價制度是指：

(A)連續競價　　　　　　　(B)效率競價

(C)差別競價　　　　　　　(D)集合競價。

解答與解析　　（答案標示為#者，表官方曾公告更正該題答案。）

1 (C)。根據企業併購法第27條第8項，公司為合併之決議後，應即向各債權人分別通知及公告決議內容，並指定三十日以上之期限，聲明債權人得於期限內提出異議。

2 (D)。證券商之下列業務人員不得辦理登記範圍以外之業務或由其他業務人員兼辦：1.辦理有價證券自行買賣業務之人員。2.內部稽核人員。3.風險管理人員。

3 (B)。公開發行公司獨立董事選舉，應採候選人提名制度，並載明於章程，股東應就獨立董事候選人名單中選任之。

4 (B)。根據證券交易法規定，未經審計委員會全體成員二分之一以上同意之事項，得由全體董事三分之二以上同意行之。

5 (D)。轉換公司債及依規定請求換發之債券換股權利證書或股票，除不印製實體者外，應一律為記名式。

6 (D)。根據證券交易法第14-2條第1項：已依本法發行股票之公司，得依章程規定設置獨立董事。但主管機關應視公司規模、股東結構、業務性質及其他必要情況，要求其設置獨立董事，人數不得少於二人，且不得少於董事席次五分之一。

7 (D)。上述有關內線交易禁止之規定，均正確。

8 (D)。根據證券投資信託基金管理辦法第23條，基金之種類如下：一、股票型基金。二、債券型基金。三、平衡型基金及多重資產型基金。四、指數型基金。五、指數股票型基金。六、組合型基金。七、保本型基金。八、貨幣市場基金。九、其他經本會核准發行之基金。

9 (C)。 根據證券交易法第60條，證券商非經主管機關核准，不得為下列之業務：
一、有價證券買賣之融資或融券。
二、有價證券買賣融資融券之代理。
三、有價證券之借貸或為有價證券借貸之代理或居間。
四、因證券業務借貸款項或為借貸款項之代理或居間。
五、因證券業務受客戶委託保管及運用其款項。

10 (C)。 公開發行公司股東名簿變更記載，於股東臨時會開會前30日內，不得為之。

11 (C)。 根據證券商辦理有價證券買賣融資融券管理辦法，自辦融資融券之證券經紀商對客戶融資或融券之總金額，分別不得超過其淨值之2.5倍。

12 (D)。 根據公司法第185條，公開發行公司受讓他人全部營業或財產，對公司營運有重大影響者，得以有代表已發行股份總數過半數股東出席股東會，以出席股東表決權三分之二以上之同意行之。

13 (C)。 上櫃股票公司需設立登記滿三年，方符合得為融資融券之資格。

14 (D)。 選項(A)(B)(C)均屬信託業可申請兼營之業務。

15 (B)。 虛擬通貨之利潤主要取決於發行人或第三人之努力。

16 (B)。 股價之「預測」無法完全正確，故此表述已違反「不得有虛偽、欺罔或其他足使人誤信之宣傳」。

17 (A)。 公開發行股票公司董事之股票經設定質權者，出質人應立即通知公司。

18 (D)。 根據證券商受託買賣外國有價證券管理規則第3-1條，本規則所稱高資產客戶，係指同時符合下列條件，並以書面向證券商申請為高資產客戶之法人或自然人：
一、提供可投資資產淨值及保險商品價值達等值新臺幣一億元以上之財力證明或於該證券商之可投資資產淨值達等值新臺幣三千萬元以上，並提供持有等值新臺幣一億元以上可投資資產淨值及保險商品價值之財力聲明書。
二、經證券商確認該自然人或經法人授權辦理交易之人具備充分之金融商品專業知識、交易經驗，並確認該自然人或法人具備充分之風險承擔能力。

三、客戶充分了解證券商提供金融商品或服務予高資產客戶與相關法令有關專業投資人之自然人或法人或專業客戶之自然人或法人得免除之責任後，同意簽署為高資產客戶。

19 (B)。根據證券交易法第28-1條提撥一定比率現金發行新股向外公開發行時，同次發行由公司員工承購或原有股東認購之價格，應與向外公開發行之價格相同。

20 (D)。公開發行股票公司之公司債總額，不得逾公司現有全部資產減去全部負債後之餘額。

21 (A)。(乙)上市公司應於第二季終了後45日內公告（不用會計師簽證）。
(丙)上市公司應於每會計年度終了後3個月內公告並申報經會計師核閱之年度財務報告。

22 (D)。根據證券商發行指數投資證券處理準則第4條，證券商申報發行或增額發行指數投資證券，應具備下列資格條件：
一、須為同時經營證券經紀、承銷及自營業務之證券商。
二、最近期經會計師查核簽證之財務報告淨值達新臺幣一百億元以上，且不低於實收資本額；財務狀況符合證券商管理規則第十三條、第十四條、第十六條、第十八條、第十八條之一及第十九條規定。
三、最近六個月每月申報之自有資本適足比率達百分之二百五十以上。
四、最近三個月未曾受主管機關警告處分。
五、最近半年未曾受主管機關命令解除或撤換其董事、監察人或經理人職務處分。
六、最近一年未曾受主管機關停業處分。
七、最近二年未曾受主管機關撤銷部分營業許可處分。
八、最近一年未曾受臺灣證券交易所股份有限公司（以下簡稱證券交易所）、財團法人中華民國證券櫃檯買賣中心（以下簡稱櫃檯買賣中心）、臺灣期貨交易所股份有限公司依其章則處以停止或限制買賣處置。

23 (B)。證券經紀商與證券交易所因使用市場契約產生爭議，應進行強制仲裁。

24 (B)。證券商受託契約經解除或終止後，至少需保存5年。

25 (D)。有價證券集中交易市場，謂證券交易所為供有價證券之競價買賣所開設之市場。

26 (D)。發行證券商之信用風險、折溢價風險、終止上市風險均屬投資ETN應留意事項。

27 (D)。(A)年報要於年度終了後3個月內公告。
(B)(C)季度財務報告應於該季終了後四十五日內，公告並申報由董事長、經理人及會計主管簽名或蓋章，並經會計師核閱及提報董事會之財務報告。

28 (A)。外國債券之買賣申報價格以面額壹佰貨幣單位為準。

29 (A)。公司之股東名簿，自然人應使用國民身分證記載之姓名為戶名，對於同一股東之戶號僅能開列一個戶號。

30 (A)。投資人應向證券經紀商，洽辦委託公開申購有價證券。

31 (D)。發行人申報募集與發行有價證券有下列情形，金管會得退回其案件：
(1) 簽證會計師出具無法表示意見或否定意見之查核報告者。
(2) 簽證會計師出具保留意見之查核報告，其保留意見影響財務報告之允當表達者。
(3) 發行人填報、簽證會計師複核或主辦證券承銷商出具之案件檢查表，顯示有違反法令或公司章程，致影響有價證券之募集與發行者。
(4) 律師出具之法律意見書，表示有違反法令，致影響有價證券之募集與發行者。
(5) 證券承銷商出具之評估報告，未明確表示本次募集與發行有價證券計畫之可行性、必要性及合理性者。
(6) 有違反法令，情節重大者。

32 (C)。上市公司申請其有價證券終止上市案，應先經董事會決議通過並提請股東會決議，且股東會之決議應經已發行股份總數三分之二以上股東之同意行之。

33 (A)。公開發行公司發放股東會紀念品，以一種為限。

34 (D)。證券承銷商以競價拍賣配售辦理承銷，第五天為開標日。

35 (C)。開立受託買賣帳戶滿三個月才可申請開立信用帳戶。

36 (B)。現行盤中時段亦可進行零股交易。

37 (C)。證券商辦理有價證券買賣融資融券業務操作辦法第76條列有不用強制回補的例外狀況：發行公司因下列原因停止過戶者不在此限：一、召開臨時股東會。二、其原因不影響行使股東權者。

38 (D)。零股交易盤中申報撮合成交，其成交順序採價格優先原則，同價位者依時間優先原則決定。

39 (C)。證券經紀商手續費買進與賣出時各計算一次，其費率由證交所申報、金管會核定之。目前證券商營業處所受託買賣有價證券的交易手續費上限為千分之一點四二五。

40 (D)。外國發行人暨其存託機構擬將其發行之臺灣存託憑證申請上市，需已在金管會核定之外國證券市場主板上市者。

41 (D)。公司連2年虧損、資產不足抵償債務者、最近三年稅後淨利不足以支付已發行特別股股息者，均不得公開發行新股。

42 (B)。在國外交易所上市掛牌之公司來臺灣申請發行臺灣存託憑證（TDR）上市，其最少必須發行之單位數為二千萬個單位以上。

43 (D)。徵求人應於徵求委託書上簽名或蓋章，並不得轉讓他人使用。

44 (C)。根據證交所營業細則第50-8條，上市之指數投資證券其存續期間屆滿時，本公司得逕行公告該指數投資證券終止上市。指數投資證券有下列情事之一者，本公司得終止其指數投資證券買賣，並報請主管機關備查：

一、有證券商發行指數投資證券處理準則第十一條第一項規定情事，經主管機關撤銷或廢止其申報生效者。

二、標的指數經編製機構停止編製，或終止指數授權契約者。

三、發行總額低於新台幣一億元且發行單位數低於五百萬單位者。

四、發行人依其發行計畫終止上市或提前贖回投資人持有單位者。

五、發行人有第五十條之一第一項第一款至第四款、第九款至第十一款、第十七款之情事者。

六、發行人有金融機構拒絕往來之紀錄者。

七、發行人無法如期償還到期或投資人賣回之指數投資證券者。

八、本公司基於其他原因對其指數投資證券認為有終止上市買賣之必要者。

45 (C)。證券商不得以資料或研究報告非本公司所核准發行為由，主張免除其責任。

46 (A)。ROD（Rest of Day）：「當日委託有效單」，送出委託之後，投資人只要不刪單且直到當日收盤前，此張單子都是有效的。

47 (B)。 投資信託基金之存續期間依證券投資信託契約約定。

48 (D)。 已於國內上櫃之金融控股公司，其持股逾70%之子公司不得在國內申請股票上櫃。

49 (C)。 一般公司上櫃標準
(1) 設立年限：設立登記滿2完整會計年度。
(2) 財務要求：應符合下列標準之一
　　A.獲利能力：最近1個會計年度合併財務報告之稅前淨利不低於新臺幣400萬元，且稅前淨利占股本之比率符合下列標準：
　　　a.最近1年度達4%，且無累積虧損。或
　　　b.最近2年度均達3%；或平均達3%，且最近1年度較前1年度為佳。
　　B.淨值、營業收入及營業活動現金流量，同時符合：
　　　a.最近期經會計師查核簽證或核閱財務報告之淨值達新臺幣6億元以上且不低於股本2/3。
　　　b.最近一個會計年度來自主要業務之營業收入達新臺幣20億元以上，且較前一個會計年度成長。
　　　c.最近一個會計年度營業活動現金流量為淨流入。

50 (D)。 集合競價：允許市場在累積一段時間之買賣單後再進行撮合，每一次撮合多筆買賣單，且所有成交的委託全部以同一價格撮合。

110年 第3次

( ) **1** 公司原則上於何時解除董事及監察人之責任？
(A)營業年度結束
(B)表冊經監察人查核完成
(C)董事會編造表冊完成
(D)財務會計表冊經股東會承認。

( ) **2** 證券投資顧問事業在有線電視播出之投資分析節目，應保存節目錄影及錄音年限至少為？
(A)1年　　　　　　　　　(B)5年
(C)10年　　　　　　　　(D)永久保存。

( ) **3** 公開發行公司召集股東常會，應於多久前通知公司記名股東？
(A)五日　　　　　　　　(B)十日
(C)三十日　　　　　　　(D)四十五日。

( ) **4** 依「公司法」規定，下列何一事項應以股東會特別決議（代表已發行股份總數三分之二以上股東之出席，出席股東表決權過半數之同意）行之？
(A)公積轉增資　　　　　(B)財務表冊之承認
(C)聲請重整　　　　　　(D)特別盈餘公積之提列。

( ) **5** 下列何者非為證券交易法所稱之有價證券？
(A)政府債券　　　　　　(B)新股認購權利證書
(C)公司股票　　　　　　(D)商業本票。

( ) **6** 證券商每設置一分支機構，應增提多少營業保證金？
(A)新臺幣一百萬元　　　(B)新臺幣二百萬元
(C)新臺幣五百萬元　　　(D)新臺幣三千萬元。

( ) **7** 依公開發行公司審計委員會行使職權辦法，審計委員會應至少_____召開一次？
(A)每月　　　　　　　　(B)每季
(C)每半年　　　　　　　(D)每年。

（　）　**8** 公司採用「總括申報制」發行公司債，應於預定期間發行完成，
其預定期間得為多長？
(A)申報生效日起不得超過1年　　(B)申報生效日起不得超過2年
(C)自申報日起3年　　　　　　　(D)自申報日起5年。

（　）　**9** 依「證券交易法」規定，下列有關私募有價證券之敘述，何者
正確？
(A)私募普通公司債，其發行總額，除經主管機關徵詢目的事業
中央主管機關同意者外，不得逾全部資產減去全部負債餘額
之百分之二百
(B)私募對象有條件限制，且其人數不得超過30人
(C)有價證券私募之應募人2年內原則上不得再行賣出
(D)有價證券之私募及再行賣出，不得為一般性廣告或公開勸誘
之行為。

（　）　**10** 綜合證券商之最低實收資本額應為新臺幣（沒有分支機構）：
(A)3億元　　　　　　　　　　　(B)10億元
(C)20億元　　　　　　　　　　 (D)30億元。

（　）　**11** 公司依「證券交易法」發行新股者，其以前未依「證券交易法」
發行之股份，應如何處理？
(A)補辦公開發行
(B)視為已依證券交易法發行
(C)與依證券交易法發行之股份，區分列帳
(D)選項(A)(B)(C)皆非。

（　）　**12** 公開發行公司設置審計委員會者，下列未經審計委員會通過之事
項，何者不得由全體董事以三分之二以上同意取而代之？
(A)內部控制制度有效性之考核
(B)涉及董事自身利害關係之事項
(C)重大資產或衍生性商品交易
(D)由董事長、經理人及會計主管簽名或蓋章之年度財務報告及
須經會計師查核簽證之第二季財務報告。

( ) **13** 下列何者得自短線交易所得利益中扣除？
(A)股息
(B)高低價相配所生之虧損
(C)證券交易稅
(D)選項(A)(B)(C)皆可扣除。

( ) **14** 證券商應私募而持有之有價證券：
(A)應於一年內於集中市場賣出不得長期持有
(B)一年內若要賣出，而該私募有價證券無同種類之有價證券於
證券集中交易市場或證券商營業處所買賣，僅能賣給其他證
券商、金融業或經主管機關核准之法人
(C)僅能自該私募有價證券交付日起滿三年始能賣出
(D)選項(A)(B)(C)皆正確。

( ) **15** 下列有關內部人交易規範之敘述何者正確？
(A)可能包括公司內部人之短線交易及利用內部消息買賣圖利之
情形
(B)短線交易所獲利益所有權直接屬於公司，不須另由他人請求
(C)所規範之行為主體僅限於公司內部人
(D)只有利用內部消息獲利之人須負刑事責任。

( ) **16** 對於證券自營商之規定，下列何項之敘述錯誤？
(A)證券自營商不得接受投資人之委託於市場內買賣
(B)證券自營商除自行於市場內買賣有價證券外，並得委託其他
經紀商代為買賣
(C)對同一證券，自營商申報價格與經紀商相同時，以經紀商之
買賣優先成交
(D)證券自營商不得申報賣出其未持有之有價證券。

( ) **17** 初任證券商業務人員應於到職後多久內參加職前訓練？
(A)1個月
(B)2個月
(C)半年
(D)1年。

( ) **18** 下列何種行為依「證券交易法」之規定，應處以罰鍰？
(A)證券交易所對監理人員本於法令所為之指示未切實遵行
(B)證券交易所之董事、監察人對於職務上行為要求期約或收受
不正利益

(C)會計師或律師於查核公司有關證券交易之契約、報告書為不
　　實之簽證
(D)證券商對主管機關命令提出之帳簿表冊逾期不提出。

(　) **19** 上市有價證券未依法於集中市場買賣，則其法定最高有期徒刑係
下列何者？
(A)7年　　　　　　　　　　　　　(B)2年
(C)1年　　　　　　　　　　　　　(D)3個月。

(　) **20** 若證券自營商僅經營自行買賣具證券性質之虛擬通貨業務者，其
最低實收資本額應為新臺幣（無分支機構）：
(A)1億元　　　　　　　　　　　　(B)3億元
(C)5億元　　　　　　　　　　　　(D)10億元。

(　) **21** 證券商發行指數投資證券總額，不得超過最近期經會計師查核簽
證之財務報告淨值之百分之 _____ 。
(A)二十　　　　　　　　　　　　(B)三十
(C)五十　　　　　　　　　　　　(D)七十。

(　) **22** 下列敘述何者正確？
(A)依「證券交易法」規定，買回股份均應於六個月內辦理變更
　　登記
(B)買回股份除可供質押外，不得享有股東權利
(C)上市櫃公司除依「證券交易法」第二十八條之二規定於集中
　　交易市場或店頭市場買回外，尚可依公開收購辦法於集中交
　　易市場或店頭市場外收購
(D)公司買回股份，未於二個月內執行完畢者，得申報延長一個
　　月為之。

(　) **23** 為促進臺商海外資金投資臺灣，行政院於108年8月發布「境外資
金匯回管理運用及課稅條例」，並請證券主管機關制訂「境外資
金匯回金融投資管理運用辦法」，其從事金融投資之限額為匯回
存入外匯存款專戶資金扣除必要之稅款後之百分之 _____ 為限？
(A)二十　　　　　　　　　　　　(B)二十五
(C)四十　　　　　　　　　　　　(D)五十。

( ) **24** 公司制證交所之董事、監察人至少應有多少比例是由主管機關指派非股東之有關專家任之？
(A)五分之二　　　　　　　　(B)四分之一
(C)三分之一　　　　　　　　(D)二分之一。

( ) **25** 關於基金成立方式之敘述何者錯誤：
(A)我國證券投資信託基金屬於契約型
(B)美國共同基金多屬於公司型
(C)我國證券投資信託基金可選擇債權型成立
(D)我國證券投資信託基金應依所定辦法與契約之規定，運用基金資產。

( ) **26** 發行人申請認購（售）權證發行人資格之認可，下列何者為非？
(A)財務報告淨值不低於實收資本額
(B)提出經主管機關核准或認可之信用評等機構一定評級之信用評等
(C)資本適足比率應達150%以上
(D)財務報表需由會計師查核簽證。

( ) **27** 發生下列何事項，上市公司無須發布重大訊息？
(A)上市公司負責人發生存款不足之退票
(B)董事及監察人之持股變動情形
(C)上市公司進行重整或破產之程序
(D)上市公司非屬簽證會計師事務所內部調整之變動簽證會計師者。

( ) **28** 委託人買賣下列受益憑證時，哪些應簽具風險預告書，證券商始得接受其委託？　甲.指數股票型期貨信託基金受益憑證；乙.槓桿反向指數股票型證券投資信託基金受益憑證；丙.以外幣買賣之指數股票型基金受益憑證
(A)僅甲、乙　　　　　　　　(B)僅乙、丙
(C)僅甲、丙　　　　　　　　(D)甲、乙、丙。

( ) **29** 下列導致ETN終止上市之原因，以下何者為非？
(A)存續期間屆滿
(B)標的指數停止編製或授權
(C)ETN指標價值上漲未達某個程度時證券商執行強制贖回
(D)發行證券商有金融機構拒絕往來紀錄。

( ) **30** 對於注意股票之異常情形有嚴重影響市場交易者，證交所可處以下列何項措施？
(A)暫停該有價證券融資融券交易
(B)限制各證券商申報買進或賣出該有價證券之金額
(C)通知各證券商於買賣交易異常之有價證券時，增繳交割結算基金
(D)選項(A)(B)(C)皆可。

( ) **31** 有關委託書徵求人之相關規定，以下何者為非？
(A)徵求人應依股東委託出席股東會
(B)委託人應親自填具徵求人姓名
(C)違反主管機關處分已逾三年者得擔任徵求人
(D)徵求人於委託書簽章後，即可轉讓他人使用。

( ) **32** 證券商受託買賣輸入買賣申報項目包括：
(A)買賣種類　　　　　　　　(B)股票代號
(C)委託人帳號　　　　　　　(D)選項(A)(B)(C)皆須輸入。

( ) **33** 逐筆交易制度中，何種委託方式為委託單在當日沒有成交或投資人自行撤銷之前，委託單會留存在委託簿中，直至當日收盤仍未成交，該筆委託單則視為無效單？
(A)ROD　　　　　　　　　　(B)IOC
(C)FOK　　　　　　　　　　(D)ICO。

( ) **34** 因融券而標借、標購所產生之費用，由何人負擔？
(A)融資人　　　　　　　　　(B)可以議定
(C)證券商　　　　　　　　　(D)融券人。

（　）**35** 有關證券經紀商手續費敘述，以下何者正確？
(A)只對賣出收取
(B)收取上限為千分之三
(C)買進與賣出時各計算一次
(D)為固定費率，無折扣空間。

（　）**36** 引進詢價圈購及競價拍賣之配售方式，其功能為何？甲.提高法人參與初級市場比重；乙.發揮承銷商配售功能；丙.使資金募集更具效益
(A)僅甲、乙
(B)僅乙、丙
(C)僅甲、丙
(D)甲、乙、丙皆是。

（　）**37** 繼續持有多少期間以上，持有已發行股份總數10%以上之股東，得委託信託事業擔任委託書徵求人？
(A)半年
(B)一年
(C)二年
(D)三年。

（　）**38** 目前我國認購權證其發行人為：甲.標的證券發行公司；乙.標的證券發行公司以外之第三者。何者正確？
(A)甲
(B)乙
(C)甲、乙皆是
(D)甲、乙皆非。

（　）**39** 股票初次申請上櫃案件，於收文次週起多久之內櫃買中心原則上將提報上櫃審議委員會審議之？
(A)兩週內
(B)四週內
(C)六週內
(D)八週內。

（　）**40** 公司於股票公開發行登記後，應即將下列何者所持有該公司之股票種類及股數向主管機關指定之資訊申報網站進行傳輸？
(A)董事、監察人
(B)經理人
(C)持有公司股份超過股份總額10%之股東
(D)選項(A)(B)(C)皆是。

（　）**41** 有關ETN申購機制之敘述，以下何者為非？
(A)可申購期間為上市後至到期前最後交易日
(B)申購價格為申請前一日收盤指標價值

(C)投資人於ETN到期前得委託證券商向發行證券商申請申購
(D)發行證券商得於公開說明書載明拒絕條件。

( ) **42** 基金依其法律關係之不同可區分為哪兩種？
(A)外資型及法人型　　　　　(B)成長型及穩定型
(C)公司型及契約型　　　　　(D)股票型及債券型。

( ) **43** 上市股票私人間直接讓受，除股數不超過一成交單位外，其前後
兩次之讓受行為，相隔不得少於：
(A)一個月　　　　　　　　　(B)三個月
(C)四個月　　　　　　　　　(D)六個月。

( ) **44** 股票初次上市（櫃）之承銷案件，發行公司採行過額配售辦理承
銷作業者，主辦承銷商應於該案件掛牌之日起幾個交易日內，執
行穩定價格之機制？
(A)三日　　　　　　　　　　(B)五日
(C)七日　　　　　　　　　　(D)十二日。

( ) **45** 某初次申請上市公司，於證交所函知同意上市後，擬辦理公開承
銷，惟遭股市大跌之影響，擬申請延後上市買賣，如何辦理？
(A)有正當理由，但僅有一個月緩衝期
(B)有正當理由，得延長至承銷商規劃上市買賣之日期
(C)不得延長
(D)有正當理由，得延長三個月，延長以一次為限。

( ) **46** 上市食品公司，其編製之企業社會責任報告書，原則上至遲應於
何時置於公司網站之連結及申報至證交所指定之網際網路資訊申
報系統？
(A)每年6/30前　　　　　　　(B)每年12/31前
(C)每年9/30前　　　　　　　(D)每年3/31前。

( ) **47** 股票之發行人須於發生對股東權益有重大影響事項之日起幾日
內，將該事項向主管機關申報公告並將抄本送證券櫃檯買賣中心
供公眾閱覽？
(A)一日　　　　　　　　　　(B)二日
(C)三日　　　　　　　　　　(D)四日。

( ) **48** 在逐筆交易制度下，下列何種委託方式有最優先之撮合順序？
(A)最高委買限價單 (B)最低委賣限價單
(C)市價單 (D)最高委賣限價單。

( ) **49** 關於公開發行公司出席股東會使用委託書之用紙，下列敘述何者正確？
(A)以公司印發者為限，且其格式須符合「公開發行公司出席股東會使用委託書規則」之規定
(B)須為公司所印發之任何格式且必要時，得就正本影印使用
(C)須為公司所印發之正本或其影本，其格式應依公司章程之規定
(D)須為公司所印發之正本，其格式由公司就當次股東會議案內容訂定。

( ) **50** 依照週休二日每週五個營業日之計算前提下，若7/12（星期四）為某證券股票除息交易日，7/13為最後過戶日，則已融券者應於幾日前還券了結？
(A)7/4 (B)7/5
(C)7/6 (D)7/7。

解答與解析 （答案標示為#者，表官方曾公告更正該題答案。）

1 (D)。 根據公司法第231條：「各項表冊經股東會決議承認後，視為公司已解除董事及監察人之責任。但董事或監察人有不法行為者，不在此限。」

2 (A)。 根據證券投資顧問事業管理規則第12條第3項：「第一項從事廣告、公開說明會及其他營業促銷活動製作之宣傳資料、廣告物及相關紀錄應保存二年；從事公開說明會及其他營業促銷活動之內容應錄影及錄音存查，並至少保存一年。」

3 (C)。 根據公司法第172條第3項：「公開發行股票之公司股東常會之召集，應於三十日前通知各股東；股東臨時會之召集，應於十五日前通知各股東。」

4 (A)。 根據公司法第240條第1項：「公司得由有代表已發行股份總數三分之二以上股東出席之股東會，以出席股東表決權過半數之決議，將應

分派股息及紅利之全部或一部，以發行新股方式為之；不滿一股之金額，以現金分派之。」

5 (D)。 根據證券交易法第6條：「本法所稱有價證券，指政府債券、公司股票、公司債券及經主管機關核定之其他有價證券。新股認購權利證書、新股權利證書及前項各種有價證券之價款繳納憑證或表明其權利之證書，視為有價證券。前二項規定之有價證券，未印製表示其權利之實體有價證券者，亦視為有價證券。」

6 (C)。 根據證券商管理規則第9條第1項第5款：「五、設置分支機構：每設置一家增提新臺幣五百萬元。」

7 (B)。 根據公開發行公司審計委員會行使職權辦法第7條第1項：「審計委員會應至少每季召開一次，並於審計委員會組織規程中明定之。」

8 (B)。 根據發行人募集與發行有價證券處理準則第24條：「發行人同時符合下列各款條件者，得檢具發行公司債總括申報書，載明其應記載事項，連同應檢附書件，向本會申報生效，於預定發行期間內發行完成：……。第一項所稱預定發行期間，自申報生效日起不得超過二年，發行人並應於向本會申報時訂定之。」

9 (D)。 (A)根據證券交易法第43-6條，普通公司債之私募，其發行總額，除經主管機關徵詢目的事業中央主管機關同意者外，不得逾全部資產減去全部負債餘額之百分之四百。
(B)根據證券交易法第43-6條，私募對象有條件限制，且其人數不得超過35人。
(C)根據證券交易法第43-7條，有價證券之私募及再行賣出，不得為一般性廣告或公開勸誘之行為。

10 (B)。 ４＋４＋２＝10億元。
根據證券商設置標準第3條，證券商最低實收資本額如下：
一、證券承銷商：新臺幣四億元。
二、證券自營商：新臺幣四億元。
三、證券經紀商：新臺幣二億元。但經營下列業務者為新臺幣五千萬元：
　　(一)僅經營股權性質群眾募資業務。
　　(二)僅經營基金受益憑證買賣及互易之居間業務。

11 (B)。 根據證券交易法第24條：「公司依本法發行新股者，其以前未依本法發行之股份，視為已依本法發行。」

12 (D)。根據證券交易法第14-5條：「已依本法發行股票之公司設置審計委員會者，下列事項應經審計委員會全體成員二分之一以上同意，並提董事會決議，不適用第十四條之三規定：一、依第十四條之一規定訂定或修正內部控制制度。二、內部控制制度有效性之考核。三、依第三十六條之一規定訂定或修正取得或處分資產、從事衍生性商品交易、資金貸與他人、為他人背書或提供保證之重大財務業務行為之處理程序。四、涉及董事自身利害關係之事項。五、重大之資產或衍生性商品交易。六、重大之資金貸與、背書或提供保證。七、募集、發行或私募具有股權性質之有價證券。八、簽證會計師之委任、解任或報酬。九、財務、會計或內部稽核主管之任免。十、由董事長、經理人及會計主管簽名或蓋章之年度財務報告及須經會計師查核簽證之第二季財務報告。十一、其他公司或主管機關規定之重大事項。
前項各款事項除第十款外，如未經審計委員會全體成員二分之一以上同意者，得由全體董事三分之二以上同意行之，不受前項規定之限制，並應於董事會議事錄載明審計委員會之決議。」

13 (C)。根據證券交易法施行細則第11條第3項：「列入前項第一款、第二款計算差價利益之買賣所支付證券商之手續費及證券交易稅，得自利益中扣除。」

14 (B)。根據證券交易法第43-8條：「有價證券私募之應募人及購買人除有左列情形外，不得再行賣出：一、第四十三條之六第一項第一款之人持有私募有價證券，該私募有價證券無同種類之有價證券於證券集中交易市場或證券商營業處所買賣，而轉讓予具相同資格者。二、自該私募有價證券交付日起滿一年以上，且自交付日起第三年期間內，依主管機關所定持有期間及交易數量之限制，轉讓予符合第四十三條之六第一項第一款及第二款之人。三、自該私募有價證券交付日起滿三年。四、基於法律規定所生效力之移轉。五、私人間之直接讓受，其數量不超過該證券一個交易單位，前後二次之讓受行為，相隔不少於三個月。六、其他經主管機關核准者。前項有關私募有價證券轉讓之限制，應於公司股票以明顯文字註記，並於交付應募人或購買人之相關書面文件中載明。」

15 (A)。(B)內部人對公司之上市股票，於取得後六個月內因買賣而獲利者，公司須請求將其利益歸於公司（即行使歸入權）。

　　(C)內部消息圖利之行為主體亦包含：一、基於職業或控制關係獲悉消息之人；二、喪失內部人身分後，未滿六個月者；三、從內部人獲悉消息之人。

　　(D)凡經由內線消息圖利之人皆需負擔刑事責任（證券交易法第157-1條）。

16 (B)。 根據臺灣證券交易所股份有限公司營業細則第97條：「證券自營商除得為公司股份之認股人或公司債之應募人外，其自行買賣上市證券限於在本公司市場為之，除經主管機關許可者外，不得委託證券經紀商代為買賣。」

17 (C)。 根據證券商負責人與業務人員管理規則第15條：「初任及離職滿三年再任之證券商業務人員應於到職後半年內參加職前訓練；在職人員應每三年參加在職訓練。」

18 (D)。 根據證券交易法第178-1條：「證券商、第十八條第一項所定之事業、證券商同業公會、證券交易所或證券櫃檯買賣中心有下列情事之一者，處各該事業或公會新臺幣二十四萬元以上四百八十萬元以下罰鍰，並得命其限期改善；屆期未改善者，得按次處罰：……二、對於主管機關命令提出之帳簿、表冊、文件或其他參考或報告資料，屆期不提出，或對於主管機關依法所為之檢查予以規避、妨礙或拒絕。……」

19 (C)。 根據證交法第150條：「上市有價證券之買賣，應於證券交易所開設之有價證券集中交易市場為之。……」又，證交法第177條：「違反第三十四條、第四十條、第四十三條之八第一項、第四十五條、第四十六條、第五十條第二項、第一百十九條、第一百五十條或第一百六十五條規定者，處一年以下有期徒刑、拘役或科或併科新臺幣一百二十萬元以下罰金。」

20 (A)。 根據證券商設置標準第3條第1項第2款：「……二、證券自營商：新臺幣四億元，僅經營自行買賣具證券性質之虛擬通貨業務者為新臺幣一億元。」

21 (C)。 根據證券商發行指數投資證券處理準則第5條第2項：「證券商發行指數投資證券總額，不得超過最近期經會計師查核簽證之財務報告淨值之百分之五十。但證券商為辦理增額發行，且已增提履約保證金者，不在此限。」

22 (C)。(A)買回股份若係為「維護公司信用及股東權益所必要而買回，並辦理銷除股份。」，則無六個月內辦理並更登記之限制。
(B)買回股份不得質押；於未轉讓前，不得享有股東權利。
(D)公司買回股份，應於二個月內執行完畢，並應於上述期間屆滿或執行完畢後之即日起算五日內向本會申報並公告執行情形；逾期未執行完畢者，如須再行買回，應重行提經董事會決議。

23 (B)。根據境外資金匯回金融投資管理運用辦法第3條第3項：「第一項金融投資之額度依本條例第六條第一項第三款規定，以匯回存入外匯存款專戶資金依本條例第五條第一項及第二項規定扣除稅款後之金額按百分之二十五計算之額度為限；其中個人從事金融投資運用於國內保險商品之額度，不得超過依前開扣除稅款後之金額之百分之三。」

24 (C)。根據證券交易法第126條第2項：「公司制證券交易所之董事、監察人至少應有三分之一，由主管機關指派非股東之有關專家任之；不適用公司法第一百九十二條第一項及第二百十六條第一項之規定。」

25 (C)。根據證券投資信託基金管理辦法，我國證券投資信託基金種類有：股票型基金、債券型基金、平衡型基金及多重資產型基金、指數型基金、指數股票型基金、組合型基金、保本型基金、貨幣市場基金；不包含債權型基金。

26 (C)。根據發行人發行認購（售）權證處理準則第5條第2項：「本國發行人向本會申請核給其發行認購（售）權證之資格認可，應具備下列資格條件。但不符第三款至第七款之條件，而其情事已具體改善，並經本會認可者，不在此限：……二、申請日前半年自有資本適足比率未低於百分之二百。……」

27 (B)。有關上市公司重大訊息，證交所對有價證券上市公司重大訊息之查證暨公開處理程序第4條定有明文。若對公司財務體質無太大影響者，通常不屬重大訊息，例如本題(B)董事及監察人之持股變動情形。

28 (D)。根據櫃檯買賣中心指數股票型基金受益憑證辦理申購暨買回作業要點第10條：「委託人首次委託參與證券商辦理下列受益憑證申購、買回作業者，應簽具風險預告書，參與證券商始得接受其委託：一、槓桿反向指數股票型證券投資信託基金受益憑證；二、指數股票型期貨信託基金受益憑證；三、高收益債指數股票型證券投資信託基金受益憑證；四、經本中心認為有必要之受益憑證。」

29 (C)。 整理證交所營業細則第50-8條，ETN發生以下情事將終止上市：

一、存續期間屆滿。

二、經主管機關撤銷或廢止其ETN申報生效。

三、標的指數停止編製或授權。

四、發行總額低於新臺幣一億元，且發行單位數低於五百萬單位。

五、強制贖回。

六、發行計畫所訂終止上市情事。

七、發行證券商有解散、破產、重整、淨值為負、全面停業達6個月等情事。

八、發行證券商有金融機構拒絕往來紀錄。

九、發行證券商無法償還到期或投資人賣回之單位。

十、證交所基於其他原因對其指數投資證券認為有終止上市買賣之必要者。

30 (D)。 根據證交所公布或通知注意交易資訊暨處置作業要點第6條，對於注意股票之異常情形有嚴重影響市場交易者，證交所得採取下列處置措施：一、限制各證券商申報買進或賣出該有價證券之金額。二、通知各證券商於買賣交易異常之有價證券時，增繳交割結算基金。三、暫停該有價證券融資融券交易。四、報經主管機關核准後停止該有價證券一定期間之買賣。

31 (D)。 根據公開發行公司出席股東會使用委託書規則第10條第2項：「徵求人應於徵求委託書上簽名或蓋章，並應加蓋徵求場所章戳，及由徵求場所辦理徵求事務之人員於委託書上簽名或蓋章，且不得轉讓他人使用。」

32 (D)。 證券商受託買賣輸入買賣申報項目包括：買賣種類、股票代號、委託人帳號。

33 (A)。 ROD（Restof Day）：表示「當日委託有效單」，送出委託之後，投資人只要不刪單，一直到當日收盤前，此筆委託單都是有效的。反之，若當日收盤前未成交，該筆委託單則轉為無效單。

34 (D)。 因券差發生主要係因融券餘額所造成，故標借、議借費用由產生券差證券商的該檔證券全體融券人分攤。

35 (C)。 不論買進或買出都要收取手續費；手續費率採上限費率制，即證券商於成交金額千分之一點四二五以下，自行訂定費率。

36 (D)。詢價圈購及競價拍賣，可提高法人參與初級市場比重、發揮承銷商配售功能、使資金募集更具效益。

37 (B)。公開發行公司出席股東會使用委託書規則第6條，持有公司已發行股份繼續一年以上，持有已發行股份總數10%以上之股東，得委託信託事業擔任委託書徵求人。

38 (B)。根據發行人發行認購（售）權證處理準則第2條第2項：「本準則所稱認購（售）權證，係指標的證券發行公司以外之第三者所發行表彰認購（售）權證持有人於履約期間內或特定到期日，有權按約定履約價格向發行人購入或售出標的證券，或以現金結算方式收取差價之有價證券。」

39 (C)。根據櫃檯買賣中心審查有價證券上櫃作業程序第7條，股票初次申請上櫃案件於收文次週起，六週內，櫃買中心原則上將提報上櫃審議委員會審議之。

40 (D)。根據公開發行股票公司股務處理準則第45條：「公司於股票公開發行登記後，應即將其董事、監察人、經理人及持有公司股份超過股份總額百分之十之股東，其所持有該公司之股票種類及股數向本會指定之資訊申報網站進行傳輸，於完成傳輸後，即視為已依規定完成公告申報。」

41 (B)。申購價格：申請當日收盤指標價值。

42 (C)。公司型基金組建的依據是公司法，而契約型基金的組建依照基金契約，信託法是其設立的法律依據。

43 (B)。證券交易法第150條第3款規定：「私人間之直接讓受，其數量不過超過該證券一個成交單位；前後兩次之讓受行為，相隔不少於三個月月者。」

44 (B)。根據證券商業同業公會承銷商辦理初次上市（櫃）案件承銷作業應行注意事項要點第7點：「初次上市（櫃）案件採過額配售者，主辦承銷商於掛牌日起五個交易日內，如遇有該股票之交易價格低於承銷價格而執行穩定價格操作時，宜於其自營商買進同一股票前，優先動支因過額配售所取得價款，透過「穩定操作專戶」，自交易市場買進同一股票，惟買進後於同期間不得賣出。」

45 (D)。根據證交所有價證券上市審查準則第12條：「申請股票上市之發行公

司，其上市契約生效後，應依前條規定辦理公開銷售，如果所申請上市之股票未於本公司函知之日起算三個月內上市買賣者，應撤銷該上市契約，並報請主管機關備查。其有正當理由申請延期，經本公司同意後，得延長三個月，且以一次為限，並報請主管機關備查。」

46 (A) 。根據上市公司編製與申報永續報告書作業辦法第5條：「食品工業及第二條第一項第二款之上市公司、化學工業、金融保險業編製之永續報告書，應取得會計師依財團法人中華民國會計研究發展基金會發布之準則所出具之意見書……，應於每年六月三十日前將永續報告書及該報告書檔案置於公司網站之連結，申報至本公司指定之網際網路資訊申報系統。……」

47 (B) 。根據證券交易法第36條第3項：「第一項之公司有下列情事之一者，應於事實發生之日起二日內公告並向主管機關申報：一、股東常會承認之年度財務報告與公告並向主管機關申報之年度財務報告不一致。二、發生對股東權益或證券價格有重大影響之事項。」

48 (C) 。累積一段時間之委託，以「市價優於限價」及「價格優先、時間優先」（亦即價格較優之委託優先於價格較差之委託；如價格相同，則輸入系統時間較早者，優先執行）原則決定成交價優先順序。

49 (A) 。根據公開發行公司出席股東會使用委託書規則第2條：「公開發行公司出席股東會使用之委託書，其格式內容應包括填表須知、股東委託行使事項及股東、徵求人、受託代理人基本資料等項目，並於寄發或以電子文件傳送股東會召集通知時同時附送股東。

公開發行公司出席股東會使用委託書之用紙，以公司印發者為限；公司寄發或以電子文件傳送委託書用紙予所有股東，應於同日為之。」

50 (C) 。最後回補日為停止過戶日前6個營業日，融券的投資人必需在這天（含）前回補股票。

NOTE

信託業務｜銀行內控｜
初階授信｜初階外匯｜
理財規劃｜保險人員推薦用書

千華出品
有口皆碑

2F021111	初階外匯人員專業測驗重點整理+模擬試題	蘇育群	470元
2F031111	債權委外催收人員專業能力測驗重點整理+模擬試題	王文宏 邱雯瑄	近期出版
2F041101	外幣保單證照 7日速成	陳宣仲	430元
2F051111	無形資產評價師(初級、中級)能力鑑定速成	陳善	460元
2F061111	證券商高級業務員(重點整理+試題演練)	蘇育群	650元
2F071111	證券商業務員(重點整理+試題演練)	金永瑩	590元
2F081101	金融科技力知識檢定(重點整理+模擬試題)	李宗翰	390元
2F091101	風險管理基本能力測驗一次過關	金善英	470元
2F101111	理財規劃人員專業證照10日速成	楊昊軒	近期出版

2F111101	外匯交易專業能力測驗一次過關	蘇育群	390元
2F141101	防制洗錢與打擊資恐(重點整理+試題演練)	成琳	450元
2F151111	金融科技力知識檢定主題式題庫(含歷年試題解析)	黃秋樺	390元
2F161111	防制洗錢與打擊資恐7日速成	艾辰	530元
2F171111	14堂人身保險業務員資格測驗課	陳宣仲 李元富	410元
2F181111	證券交易相關法規與實務	尹安	550元
2F191111	投資學與財務分析	王志成	近期出版
2F621111	信託業務專業測驗考前猜題及歷屆試題	龍田	590元
2F791111	圖解式金融市場常識與職業道德	金融編輯小組	410元
2F811101	銀行內部控制與內部稽核測驗焦點速成+歷屆試題	薛常湧	490元
2F851101	信託業務人員專業測驗一次過關	蔡季霖	650元
2F861101	衍生性金融商品銷售人員資格測驗一次過關	可樂	430元
2F881091	理財規劃人員專業能力測驗一次過關	可樂	530元
2F901111	初階授信人員專業能力測驗重點整理+歷年試題解析二合一過關寶典	艾帕斯	470元
2F911101	投信投顧相關法規(含自律規範)重點統整+歷年試題解析二合一過關寶典	陳怡如	470元
2F951101	財產保險業務員資格測驗(重點整理+試題演練)	楊昊軒	490元
2F121111	投資型保險商品第一科7日速成	葉佳洺	近期出版
2F981091	投資型保險商品第二科(含投資學概要、債券與證券之評價分析、投資組合)重點整理+試題演練	陳宜	360元
2F991081	企業內部控制基本能力測驗(重點統整+歷年試題)	高瀅	450元

千華數位文化股份有限公司

■ 新北市中和區中山路三段136巷10弄17號　■ 千華公職資訊網 http://www.chienhua.com.tw
■ TEL: 02-22289070　FAX: 02-22289076

學習方法 系列

如何有效率地準備並順利上榜，學習方法正是關鍵！

榮登新書快銷榜

連三金榜 黃禕

翻轉思考 破解道聽塗說	適合的最好 調整習慣來應考	一定學得會 萬用邏輯訓練

三次上榜的國考達人經驗分享！
運用邏輯記憶訓練，教你背得有效率！
記得快也記得牢，從方法變成心法！

作者在投入國考的初期也曾遭遇過書中所提到類似的問題，因此在第一次上榜後積極投入記憶術的研究，並自創一套完整且適用於國考的記憶術架構，此後憑藉這套記憶術架構，在不被看好的情況下先後考取司法特考監所管理員及移民特考三等，印證這套記憶術的實用性。期待透過此書，能幫助同樣面臨記憶困擾的國考生早日金榜題名。

最強校長 謝龍卿

榮登博客來暢銷榜

經驗分享＋考題破解
帶你讀懂考題的know-how!

open your mind！
讓大腦全面啟動，做你的防彈少年！

108課綱是什麼？考題怎麼出？試要怎麼考？書中針對學測、統測、分科測驗做統整與歸納。並包括大學入學管道介紹、課內外學習資源應用、專題研究技巧、自主學習方法，以及學習歷程檔案製作等。書籍內容編寫的目的主要是幫助中學階段後期的學生與家長，涵蓋普高、技高、綜高與單高。也非常適合國中學生超前學習、五專學生自修之用，或是學校老師與社會賢達了解中學階段學習內容與政策變化的參考。

國家圖書館出版品預行編目(CIP)資料

(金融證照)證券交易相關法規與實務/尹安編著. --第一版.

-- 新北市：千華數位文化股份有限公司, 2022.03

面；　公分

ISBN 978-986-520-996-4 (平裝)

1.CST: 證券法規

563.51　　　　　　　　　　111003827

[金融證照]　**證券交易相關法規與實務**

編　著　者：尹　安

發　行　人：廖　雪　鳳
登　記　證：行政院新聞局局版台業字第 3388 號
出　版　者：千華數位文化股份有限公司
　　　　　　地址／新北市中和區中山路三段 136 巷 10 弄 17 號
　　　　　　電話／ (02)2228-9070　　傳真／ (02)2228-9076
　　　　　　郵撥／第 19924628 號　千華數位文化公司帳戶
　　　　　　千華公職資訊網：http://www.chienhua.com.tw
　　　　　　千華網路書店：http://www.chienhua.com.tw/bookstore
　　　　　　網路客服信箱：chienhua@chienhua.com.tw

法律顧問：永然聯合法律事務所
編輯經理：甯開遠
主　　編：甯開遠
執行編輯：尤家瑋
校　　對：千華資深編輯群
排版主任：陳春花
排　　版：蕭韻秀

出版日期：2022 年 3 月 25 日　　　第一版／第一刷

本書如有勘誤或其他補充資料，
將刊於千華公職資訊網　http://www.chienhua.com.tw
歡迎上網下載。